고사기

古事記

상

신화와 사실의 접속으로 구현된 고대 일본의 기록

고즈윈은 좋은책을 읽는 독자를 섬깁니다.
당신을 닮은 좋은책 - 고즈윈

고사기 상권

오오노야스마로(太安万呂) 지음
권오엽·권정 옮김

1판 1쇄 발행 | 2007. 3. 5.

저작권자 ⓒ 2007 권오엽·권정
이 책의 저작권자는 위와 같습니다. 저작권자의 동의 없이
내용의 일부를 인용하거나 발췌하는 것을 금합니다.
Copyright ⓒ 2007 by Kwon O Yub · Kwon Jung
All right reserved including the rights of reproduction
in whole or in part in any form. Printed in KOREA.

발행처 | 고즈윈
발행인 | 고세규
신고번호 | 제313-2004-00095호
신고일자 | 2004. 4. 21.
(121-819) 서울특별시 마포구 동교동 200-19번지 501호
전화 02)325-5676 팩시밀리 02)333-5980

값은 표지에 있습니다.
ISBN 978-89-91319-83-7
     978-89-91319-82-0(세트)

고즈윈은 항상 책을 읽는 독자의 기쁨을 생각합니다.
고즈윈은 좋은책이 독자에게 행복을 전한다고 믿습니다.

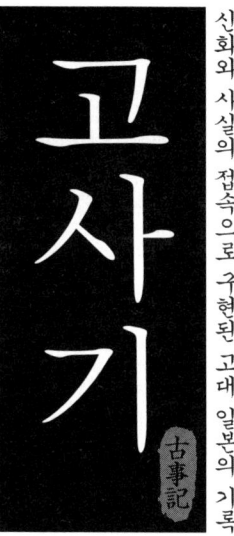

고사기

신화와 사실의 접속으로 구현된 고대 일본의 기록

古事記

오오노야스마로(太安万呂) 지음 | 권오엽·권정 옮김

상

고즈윈
God'sWin

역자 서문

 『古事記(코지키)』와 『日本書紀(니혼쇼키)』는 일본을 이해함에 있어 반드시 알고 지나가야 하는 고전문학이다. 때문에 일본에서는 교과서에 빠지지 않고 등장할 정도로 많은 관심을 받고 있지만, 우리나라에서는 이 책에 관해 그다지 좋은 감정을 갖고 있지 않은 것이 사실이다. 그것은 『古事記(코지키)』의 「仲哀 天皇(츄우아이 천황)」편(編)에서 신공 황후가 신라와 백제를 조공국으로 간주하고 있는 점과, 『日本書紀(니혼쇼키)』 역시 신라와 백제를 조공국으로 서술하고 있는 점이 사실과 위배된다고 생각하기 때문인 것으로, 이 두 고서(古書)는 논할 가치조차 없다고 보는 견해도 없지 않다.

 하지만 우리는 이 책이 어떠한 필요에 의해 탄생했으며, 이 책이 말하고자 하는 것이 무엇인지를 파악함으로써 당시 그들의 저술 의도를 꿰뚫어 볼 수 있으며, 이는 현재의 일본을 이해하는 데 많은 도움이 될 것이다.

 그러기 위해서는 먼저 이 책이 저술된 시대에 주목할 필요가 있다. 『古事記(코지키)』와 『日本書紀(니혼쇼키)』는 일본 사회가 율령에 의해 운영되기 시작한 8세기 초인 712년과 720년에 각각 저술된 것으로, 이러한 배경하에 당시 일본은 자국중심주의, 즉 자국의 존재 가치를 국내외적으로 입증할 필요가 있었다. 중국 중심의 동아시아 세계 질서 속에서 당시 일본이 자국중심주의를 표출할 수 있는 방법은 중화세계관을 모방한 '소중화세계관'밖에 없었다.

'소중화세계관'은 일본이 중국과의 오래된 책봉 관계를 통해 습득한 것으로, 중국에 대한 조공은 57년에 시작하여 이후 5세기 말까지 이어졌다. 이는 478년에 왜왕(倭王) 무(武)가 송나라에 보낸 상표문(上表文)에 잘 나타나 있다. 이러한 중국과의 관계는 6세기에 들어서면서 한동안 단절되게 된다. 이후 관계가 재개된 7세기부터는 중국의 조공국에서 벗어나, 자국의 천황을 중심으로 한 세계를 표방하게 된다.

이는 일본의 '이나리야마'와 '에다후나야마' 철검(鐵劍)에 새겨진 '천하(天下)'라는 문자가 중국 황제의 천하를 의미하는 것이 아니라, 일본의 '유우랴큐' 천황을 중심으로 한 천하를 나타내고 있는 데서 알 수 있다.

이와 같은 '소중화세계관'이 성립되기 위해서는 일본이 중국에게 그러했듯이 일본에게 조공을 해 오는 책봉국의 존재가 필요했으며, 백제와 신라가 그 상대로 그려지게 된다.

『古事記』와 『日本書紀』가 역사에 관한 책이지만, 역사적 사실을 그대로 서술한 것이 아니라는 저자의 말과 같이, 이 책은 만들어진 역사이며 당시 일본이 필요로 했던 천황의 정통성을 확고하게 하고, 율령국가를 지탱해 줄 세계관을 담고 있는 것이다.

즉 『古事記』에는 중국에 관한 언급을 피하고 실제 연도를 기록하지 않은 채 천황별로 기사를 기술함으로써, 현실과는 다른 또 하나의 세계를 만들고 있다. 한 예로 『古事記』는 7세기 초의 '推古 天皇'대까지만 기록하고 있으며, 책이 편찬되었던 당시의 천황대는 기록하지 않고 있다. '齊明 天皇'과 '天智 天皇'대, 즉 7세기 중엽의 백촌강에서의 백제를 둘러싼 중국과의 싸움 등 현실에 대해 언급하지 않고 있다.

우리는 『古事記』가 신화와 천황을 연계시켜 논하고자 했던 전체적인 구도를 인지함으로써, 당시의 일본 사회가 필요로 하고 요구했던 것이 무엇인가, 더 넓게는 당시의 일본이 속해 있던 동아시아 세계가 어떠한 구도 속에서 존재했었는가를 간파해 낼 수 있다.

일본의 '소중화세계관'이 의미를 지니는 것은 중국의 '중화세계관'이 존재했었기 때문이며, 이는 10세기를 전후한 唐(당)제국의 붕괴와 함께 중국의 중화세계관과 더불어 자취를 감추게 된다.

우리는 『古事記』와 『日本書紀』의 차이 또한 인식해 둘 필요가 있다. 일반적으로 『古事記』와 『日本書紀』하면, 공통적으로 한자(漢字)로 쓰인 고서(古書)로 알고 있으며, 그것이 이들을 접하기 어렵게 만드는 요인으로 인식되기도 한다.

그러나 정확히 말하자면 『古事記』는 순한문체(純漢文体)가 아니다. 『日本書紀』의 신화 부분이 중국의 『삼오력기(三五曆紀)』나 『회남자(淮南子)』를 그대로 인용하여 중국의 음양론에 입각하여 쓰인 한문체 문장인 데 반해, 『古事記』는 일본어로 훈독될 것을 염두에 두고 쓰인 비한문체 문장이다.

또한 『古事記(코지키)』는 중국에 관해 언급을 피하고 있지만, 『日本書紀(니혼쇼키)』는 일본의 중국에 대한 조공 기사는 배제시키는 범위 안에서, 즉 동등한 이웃 나라로서의 중국을 등장시키고 있다.

이렇듯 이 두 서책은, 저자의 말을 인용하자면, 정식 한문으로 중국의 정사체에 근간해서 중국에 대해서도 통용되는 형태를 취하는 한편, 외국어인 한문으로서는 이룰 수 없는 부분을 인식하여 한문 훈독을 이용한 일본어 표현으로 표출해 낼 수 있는 세계와 역사의 논리를 나타냄으로써 다원적으로 당시의 율령국가인 일본을 지탱하고 있는 것이다.

이 번역본을 통해, 『古事記(코지키)』가 의도했던 것이 단순한 역사 기술이 아니라 8세기 초의 국가 정립기에 요구되었던 국가상을 국내적으로 확고히 받쳐 주기 위한 것이었음을 이해하고, 당시 일본의 세계상을 이해하는 데 조금이라도 도움이 되었으면 한다.

2007년 2월
權 靜

일러두기

一. 1. 『古事記(코지키)』는 712년에 太安万侶(오오노야스마로)가 稗田阿禮(히에다노아레)라는 이야기꾼의 이야기를 들으며 편집한 신화집으로, 상권은 신들의 세계, 중권은 신과 인간의 세계, 하권은 인간의 세계를 중점적으로 다루고 있다.
2. 이 책은 『古事記(코지키)』의 원문・일본어 원문・주・해석・해설 순으로 구성되며, 『古事記(코지키)』의 의미를 쉽고 바르게 이해하는 것을 목적으로 한다.
3. 본서가 저본으로 한 神野志隆光(코우노 시타카미쯔)・山口佳紀(야마구찌요시노리)의 주석은 종전의 해설서와는 현저히 다른 시각에서 쓰인 것으로, 종전의 주석과는 많은 차이를 보인다.

一. 1. 이 책은 神野志隆光(코우노 시타카미쯔)・山口佳紀(야마구찌요시노리) 『古事記』(新編日本古典文學全集, 小學館, 1997)를 저본으로 하여 번역 주석한 것이다.
2. 주와 해설에는 저본 이외에도

　　倉野憲司・武田祐吉校注 『古事記祝詞』(岩波書店, 昭和 33)

　　荻原淺男・鴻巢 雄校注譯 『古事記上代歌謠』(小學館, 昭和 48)

　　西宮一民 『古事記』(新潮社, 昭和 54)

　　次田眞幸 『古事記』(講談社, 1977) 등이 참조되었다.
3. 본서의 삽화는 저본에서 인용된 것이다.

一. 1. 이 책의 뒤에 수록된 색인은 본서에 쓰인 모든 용어를 수록하도록 한 것이다. 본서는 구전된 것을 고심 끝에 기록한 것으로, 같은 언어라도 표현된 장소와 상황에 따라 다른 특징을 보일 수 있다. 그 특징을 이해함으로써 본서의 본질에 접근할 수 있다.
   2. 색인을 이용해서 용례를 쉽게 확인하고, 미제로 남아 있던 부분도 파악할 수 있게 하였다. 『古事記』는 주어의 생략이 많고, 접속사의 사용이 단순하여 해석이 애매한 부분이 많다. 그러한 부분이야말로 새로운 해석이 가능하고, 또 연구되어야 할 부분이다.

一. 음운의 표기
   일본어의 「か・き・く・け・こ」는 「카・키・쿠・케・코」로,
   「が・ぎ・ぐ・げ・ご」는 「가・기・구・게・고」로,
   「た・ち・つ・て・と」는 「타・찌・쯔・테・토」로,
   「だ・ぢ・づ・で・ど」는 「다・지・즈・데・도」로,
   「ゐ・ゑ・を」는 「이・애・어」로 표기하였다.

一. 1. 주나 해설의 명사 등은 인용본의 음운에 충실할 것을 원칙으로 하였기에, 인용본 간의 차이가 있을 수 있다. 특히 해설시 인용본의 음운에 충실하려 하였다.
   2. 빈출하는 출전은 약칭을 사용하였다.
      『古事記』 → 記　　　　　『日本書紀』 → 書紀
      『新撰姓氏錄』 → 姓氏錄　　『古事記傳』 → 記傳
      『古事記』와 『日本書紀』 → 記紀

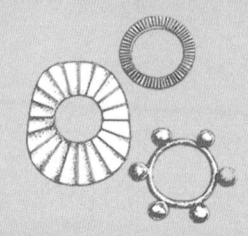

차례

역자 서문 · 4
일러두기 · 8

서문
고대의 회상 · 16 | 찬록의 발단 · 24 | 찬록의 완성 · 33

1. 초발의 신들 · 41

2. 이자나키노미코토 부부
오노고로시마 · 52 | 신의 결혼 · 56 | 나라의 생성 · 64
신의 생성 · 73 | 이자나미노미코토의 죽음 · 84
황천국 · 92 | 미소기 · 105 | 삼귀자의 분치 · 117

3. 아마테라스와 스사노오
스사노오노미코토의 승천 · 126 | 우케히 · 133
천석옥 · 144 | 스사노오의 추방 · 160
여덟 갈래의 뱀 · 165 | 스가노미야 · 176

4. 오호쿠니누시노카미
이나바의 토키 · 186 | 네노카타스쿠니의 방문 · 195
야찌호노카미 · 215 | 오호쿠니누시노카미의 계보 · 233
나라의 완성 · 240 | 오호토시노카미의 계보 · 248

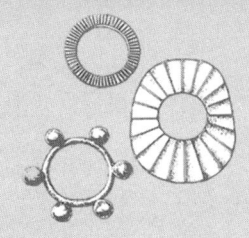

5. 오시호미미와 니니기노미코토
아시하라노나카쯔쿠니의 평정 · 258 | 2차 파견 · 264 | 3차 파견 · 279
나라 양도 · 291 | 천손 강림 · 299 | 사루메노키미 · 316
천지신의 신혼 · 322

6. 해신국 방문과 신혼
해신국 방문 · 332 | 후키아헤즈의 탄생 · 356
후키아헤즈의 계보 · 366

찾아보기 · 369

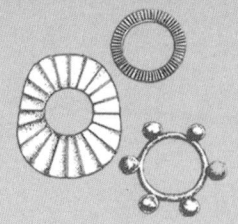

고사기 중권

1. 진무 천황
2. 스제이 천황
3. 안네이 천황
4. 이토쿠 천황
5. 카우세우 천황
6. 카우안 천황
7. 카우레이 천황
8. 카우겐 천황
9. 카이쿠와 천황
10. 스진 천황
11. 스닌 천황
12. 케이카우 천황
13. 세이무 천황
14. 쮸우아이 천황
15. 오우진 천황

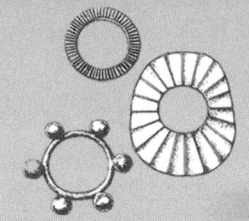

고사기 하권

16. 닌토쿠 천황
17. 리쥬우 천황
18. 한세이 천황
19. 인교우 천황
20. 안카우 천황
21. 유우라쿠 천황
22. 세이네이 천황
23. 켄소우 천황
24. 닌켄 천황
25. 부레쯔 천황
26. 케이타이 천황
27. 안칸 천황
28. 센카 천황
29. 킨메이 천황
30. 비다쯔 천황
31. 요우메이 천황
32. 스쥰 천황
33. 스이코 천황

서 문

1. 고대의 회상
2. 찬록의 발단
3. 찬록의 완성

1. 고대의 회상

臣安万侶言. 夫, 混元既凝, 氣·象未效. 無名無爲. 誰知其形. 然, 乾坤初分, 参神作造化之首. 陰陽斯開, 二靈爲群品之祖. 所以, 出入幽·顯, 日·月, 彰於洗目. 浮沈海水, 神·祇, 呈於滌身, 故, 太素杳冥, 因本教而識孕土産島之時. 元始綿邈, 賴先聖而察生神立人之世. 寔知, 懸鏡吐珠而百王相續. 喫劍切蛇以万神蕃息與. 議安河而平天下, 論小浜而清國土.

是以, 番仁岐命, 初降于高千嶺, 神倭天皇, 経歴于秋津島. 化熊出爪. 天劍獲於高倉, 生尾遮逕, 大烏導於吉野. 列儛攘賊, 聞歌伏仇. 卽, 覺夢而敬神·祇, 所以称賢后. 望烟而撫黎元, 於今伝聖帝. 定境開邦, 制于近淡海. 正姓撰氏, 勒于遠飛鳥. 雖步驟各異, 文質不同, 莫不稽古以繩風猷於既頽, 照今以補典教於欲絶.

【훈】

臣安萬侶言す. 夫, 混元既に凝りて, 氣·象未だ效れず. 名も無く爲も無ければ, 誰か其の形を知らむ. 然れども, 乾坤初めて分れて, 参はしらの神造化の首と作れり. 陰陽斯に開けて, 二はしらの靈群の品の祖と爲れり. 所以に, 幽·顯に出で入りして, 日·月, 目を洗ふに彰れたり. 海水に浮き沈みして, 神·祇身を滌ぐに呈れたり. 故, 太素は杳冥けれども, 本つ教に因りて土を孕み島を産みし時を識れり. 元始は綿邈けれども, 先の聖に賴りて神を生み人を立てし世を察れり. 寔に知りぬ, 鏡を懸け珠を吐きて百の王相續ぎ, 劍を喫み蛇を切りて萬の神蕃息りしことを. 安の河に議りて天の下を平げたまひ, 小浜に論ひて國土を

清(きよ)めたまひき。

是(ここ)を以て、番仁岐命(ほのににぎのみこと)、初めて高千嶺(たかちほのみね)に降(くだ)りまし、神倭天皇(かむやまとのすめらみこと)、秋津嶋(あきづしま)に經歷(へ)ましき。熊(くま)と化(な)れるもの爪(つめ)を出(い)だして、天(あめ)の劍高倉(つるぎたかくら)に獲(え)たまひき。尾生(お)ひたるひと徑(みち)を遮(さへ)て、大(おほ)き烏吉野(からすよしの)に導(みちび)きまつりき。儛(まひ)を列(つら)ねて賊(あた)を攘(はら)ひたまひ、歌(うた)を聞(き)きて仇(あた)を伏(ふ)せたまひき。卽(すなは)ち、夢(いめ)に覺(おぼ)りて神(あまつかみ)・祇(くにつかみ)を敬(うやま)ひたまひ、所以(ゆゑ)に賢(さか)しき后(きみ)と稱(たた)へたり。烟(けぶり)を望(のぞ)みて黎元(おほみたから)を撫(な)でたまひ、今(いま)に聖(ひじり)の帝(みかど)と傳(つた)へたり。境(さかひ)を定め邦(くに)を開(ひら)きて、近淡海(ちかつあふみ)に制(をさ)めたまひき。姓(かばね)を正し氏(うぢ)を撰(えら)びて、遠飛鳥(とほつあすか)に勒(をさ)めたまひき。步(あゆ)むと驟(はや)くと各異(あひおなこと)にして、文(かざ)れると質(すなほ)なると同(おな)じくあらねども、古(いにしへ)を稽(かむが)へて風猷(をしへ)を旣(すで)に頹(おと)へたるに繩(ただ)したまひ、今(いま)を照して典敎(のりた)を絶(す)えむと欲(おきぬ)るに補(おぎな)ひたまはずといふこと莫(な)し。

【주】

臣安万侶(야스마로) 씨성은 太朝臣. 오호씨는 神武(진무) 천황의 태자 神八井耳命(카무야이미미노미코토)의 후예. 부는 壬申亂(진신노란)의 공신인 多臣品治(오호노오미호무지)의 친아들로, 養老(요우로) 7년(723)에 從四位下(사위하)로 죽었다. 성은 말하지 않는 것이 관례. 천황에 대한 겸손의 형식.

混元(히타타케타루모노) 혼돈스러운 천지 만물의 원기. 천지가 개벽되기 이전의 원시 상태.

氣・象(케하히카타찌) 氣(케하히)는 징조, 象(카타찌)는 형태. 생명의 조짐과 모양.

名(나) 이름이 존재하겠지만, 아직 어떤 징조나 형태가 나타나지 않아 이름을 지을 방법이 없다.

爲(시와자) 움직여 활동하는 것. 행위.

^{카타찌}
形　원시의 모양.

^{아에쯔찌}
乾坤　하늘과 땅. 혼돈에서 천지가 분리되는 것. 중국의 음양 사상에 근거하는 세계상.

^{미하시라}　^{타카아마노하라}　　　　　　　　^{아메노미나카누시노카미}　^{타카미무스히노카미}　^{카무무스}
參神　高天原에 처음 나타난 3신. 天之御中主神・高御産巢日神・神産巢
^{히노카미}
日神를 말한다.

^{메 오}
陰陽　천지 만물을 만들고 지배하는 두 기. 고대 중국의 역학사상.

^{후타하시라}　^{이자나키노미코토}　^{이자나미노미코토}
二靈　伊耶那岐命와 伊耶那美命. 이 음양의 남녀신이 신과 만물을 생성한다.

^{요모쯔쿠니우쯔쿠시쿠니}　^{요프쿠니}　^{요모쯔쿠니}　^{우쯔쿠시쿠니}　^{아시하라노나카쯔쿠니}　　　　^{이자나키노미코토}
幽・顯　幽는 黃泉國, 顯는 葦原中國. 남신 伊耶那岐가 여신
^{이자나미노미코토}　　　　^{요모쯔쿠니}
伊耶那美命를 찾아 黃泉國에 다녀온 사실을 의미한다.

^{히노카미쯔키노카미}　^{요모쯔쿠니}　　　　　　^{이자나키노미코토}
日・月　黃泉國를 다녀온 伊耶那岐命가 왼쪽 눈을 씻어 태양신
^{아마테라스오호미카미}　　　　　　　　　　　　　　^{쯔쿠요미노미코토}
天照大御神를, 오른쪽 눈을 씻어 月讀命를 생성하였다.

^{아마쯔카미쿠니쯔카미}
神・祇　하늘의 신과 땅의 신. 천신지기.

^{모 토}
太素　천지 만물의 처음. 음양이 갈라져 만물이 만들어지기 전의 상태.

^{쿠 라}
杳暝　어둡고 흐릿한 상태.

^{모토쯔오시헤}
本教　신대의 가르침. 신대부터 전하는 이야기.

^{하지메}　^{모 토}
元始　太素와 동의.

^{토 호}
綿邈　오래된 연대. 요원함.

^{사키쯔히지리}
先聖　신대의 이야기를 전하는 선대의 성인.

^{카가미}　　　　　　　　　^{아마테라스오호미카미}
鏡　동굴로 은거한 天照大御神를 밖으로 유인해 낸 거울.

^{타마}　^{스사노오노미코토}
珠　須佐之男命가 구슬을 남신으로 화생시켜 자신의 결백을 입증한 이야기.

^{모모노키미}
百王　영원한 황통.

^{쯔루기}　　　^{아마테라스오호미카미}
劍　검. 天照大御神가 검을 여신으로 화생시켰다.

^{헤미}　^{스사노오노미코토}
蛇　須佐之男命가 퇴치했다는 머리가 여덟인 큰 뱀.

^{우마하루}
蕃息 후손이 번영한다는 의미.

^{야스노카하} ^{타카마노하라} ^{아시하라노나카프쿠니}
安河 高天原에 있는 광장. 회의장. 그곳에서 葦原中國를 평정하기 위해 제신이 모여 회의했다.

^{오 하마} ^{타카마노하라}
小濱 高天原의 신과 지상신이 담판을 벌인 곳.

^{호노니니기노미코토}
番仁岐命 지상의 통치자로 하강하려 했던 최초의 천신.

^{타카찌호노미네} ^{미야자키켄} ^{카 고 시 마 켄}
高千嶺 천손이 하강했다는 곳. 위치를 둘러싸고, 宮崎縣과 鹿兒島縣의 경
^{키리시마타카찌호} ^{키타큐우슈우}
계에 위치한 霧島天千穗로 보는 설, 北九州의 산으로 보는 설 등이 있다.

^{카무야마토노스메라미코토} ^{진 무}
神倭天皇 神武 천황.

^{아키쯔시마} ^{야 마 토} ^{키 나이}
秋津嶋 大和를 중심으로 한 畿內 지방. 일본을 의미한다.

^{쿠마} ^{진 무} ^{쿠마 노}
熊 神武 천황이 동천할 때 熊野에서 만난 곰.

^{아메쯔쯔루기} ^{진 무} ^{타카마노하라} ^{타카쿠라지}
天劍 神武 천황이 위기에 처했을 때 高天原가 내려준 영검. 高倉下에
^{진 무}
게 신탁하는 방법으로 神武 천황에게 전했다.

^{오오히} ^{요시 노}
尾生 꼬리가 달린 吉野의 토착인.

^{오호카라스} ^{타카야마노하라} ^{진 무}
大鳥 高天原가 神武 천황의 길 안내를 목적으로 파견한 까마귀.

^{마히}
儛 가무를 신호로 선주 세력을 토벌한 일.

^{이메} ^{스우진} ^{오호모노노카미} ^{신 기}
夢 崇神 천황이 신탁대로 大物主神를 제사 지내고, 또 여타 神祇를 제사 지낸 일.

^{케부리} ^{닌 토쿠}
烟 굴뚝에 연기가 나는 것으로 백성의 생활상을 헤아렸다는 仁德 천황의 고사.

^{오호미타카라}
黎元 인민. 뭇 사람. 백성.

^{사카히} ^{쿠니노미얏코} ^{아가타누시} ^{세이 무}
境 나라의 경계와 國造·縣主를 정한 成務 천황의 고사.

^{카바네} ^{인 교우}
姓 문란해진 씨성 제도를 정리한 允恭 천황의 고사.

^{아유무} ^{서행} ^{질주}
步 완급의 차가 있는 역대의 정치. 말의 步과 驟. 천황의 치세에 완급이

서문 19

있었다는 것.

風猷(오시헤) 덕행으로 사람을 가르치고 인도하는 것. 도덕.
典教(노리) 인간이 지켜야 할 법과 가르침.

【해석】

　　신 야스마로가 아뢰옵니다. 무릇 혼돈했던 애초의 기가 이미 굳어져, 생명의 조짐이나 형태는 아직 나타나지 않았습니다. 이름을 지을 수가 없고 움직임도 없으니 누가 그 형태를 알겠는가. 그러면서 하늘과 땅이 처음으로 갈라지자, 3신이 만물의 시초가 되었다. 음과 양이 여기서 나누어져, 2주의 신이 모든 것을 생성하는 부모가 되었다. 그리고 이 2신은 요모쯔쿠니·현세를 다녀와서 재계하며 눈을 씻었을 때 일신·월신이 나타났다. 해수에 떴다 가라앉았다 하며 재계할 때 신들이 나타났다.

　　그런데 세계 시작의 상황은 확실하지 않지만, 전해 오는 것을 통해 국토를 회임하고 섬들을 낳았을 때의 일을 안다. 원시의 상황은 아주 오래되었지만, 현명한 선인에 의해 신·인간을 낳은 세상의 일을 안다. 참으로 잘 알 수 있는 것은, 거울을 걸고 구슬을 씹어 뱉어 신을 얻어 백왕이 대를 잇게 되고, 검을 씹어 뱉어 여신을 얻고, 큰 뱀을 베어 신들이 번성한 것이다. 그리고 하늘의 강가에서 신들이 상담하여 천하를 평정하시고, 오하마에서 설득하여 국토를 평정하셨다.

　　이리하여 호노니니기노미코토가 처음으로 타카찌호의 봉우리에 강림하시고, 카무야마토노스메라미코토가 야마토로 돌아 도착하셨으나, 곰으로 변한 것이 발톱을 드러냈을 때는 하늘에서 내리신 검을 타카쿠라의 창고에서 얻으셨다. 꼬리 달린 사람이 길을 막자, 큰 까마귀가 요시노에서 천황을 안내해 드렸다. 그리고 춤을 추어 적을 물리치시고, 노래를 신호로 하여 적을 치셨다.

그리고 또 꿈에서 계시를 받고 신기를 제사 지낸 현군을 칭송하고, 밥을 짓는 연기를 보고 인민의 곤궁을 아시고 자애를 베푸신 성제를 지금도 칭송하고 있다. 또 국경을 정하고 쿠니노미얏코를 정하고 아후미 궁에서 천하를 다스리셨고, 성씨를 정리하고 아스카 궁에서 천하를 다스리셨다.

치세에 완급이 있고 화려함과 소박함의 차이는 있었으나, 옛날에 비해 풍교 도덕이 이미 흐트러진 것을 바르게 하여, 지금을 비추어 보고 도덕과 가르침이 단절되려는 것을 보강하지 않는 일이 없었다.

【해설】

전집 서문이라고 되어 있으나, 실제로는 太安万侶(오호노 야스마로)가 『古事記(코지키)』 찬록의 사정을 기록하여, 元明(겐메이) 천황에게 제출한 상표문이다. 원문은 사륙병려체의 한문으로 쓰인 구문으로, 용어는 당의 長孫無忌(장손무기)의 『進五經正義表(진오경정의표)』 등에서 배운 곳이 많다. 내용은 3단으로 되어 있는데, 제1단은 신대부터 역대에 이르는 사적의 회고, 제2단은 天武(텐무) 천황이 壬申亂(진신노란)을 평정하고 즉위한 영주가 정치의 대본으로 帝紀(테이키)와 舊辭(큐우지)의 찬록을 기획한 일, 제3단은 元明(겐메이) 천황대에 이르러 『고사기』가 완성된 사정을 이야기하고 있다.

집성 상권에는 본문 앞에 서가 부가되어 있다. 서는 3단으로 제1단은 신대부터 역대까지의 사적의 회고, 제2단은 天武(텐무) 천황의 帝紀(테이키)와 舊辭(큐우지)의 찬록, 제3단은 元明(겐메이) 천황과 『고사기』 3권의 완성에 즈음한 내용을 담고 있다. 원문은 4·6병려체의 한문으로 씌어 있으며, 한적에 의한 윤색과 대구가 많다. 太安万侶(오호노야스 마로)가 元明(겐메이) 천황에게 올린 상표문이다.

강담 서는 오호노야스마로가 『고사기』 3권을 찬록하여 겐메이 천황에게 올리는 상표문이다. 이 서는 3단으로 되어 있는데, 신대부터 允恭(인교우) 천황까지의 전승을 간결하게 이야기하고, 마지막에 고전승의 의의를 적는 것으로 맺고 있다. 문장은 4·6자의 구로 이루어진 4·6병려체를 기본으로, 대구를 많이 이용한 화려한 한문으로 되어 있다. 오호노야스마로가 참고한 서적은 많으나, 그중에서도 당의 장손무기의 『進五經正義表(진오경정의표)』 및 『進律疏議表(진률소의표)』의 자구에 의한 곳이 많다. (중략) 제1단은, 伊耶那岐命(이자나키노미코토)·伊耶那美命(이자나미노미코토) 두 신의 국토의 생성, 天照大御神(아마테라스오호미카미)와 月讀命(쯔쿠요미노미코토)의 탄생, 천손강림 등의 신대 전승의 요점을 말한 후에 神武(진무)·崇神(스우진)·仁德(닌토쿠)·成務(세이무)·允恭(인교우) 천황의 치적으로 전해지는 것을 중점적으로 기록하고, 마지막으로 "옛날에 비해서 이미 흐트러진 풍교·도덕을 바로잡고, 지금을 비추어 보고 도덕과 가르침이 단절되려는 것을 보강하지 않는다는 일이 없었다." 라고 맺고 있다. 이에 의하면 『고사기』가 찬록된 시대에는 신화·전설 등의 고전승이 그대로 고대사실로 믿어져, '稽古照今(계고조금)'이라는 말이 나타내듯이 고전승을 정치나 도덕의 참고로 삼고 규범화하려는 사고가 지배적이었던 것으로 보인다. 신화·전설에 대한 이와 같은 생각이 비과학적인 것은 말할 필요도 없다. 『고사기』 찬록의 동기나 목적에 대해서는 서의 제2단에서 구체적으로 말하고 있다.

신전집 서라고 되어 있으나 실제는 상표문의 형식을 하고 있다. 이것을 둘러싸고 위작설도 있었으나 의심할 근거가 빈약한 바, 그대로 믿어도 좋겠다. 서는 3단으로 구성되어 있다. 제1단은 신대부터의 천황의 역사를 되돌아보고, 제2단은 텐무 천황대에 『고사기』의 찬록이 시작된 것을 이야기하고, 제3단은 겐메이 천황에 이르러서 그것이 완성된 것을 말하고 있다. 『고사기』의 성립을 알려 주는 유일한 자료이다.

2. 찬록의 발단

　暨飛鳥淸原大宮御大八州天皇御世, 潛龍體元, 洊雷応期. 聞夢歌而相纂業, 投夜水而知承基. 然, 天時未臻, 蟬蛻於南山. 人事共給, 虎步於東國. 皇輿忽駕, 凌度山川. 六師雷震, 三軍電逝. 杖矛擧威, 猛士烟起. 絳旗耀兵, 凶徒瓦解. 未移浹辰, 氣沴自淸. 乃, 放牛息馬, 愷悌歸於華夏. 卷旌戢戈, 儛詠停於都邑. 歲次大梁, 月躔俠鐘, 淸原大宮, 昇卽天位. 道軼軒后, 德跨周王. 握乾符而摠六合, 得天統而包八荒. 乘二氣之正, 齊五行之序. 設神理以獎俗, 敷英風以弘國. 重加, 智海浩汗, 潭探上古. 心鏡煒煌, 明覩先代.

　於是, 天皇詔之, 朕聞, 諸家之所齎帝紀及本辭, 旣違正實, 多加虛僞. 當今之時不改其失, 未経幾年其旨欲滅. 斯乃, 邦家之経緯, 王化之鴻基焉. 故惟, 撰錄帝紀, 討覈旧辭, 削僞定實, 欲流後葉. 時有舍人. 姓稗田, 名阿礼, 年是廿八. 爲人聰明, 度目誦口, 拂耳勒心. 卽, 勅語阿礼, 令誦習帝皇日継及先代旧辭. 然, 運移世異, 未行其事矣.

【훈】

　飛鳥淸原大宮に、大八洲を御めたまひし天皇の御世に曁りて、潛ける龍元に體ひ、洊れる雷 期に應へき。夢の歌を聞きて業を纂がむことを相ひたまひ、夜の水に投りて基を承けむことを知りたまひき。然れども、天の時未だ臻らずして、南の山に蟬のごとく蛻けましき。人の事共給りて、東の國に虎のごとく步みましき。皇の輿忽に駕して、山川を凌え渡りき。六 師雷のごとく震ひ、三 軍電のごとく逝きき。

矛を杖き威を擧ひて、猛き士烟のごとく起りき。旗を絳くし兵を耀かして、凶しき徒瓦のごとく解けき。未だ浹辰を移さずして、氣沴自ら清まりぬ。乃ち、牛を放ち馬を息へ、愷び悌まりて華夏に歸りましき。旌を券き戈を戢め、儛ひ詠ひて都邑に停まりましき。歳大梁に次り、月俠鐘に踵りて、淸原大宮にして、昇りて天つ位に卽きましき。道は軒の后に軼ぎまし、德は德は周の王に跨みましき。乾符を握りて六合を摠べたまひ、天統を得て八荒を包ねたまひき。二つの氣の正しきに乘りまし、五つの行の序を齊へたまひき。神しき理を設けて俗に獎めたまひ、英れたる風を敷きて國に弘めたまひき。重加ず、智の海は浩汗にして、潭く上古を探りたまひき。心の鏡は煒煌くして、明けく先代を觀たまひき。

是に、天皇の詔ひしく、「朕聞く、諸の家の齎てる帝紀と本辭と、既に正實に違ひ、多く虛僞を加へたり。今の時に當りて其の失を改めずは、幾ばくの年も經ずして其の旨滅びなむと欲。斯れ乃ち、邦家の經緯にして、王化の鴻基なり。故惟みれば、帝紀を撰ひ錄し、舊辭を討ね窮め、僞を削り實を定めて、後葉に流へむと欲ふ」とのりたまひき。時に舎人有り。姓は稗田、名は阿禮、年は是廿八。爲人聰く明くして、目を度れば口に誦み、耳に拂るれば心に勒す。卽ち、阿禮に勅語して、帝皇日繼と先代舊辭とを誦み習はしめたまひき。然れども、運移り世異りて、未だ其の事を行ひたまはず。

【주】

清原 키요미하라 **奈良縣** 나라켄 **高市** 타케찌 **明日香村** 아스카무라. **天武** 텐무 천황의 황거.
大八洲 오호야시마 일본의 별칭.

_{카즈케루타프}
潛 龍   물밑에 숨어 있는 용. 천자의 덕이 있으면서 아직 즉위하지 않은 시기를 말한다.

_{노리}
元   천자의 자질을 갖춘 것.

_{시키레루이카즈찌}
涍 雷   황태자를 의미함.

_{토키}
期   호기에 응하여 행동했다.

_{우타}   _{텐 찌}
歌   天智 천황이 붕어했을 때 불렀다는 동요 3수. 황위의 계승을 예언했다는 노래.

_{요루노카하}   _{진 신 노 란}   _{오 호 아 마 노 미코}   _{요시 노}
夜 水   壬申亂(672) 6월 24일, 大海人皇子는 吉野를 출발하여 동국으로 갔다. 그날 밤에 _{요코가하}橫河에서 하늘의 검은 구름을 보고 점을 쳐, 천하를 얻을 징조로 판단했다(天武紀 원년).

_{미나미노야먀}   _{아후미}   _{요시 노 산}
南 山   출가하여 近江에서 吉野山으로 탈출한 사실.

_{센 제이}   _{제이}   _선
蟬蛻   蛻는 출가한 것, 蟬은 매미가 껍질을 벗는 것의 비유.

_{히토}
人   마음을 같이하는 사람이 많이 모인 것.

_{히무카시노쿠니}   _{이가노쿠니} _{미노노쿠니} _{오하리노쿠니}
東 國   伊賀國, 美濃國, 尾張國.

_{토라}   _{오 호 아 마 노 미코}   _{요시 노}
虎   大海人皇子가 吉野에 갔을 때 "호랑이에게 날개를 달아서 들에 풀어놓았다."라고 말한 자가 있었다는 것(天武卽位前紀)이 상기된다.

_{스메라미코토노코시}   _{텐무}   _{오 호 아 마 노 미코}
皇 輿   천자의 가마. 天武 천황이 된 大海人皇子를 가리킨다.

_{스메라미이쿠사}   _{오 호 아 마 노 미코}
六 師   大海人皇子의 군세. 6군 75,000인. 1군은 12,500인.

_{오호키이이쿠사} _{타케 찌}
三 軍   高市 황자의 군세. 6군에 대한 제후의 군대.

_{케부리}
煙   군세가 계속 불어나는 것.

_{하타}   _{텐 무 원 년 기}
旗   기가 아니라, 적과 구별하기 위해 붉은 것을 옷에 단 것(天武 元年紀 7월).

_{아시키토모가라}
凶 徒   좋지 않은 세력. 정통성을 텐무 천황에게 두는 표현.

_{이쿠바쿠노토키}   _{진 신 노 란}
浹 辰   12지의 일순인 12일. 짧은 기간의 의미. 壬申亂은 약 한 달간 계속되었다.

^{와자하히}
氣沴 요기. 사악한 기운. 정통성을 텐무에게 두는 표현.

^{우시}
牛 군용의 우마를 쉬게 한다는 것은 주나라 무왕의 고사를 인용한 것. 뒤에도 주왕과의 비유가 있는데, 이는 왕조의 교체를 강하게 의식한 표현이다.

^{요로코비야스마리}
愷悌 마음 편하게.

^{미야코} ^{야마토노쿠니}
華夏 중국을 의미하나 여기서는 大和國를 의미한다.

^{마히우타히}
儛詠 노래하고 춤추는 것.

^{미야코} ^{아스카}
都邑 飛鳥.

^{호시토리} ^닭
歲大梁 酉의 해. 이 해에 즉위했다 하나, 서기에 의하면 텐무 2년이다.

^{키사라기} ^{텐무} ^{키요미하라}
夾鐘 음력 2월. 天武는 계유년(673) 2월에 淨御原에서 즉위하였다.

^{케니}
軒 고대 중국의 제왕 황제.

^{스기} ^{아후즈쿠}
軼 넘다, 지나다. 뒤의 跨도 같은 의미.

^{슈오우}
周王 주나라 무왕의 고사에 대한 비유.

^{아마쯔시루시}
乾符 천자의 징표. 3종의 신기.

^{아메노시타}
六合 천지(상하) 사방.

^{야모노키하미}
八荒 팔방의 원격지로 왕화되지 않은 곳. 천황의 질서가 전 세계에 미친다는 것을 의미한다.

^{후타쯔노케하히}
二氣 음양의 기. 오행은 목·화·토·금·수로 만물 생성의 원소가 된다. 2기·5행의 바른 운행에 따른 정치가 행해져 이상적인 질서가 지켜진다.

^{아야시키코토하리}
神理 신의 도리.

^{마우케}
設 부흥을 의미한다.

^요
俗 양속을 장려한다.

^{스구레타루오시헤}
英風 뛰어난 교화. 그것을 온 나라에 퍼지게 한 일. 추상적이긴 하

지만 그것으로 천황의 여러 시책을 포괄한다.

^{시카노미아라즈}
重 加 그뿐만이 아니라. 이하 천황의 자질 찬미.

^{사토리노우미}   ^{영 지}   ^{오 기 로}
智 海 英知의 광대함을 바다에 비유한 것. 浩汗는 광대한 상태.

^{코코로노카가미}
心 鏡 마음의 밝고 맑은 상태.

^{아키라케키}
輝 煌 밝은 상태. 역대 천황들의 역사를 포함하고 있다는 것을 칭송하는 것. 기의 찬록을 시사한다.

^{노리타마후}   ^{텐 무 기}   ^{카와시마}   ^{테이키}
詔 天武紀 10년 3월에, 川島 등의 황자들에게 "帝記 및 상고의 여러
       ^{기 정}
사건을 記定"하라고 말한 것과 관련시키는 것이 통설이나, 같은 것으로 볼 필요는 없을 것이다. 오히려 그러한 역사적 배경과 텐무 천황에 대한 특별한 존숭이 어우러져 천황의 결정적 역할을 강조하는 것으로 볼 수 있다.

^{모로모로노이에}
諸 家 여러 가문. 집집마다 소지하고 있는 기록들을 모아서 조사한다.

^{스메로키노후미}
帝 紀 자의에 의하면 제왕의 사적을 연차순으로 서술한 것. 계보에 해당한다는 설은 의심스럽다.

^{사키쯔요노코토바}   ^{구 사}   ^{선 대 구 사}   ^{테이키}
本 辭 후에 舊辭 先代舊辭로도 칭한다. 帝記처럼 서술이 정리되지 못한 것을 포괄적으로 칭한 것 같다. 신화적 이야기가 포함되는 것은 당연하나, 이야기 부분의 칭호로 보는 것은 부적절하다.

^{무네}
旨 취지, 본지.

^{타테누키}   ^{날 줄}   ^{씨 줄}
經緯 縱絲과 橫絲. 국가 조직의 원리.

^{오호키모토이}   ^{찬 록} ^{토 규}
鴻 基 왕화는 천황의 교화. 홍기는 그 근원. 이하의 구문 撰錄 討覈는
       ^{테이키} ^{큐우지}   ^{토 규}   ^{찬 록}
帝記 舊辭의 양방에 걸린다. 순서로 말하자면 討覈에서 撰錄으로 되
                                     ^{토 규}
는데, 대구 형식이기 때문에 이렇게 되었다. 討覈란 '잘못된 것을 시
                              ^{찬 록}
정하여 사실을 정하는 것'이고, 撰錄의 목적은 후세에 전하는 것에 있다는 것이다.

舍人^(토네리) 천황 옆에서 잡사에 봉사하는 자. 여성으로 보는 의견도 있으나 맞지 않는다.

度目^(메오와타루) 阿禮^(아 레)의 총명함을 이야기하는 부분으로, 문자를 읽었다는 것을 의미한다.

誦習^(요미나라히) 討覈^(토 규)가 끝난 것의 읽기를 배우는 것. 그러나 그 자료는 阿禮^(아 례)의 암송이 수반되지 않으면 일본어로 표현할 수 없었을 것이었다. 많은 古字^(고 자)(唐^(당) 이전에 사용되고 있었던 낡은 자체)를 포함하여 字種^(자 종)이 다양하기 때문이다. 또 문체적으로도 소위 한자체나 變態漢字體^(변 태 한 자 체)를 중심으로 하는데, 통일성이 없어 암송을 수반할 때 비로소 표현이 가능하다.

未^(이마다) 토규를 거친 것이 있고 아래의 송습도 행해졌으나, 그것을 근거로 하는 찬록은 완성되지 않았다.

【해석】

아스카의 키요미하라의 대궁에서 오호야시마를 다스리신 천황의 시대에 이르러, 태자로서 천자의 덕을 갖추고 호기에 응하셨다. 즉 꿈에서 계시의 노래를 듣고 황위를 계승할 것을 점치시고, 밤의 강에서 황위를 계승할 것을 확신하셨다. 하지만 아직 천시가 도래하지 않아, 출가하여 요시노의 산에 몸을 맡기고, 사람들이 많이 모여 당당하게 동국으로 나아가셨다. 천황의 가마는 즉시 나아가셔서, 산천을 넘어 나아갔다. 군세는 천둥처럼 위세를 떨치며, 번개처럼 나갔다.

창이 위세를 떨치고, 용맹한 병사들은 구름처럼 일어났다. 상징의 붉은 기가 병기에 번뜩이자, 적은 즉시 와해되어 버려, 순식간에 요기가 가라앉았다. 즉시 우마를 쉬게 하고, 마음 편하게 야마토로 돌아와, 전쟁의 깃발을 거두고 무기를 모아, 가무하며 아스카의 궁에 머무셨다.

그리고 닭의 해 2월에 키요미하라의 대궁에서 즉위하셨다. 그 정치는 황제보다 뛰어나고, 성덕은 주왕을 능가하셨다. 천자라는 징표를 받아 세계를 통합하고, 하늘에서 유래하는 정통을 계승하여 질서를 세계의 구석구석에까지 미치게 하셨던 것이다. 정치는 이기·오행의 바른 운행에 따르며, 신의 도를 부흥시켜 양속을 장려하여, 훌륭한 교화를 온 나라 안에 퍼지게 하셨다. 그뿐 아니라, 영지는 바다처럼 광대하여 깊이 옛날의 사적을 찾고, 마음은 밝고 맑아 선대의 사적을 명찰하셨다.

여기서 천황은 "내가 듣는 바에 의하면, 제가에 전하는 제기와 구사는 이미 진실과 달라 허위가 많이 첨가했다 한다. 지금 이때에 그 잘못을 바로잡지 않으면 몇 년도 지나지 않는 사이에 그 진실은 없어지고 말 것이다. 이 제기와 구사는 곧 국가 조직의 근본이 되는 것으로, 천황 정치의 기본이 되는 것이다. 그러니 제기와 구사를 잘 조사하여 바로잡고, 거짓을 삭제하고 진실을 정하고 찬록하여, 후세에 전하려 생각한다."라고 말씀하셨다.

마침 토네리가 있었다. 성은 히에다, 이름은 아레라 하고, 나이는 28세였다. 사람은 총명하여, 눈에 스치면 입으로 읊어 전하고, 귀로 한 번 들으면 마음에 남기어 잊는 일이 없었다. 그래서 아레에게 명하시어, 제황의 황위 계승과 선대의 구사를 암송하여 배우게 하셨다. 그렇지만 시대가 변하여 찬록은 완성되는 데는 이르지 못했다.

【해설】

강담 서문 제2단은 먼저 大海人皇子(오호아마노미코)가 壬申亂(진신노란)에서 近江(아후미) 조정군과 싸

워서 승리를 얻고, 飛鳥의 淨御原宮에서 즉위하여 국내를 통치한 사실을 기술하고 있다. 이 부분도 역시, 『文選』『尙書』『進五經正義表』 등의 전적에 출전을 둔 어구를 이용하여, 화려한 윤색이 많은 한문으로 기술하였다. 후반에서는 天武 천황이 帝紀 및 舊辭를 검토, 잘못된 곳을 정정하여 후세에 전할 것을 계획한 이야기가 기술되어 있다. 이것이 기 찬록의 단서였다. 帝紀와 舊辭는 편찬시의 중요한 자료였고, 天武 천황은 그것을 '국가조직의 기본' 즉 천황정치의 기본이라 했다.

'邦家之經緯, 王化之鴻基'는 『진오경정의표』의 '斯乃邦家之基, 王化之本者也'란 구에 의한 것으로 보인다. 내용을 이해하고 비판하는 데 중요한 구이다. 텐무 천황은 신대사나 고대의 이야기를 정치나 도덕의 근본 원리를 나타내는 것이라 하여 중요시했다. 기가 소위 신화 부분과 황실 관계의 고대 전설 부분을 하나의 이야기로 통일시키고, 황실 중심으로 국가 발전의 흔적을 역사적으로 기술하려 하는 것도 그 때문이다.

稗田阿禮에 대해서는 舍人가 남성직이었던 것을 근거로 阿禮를 남성으로 보는 설도 있으나, 稗田가 援女君 족이었던 것 등을 근거로, 여자로 추정하는 柳田國男설을 따르고 싶다.

신전집 제2단은 텐무 천황에 관해서 서술하고 있다. 대대로 천황들이 보존해 온 것을 이어받아 텐무 천황은 새로운 계획을 구상했다. 거기에는 주왕, 즉 주의 무왕에 견줄 만한 새로운 왕조를 창시해야 한다는 의식이 엿보인다. 그리고 이 천황의 통치하에 '국가를 바로 세우는 것으로 덕치주의의 기초'가 되어야 할 기의 편찬이 시작되었다 한다. 단 기 편찬의 시작을 모두 텐무 천황에게 돌리는 것은, 텐무 천황에 대한 각별한 존경과 숭배에 의한 것이므로 그대로를 역사적 사실로 볼 수는 없다.

제2단의 후반은 텐무 천황의 제안으로 '帝紀'(테이키)('帝皇日繼' '先紀'라고도 말할 수 있다.) '舊辭'(큐우지)('本辭' '先代舊辭'라고도 한다.)의 정정과 찬록이 이야기된다. '邦家之經緯, 王化之鴻基'(방가지경위 왕화지홍기)가 되는 것의 잘못을 바로잡아 찬록하려 하였다는 것이다. 그래서 히에다노아레에게 '誦習'(송습)을 명하였고, 그 결과 '討覈'(토규)는 완성하였으나 찬록은 완성하지 못했다 한다.

3. 찬록의 완성

　伏惟皇帝陛下, 得一光宅, 通三享育. 御紫宸而德被馬蹄之所極. 坐玄扈而化照船頭之所逮. 日浮重暉, 雲散非烟. 連柯幷穗之瑞, 史不絕書. 列烽重譯之貢, 府無空月. 可謂名高文命, 德冠天乙矣.

　於焉, 惜舊辭之誤忤, 正先紀之謬錯, 以和銅四年九月十八日, 詔臣安万侶, 撰錄稗田阿禮所誦之勅語舊辭以獻上者, 謹隨詔旨, 子細採摭. 然, 上古之時, 言意並朴, 敷文構句, 於字卽難. 已因訓述者, 詞不逮心. 全以音連者, 事趣更長. 是以, 今, 或一句之中, 交用音訓. 或一事之內, 全以訓錄. 卽, 辭理叵見, 以注明, 意況易解, 更非注. 亦, 於姓日下, 謂玖沙訶, 於名帶字, 謂多羅斯. 如此之類, 隨本不改. 大抵所記者, 自天地開闢始以訖于小治田御世. 故, 天御中主神以下, 日子波限建鵜草葺不合命以前, 爲上卷, 神倭伊波禮毘古天皇以下, 品陀御世以前, 爲中卷, 大雀皇帝以下, 小治田大宮以前, 爲下卷. 幷錄三卷, 謹以獻上. 臣安万侶, 誠惶誠恐, 頓々首々.

　和銅五年正月廿八日

正五位上勳五等太朝臣安万侶

【훈】

　伏して皇帝陛下を惟みれば、一つを得て光宅り、三つに通りて享育ひたまふ。紫宸に御して德馬蹄の極まる所を被ひたまふ。玄扈に坐して化船頭の逮ぶ所を照したまふ。日浮びて暉を重ね、雲散りて烟に非ず。柯を連ね穗を幷する瑞、文書すことを絶たず。烽を列ね譯を重ぬる

貢、府空しき月無し。名は文命よりも高く、德は天乙よりも冠れりと謂ひつべし。

焉に、旧辭の誤り忤へるを惜しみ、先紀の謬り錯へるを正さむとして、和銅四年九月十八日を以て、臣安万侶に詔はく、「稗田阿禮が誦める勅語の旧辭を撰ひ錄して獻上れ」とのりたまへば、謹みて詔旨の隨に、子細に採り摭ひつ。然れども、上古の時は、言と意と並に朴にして、文を敷き句を構ふること、字に於ては卽ち難し。已に訓に因りて述べたるは、詞心に逮ばず。全く音を以て連ねたるは、事の趣更に長し。是を以て、今、或るは一句の中に、音と訓とを交へ用ゐつ。或るは一事の內に、全く訓を以て錄しつ。卽ち、辭の理の見え叵きは、注を以て明し、意の況の解り易きは、更に注せず。亦、姓に於て日下をば、玖沙訶と謂ひ、名に於て帶の字をば、多羅斯と謂ふ。如此ある類は、本の隨に改めず。大抵記せる所は、天地の開闢けしより始めて小治田の御世に訖る。故、天御中主神より以下、日子波限建鵜草葺不合命より以前をば、上つ卷と爲、神倭伊波礼毘古天皇より以下、品陀の御世より以前をば、中つ卷と爲、大雀皇帝より以下、小治田大宮より以前をば、下つ卷と爲。并せて三卷を錄して、謹みて獻上る。臣安万侶、誠に惶り誠に恐み、頓々首々。

和銅五年正月廿八日

正五位上勳五等太朝臣安万侶

【주】

皇帝陛下 元明 천황.

^{히토쯔}
一 절대 궁극의 도를 얻은 것.

^{미쩨오리}
光宅 성덕이 사방에 미치는 것.

^{미쯔}
三 천·지·인의 삼재. 삼재가 통한다는 것은 즉위를 의미한다.

^{야시나후}
享育 양육하다. 만인, 만물을 덕화시키다.

^{오호미야}
紫宸 천제의 거소라는 별. 깊고 깊은 궁전.

^{우마노쯔메}
馬蹄 말발굽이 닿는 곳. 나라의 변방.

^{미아라카}
玄扈 고대 중국의 황제가 거했다는 석실. 황거.

^{후나노헤}
船頭 뱃길이 닿는 곳.

^{히카리}
暉 해와 달이 동시에 빛나는 것. 하늘이 천자의 성덕에 감응하여 나타내는 서상.

^{쿠모}
雲 서상의 하나로, 연기 같으나 연기가 아니고 구름 같으면서 구름이 아닌 것.

^{에다}
柯 다른 나무의 줄기가 하나로 합쳐진 나무. 줄기는 다르나 열매가 하나로 된 벼. 서상의 일종.

^{후미히토}
史 사관. 천자의 언행을 기록하거나 공문서를 담당하는 관리.

^{토부히}
烽 사절의 도착을 알리는 신호를 차례로 올리는 것. 원국의 조공사가 온 것을 의미한다.

^{오사}
譯 통역을 거듭해야 의사가 통할 수 있는 곳에서 조공사가 온 것을 의미한다.

^{미쿠라}
府 조정의 창고.

^{부니메이}
文命 (하)나라의 우왕. 치수의 명왕.

^{테니이쩨}
天乙 은나라의 탕왕. 인정의 명왕.

^{사키쯔요노후미}
先　紀 ^{제기}帝紀나 ^{제황일계}帝皇日繼와 같음.

^{와도우노시네니}
和銅四年 서기 711년.

^{요무}
誦 구두로 직접 내리는 칙어. 天^{텐무}武 천황이 송습을 명했다.

^{후루코토}
旧辭 제기의 기록은 없으나 帝^{테이키}紀도 포함된 것으로 보아야 한다.

^{코토}
言 말. 말로 나타나는 의미.

^{후미}
文 상고의 사건을 문자로 문장화하는 어려움.

^{스네니}
已 완전히. 전부.

^{코토바노스지}
辭理 문맥.

^{시루베}
注 주는 크게 독해주(訓^{훈주}注, 聲^{성주}注, 音^음讀^{독주}注 등)와 해설주(計^{계수주}數注, 氏^{씨조주}祖注 등)로 나눌 수 있는데 모두 본문의 독해를 도와준다.

^{모토}
本 이는 安万侶^{야스마로}가 참조한 자료나 문헌(문자화된 것)이 있었다는 것을 의미한다.

^{아메쯔찌}
天地 혼돈 상태에서 천지가 분리된 것을 의미하나, 본문에서는 천지의 출현을 말하고 있을 뿐이다. 어떻게 출현했는지에 대해서는 언급이 없어 차이를 보이고 있다.

^{아메노미나카누시노카미}
天御中主神 高天原^{타카아마노하라}에 최초로 나타난 신.

^{히코나기사타케우카야후키아헤즈노미코토}
日子波限建鵜草葺不合命 日向^{히무카}의 제3대 신. 천손과 산신녀의 신혼으로 태어났다.

^{카무야마토이하레비코노스메라미코토}
神倭伊波礼毘古天皇 神武^{진무} 천황.

^{호무다}
品陀 応神^{오우진} 천황.

^{오호사자키노스메라미코토}
大雀皇帝 仁德^{닌토쿠} 천황.

^{오하리다노오호미야}
小治田大宮 推古^{스이코} 천황.

^{누카쯔키마오스}
頓々首々 머리를 숙여 공손하게 예를 표하다. 그런 경우에 사용하는 말.

^{아소미}
朝臣 고대의 성. 684년에 제정된 八色^{야쿠사} 제도의 제2의 성.

【해석】

　　삼가 생각하옵건대, 지금 폐하께서는 천자의 덕을 갖추시어 그 성덕이 사방에 미치고, 삼재에 통하시고 계시며 인민을 아끼고 계신다. 황거에 계시며, 은덕은 말굽이 닿는 땅 끝까지 덮고, 또 뱃길이 다다르는 곳의 바다 끝까지 비추신다. 그 덕에 감응하여 일월의 빛이 합하여, 경운이 하늘에 떠 있으며, 다른 나무의 가지가 하나로 합쳐지고, 다른 줄기가 합쳐져 한 열매가 맺는 서상을 기록하는 사관의 붓이 쉴 틈이 없고, 외국의 조공사가 계속해서 공물을 바치므로 창고가 비는 달이 없다. 어명은 우왕보다 높고, 덕은 탕왕을 능가한다고 말할 수 있다.
　　여기서 금상의 폐하는 구사가 잘못 왜곡되어 있는 것을 애석하게 여기시고, 제기가 잘못되고 문란해진 것을 바로잡으려고, 와도우 4년 9월 18일에 신 야스마로에 명하시어 "히에다노아레가 암송하는 칙어의 구사를 찬록하여 바치거라."라고 말씀하셨기에, 삼가 분부하신 대로 사실을 상세히 채록하였다. 그러나 상고에는 언어도 그 의미도 모두 꾸밈이 없어, 어떻게 문자로 바꾸어 기록하여 나타내면 좋을지 곤란한 점이 있다. 모두 훈을 이용하여 기술하면 문자가 말하려고 하는 것에 이르지 못하는 경우가 있고, 모두 음을 이용하여 기술하면 길고 길어서 의미를 취하기 어렵다.
　　그래서 지금, 어느 경우에는 하나의 구 안에 음과 훈을 섞어 사용하고 어떤 경우에는 하나의 사항을 기록하는 데 모두 훈을 이용하여 기록하기로 한다. 그리고 이해하기 어려운 경우에는 주를 붙여서 의미를 분명히 하고 사항의 내용을 알기 쉬운 것에는 주를 붙이지 않는다. 또 성의 경우에는 日下라는 자를 쿠사카로 읽고, 이름의 帶 자를 타라시라고 읽는 것은, 원래대로 하여 바꾸지 않는다.

대략을 설명하면 천지개벽부터 시작하여 오하리다의 어대에 이른다. 그리고 아메노미나카누시노카미부터 히코나기사타케우카야후키아에즈노미코토까지를 상권으로 하고, 카무야마토이하레비코노스메라미코토부터 호무다의 어대까지를 중권, 오호사자키노스메라미코토부터 오하리다노오호미야까지를 하권으로 한다. 합하여 삼 권으로 기록하여, 삼가 헌상하옵니다. 오미야스마로 삼가며 아뢰옵니다.

와도우 5년 정월 28일
정오위상훈오등 오호노아소미야스마로

【해설】

강담 서의 3단은 먼저 기 찬록의 명을 내린 元明(겐메이) 천황의 성덕을 칭송하는 말로 시작되고 있다. 이 부분도 『進五經正義表(진오경정의표)』를 비롯 『文選(문선)』 등의 중국 고전에 출전을 두고 있는 어구를 연결한 화려한 한문으로 구성되어 있다. 오호노야스마로의 한학의 교양이 엿보인다.

그리고 和同(와도우) 4년(711)에 앞서 天武(텐무) 천황이 稗田阿禮(히에다노아레)에게 명을 내려 송습시킨 帝皇日繼(제황일계)와 先代舊辭(선대구사)를 찬록하여 헌상하라고 명한 사실이 서술되어 있다. 이것이 『古事記(코지키)』 성립의 직접적인 동기가 되고 있다. 겐메이 천황은 와도우 6년(713)에 『風土記(후도키)』의 편찬을 제국에 명하였다. 텐무 천황이 기획한 제기·구사의 검토와 찬록 사업은 텐무 천황 사후 25년여가 지난 와도우 5년(712)에 비로소 완성을 보게 된다.

元明(겐메이) 천황은 天武(텐무) 천황의 조카로, 天武(텐무) 천황은 元明(겐메이) 천황의 시아버지에 해당한다. 또 元明(겐메이) 천황은 天武(텐무) 천황의 황후였던 持統(지토우) 천황과는 이모

(異母)자매 관계였다. 따라서 天武^{텐무} 천황의·뜻이 持統^{지토우} 천황에 이어지고, 또 겐메이 천황에게 계승되어 『고사기』의 찬록이 실현된 것이다. 지토우 천황·겐메이 천황은 모두 여제로 『고사기』가 후궁문학적인 특색을 나타내고 있는 것은 어찌 보면 당연한 결과라 할 수 있겠다.

오호노야스마로는 명이 내려진 수개월 후인 와도우 5년 정월에 기 3권을 기술하여 헌상하였으나, 고언과 고의를 바르게 전하기 위해 한자 기록에 고심했던 흔적을 서문의 끝에 남기고 있다. 본문 중에 "小竹^{소죽}을 佐佐^{사사}라고 한다." 또는 "여기서 말하는 赤加賀知^{아카카찌}는 지금의 호오쯔키다."와 같은 주를 삽입한 것도 고언·고의의 보존에 유의한 흔적으로 보인다.

신전집 제3단의 전반에는 당대의 겐메이 천황의 높은 덕과 그로 인한 치세의 번영이 서술되어 있고, 그 겐메이 천황이 텐무 천황의 붕어로 인해 미완성으로 남아 있던 기의 찬록을 야스마로에게 명한 것과 야스마로가 그 임무를 완수한 것이 기록되어 있다.

제3단의 후반에는 상고시대의 일들을 한자로 표기하는 데 있어서의 애로와 기의 찬록에 즈음하여 행한 표기상의 연구에 관하여 말하고 있다. 즉 여기에 나타내고 있는 것은 기의 문장화라고 하는 문제이지만, 그것은 바꿔 말하면 송습을 병행하는 것으로 비로소 이해할 수 있었던 원래 자료의 문장들을 문자로만 이루어진 작품으로 전환시키는 일이었다. 그 일이 단순히 표기의 변경이라는 차원에 머물지 않고, 내용의 정련에도 영향을 미치는 작업이었을 것임에도 불구하고, 야스마로는 그것까지는 언급하지 않았다.

1. 초발의 신들

天地初發之時，於高天原成神名，天之御中主神．訓高下天云阿麻下效此 次，高御産巢日神．次，神産巢日神．此三柱神者，並獨神成坐而，隱身也．

次，國稚如浮脂而，久羅下那州多陀用弊流之時，流字以上十字以音 如葦牙因萌騰之物而成神名，宇摩志阿斯訶備比古遲神．此神名以音 次，天之常立神．訓常云登許．訓立云多知 此二柱神亦，並獨神成坐而，隱身也．

上件五柱神者，別天神．

次，成神名，國之常立神．訓常立亦如上 次，豊雲野神．此二柱神亦，獨神成坐而，隱身也．

次，成神名，宇比地邇神．次，妹須比智邇神．此二神名以音 次，角杙神．次，妹活杙神．二柱 次，意富斗能地神．次，妹大斗乃弁神．此二神名亦以音 次，於母陀流神．次，妹阿夜訶志古泥神．此二神名皆以音 次，伊耶那岐神．次，妹伊耶那美神．此二神名亦以音如上

上件，自國之常立神以下，伊耶那美神以前，并稱神世七代．上二柱獨神，各云一代．次双十神，各合二神云一代也

【훈】

天地初めて發れし時に、高天原に成りし神の名は、天之御中主神。次に、高御産巢日神。次に、神産巢日神。此の三柱の神は、並に獨神と成り坐して、身を隱しき。

次に、國稚く浮ける脂の如くして、くらげなすただよへる時に、葦牙の如く萌え騰れる物に因りて成りし神の名は、宇摩志阿斯訶備比古遲神。次に、天之常立神。此の二住の神も亦、竝に獨神と成り坐して、身を隱しき。

上の件の五柱の神は、別天つ神ぞ。

次に、成りし神の名は、國之常立神。次に、豊雲野神。此の二柱の神も亦、獨神と成り坐して、身を隱しき。

次に、成りし神の名は、宇比地邇神。次に、妹須比智邇神。次に角杙神。次に、妹活杙神＜二柱＞。次に、意富斗能地神。次に、妹大斗乃辨神。次に、於母陀流神。次に、妹阿夜訶志古泥神。次に、伊邪那岐神。次に、妹伊耶那美神。

上の件の、國之常立神より以下、伊耶那美神より以前は、并せて神世七代と稱ふ＜上の二柱の獨神は、各一代と云ふ。次に雙べる十はしらの神は、各二はしらの神を合せて一代と云ふ＞。

【주】

發 ^{아라하레루} 초발은 천지가 처음으로 움직이기 시작한 것. 發을 '히라쿠(열다)', '오코루(시작하다)'로 읽는 설은 음양론적 창세 표현으로 『고사기』에는 적합하지 않다.

高天原 ^{타카아마노하라} 天을 자연적 존재가 아닌 신들이 사는 세계로 보았을 때의 호칭. 훈주에 따라 '타카아마노하라'로 읽는다. '타카아마노하라'는 神代 7대 신들의 출현까지 걸린다. 천신들이 사는 천상계. 고대인의 신앙에 근거한 이상향.

成 ^{나루} 근원적인 생명에서 태어나는 것. 생성되고 발전한다는 의미. 단성의 생성에너지에 의한 생성.

天之御中主神 ^{아메노미나카누시노카미} 御中의 御는 中를 존중한 것. 하늘의 중앙에 계시며 천지를 주재하는 최고신. 후속되는 신들의 원점으로 관념화된 신.

高御産巣日神 ^{타카미무스히노카미} 高御는 높은 상태에 있는 것. 産巣日는 生成+靈力로 생성력을 신격화한 것. 무스는 원래 우무스(生む의 파생어)로 타동사.

神産巣日神 ^{카무무스히노카미} 神産는 미칭. 高御産巣日神는 高天原에, 神産巣日神는

초발의 신들 43

^{아시하라노나카쯔쿠니}
葦原 中國에 영향력을 미친다.

^{미하시라} ^{하시라} ^{하시라 쿠히 쿠시}
三柱 柱는 신을 세는 수사. 수목이나 柱 杭 串 등을 신령이 깃드는 곳으로 여기는 신앙의 사상.

^{히토리가미}
獨神 남녀의 쌍을 이루는 신에 대한 단독신. 짝을 짓지 않는 신.

^{카쿠시}
隱し 몸을 보이지 않고 숨은 상태에서 신들의 세계에 영향을 미치는 것.

^{쿠니와카쿠}
國稚く 국토가 아직 완전히 완성되지 않은 상태. 쿠니는 사람이 사는 한정된 토지. 천지의 지와 일치하는 것은 아니다. 자연적 존재로서의 지를, 하나의 세계로 보았을 때의 호칭.

^{아부라}
脂 천과 지가 시작하여, 타카아마노하라에 신들이 나타났을 때의 지상의 상황. 나라가 될 것이 모두 아직 형태를 갖추지 못한 상태를 떠 있는 기름이나 해파리에 비유한 것. 국토가 해상에 떠 있는 것은 아니다.

^{쿠라게}
海月 물 위에 떠도는 해파리. 국토가 완전히 굳기 이전의 상태.

^{아시카비}
葦牙 갈대의 싹. 牙는 ^{카비}芽와 통한다. '^{카비}카비'는 ^{카비}黴와 동원으로 싹튼 것을 의미한다.

^{우 마 시 아 시 카 비 히 코 지 노 카 미} ^{우 마 시} ^{히 코}
宇摩志阿斯訶備比古遲神 宇摩志는 찬미의 의미를 지니는 형용사, 比古는 여성을 의미하는 ^{히메}姬에 대한 남성. ^지遲는 남자 또는 노옹에 대한 존칭. 강인한 생명력을 이른 봄의 갈대에 비유한 신. 갈대에 비유해 만물의 생명력과 생장력을 신격화한 남성신. 해파리나 갈대는 바다와 관련된 것으로, 이 설화는 ^{아 마}海人족의 전승으로 추정된다.

^{아메노토코타찌노카미} ^{무스 히 노 카미}
天之常立神 産巣日神가 활동하는 장소가 하늘에 나타난 것. 토코는 생식·탄생의 장소. ^{토코}常라는 자는 그 장소가 갖는 항구성을 포함한다. 그곳에서 ^{무 스 히}産巣日가 활동하여 신들을 생성한다. ^{쿠니노토코타찌노카미}國之常立神와 대응한다.

^{코토아마쯔카미}
別天神 천신 중에서도 특별한 천의 신. 처음에 생성되어, 천지의 세계의

모든 것의 원천이 되는 존재라는 의미로서의 別를 수식한다.

國之常立神(쿠니노토코타찌노카미) 天之常立神(아메노토코타찌노카미)에 대응하는 신. 國를 만드는 신들을 만들기 위한 장소의 출현. 서기에는 이 신이 가장 먼저 출현한다.

豊雲野神(토요쿠모노노카미) 생기(生氣)를 상징하는 구름이 덮는 풍요로운 들이라는 의미로 생성의 구체적인 장소.

宇比地邇神(우히지니노카미) 宇(우)는 미상. 比地(히지)는 진흙. 邇(니)는 남신을 의미하는 접미어.

妹(이모) 일반적으로 남녀 배우의 처로 해석되고 있으나 산문에 이용될 때는 남매의 여동생을 의미. 이름 앞에 이모가 붙지 않는 신은 남신이다.

須比智邇神(스히지니노카미) 宇比地邇神(우히지니노카미)의 쌍신. 須(스)는 모래. 比智(히지)는 진흙. 泥(니)는 聲注(성주) 去(거)에 의해 여신을 의미하는 접미어임을 뜻한다. 이하에는 배우신이 나오는데 伊耶那岐神(이자나키노카미)·伊耶那美神(이자나미노카미)의 신체 형성의 과정을 나타낸다. 邇(니)는 岐(키)·美(미) 두 신의 신체의 원질.

角杙神(쯔노구히노카미) 杙(구히)는 신체의 원형의 상징을 말한다. 角(쯔노)는 싹트는 형상을 나타낸다.

活杙神(이쿠구히노카미) 活(이쿠)는 생명력이 넘친다는 의미.

意富斗能地神(오호토노지노카미) 意富(오호)는 大, 斗(토)는 성적 부위. 能(노)와 弁(베)는 남녀의 뜻. 노는 조사. 地(지)는 남성을 나타내는 접미어. 혼돈 속에서 음부가 형성되는 과정을 신격화한 것.

大斗乃弁神(오호토노베노카미) 意富斗能地神(오호토노지노카미)의 여신.

於母陀流神(오모다루노카미) 於母(오모)는 얼굴, 陀流(다루)는 충족의 의미. 착실히 정리되어 가는 과정을 신격화한 것. 지면의 완성을 나타낸다는 설, 완비된 얼굴을 신격화한 것이라는 설 등이 있다.

阿夜訶志古泥神(아야카시코네노카미) 阿夜(아야)는 감동사. 訶志古(카시코)는 황송하고 두렵다는 말의 어간, 泥(네)는 친밀하게 부르는 접미어. 國之常立神(쿠니토코타찌노카미) 이하의 신들이 생성되는

초발의 신들 45

것에 대한 감탄과 외경을 신격화한 것.

伊邪那岐神(이자나키노카미) 伊邪(이자)는 유혹하다, 권하다. 那(나)는 조사. 岐(키)는 남성을 나타내는 접미어.

伊邪那美神(이자나미노카미) 美(미)는 여성을 나타내는 접미어로, 伊邪那岐神(이자나키노카미)와 쌍을 이루는 신. 이 두 신은 신체가 정비된 신으로 화합하여 성교를 맺는다.

神代七代(카무요나나요) 別天神(코토아마쯔카미)에 이어 高天原(타카마노하라)에 태어난 신을 七代(나나요)라 한다. 긴 시간적 전개라는 의미를 함축하고 있다.

【해석】

천지가 처음으로 나타나 움직이기 시작했을 때에, 타카아마노하라에 생긴 신의 이름은 아메노미나카누시노카미. 다음에 타카미무스히노카미. 다음에 카무무스히노카미. 이 삼주의 신은, 모두 단독신으로서 몸을 감추었다.

다음에 지상세계가 어려 물에 떠 있는 기름 같으며 해파리처럼 둥둥 떠돌고 있을 때, 갈대가 싹트듯이 싹터 오르는 것에 의해 생긴 신의 이름은 우마시아시카비히코지노카미, 다음에 아메노토코타찌노카미. 이 두주의 신 또한 단독신으로 몸을 감추었다.

이상의 오주의 신은 코토아마쯔카미이다.

다음에 생긴 신의 이름은 쿠니노토코타찌노카미. 다음에 토요쿠모노노카미. 이 두주의 신도 역시 단독신으로서 몸을 감추었다.

다음에 생긴 신의 이름은 우히지니노카미. 다음은 이모스히지니노카미. 다음은 쯔노쿠히노카미. 다음은 이모이쿠쿠히노카미(2주). 다음은 오호토노지노카미. 다음은 이모오호토노베노카미. 다음은 오모다루노카미. 다음은 이모아야카시코네노카미. 다음은 이자나키노카미. 다음은 이자나미노카미.

　이상의 쿠니노토코타찌노카미부터 이자나미노카미까지의 신들을 총칭하여 카무요 7대라 한다.(상기의 두주의 단독신은, 각각 1대라 한다. 다음에 남녀의 쌍 10신은, 각각 남녀 2신을 합하여 1대라 한다.)

【해설】

전집 천지창생의 우주론을 이야기한 신화이다. 조화 3신에 이어 宇摩(우마)志阿斯訶備比古遲神(시아시카비히코지노카미)와 天之常立神(아메노토코타찌노카미)를 들어 만물 생성의 근원적인 거점을 나타내려 하고 있다. 그러나 우주론으로서는 그다지 논리적이라 할 수 없다. 조화 3신을 언급한 후에 "지상의 세계가 어리고……."라고 하는 것은 논리적으로 맞지 않는다. 하지만 産巢日(무스히)나 葦牙(아시카비) 등을 통해 발랄한 생명력을 존중하는 고대인의 정서를 엿볼 수 있다.

　국토와 인간의 원태가 교차하는 가운데 점차로 모양을 갖추며 발전하여, 이윽고 이자나키노카미·이자나미노카미의 출현에 이르는 과정을 말하고 있다. 이 생성과정을 신들의 행위 능력으로 설명하지 않고 개개의 이름과 그 신통보에 의거하여 설명하고 있다. 이런 신화를 계도형 창세신화라 한다.

집성 천지개벽부터 신대 7대에 이르는 창세신화이다. 하늘에 다섯 別天神(코토아마쯔카미)가, 땅에 七代(나나요)의 신이 출현한 것을 하나하나의 이름을 들어 열거하고 있다.

　神代七代神(카무요나나요노카미)들은 別天神(코토아마쯔카미)와는 달리 땅에서 출현한다. 신들의 이름은

초발의 신들 47

토지의 항구적인 확립을 의미한다. 구름 덮인 들판에서 솟아오른 남녀 한 쌍의 흙신은 진지를, 말뚝은 경계의 형성을, 문은 거주지·요새를, 남근과 여음의 신상(神像)은 생산과 풍요의 영험한 능력, 교환의 이면성을 표상하고 있다. 야마토 시대에 신대라고 의식된 시대는 나무나 돌의 呪柱나 신상이 이야기하는 종교세계이며, 그것이 또한 토지와 인간의 길고 긴 역사였다.

강담 天之御中主神(아메노미나카누시노카미)는 高御産巣日神(타카미무스히노카미)와 神産巣日神(카무무스히노카미)를 통합하기 위해 새로 설정된 추상신·관념신이다. 중국 천제사상의 영향을 받은 신이다. 국토가 굳어지지 않은 상태를 수면에 떠 있는 기름이나 해파리, 해변의 갈대 등에 비유한 것은 難波(나니하) 부근에서의 해변 생활 체험을 근거로 한 것 같다. 于摩志阿斯訶備比古遲神(우마시아시카비히코지노카미)는 갈대의 싹이 상징하는 생명력·성장력을 신격화한 것이다. 대지를 뚫고 솟아오르는 갈대의 싹이 하루에 15센티미터나 자란다는 갈대의 성장력을 고대인은 경이롭게 바라보았을 것이다.

宇比地邇神(우히지니노카미) 이하는 신명을 나열하는 계도형 신화로, 대지가 점점 정돈되는 가운데 伊邪那岐(이자나키)·伊邪那美(이자나미) 두 신이 출현했다는 것까지를 설명하고 있다. 그러나 宇比地邇神(우히지니노카미) 이하의 신보다도 伊耶那岐神(이자나키노카미)·伊邪那美神(이자나미노카미) 두 신의 성립이 더 오래된 것 같다.

신전집 '천지초발지시'라는 서두는, 기의 서문과 서기가 중국의 음양론에 기초를 두고 천지의 시작을 서술하고 있는 것과는 사뭇 다르다. 예를 들면 서기의 신대상의 모두가 혼돈에서 음양이 갈라져 천지가 되었다고 말하는 것에 대해, 어떻게 해서 천지로 되었는가에 대해서는 언급이 없고, '단지 하늘과 땅이 시작되었을 때에'로 시작하고 있다. 천지의 시작 그것은 이야기하지 않고, 그 처음에 타카아마노하라에 신들이 나타난 것부터 이야기하는 것이다.

2 이자나키노미코토 부부

1. 오노고로시마
2. 신의 결혼
3. 나라의 생성
4. 신의 생성
5. 이자나미노미코토의 죽음
6. 황천국
7. 미소기
8. 삼귀자의 분치

1. 오노고로시마

於是, 天神諸命以, 詔伊耶那岐命・伊耶那美命二柱神, 修理固成是多陀用弊流之國, 賜天沼矛而, 言依賜也. 故, 二柱神, 立^{訓立云}_{多々志}天浮橋而, 指下其沼矛以畫者, 鹽許々袁々呂々邇^{此七字}_{以音} 畫鳴^{訓鳴云}_{那志也}. 而, 引上時, 自其矛末垂落鹽之, 累積成島. 是, 淤能碁呂島^{自淤以下}_{四字以音}.

【훈】

是 ここ に、天 あま つ神 かみ 諸 もろもろ の命 みこと 以 もち て、伊耶那岐命 いざなきのみこと ・伊耶那美命 いざなみのみこと の二柱 ふたはしら の神 かみ に詔 のりたま はく、「是のただよへる國 くに を修 つく 理 ろ ひ固 かた め成 な せ」とのりたまひ、天 あめ の沼矛 ぬほこ を賜 たま ひて、言 こと 依 よ し賜 たま ひき。故 かれ 、二柱 ふたはしら の神 かみ 、天 あめ の浮橋 うきはし に立 た たして、其 そ の沼矛 ぬほこ を指 さ し下 お ろして、劃 か きしかば、塩 しほ こをろこをろに劃 か き鳴 な して、引 ひ き上 あ げし時 とき に、其 そ の矛 ほこ の末 すゑ より垂 しただ り落 お ちし塩 しほ は、累 かさな り積 つ みて島 しま と成りき、是 これ 、淤能碁呂島 おのごろしま ぞ。

【주】

天神 ^{아마쓰카미} 타카아마노하라에 출현한 신 전체를 가리킨다. 어느 신을 구체적으로 가리키는 것이 아니라, 타카아마노하라의 의도에 따라 이자나키노미코토와 이자나미노미코토의 나라 만들기가 시작되었다는 것을 나타낸다. 국가 완성에 타카아마노하라가 관여했다는 것을 의미한다.

命 ^{미코토} 신의 말씀. 신이나 사람의 이름에 붙는 '미코토'는 신의 분부를 받

은 자라는 의미. 이자나키노미카미가 이자나키노미코토로 이름이 바뀐 것은 천신의 분부를 받고 행동하기 때문이다.

^{타 다 요 헤 루}
多陀用弊流 미완성 상태의 국토가 기름이나 해파리처럼 떠도는 상태. 이자나키노카미와 이자나미노카미는 태어났으나 지상세계에는 아무런 변화가 없는 것으로, 이상의 신들이 타카아마노하라에 출현했다는 것을 나타낸다.

^{쓰쿠로히}
修理 국토 수리(修理)의 완성은 ^{오호쿠니누시노카미}大國主神의 나라 만들기에 의한다.

^{카타메}
固 흐느적거리는 것을 형태화시키는 것.

^{나스}
成 정리하여 완성하는 것.

^{노리}
詔 공적으로 선언하여.

^{아메노누보코}
天沼矛 천신이 준 옥으로 장식한 창. 아메는 성스러움을 나타내는 미칭.

^{코토요시}
言依 '코토요사시타마히키'로 읽는 것이 통설이나 '스'와 '타마후'는 이중 존경이 된다. 위임하시어.

^{카레}
故 자주 나오는 접속사로 그 다음에, 그리고, 그런데, 그래서, 따라서 등으로 사용된다.

^{아메노우키하시}
天浮橋 천공에 걸린 다리. 무지개라는 설도 있으나 미상. 특별신이 천상에서 지상으로 천강할 때 서는 장소로 나타나 있다. 통로는 아니다.

^{타타시}
立 타타(타쯔의 미연형)+시(존경의 조동사의 연용형). 훈주는 4단동사의 '타쯔'로 읽을 것을 나타내고 있으며, 아메노우키하시를 세운 것이 아니라, 그 다리 위에 섰다는 것을 보증한다.

^{카 키}
畫き 휘저어.

^{시호}
鹽 바닷물. 소금 물방울이 굳어져 섬이 되었다고 말하므로, 이것은 단순한 바닷물이 아니다. '떠도는' 것을 휘저어 소리 나게 하였다는 것으로, 거기에는 나라의 여러 요소가 포함되어 있다. 그래서 섬이 될 수

있다.

許袁呂許袁呂(코오로코오로) 소금을 만들기 위하여 바닷물을 솥에 넣고 솥 안을 휘저으며 증발시킬 때 나는 소리.

畵鳴(카키나시) 훈주는 자동사가 아닌 타동사 '나스(울리다)'로 읽어야 된다는 사실을 확인한다. 소리 나게 휘저어서.

垂(시타타리) 원문 '垂落鹽之累積' 가운데 '之'의 이해가 문제이다. 이것을 '노'로 읽으면 안정감이 적다. 지금은 '之'를 '者'와 동의로 보고 "방울져 떨어진 소금은(垂り落ちし鹽は)"이라고, 단락 짓는 형태로 읽기로 한다.

淤能碁呂島(오노고로시마) 저절로 태어났다는 것을 포함하는 이름. 키(岐)・미(美) 두 신이 국토 창성을 진행하는 거점이 되는 성스러운 섬.

【해석】

그때 천신 일동의 명으로, 이자나키노미코토와 이자나미노미코토 2주의 신에게 "이 떠돌고 있는 국토를 이상적인 형태로 정리하여 완성하거라."라는 소명을 내리고, 옥으로 장식을 한 창을 하사하시고 위임하셨다. 그래서 2주의 신은 하늘의 우키하시라는 다리 위에 서서, 그 창을 내려뜨리고 휘저었더니, 바닷물을 휘휘 휘저어서 끌어올렸을 때, 그 창끝에서 방울져 떨어진 물방울은 쌓여서 섬이 되었다. 이것을 오노고로시마라 한다.

【해설】

신전집 伊邪那岐神(이자나키노카미)・伊邪那美神(이자나미노카미)까지의 신들은 '高天原(타카아마노하라)에서 생성된 신의 이름—다음—다음—'이라는 구문으로 열거된다. 이로써 모두 타카아마노하라에 출현했음을 알 수 있다. (중략) 그리고 천신의 명에 의해 '떠돌고 있는' 상태의 나라에 대한 작업이 시작된다. '수리'는 있어야 할 상태로 바르게 정리하는 것을 의미하는데, 천신은 그 있어야 할 모습을 장악하고 있다. 천신, 특히 産巢日神(무스히노카미)의 에너지를 바탕으로 이자나키·이자나미 두 신의 나라 만들기가 진행되었다.

2. 신의 결혼

於其島天降坐而, 見立天之御柱, 見立八尋殿. 於是, 問其妹伊耶那美命曰, 汝身者, 如何成, 答白, 吾身者, 成々不成合處一處在. 爾, 伊耶那岐命詔, 我身者, 成々而成余處一處在. 故, 以此吾身成余處, 刺塞汝身不成合處而, 以爲生成國土. 生, 奈何,^{訓生云宇}_{牟. 下效此.} 伊耶那美命答曰, 然, 善. 爾, 伊耶那岐命詔, 然者, 吾与汝, 行廻逢是天之御柱而, 爲美斗能麻具波比.^{此七字}_{以音.} 如此之期, 乃詔, 汝者, 自右廻逢. 我者, 自左廻逢. 約竟以廻時, 伊耶那美命先言, 阿那邇夜志, 愛袁登古袁,^{此十字}_{以音. 下效此.} 後伊耶那岐命言, 阿那邇夜志, 愛袁登賣袁. 各言竟之後, 告其妹曰, 女人先言, 不良. 雖然, 久美度邇^{此四字}_{以音.} 興而生子, 水蛭子. 此子者, 入葦船而流去. 次, 生淡島. 是亦, 不入子之例.

於是, 二柱神議云, 今吾所生之子, 不良. 猶宜白天神之御所, 卽共參上, 請天神之命. 爾, 天神之命以, 布斗麻邇爾^{此五字}_{以音.} 卜相而詔之, 因女先言而, 不良, 亦, 還降改言. 故爾, 返降, 更往廻其天之御柱, 如先.

【훈】

其の島に天降り坐して、天の御柱を見立て、八尋殿を見立てき。是に、其の妹伊耶那美命を問ひて曰ひしく、「汝が身は、如何にか成れる」といひしに、答へて白ししく、「吾が身は、成り成りて成り合はぬ處一處在り」とまをしき。爾くして、伊耶那岐命の詔ひしく、「我が身は、成り成りて成り餘れる處一處在り。故、此の吾が身の成り餘れる處を以て、汝が身の成り合はぬ處を刺し塞ぎて、國土を生み成さむと以爲

ふ。生むは、奈何に」とのりたまひしに、伊耶那美命の答へて曰ひしく、「然、善し」といひき。爾くして、伊耶那岐命の詔ひしく、「然らば、吾と汝と、是の天の御柱を行き廻り逢ひて、みとのまぐはひを爲む」とのりたまひき。如此期りて、乃ち詔ひしく、「汝は、右より廻り逢へ。我は、左より廻り逢はむ」と詔りたひき。約り竟りて廻りし時に、伊耶那美命の先づ言はく、「阿那邇夜志、愛袁登古袁」と言ひ、後に伊耶那岐命の言ひしく、「あなにやし、えをとめを」と言ひき。各言ひ竟りし後に、其の妹に告らして曰ひしく、「女人の先づ言ひつるは、良くあらず」といひき。然れども、くみどに興して生みし子は、水蛭子。此の子は、葦船に入れて流し去りき。次に、淡島を生みき。是も亦、子の例には入れず。

是に、二柱の神の議りて云はく、「今吾が生める子、良くあらず。猶天つ神の御所に白すべし」といひて、即ち共に參る上り、天つ神の命を請ひき。爾くして、天つ神の命以て、ふとまにに卜相ひて、詔ひしく、「女の先づ言ひしに因りて、良くあらず。亦、還り降りて改め言へ」とのりたまひき。故爾くして、返り降りて、更に其の天の御柱を往き廻ること、先の如し。

【주】

天降 아마쿠다리 쿠다리 타카아마노하라
降는 高天原의 권위를 업고 하강하는 것을 나타낸다.

天御柱 아메노미하시라
신령이 깃들어 있는 성스러운 기둥. 八尋殿의 기둥이라는 설도 야히로토노
있으나, 뒤에 2신이 기둥을 돌아 어전으로 들어가는 문맥이 있어, 柱와 殿는 따로 서 있었음이 확인된다.
하시라 토노

^{야히로도노}
八尋殿 넓은 궁전이라는 설이 유력하나 두 신의 교합 장소가 광대할 필요는 없다. 신성을 상징하는 높이로 보아야 한다. 8은 실수가 아니라 많다는 의미. '히로'는 양팔을 벌린 길이.

^{나무찌}
如 '나'・'나레'는 훈독계에서는 사용하지 않는다. 훈독조를 기본으로 보는 입장에서 '나무찌'로 읽는다.

^{나리나리테}
成り成りて 차차 완성되어.

^{시카쿠시테}
爾 한문 훈독의 접속사는, 옛날에는 '시카쿠시테'로, '시카시테'는 후세의 것.

^{나리아하자루토코로}
不成合處 부족한 곳. 여성의 음부.

^{나리아마레루토코로}
成餘處 남는 곳. 남근.

^{사시후사기}
刺塞 집어넣어 막는 것. 교접.

^{우무}
生 훈주는 타동사로 읽어야 한다는 것을 나타낸 것. '生, 如何'는 문맥적으로는 자동사로도 타동사로도 해석할 수 있으나, 그 이해를 특정한 것.

^{시카요케무}
然善 그래요. 그것이 좋겠습니다.

^{유키메구리}
行廻 기둥을 중심으로 돌다. 신이 깃든 기둥의 생명력에 감응하여 다산한다는 신앙의례.

^{미토노마구하히}
美斗能麻具波比 '미토노마구하히'는 훈자로 나타낼 수 없어 카나로 쓴 것. '마구하히'는 성의 교합을 말하나, 앞의 "남는 곳을 가지고 부족한 곳에 집어넣어 막아서"를 받는다. '미토'는 침소.

^{미기요리메구리}
自右廻 여신은 우로 돌고 남신은 좌로 도는 것. 남성을 귀하게 여기는 사상이 나타나 있다.

^{아나니야시에오토코오}
阿那邇夜志愛袁登古袁 '아나니'는 감동사, '야도 감동의 조사, '시'는 강조, '에'는 좋다는 형용사 '에시'의 어간으로 멋있다, '오토코'는 젊은이, '오'는 감동의 조사.

先言(마즈이히쯔루) 선(先)은 순서를 말하는 '마즈'와 시간의 선후를 말하는 '사키'가 있다. 여기서는 전자. 먼저 말하다. 여자가 먼저 말을 걸면 부정 탄다는 부창부수의 사상이 나타나 있다.

告(노루) 상위자의 하위자를 향한 발언의 인용. 詔(미코토노리)도 같은 뜻으로 쓰이나 詔(미코토노리)는 장엄한 분위기를, 告(노루)는 친근감을 나타낸다. 詔를 '노리타마후', 告를 '노라스'라고 읽는다.

久美度(쿠미도) 혼인이 이루어진 곳.

興(오코스) 행위를 시작하는 것.

水蛭子(히루코) 섬을 낳을 때 맨 먼저 태어난 것, 섬이라고 할 수 없는 실패작. 섬이라 할 수 없는 흐늘흐늘한 것을 거머리에 비유한 것.

葦船(아시부네) 갈대를 엮어 만든 배.

去(사루) 섬답지 않기 때문에 버렸다. '去'는 '스쯔' '우쯔'로 읽는 것이 일반적이나, 다른 예와 마찬가지로 '사루'로 읽는다. 밀어내다. 멀어지다.

淡島(아하시마) 이것도 섬일 수 없는 것이었으나, 水蛭子(히루코)와는 달리 일단 섬의 모습을 갖춘 것. 淡(아하)는 약하여 믿음성이 없다는 것.

例(타구이) 동료.

不入(이레즈) 이라즈로 읽는 설도 있으나, 伊邪那岐(이자나키)·伊邪那美(이자나미)가 水蛭子(히루코)와 淡島(아하시마)를 자식의 수에 넣지 않는 것이므로 '이레즈'로 읽는다.

猶(나호) 낳는 일이 잘 진행되지 않았기 때문에, 하늘에 올라가 천신의 명을 청한다. 여기서 다시 천신이 관여하는 것에 의해 사태가 진전된다. 원래 나라의 이상적인 상태는 천신이 장악하고 있어, 그것을 향해 나라 만들기가 이루어진다. 高天原(타카아마노하라)의 인도에 따라, 나라는 세계로 성립되는 것이다.

御所(미모토) 천신들이 있는 곳.

命 _{미코토} 명령. 방법. 의견.

布斗麻邇爾 _{후토마니니} '후토'는 칭사. '마니'는 나타난 징조 그대로라는 것으로, 복점을 말하는 것 같다. 서기는 '太卜'에 布斗麻邇_{후토마니}라는 훈주를 달았다. 복점 중에서 가장 중요한 것으로, 지금 그 布斗麻邇_{후토마니}로 점쳤다 한다.

卜相 _{우라나히} '우라헤테'로 읽는 설도 있으나, 용례의 확실성에서 '우라나히테'를 취한다. 태어난 아이가 왜 정상이 아닌가라는 질문에 대해, 천신은 여자가 먼저 말을 걸었기 때문이라고 점쳤다. 이 점의 결과에 따라 하강하여 다시 말하라고 지시한다.

亦 _{마타} 降_{쿠다리}에 걸리는 말. 다시.

先 _{사키} 시간적 지시어. 앞에 구체적으로 설명한 것을 받는 것이 원칙이다. 여기서는 水蛭子_{히루코}와 淡島_{아하시마}를 낳은 美斗能麻具波比_{미토노마구하히} 부분을 받는다.

【해석】

　두 신은 그 섬에 천강하시어 아마노미하시라를 찾아내고 넓은 궁을 찾아냈다. 그러자 이자나키노미코토가 그의 처 이자나미노미코토에게 물어 "당신의 몸은 어떻게 생겨 있는가."라고 말하자 이자나미노미코토가 답하여 "나의 신체는 이루어져 정리되어, 아직 충분하지 않은 곳이 한 군데 있습니다."라고 말씀드렸다. 다시 이자나키노미코토가 "나의 몸은 이루어져 정리되어 남는 곳이 한 군데 있다. 그러니 이 나의 신체의 남은 곳으로 당신 신체의 충분하지 않은 곳을 틀어막아서 나라를 낳으려 생각한다. 낳는 것은 어떠한가."라고 말씀하시자, 이자나미노미코토는 "예, 그게 좋겠습니다."라고 답하여 말했다.

　그러자 이자나키노미코토는 "그렇다면 나와 당신이 천의 기둥 주위를 돌아 만나서, 침소에서 교합을 합시다."라고 말씀하셨다. 이렇게 약속하고, 즉시 "당신은 오른쪽으로 돌아서 나와 만나세요. 나는 왼쪽으로 돌아서 당신을 만나겠소."라고 말씀하셨다. 약속을 마치고 기둥을 돌아 만났을 때, 먼저 이자나미노미코토가 "아, 참으로 멋진 낭군이십니다."라고 말하고, 후에 이자나키노미코토가 "아, 참으로 아름다운 낭자로다."라고 말했다.

각각 말이 끝난 후에, 이자나키노미코토가 처에게 말씀하시길 "여자 쪽에서 먼저 말한 것은 좋지 않았다."라고 했다. 그렇게 말은 하면서도 혼인의 장소에서 일을 시작하여 히루코를 낳았다. 이 자식은 갈대의 배에 태워서 흘려보냈다. 다음에 아하시마를 낳았다. 이것도 역시 자식의 수에 넣지 않는다.

그래서 2주의 신은 의논하여 "지금 우리들이 낳은 자식은 좋지 않다. 역시 천신이 계시는 곳에 찾아가서 이 사실을 말씀드리자."라고 말하고, 곧바로 함께 타카아마노하라에 올라가, 천신의 지시를 구하였다. 그러자 천신은 사슴의 어깨뼈를 붉은 벚나무로 태워, 그 갈라진 모양으로 신의 뜻을 묻는 점을 치고 "여자가 먼저 말을 했기 때문에 좋지 않은 것이다. 돌아 내려가 다시 말하거라."라고 말씀하셨다. 이리하여 두 신은 오노고로섬으로 돌아 내려와, 다시 그 천의 기둥을 전처럼 돌았다.

【해설】

전집 이제까지 국토의 관념을 포함하며 주로 우주천지의 진화를 이야기해 온 것과는 달리, 이 단에서는 좀 더 한정적으로 일본의 국토와 신들의 창성을 이야기하고 있다. 천신의 명을 받고 창을 하사받은 伊邪那岐(이자나키)·

伊邪那美(이자나미) 두 신은, 창으로 바닷물을 저어 만든 能基呂嶋(오노고로시마)에 내려와 결혼을 한다. 생의 근원인 성교를 아무런 거리낌 없이 이야기하고 있는 것은 인간의 다산, 그리고 작물의 풍요를 기원하는 성적 의례를 반영하기 때문으로 생각된다.

집성 신대 7대의 마지막 신인 이자나키・이자나미 두 신은 別天神(코토아마쯔카미)의 명을 받아, 命(미코토)(신의 명령을 받은 자)라는 호칭으로 일본 국토와 신을 낳는 과업에 착수한다. 이에 이자나키・이자나미 두 신은 서로 몸의 상태를 묻고 결혼한다. 국토의 창조를 생식 행위의 결과로 표현하는 것이다. 이 생식 행위의 결과로 나라가 태어나는데, 혈맥적 계통의 조상으로서 2신의 위치가 확인되는 단이라 할 수 있다.

강담 이자나키・이자나미 두 신이 국토와 신을 낳기 전에 먼저 能基呂嶋(오노고로시마)에 내려와 결혼을 올리고, 불구의 자식을 낳은 내용을 이야기하고 있다. 오노고로시마의 성립을 이야기하는 전승은, 淡路島(아와지시마)의 아마들이 바닷물을 증발시켜 소금을 만드는 제염 작업을 연상시킨다(萩原淺男 「기기신화의 풍토배경」 『국어와 국문학』 640호). 기둥을 도는 의례는 작물의 풍요를 기원하기 위하여 행해진 민간의 주술・종교적 의례에 유래하는 것이다.

여신이 먼저 말을 건 일이 좋지 않았다는 것은 중국의 '부창부수' 사상으로 불구아가 태어난 이유를 설명하는 것이다. 처음에 거머리 같은 불구의 자식이 태어난 원인을 여신의 선창 때문이라고 설명하고 있으나, 본래는 남매인 2신이 결혼을 한다는 남매의 결혼 설화의 계통을 이은 것으로 보인다. 남매의 결혼으로 인해 불구자가 태어났다는 내용의 설화는 중국 남부에서 동남아시아에 걸쳐 널리 분포되어 있다. 갈대의 배에 넣어서 흘려보내는 이야기는 고대 수장 풍습의 반영이다. 또 거머리와 갈대는 모두 늪이라는 환경을 연상시키며, 특히 거머리는 수전 경작을 하는 농민이 싫어하는 대상이기도 하다.

신전집 이자나키·이자나미 두 신은 교합하여 국토를 생성하려 하나 처음에는 실패를 하여 재시도하게 된다. 서기의 본문에는 실패와 재시도의 과정이 보이지 않는다. 서기의 형태를 본래의 전승에 가까운 것으로 보는 설도 있으나, 서로 다른 세계상으로 보아야 할 것이다. 서기에서의 이자나키·이자나미 두 신은 음양의 신으로, 스스로가 원동력이 되어 활동한다. 천신의 관여 없이 두 신이 모든 것을 낳고 세계를 완성하는 것이다. 이에 반해 기에서는 高天原(타카마노하라)의 영향력이 지상세계에 미치고 있다. 지상세계는 천신 특히 産巢日神(카무무스히노카미)의 관여로 성립되는 세계로, 이자나키·이자나미의 활동의 시작에서부터 나라의 완성에 이르기까지 일관되어 있다. 생성의 실패와 재시행의 과정은, 천신의 관여에 의해 바른 방향으로 나아간다는 것으로, 천신이 장악하는 형태로 修理(수리)가 행해진다는 것을 의미한다.

3. 나라의 생성

於是, 伊耶那岐命先言, 阿那邇夜志, 愛袁登賣袁, 後妹伊耶那美命言, 阿那邇夜志, 愛袁登古袁. 如此言竟而御合, 生子, 淡道之穗之狹別島.^{訓別云和氣下效此} 次, 生伊豫之二名島. 此島者, 身一而有面四. 每面有名. 故, 伊豫國謂愛比賣,^{此三字以音. 下效此也.} 讚岐國謂飯依比古, 粟國謂大宜都比賣,^{此四字以音.} 土左國謂建依別. 次, 生隱伎之三子島. 亦名, 天之忍許呂別.^{許呂二字以音.} 次, 生筑紫島. 此島亦, 身一而有面四. 每面有名. 故, 筑紫國謂白日別, 豊國謂豊日別, 肥國謂建日向日豊久士比泥別,^{自久至泥以音.} 熊曾國謂建日別.^{曾字以音.} 次, 生伊岐島. 亦名, 謂天比登都柱.^{自比至都以音. 川天如天.} 次, 生津島. 亦名, 謂天之狹手依比賣. 次, 生佐度島. 次, 生大倭豊秋津島. 亦名, 謂天御虛空豊秋津根別. 故, 因此八島先所生, 謂大八島國.

然後, 還坐之時, 生吉備兒島. 亦名, 謂建日方別. 次, 生小豆島. 亦名, 謂大野手比賣. 次, 生大島. 亦名, 謂大多麻流別.^{自多至流以音.} 次, 生女島. 亦名, 謂天一根.^{訓天如天} 次, 生知訶島. 亦名, 謂天之忍男. 次, 生兩兒島. 亦名, 謂天兩屋.^{自吉備兒島至天兩屋島, 幷六島.}

【훈】

是に, 伊耶那岐命の先づ言はく,「あなにやし, えをとめを」といひ, 後に妹伊耶那美命の言ひしく,「あなにやし, えをとこを」と言ひき. 如此言竟りて御合して, 生みし子は, 淡道之穗之狹別島. 次に, 伊子之二名島を生みき. 此の島は, 身一つにして面四つ有り. 面毎に名有り. 故, 伊豫國は愛比賣と謂ひ, 讚岐國は飯依比古と謂ひ, 粟國は

大宜都比賣と謂ひ、土左國は建依別と謂ふ。次に、隱伎之三子島を生みき。亦の名は、天之忍許呂別。次に、筑紫島を生みき。此の島も亦、身一つにして面四つ有り。面毎に名有り。故、筑紫国は白日別と謂ひ、豐國は豊日別と謂ひ、肥國は建日向日豊久土比泥別と謂ひ、熊曾国は 建日別と謂ふ。次に、伊岐島を生みき。亦の名は、天比登都柱と謂ふ。次に、津島を生みき。亦の名は、天之狭手依比賣と謂ふ。次に、佐渡島を生みき。次に、大倭豊秋津島を生みき。亦の名は、天御虚空豊秋津根別と謂ふ。故、此の八つの島を先づ生めるに因りて、大八島国と謂ふ。

　然くして後に、還り坐しし時に、吉備兒島を生みき。亦の名は建日方別と謂ふ。次に、小豆島を生みき。亦の名は、大野手比賣と謂ふ。次に、大島を生みき。亦の名は、大多麻流別と謂ふ。次に、女島を生みき。亦の名は、天一根と謂ふ。次に、知訶島を生みき。亦の名は、天之忍男と謂ふ。次に、兩兒島を生みき。亦の名は、天兩屋と謂ふ＜吉備兒島より天兩屋島に至るまでは、并せて六つの島ぞ＞。

【주】

御合 合는 남녀가 관계를 맺는다는 의미의 명사. 결혼.

淡道之穗之狹別島 淡路島를 인격화한 것. 別는 율령제 이전의 5, 6세기경에 황족이나 호족에게 내린 성씨. 이 섬을 최초로 소개하는 것은 지리적 위치상 중요한 지점에 있고, 해산물의 조공지였기 때문이라고 추정된다. 이 섬에는 이자나키를 모신 신궁이 있다.

伊豫 四國의 요충지. 이요가 四國를 의미하는 것은 筑紫가 九州를 의미하는 것과 마찬가지이다.

^{후타나}
二名 두 개의 이름. 각국이 각각 두 개의 이름을 갖고 있다는 것인지, 남녀 양성으로 구성된 각국을 말하는 것인지는 불명.

^{오모테요쯔} ^{오모} ^{오모} ^{만요우슈우}
面四 面로 읽는 것이 일반적이나, 面는 『万葉集』에 사용되어 가어화(歌語化)되어 있기 때문에 '오모테'로 읽어야 한다. 몸 하나에 얼굴이 넷이라는 뜻. 하나의 섬에 4개의 나라가 있다는 것을 의인화한 표현.

^{에히메} ^{에히메현} ^에
愛比賣 愛媛縣. 兄는 연장자의 의미로, 최초로 태어났기 때문에 붙여진 이름. 사랑스러운 여인으로 해석하기도 한다. 이하 ^{아하지시마}淡路島와 ^{사도노시마}佐度島를 제외하면, 모든 섬이 신으로서의 별명이 있다. 섬이면서 신으로 취급된다. 그것이 뒤의 계수에도 관계된다.

^{사누키노쿠니} ^{카가와현}
讚岐國 香川縣.

^{이히요리히코} ^{이히} ^{요리} ^{히코} ^{에히메}
飯依比古 飯는 쌀밥, 依는 영혼이 깃드는 것. 比古는 남자. 愛比賣와 쌍을 이루는 남신으로, 쌀의 혼이 깃들어 있는 신.

^{아하노쿠니} ^{토쿠시마켄} ^{아하}
粟國 德島縣. 粟를 생산하는 나라.

^{오호게쯔히메} ^게
大宜都比賣 宜는 먹는 음식. 곡물을 지배하는 여신.

^{토사노쿠니} ^{코우찌현}
土左國 高知縣.

^{타케요리와케} ^{타케} ^{요리} ^{와케}
建依別 建는 용맹, 依는 달라붙다, 別는 남자의 경칭이나, 원래는 '지방을 나누어 지배하는 자'라는 의미. 성으로 사용되었다. 용맹한 신령이 깃든 남신.

^{오키노미쯔고노시마} ^{오키시마} ^{오키시마}
隱伎之三子島 먼 바다에 있는 섬. 隱伎島. 4개의 섬으로 이루어진 隱伎島는 ^{도우고}島後와 3개의 작은 섬이 모인 ^{도우젠}島前으로 나뉜다. ^{도우젠}島前이 3개의 섬으로 이루어진 것에 기인하여 ^{미쯔코노시마}三子島로 표현한 것으로 보인다.

^{아메노오시코로와케} ^{아메노} ^{오시} ^{코로}
天之忍許呂別 天之는 미칭. 忍는 많다. 許呂는 굳어지다. 많은 섬들이 굳어졌다는 의미.

^{쯔쿠시노시마} ^{큐우슈우} ^{쯔쿠시} ^{쯔쿠시노시마} ^{큐우슈우}
築紫島 九州. 筑紫가 정치·교통의 중심지였기 때문에 築紫島가 九州를

총칭하게 되었다.

筑紫國(쯔쿠시쿠니) 福岡縣(후쿠오카켄). 筑前(찌쿠젠)과 筑後(찌쿠고)로 갈라지기 전의 이름.

面四(오모테요쯔) 그 안에 4개의 섬이 있다 한다. 그 안에 日向(히무카)가 보이지 않는 것에 대해, 熊曾(쿠마소)에 포함되었다는 설도 있으나, 日向(히무카)는 오히려 그러한 국명을 초월하는 의미를 가지고 있었다. 邇邇藝命(니니기노미코토)는 筑紫(쯔쿠시) 日向(히무카)의 高千穗(타카찌호)의 久土布流多氣(쿠지후루타케)로 내려왔고, 神武(진무)는 日向(히무카)에서 동으로 출발하였다. 해를 향하는 곳이라는 신화적인 의미가 부여되어 있다.

白日別(시라히와케) 밝은 해[白日]의 남성[別]. 태양에 연관된 신.

豊國(토요노쿠니) 大分縣(오호이타켄). 豊前(분젠)과 豊後(분고)로 나누어지기 전의 이름.

豊日別(토요히와케) 빛이 풍부한 태양을 의미하는 신.

肥國(히노쿠니) 현재의 長崎縣(나가사키켄)·熊本縣(쿠마모토켄)·宮崎縣(미야자키켄). 肥前(히젠)과 肥後(히고). 해를 마주 보는 곳의 범칭.

建日向日豊久土比尼別(타케히무카히토요쿠지히네와케) 建日向日(타케히무카히)는 해를 향함. 久土比(쿠지히)는 신비한 해. 尼(네)는 친밀하게 부르는 말.

熊曾國(쿠마소노쿠니) 熊本縣(쿠마모토켄)의 남부에서 鹿島縣(카고시마켄)에 걸친 지방. 熊(쿠마)는 원기 왕성함을, 曾(소)는 背(뒤)나 안쪽을 의미한다. 문제는 쿠마소에 日向國(히무카노쿠니)를 포함시키느냐의 여부인데, 천손이 강림한 곳이 이곳이고, 日向(히무카)라는 범칭이 여러 곳에 있는 것으로 미루어 보아, 히무카를 포함한다고 말할 수 있다.

建日別(타케히와케) 용맹한 태양.

伊伎島(이키노시마) 長崎縣(나가사키켄)의 壹岐島(이키노시마).

天比登都柱(아마히토쯔바시라) 바다 한가운데에 있는 섬을 의인화한 이름. 天一柱. 원문의 주에 '天을 읽기를 天과 같이'라고 되어 있다. '天'을 앞의 '高天原'에 붙인 훈주처럼 天(아마)로 읽는다는 것을 나타낸다. '아메노히토쯔하시라'라면, '天之比登都柱'로 표기하면 말의 구성도 명확하여 훈주도 필요

없다. '아마히토쯔-하시라'로, 광활한 하늘 속에 있는 하나의 기둥을 의미하여, 바다 속에 있는 고도를 기둥으로 표상한 것일까.

^{쯔시마}
津島 ^{쯔 시 마}對馬島. ^{이키노시마}壹岐와 더불어 대륙으로 가는 해로의 요충지.

^{아메 노 사 데 요리 히메}
天之狹手依比賣 ^{사 데}狹手는 그물[網]이라고도 한다.

^{사도노시마}
佐度島 ^{니이가타켄}新瀉縣의 ^{사도노시마}佐渡島. 별명이 없다.

^{오호야마토토요아키즈시마}
大倭豊秋津島 본주. ^{오호야마토}大 倭는 대일본. ^{토요}豊는 미칭. ^{아키즈시마}秋津島의 ^{아키}秋는 곡물의 결실. ^쯔津는 격조사. 곡물이 풍부하게 열매를 맺는 야마토의 섬이라는 의미. 본주의 총칭이 아니라, ^{야마토}大和를 중심으로 한 ^{키나이}畿內 지역을 가리키는 말이다.

^{아마 쯔미 소라 토요 아키 즈 네 와케}
天御虛空豊秋津根別 ^{아마 쯔 미 소라}天御虛空는 미칭. 根는 근본을 의미한다. 후에는 ^{야마토}大和의 ^{마쿠라코토바}枕 詞(습관적으로 일정한 말 앞에 놓는 4·5음절의 수식어)로 사용되었다.

^{오호야 시마 쿠니}
大八島國 일본을 가리키는 호칭의 하나. 8은 성수. 대내적인 호칭. 대외적으로는 '야마토'를 칭하였다. 이 호칭에 대응하여 "^{오호야시마}大八州를 통치하시는 천황'이라는 칭이 있다(公式令). 신화적인 국토 생성의 이야기에 대응하여, 그 지배자로서의 천황을 칭한다.

^{야쯔노시마}
八島 ^야八가 실수이므로 ^{야쯔노시마}八島로 읽는다.

^{우메루}
生 원음에 '所生'이라고 있다. '所'는 아래에 동사를 동반하는 연체수식격이 되어, 조동사 '루' '타루'를 나타낸다.

^{카헤리}
還 왜 還가 있는지 미상. 8도를 낳으면서 돌아다니다 오노고로섬으로 돌아와 다시 서쪽을 돈다는 것이 통설이나, 낳으며 돌아다닌다는 것에는 무리가 있다. "이렇게 말을 마치고 결혼하여 낳은 자식은"으로 시작하여 아하지시마 이하를 낳는 것을 이야기하는 문맥에서는 2신의 섬 낳기가 오노고로섬에서 이루어진 것으로 보여, 낳으며 돌아다

닌다는 이해는 이끌어 낼 수 없다.

吉備兒島(키비노코시마) 岡山縣의 兒島 반도로 옛날에는 섬이었다. 瀬戸内海(세토나이카이) 항로의 요충지.

建日方別(타케히카타와케) 미상.

小豆島(아즈키시마) 香川縣(카가와켄)의 小豆島(쇼우도시마). 粟(아하)(조)나 小豆(아즈키)(팥) 등은 곡물에 연유하는 지명.

大野手比賣(오호노테히메) 미상.

大島(오호시마) 山口縣(야먀구치켄)의 屋代島(야시로지마)라는 설도 있으나, 伊豫(이요)의 호족 越智(오찌)씨가 이끌었던 수군의 근거지로, 大山祇(오호야마프카미) 신사가 있는 愛媛縣(에히메켄) 大三島(오호미시마)로 추정된다.

大多麻流別(오호타마루와케) 물이 고인다는 '타마루'. 명의는 미상.

女島(히메시마) 國東(쿠니사키) 반도에 있는 姫島(히메시마).

天一根(아마히토쯔네) 바다 가운데 있는 고도.

知訶島(찌카노시마) 長崎縣(나가사키켄)의 五島(고지마) 열도. 견당사의 기항지.

天之忍男(아메노오시오) 忍(오시)는 많다. 많은 섬으로 이루어졌다는 의미.

兩兒島(후타고노시마) 五島(고지마) 열도의 남쪽에 있는 남녀군도의 男島(오시마)·女島(메시마).

天兩屋(아메후타야) 두 채의 집처럼 보이는 것에서 유래한 섬 이름.

【해석】

그래서 먼저 이자나키노미코토가 "아, 참으로 아름다운 낭자로다."라고 말하고, 뒤를 이어 처 이자나미노미코토가 "아, 참으로 아름다운 낭군이로다."라고 말했다. 이렇게 말을 마치고 결혼하여 낳은 자식이 아하지노호노사와케노시마. 다음에 이요노후타나노시마를 낳았다. 이 섬은 신체 하나에 얼굴이 넷 있고, 얼굴마다 이름이 있다. 그중 이요노쿠니는 에히메라 하고, 사누키노쿠니는 이히요리히코라 하고, 아하노쿠니는 오호게쯔히메라 하고, 토사노쿠니는 타케요리와케라 한다. 다음에 오키노미쯔고노시마를 낳았다. 다른 이름은 아메노오시코로와케. 다음에 쯔쿠시노시마를 낳았다. 이 섬도 역시, 신체 하나에 얼굴이 넷 있고 얼굴마다 이름이 있다. 그중 쯔쿠시노쿠니는 시라히와케라 하고, 토요노쿠니는 토요히와케라 하고, 히노쿠니는 타케히무카히토요쿠지히네와케라 하고, 쿠마소노쿠니는 타케히와케라 한다. 다음에 이키노시마를 낳았다. 다른 이름은 아마히토쯔하시라라 한다. 다음에 쯔시마를 낳았다. 다른 이름은 아메노사데요리히메라 한다. 다음에 사도노시마를 낳았다. 다음에 오호야마토토요아키즈시마를 낳았다. 다른 이름은 아메노미소라토요아키즈네와케라 한다. 그리고 이 여덟 섬을 먼저 낳은 것에 의해, 이 나라를 오호야시마쿠니라 한다.

　그러한 후, 돌아오셨을 때 키비노코시마를 낳았다. 다른 이름은 타케히카타와케라 한다. 다음에 아즈키시마를 낳았다. 다른 이름은 오호노테히메라 한다. 다음에 오호시마를 낳았다. 다른 이름은 오호타마루와케라 한다. 다음에 오미나시마를 낳았다. 다른 이름은 아마히토쯔네라 한다. 다음에 찌카노시마를 낳았다. 다른 이름은 아메노오시오라 한다. 다음에 후타고노시마를 낳았다. 다른 이름은 아메노후타야라 한다.(키비노코시마부터 아메노후타야까지는 합하여 여섯 개의 섬이다.)

【해설】

전집 불구아를 낳은 후 천신의 지시를 구한 두 신은, 부창부수 사상에 따라 다시 결혼하여 일본 열도의 섬들을 낳는 데 성공한다. 이 시행착오는 고대인의 소박한 경험론적 철학이라 할 수 있다. 태어난 섬의 순서가

瀬戸內海를 시작으로 남해의 섬들로 이어지고 있는 것은, 難破를 기점으로 세토나이카이를 거쳐 조선해협에 이르는, 고대 야마토 국가의 대륙 항로와, 그 지배하에 편입되었던 5세기 전후의 국정을 반영하고 있는 것이다. 또한 이 신화와 나니하에서 행해진 八十島祭와의 관련도 생각해 볼 수 있다.

강담 大八島를 비롯한 크고 작은 섬들이 왜 이자나키·이자나미 두 신에 의해 생겨났다고 이야기되고 있는가는 중요한 문제이다. 이자나키가 예로부터 淡路島의 海人 집단이 신앙하는 신이라는 점, 국가 출산의 순서가 아하지시마에서 시작되고 있는 점, 서기에 아하지시마를 태반으로 해서 大八洲를 낳았다고 하는 전승이 있는 점 등을 비추어 볼 때, 이자나키·이자나미가 아하지시마와 그 주변 섬들을 낳았다고 하는 국토출산 설화의 원형이 궁정신화로 되면서 오호야시마를 내용으로 하는 장대한 신화로 발전했을 것이라는 松前建 박사의 주장은 상당한 설득력을 지닌다.

『古事記』는 아하지시마를 시작으로 四國·九州·壹岐·對馬 순으로, 세토나이카이를 거쳐 대륙으로 통하는 항로를 따라서 서쪽으로 나아가고 있다. 하지만 畿內의 동쪽에 관해서는 아무런 고려가 없다. 이 신화는 아하지를 기점으로 형성된 고대의 정치 지도의 모습을 나타내고 있다. 大八島國라는 국호가 사용된 것으로 보아, 이 국토출산 신화는 7세기 후반 이후에 성립된 것으로 생각된다.

또 국명이나 신명에 곡물과 연관된 명칭이 많은 점, 신명에 別라는 이름이 많은 점 등이 주목된다. 와케는 고대 천황의 시호나 황자의 이름에 이용된 와케와 관련이 있는 듯하다. 또한 景行 천황 때의 일로 전해지는 황자 분봉과도 관계된다고 여겨지고 있다.

신전집 이자나키노카미・이자나미노카미가 섬을 낳는 부분이다. 이것을, 열도의 섬들을 그대로 낳은 것으로 받아들일 수는 없다. 지금 세계 전체는 '떠돌고 있을' 뿐이다. 그것을 휘저었을 때 '소금'이 '누적'되어 섬이 되었다. 그로 인해 이자나키・이자나미 두 신이 낳은 것도 섬이 될 수 있었던 것이다. 어떻게 해서 섬이 될 수 있었는가에 대해서, 『고사기』가 구체적으로 서술하고 있는 것은 아니다. 服部中庸의 『三大考』는 "배에서 출산한 것은 작고 미약한 물질이나 그것에 그 둥둥 떠다니는 것들이 모여들어 굳어져 국토로 된 것이다."라고 말하나, 그러한 과정을 구체적으로 생각하는 것은 『고사기』를 떠나, 새로운 국토 생성의 신화를 만드는 일이 되고 만다. 여기에서는 '떠돌고 있는' 중에서 섬이 생성된 것으로 받아들이는 것으로 충분하다.

4. 신의 생성

旣生國竟, 更生神. 故, 生神名, 大事忍男神. 次, 生石土毘古神. _{川石云伊波. 亦毘古 二字以音. 下效此} 次, 生石巢比賣神. 次, 生大戶日別神. 次, 生天之吹男神. 次, 生大屋毘古神. 次, 生風木津別之忍男神. _{訓風云加耶. 訓木以音}

次, 生海神, 名大綿津見神. 次, 生水戶神, 名速秋津日子神. 次, 妹速秋津比賣神. _{自大事忍男神至秋 津比賣神, 幷十神.}

此速秋津日子·速秋津比賣二神, 因河·海持別而, 生神名, 沫那藝神. _{那藝二字以 音. 下效此.} 次, 沫那美神. _{那美二字以 音. 下效此.} 次, 頰那藝神. 次, 頰那美神. 次, 天之水分神. _{訓分云久麻 理. 下效此.} 次, 國之水分神. 次, 天之久比奢母智神. _{自久以下五字 以音. 下效此.} 次, 國之久比奢母智神. _{自沫那藝神至國之久 比奢母智神, 幷八神.}

次, 生風神, 名志那都比古神. _{此神名 以音.} 次, 生木神, 名久久能智神. _{此神名 以音.} 次, 生山神, 名大山津見神. 次, 生野神, 名鹿屋野比賣神. 亦名, 謂野椎神. _{自志那都比古神 至野椎神幷四神.}

此大山津見神·野椎神二神, 因山·野持別而, 生神名, 天之狹土神. _{訓土云豆 知下效此.} 次, 國之狹土神. 次, 天之狹霧神. 次, 國之狹霧神. 次, 天之闇戶神. 次, 國之闇戶神. 次, 大戶或子神. _{訓或云麻刀 比. 下效此.} 次, 大戶或女神. _{自天之狹土神至大 戶或女神. 幷八神也.}

次, 生神名, 鳥之石楠船神. 亦名, 謂天鳥船. 次, 生大宜都比賣神. _{此神名 以音.} 次, 生火之夜藝速男神. _{夜藝二字 以音也.} 亦名, 謂火之炫毘古神, 亦名, 謂火之迦具土神. _{迦具二 字以音.} 因生此子, 美蕃登 _{此三字 以音.} 見炙而病臥在. 多具理邇 _{此四字 以音.} 成神名, 金山毘古神. _{訓金云加 那. 下效此.} 次, 金山毘賣神. 次, 於屎成神名, 波邇夜須毘古神. _{此神名 以音.} 次, 波邇夜須毘賣神. _{此神名 亦以音.} 次, 於尿成神名, 弥都波能賣神. 次, 和久產巢日神. 此神之子, 謂豊宇氣毘賣神. _{自字以下 四字以音.} 故, 伊耶那美神者, 因生火神, 遂神避坐也. _{自天鳥船至豊宇氣 比賣神, 幷八神也.}

凡伊耶那岐・伊耶那美二神共所生島, 壹拾肆島. 又, 神, 參拾伍神.
是, 伊耶那美神, 未神避以前, 所生. 唯, 意能碁呂島者, 非所生. 亦, 蛭子与淡島, 不入子之例也.

【훈】

　既に國を生み竟りて、更に神を生みき。故、生みし神の名は、大事忍男神。次に、石土毘古神を生みき。次に、石巣比賣神を生みき。次に、大戸日別神を生みき。次に、天之吹男神を生みき。次に、大屋毘古神を生みき。次に、風木津別之忍男神を生みき。次に、海の神、名は大綿津見神を生みき。次に、水戸の神、名は速秋津日古神を生みき。次に、妹速秋津比賣神<大事忍男神より秋津比賣神に至るまでは、并せて十はしらの神ぞ>。
　此の速秋津日子・速秋津比賣の二はしらの神の、河・海に因りて持ち別けて、生みし神の名は、沫那藝神。次に、沫那美神。次に、頰那藝神。次に、頰那美神。次に、天之水分神。次に、国之水分神。次に、天之久比奢母智神。次に、国之久比奢母智神<沫那藝神より國之久比奢母智神に至るまでは、并せて八はしらの神ぞ>。
　次に、風の神、名は志那都比古神を生みき。次に、木の神、名は久久能智神を生みき。次に、山の神、名は大山津見神を生みき。次に、野の神、名は鹿屋野比賣神を生みき。亦の名は、野椎神と謂ふ<志那都比古神より野椎に至るまでは、并せて四はしらの神ぞ>。
　此の大山津見神・野椎神の二はしらの神の、山・野に因りて持ち別けて、生みし神の名は、天之狹土神。次に、国之狹土神。次に、天之狹霧神。次に、國之狹霧神。次に、天之闇戸神。次に、国之闇戸神。次に、大戸或子神。次に、大戸或女神<天之狹土神より大戸或女神に至るまでは、并せて八

はしらの神ぞ>。

次に、生みし神の名は、鳥之石楠船神。亦の名は、天鳥船と謂ふ。次に、大宜都比賣神を生みき。次に、火之夜藝速男神を生みき。亦の名は、火之炫毘古神と謂ひ、亦の名は、火之迦具土神と謂ふ。此の子を生みしに因りて、みほとを炙かえて病み臥して在り。たぐりに成りし神の名は、金山毘古神。次に、金山毘賣神。次に、屎に成りし神の名は、波邇夜須毘古神。次に、波邇夜須毘賣神。次に尿に成りし神の名は、彌都波能賣神。次に、和久産巣日神。此の神の子は、豊宇氣毘賣神と謂ふ。故、伊耶那美神は、火の神を生みしに因りて、遂に神避り坐しき<天鳥船より豊宇氣比賣神に至るまでは、并せて八はしらの神ぞ>。

凡そ伊耶那岐・伊耶那美の二はしらの神の共に生める島は、壹拾肆の島ぞ。又、神は、參拾伍はしらの神ぞ<是れは、伊耶那美神の、未だ神避らぬ以前に、生めるぞ。唯に、意能碁呂島のみは、生めるに非ず。また、蛭子と淡島とは、子の例には入れず>。

【주】

大事忍男神 (오호코토오시오노카미, 오호코토) 大事는 대사업의 의미로 이하의 신 낳기를 총괄하여 의미한다. 忍는 大의 轉으로 칭사. 신을 낳는 대사업의 시작을 총괄하는 의미로, 이하의 신들에 앞서 설정한 이름. 결론을 먼저 말하는 『고사기』의 상투적인 수법이 신의 계보에도 사용되었다. 또는 국토 생성의 작업이 끝났음을 칭송하는 의미로 해석할 수도 있다. 이후는 가옥을 만드는 순서에 따라 신이 등장한다.

石土比古神 (이히 쯔지 비 코노카미) 이 신의 이하 大屋毘古神(오호 야 비 코노카미)까지의 신들을 주거에 관한 신으로

보는 설이 유력하다. 그러나 주제로서의 인간은 관심 밖에 있다는 것과, 국토로서의 섬 생성에 이어 자연을 표상하는 신들의 이야기로 이어지는 문맥을 보아도, 주거와 관계 짓는 것은 적절하지 않다. 오히려 자연에 관한 신으로 보는 것이 타당할 것이다.

_{이하 스 히 메노카미} _{이히 쯔지 비 코노카미} _{이하 스 히 메노카미}
石巢比賣神 石土比古神・石巢比賣神는 생성된 섬의 대지 형성을 표상하는 것으로 볼 수 있다.

_{오호 토 히 와케노카미}
大戸日別神 가옥 출입구의 신.

_{아메 노 후 키오노카미}
天之吹男神 지붕을 이는 남신.

_{오호 야 비 코노카미}
大屋毘古神 가옥을 지배하는 남신.

_{카자모쯔 와케 노 오시오노카미}
風木津別之忍男神 배나 지붕에 설치하여 풍향을 아는 바람신. 훈주는 木^목을 木^키가 아닌 木^{모쿠}로 읽으라 했다. '모쿠'를 의미단위로 나누기 어렵기 때문에 한자로 표기하여, 훈주를 붙인 것일까.

_{우미노카미}
海神 이하는 자연에 관한 신이라고 명시되어 있다.

_{오호 와타 쯔 미노카미}
大綿津見神 '오호(위대한)'+'와타(바다)'+'쯔(의)'+'미(신령)'. 바다를 다스리는 신. 바다를 뜻하기도 한다.

_{미나토노카미}
水戸神 '미(물)'+'나(의)'+'토(출입구)'. 하구・해협 등의 물이 드나드는 수문을 담당하는 신.

_{하야아키 쯔 히 코노카미}
速秋津日子神 '하야(세력이 센)'+'아키(입을 연)'+'쯔(항구)'. 하해로 흘러드는 물을 위세 있게 마시는 남신.

_{하야아키 쯔 히 메노카미} _{엔 기 시키} _{노리 토}
速秋津比賣神 『延喜式』의 祝詞에, 바다에 흘러 들어온 부정을 마시는 _{하야아키쯔히메}
速秋津比賣가 등장한다. 부정을 씻어 내는 재계와 관련된 신.

_{카하} _{우미}
河・海 한쪽은 강을, 한쪽은 바다를 담당한다는 의미. '분담하여 낳는다'의 주어는 _{하야아키 쯔 히코노카미}・_{하야아키 쯔 히 메노카미}・_{이 자 나 키노 카미}・_{이 자 나 미노카미}
速秋津日子神・速秋津比賣神・伊邪那岐神・伊邪那美神가 낳는 경우는, 모두 '次生……島(神)'의 형태로 이야기를 진행하는 것

과는 분명히 다른 문형이다.

沫那藝神(아와 나 키노카미) 이하는 물에 관한 신들. 물거품의 신. '泡(아와)'+나기・나미(평정・파도친다). 또는 '아와(거품)'+'나(의)'+'키・미(남・여)'의 의미일지도 모른다.

沫那美神(아와 나 미노카미) 물거품에 생기는 여신. 한 쌍의 남녀 신을 藝(키)와 美(미)로 구분했다.

頰那藝神・頰那美神(쯔라 나 키노카미・쯔라 나 미노카미) 頰(쯔라)는 수면. 那(나)는 격조사. 藝(키)와 美(미)는 남녀의 성. 수면의 남신과 여신.

天之水分神(아메노미쿠마리노카미) 농업용수의 신. 天之(아메노)는 國之(쿠니노)에 대응하는 미칭. 水分(미쿠마리)는 물의 배분에 관여하는 신.

天之久比奢母智神(아메 노 쿠 히 자 모 찌노카미) 久比奢母智는 '쿠히자(쿠히자)'+'모찌'. 久比奢는 쿠미=히사고(물을 담는 호리병)의 생략이라고도 하고, 또 쿠히=히사(손잡이가 달린 국자)라고도 말하나 미상. 母智는 가지다[持]일까. 어쨌든 물에 관계되는 신일 것이다.

志那都比古神(시 나 쯔 히 코노카미) '息(숨)+那(의)+所(토와 같다)+히코'인가. '시나'를 숨이 길다[息長]는 것으로 보는 설도 있으나, 그렇게 하면 '시나가'로 되게 마련이다. 바람 담당의 신.

久久能智神(쿠 쿠 노 찌노카미) 木(나무)+노+精靈(찌).

大山津見神(오호 야마 쯔 미노카미) 大(오호)는 미칭. 山(야마)+쯔(의)+미(신령).

鹿屋野比賣神(카 야 노 히 메노카미) '카야'는 지붕을 이는 풀. 그 풀이 나 있는 들을 다스리는 여신.

野椎神(노즈찌노카미) '野(노)'+'쯔(의)'+'精靈(찌)'. 들신.

四神(요하시라) 인간생활에 관계가 깊은 바람・나무・산・들의 4신.

山野(야마 노) 산야에 관여하는 신. 狹土神(사쯔찌노카미)・狹霧神(사기리노카미)・闇戶神(쿠라토노카미)・大戶或子神(오호토마토히코노카미)・大戶或女神(오호 마 토 히메노카미)가 있다. 그 표상하는 것이 狹霧神(사기리노카미)는 안개로 보이나 기타는 미상.

아메 노 사즈찌노카미
天之狭土神　狭는 신성・청정을 의미하는 접두어. 산야의 토신.

아메 노 사기리노카미
天之狭霧神　안개를 지배하는 신.

아메 노 쿠라토노카미   쿠라
天之闇戸神　闇는 어둠. 또는 어두운 장소로 산과 산 사이의 어두운 곳, 즉 계곡을 뜻한다.

오호토마토히코노카미   코 지 키 덴
大戸或子神　『古事記傳』은 "그 안개 때문에 어둡고, 어둡기 때문에 헤매다."로 해석했다.

토리노이하쿠스후네노카미   토리
鳥之石楠船辛　새처럼 빨리 가는 단단한 녹나무[楠]로 만든 배. 접두어 鳥는 천공과 해상을 자유롭게 날 수 있는 새를 의미한다. 이하의 신은 생산적 요소를 신명에 포함하고 있다. 문화적인 인문신으로 보는 설도 있으나, 일반적으로 인간 세계의 문제로 보아서는 안 된다. 신의 세계가 이자나키노카미・이자나미노카미의 생식으로 이러한 생산적인 신들을 잉태하였고, 그것이 천황이 유지하는 세계의 생산성의 근본이 되어 있다고 말하는 것이다.

아메노토리후네   아메
天鳥船　天는 천의 세계에 속한다는 것을 의미한다. 새처럼 빨리 가는 배.
         아시하라노나카쯔쿠니   타케미카즈찌노카미
후에 葦原中國를 평정할 때 建御雷神를 따라 파견된다. 지상에서 낳
                                            타카마노하라
은 신이 설명도 없이 高天原의 신으로 되어 있다.

오호 게 쯔 히 메노카미   게   게 아하노쿠니
大宜都比賣神　곡물이나 음식물을 담당하는 신. 宜는 食. 粟國의 별명도
                                                                          스 사 노 오노미코토
'오모게쯔히메'이나 그것과는 별신. 이 신은 須佐之男命에게 살해되고, 그 몸에서 누에나 볍씨 등이 생성되었다. 스사노오노미코토가
  이즈 모   타카아마노하라
出雲에 하강하기 전의 일로, 高天原에서 일어난 일이다. 이 또한 지상에서 생성된 신이 타카아마노하라의 신이 된 예이다. 신의 세계로서의 천과 지상은 확연히 배타적 세계를 이루고 있었던 것은 아니다.

히 노 야 기 하야오노카미   히   야기 하야 오
火之夜藝速男神　'火(불)+노(의)+燒+速+男'. 물체를 태우는 화세에 의한 이름.

^{히 노 카카 비 코노카미}
火之炫毘古神 '火'+'노'+'카카(빛나다)'+'비코'. 번뜩이는 불의 위력을 신격화한 신.

^{히 노 카 구 쯔찌노카미}
火之迦具土神 迦具는 향기롭다는 의미로, 물체가 불에 탈 때의 냄새를 신격화한 것. 土의 '쯔'는 격조사. '찌'는 영. 영의 위력을 나타내는 말. 화신이 셋인 것은 전승의 차이로 생각된다. 선-식·물-화의 순서는 배로 식물(곡물이나 음료수)을 운반하여, 그것을 불로 삶고 굽는 것의 연상인 듯하다. 불이 깜박깜박 타는 것의 신격화인가.

^{미 호 토}
美蕃登 美는 미칭. 蕃登는 여음. 男陰와 쌍을 이룬다.

^{야카에테}
炙而 불에 데어서. '에'는 자발의 조동사 '유'의 연용형. 불과 여음의 관계는 절구 같은 나무통에 막대를 비벼서 불을 얻는 발화법이 남녀의 교합을 연상시키는 것에 의한다.

^{타 구 리}
多具理 구토물. 이하는 물건에서 생성되는 신으로 보아야 한다. 제본이 生神이나 多具理라고 물체를 명시하고 있어, 이하와 마찬가지로 물체에서 생긴 신[成神]으로 보아야 한다.

^{카나야마 비 코노카미}
金山毘古神 광산을 의미하는 신. 구토물에서 광산신이 태어난 것은 광석의 녹아 있는 상태가 사람의 구토물과 비슷한 데서 기인한다. 이하 豊宇氣毘賣神까지, 죽음에 즈음한 伊邪那岐神의 몸에서 배출되는 것에서 지상의, 신의 세계의 생산성이 비롯되는 것을 이야기한다.

^{하 니 야 스 비코노카미}
波邇夜須毘古神 波邇는 적황색의 점토. 토기의 재료. 夜須는 반죽하여 끈기 있게 하는 것. 屎의 색과 형상에서 점토를 연상했다.

^{유마리}
尿 소변. '유'는 따뜻한 물. '마리'는 방출하다.

^{미 쯔 하 노 메노카미}
彌都波能賣神 '미'는 물. '쯔하'는 미상. 賣는 여자. 관개의 신.

^{와 쿠 무 스 히노카미}
和久産巢日神 和久는 어리고 싱싱한 것. 産巢는 생산의 신. 젊고 힘이 넘치는 생성의 신. 농업신. 若+무스(생성)+히(영력).

^{토요우 케 비 메노카미}
豊宇氣毘賣神 豊는 미칭. 宇氣는 음식물. 식물을 담당하는 여신.

^{카무사리}
神避 신이 저 세상으로 가는 것. 죽음.

^{토오아마리요시마}
壹拾肆島 14개의 섬. 숫자의 개변을 막기 위하여, 壹, 貳, ^{일 이 삼 사 오 육} 參, 肆, 伍, 陸, 漆, 捌, 玖, 拾으로 쓰는 것을 ^{오호모지}大字라 한다.

^{미소하시라아마리이쯔노카미}
參 拾 伍 神 35명의 신. 실은 40명의 신이다. ^{아메노토리후네}天鳥船부터 ^{토요우 케 비}豊宇氣毘 ^{메노카미}賣神까지의 신도 실은 10명의 신이다. 하지만 같은 이름의 ^{남녀쌍신}對偶神, ^{하야아키 쯔 히코} ^{하야아키 쯔 히 메} ^{오호토마토히코} ^{오호토마토히메} ^{카나야마 비코} ^{카나야마 비 메} 速秋津日子 · 速秋津比賣, 大戸或子 · 大戸或女, 金山毘古 · 金山毘賣, ^{하니야스비코} ^{하니야스비메} ^{이자나미노카미} 波邇夜須毘古 · 波邇夜須毘賣의 4쌍을 각각 1신으로 세고, 伊邪那美神 의 자식이 아닌 ^{토요우케비메}豊宇氣毘賣를 제외하면 35신으로 그 수가 맞는다. '마 리'는 '아마리(남다)'. 섬의 수는 문제가 아니나, 신은 ^{오호코토오시오노카미}大事忍男神부터 ^{토요우 케 비 메노카미}豊宇氣毘賣神까지라면 전부 40신이 된다. 세는 방법을 둘러싸고 제설 이 있으나, '같이 낳은 신'이므로, 물체에서 낳은 ^{카나야마 비 코노카미}金山毘古神 이하는 제외하고, 분담하여 낳은 신도 ^{이 자 나 키노카미}伊邪那岐神 · ^{이 자 나 미노카미}伊邪那美神가 낳은 신이 아니므로 제외한다. 그렇게 하면 ^{오호코토오시오노카미}大事忍男神 이하에서 남는 신은 17 신이 된다. 이것에 섬 중에서 다른 이름을 들어 신격화해서 취급하는 것 18을 더하여, 35신으로 하는 설이 타당할 것이다.

【해석】

　　두 신은 이미 나라 낳기를 마치고, 다시 신을 낳았다. 그렇게 하여 낳은 신의 이름은 오호코토오시오노카미. 다음에 이하쯔찌비코노카미를 낳았다. 다음에 이하스히메노카미를 낳았다. 다음에 오호토히와케노카미를 낳았다. 다음에 아메노후키오노카미를 낳았다. 다음에 오호야비코노카미를 낳았다. 다음에 카자모쿠쯔와케노오시오노카미를 낳았다. 다음에 바다의 신, 오호와타쯔미노카미를 낳았다. 다음에 수문의 신, 하야아키쯔히코노카미를 낳았다. 다음에 이모하야아키쯔히메노카미를 낳았다.(오호코토오시오노카미부터 아키쯔히메노카미까지는, 합하여 10주의 신이다.)

이 하야아키쯔히코・하야아키쯔히메 2주의 신이, 강과 바다를 나누어 담당하여 낳은 신의 이름은, 아와나기노카미. 다음에 아와나미노카미. 다음에 쯔라나기노카미. 다음에 쯔라나미노카미. 다음에 아메노미쿠마리노카미. 다음에 쿠니노미쿠마리노카미. 다음에 아메노쿠히자모찌노카미. 다음에 쿠니노쿠히자모찌노카미(아와나기노카미부터 쿠니노쿠히자모찌노카미까지는, 합하여 8주의 신이다.)

이자나키노카미・이자나미노카미는, 다음에 바람신 시나쯔히코노카미를 낳았다. 다음에 나무신, 쿠쿠노찌노카미를 낳았다. 다음에 산신, 오호야마쯔미노카미를 낳았다. 다음에 들의 신, 카야노히메노카미를 낳았다. 다른 이름은 노즈찌노카미라 한다.(시나쯔히코노카미부터 노즈찌노카미까지는, 합하여 4주의 신이다.)

이 오호야마쯔미노카미・노즈찌노카미 2주의 신이, 산과 들을 나누어 담당하여 낳은 신의 이름은, 아메노사즈찌노카미. 다음에 쿠니노사즈찌노카미. 다음에 아메노사기리노카미. 다음에 쿠니노사기리노카미. 다음에 아메노쿠라토노카미. 다음에 쿠니노쿠라토노카미. 다음에 오호토마토히코노카미. 다음에 오호토마토히메노카미(아메노사즈찌노카미부터 오호토마토히메노카미까지는, 합하여 8주의 신이다.)

이자나키노카미・이자나미노카미가 다음에 낳은 신의 이름은, 토리노이하쿠스후네노카미. 다른 이름은 아메노토리후네라 한다. 다음에 오호게쯔히메노카미를 낳았다. 다음에 히노야기하야오노카미를 낳았다. 다른 이름은 히노카카비코노카미라 하고, 또 다른 이름은 히노카구쯔찌노카미라 한다. 이 자식을 낳았기 때문에, 이자나미노카미는 여음을 데어 아파 누워 있었다. 이때 구토한 것에서 생긴 신의 이름은, 카나야마비코노카미. 다음에 카나야마비메노카미. 다음에 대변에서 생긴 신의 이름은, 하니야스비코노카미. 다음에 하니야스비메노카미. 다음에 소변에서 생긴 신의 이름은, 미쯔하노메노카미. 다음에 와쿠무스히노카미. 이 신의 자식은 토요우케비메노카미라 한다. 그리고 이자나미노카미는, 불의 신을 낳았기 때문에 결국 돌아가셨다.(아메노토리후네부터 토요우케비메노카미까지는, 합하여 8주의 신이다.)

전체적으로, 이자나키・이자나미 2주의 신이 함께 낳은 섬은, 14도이다. 또 신으로서는 35주의 신이다.(이는 이자나미노카미가 아직 돌아가시기 전에 낳은 것이다. 단 오노고로섬은 낳은 것이 아니다. 또 히루코와 아하노시마는 자식의 숫자에 넣지 않는다.)

【해설】

전집 신통보로서는 논리적으로 통일되어 있다고 볼 수 없으나 인간을 둘러싼 자연풍토를 의인화한 신들, 그리고 인간생활에 불가결한 배・음식물・불 등의 신들이 태어난다. 잡다하기는 하나 사물의 형태보다도 용도를 중시한 고대인의 연상력이 작용하고 있다.

집성 이자나키와 이자나미 두 신은 국토 위에 자연신과 문화신을 차례로 낳아 간다. 인간생활에서는 환경이 문화의 표상이다. 고대의 종교적 의례와의 깊은 관계를 배경으로 하는 것이 많다.

강담 이 불의 신의 탄생 이야기는 이미 高木敏雄(타카키토시오) 씨가 이야기한(『비교신화학』 참조) 것처럼, 火鑽臼(히기리우스)(비벼서 불을 일으키기 위한 절구처럼 생긴 나무통)와 火鑽杵(히기리키네)(나무 절굿공이)를 비벼서 불을 일으키는 고대의 발화법을 배경으로 이야기된 것으로 생각된다. 이때 히키리키네는 남근, 히키리우스는 여음으로 비유된다.

신전집 섬을 낳은 후에 신들을 낳는다. 신을 낳는 것을 세계의 성립이란 관점에서 볼 때 인간의 기원에 관한 언급이 없다는 점에 주목하지 않을 수 없다. 당연히 있어야 한다고 생각하는 입장에서 인간의 탄생이 누락되었다는 설, 인간의 탄생이 신들의 탄생으로 바뀌었다는 설 등이 있다. 그러나 중요한 것은, 『고사기』는 인간의 시작을 이야기하지 않는다는 것이다. 그리고 그 점에서 『고사기』의 주제성을 찾아야 할 것이다. 즉 인간 일반을 시야에 포함시키지 않는 것이 『고사기』의 신화적 세계인 것이다. 국토 만물을 이야기하지만 그것 역시 일반적인 세계의 성립을 말하는 것은 될 수 없다. 어디까지나 신들의 세계와 그 신의 계보를 잇는 천황의 세계만이 이야기되는 것이다.

5. 이자나미노미코토의 죽음

故爾, 伊耶那岐命詔之, 愛我那邇妹命乎.^{那爾二字以}^{音. 下效此.} 謂易子之一木乎, 乃匍匐御枕方, 匍匐御足方而哭時, 於御淚所成神, 坐香山之畝尾木本, 名, 泣澤女神. 故, 其, 所神避之伊耶那美神者, 葬出雲國与伯伎國堺比婆之山也.

於是, 伊耶那岐命, 拔所御佩之十拳劍, 斬其子迦具土神之頸. 爾, 著其御刀前之血, 走就湯津石村, 所成神名, 石析神. 次, 根析神. 次, 石筒之男神.^三^{神.} 次, 著御刀本血亦, 走就湯津石村, 所成神名, 甕速日神. 次, 樋速日神. 次, 建御雷之男神. 亦名, 建布都神.^{布都二字以}^{音. 下效此.} 亦名, 豊布都神.^三^{神.} 次, 集御刀之手上血, 自手俣漏出, 所成神名,^{訓漏云}^{久伎.} 闇淤加美神.^{淤以下三字}^{以音. 下效此.} 次, 闇御津羽神.

上件, 自石析神以下, 闇御津羽神以前, 幷八神者, 因御刀所生之神者也.

所殺迦具土神之於頭所成神名, 正鹿山津見神. 次, 於胸所成神名, 淤縢山津見神.^{淤縢二}^{字以音.} 次, 於腹所成神名, 奧山津見神. 次, 於陰所成神名, 闇山津見神. 次, 於左手所成神名, 志藝山津見神.^{志藝二}^{字以音.} 次, 於右手所成神名, 羽山津見神. 次, 於左足所成神名, 原山津見神. 次, 於右足所成神名, 戶山津見神.^{自正鹿山津見神至戶}^{山津見神, 幷八神.} 故, 所斬之刀名, 謂天之尾羽張. 亦名, 謂伊都之尾羽張.^{伊都二}^{字以音.}

【훈】

かれしかくして、伊耶那岐命の詔はく、「愛しき我が那邇妹の命や、子の一つ木に易らむと謂ふや」とのりたまひて、乃ち御枕方に匍匐ひ、御足方に匍匐ひて哭きし時に、御淚に成れる神は、香山の畝尾の木本に坐

す、名は泣澤女神ぞ。故、其の、神避れる伊耶那美神は、出雲國と伯伎國との堺の比婆之山に葬りき。

是に、伊耶那岐命、御佩かしせる十拳の劍を拔きて、其の子迦具土神の頸を斬りき。爾くして、其の御刀の前に著ける血、湯津石村に走り就きて、成れる神の名は、石拆神。次に、根拆神。次に、石筒之男神〈三はしらの神〉。次に、御刀の本に著ける血も亦、湯津石村に走り就きて、成れる神の名は、甕速日神。次に、樋速日神。次に建御雷之男神。亦の名は建布都神。亦の名は豊布都神〈三はしらの神〉。次に御刀の手上に集まれる血、手俣より漏き出でて、成れる神の名は、闇淤加美神。次に、闇御津羽神。

上の件の、石拆神より以下、闇御津羽神より以前、并せて八はしらの神は、御刀に因りて生める神ぞ。

殺さえし迦具土神の頭に成れる神の名は、正鹿山津見神。次に、胸に成れる神の名は、淤騰山津見神。次に、腹に成れる神の名は、奧山津見神。次に、陰に成れる神の名は、闇山津見神。次に左の手に成れる神の名は、志藝山津見神。次に、右の手に成れる神の名は、羽山津見神。次に左の足に成れる神の名は、原山津見神。次に、右の足に成れる神の名は、戶山津見神〈正鹿山津見神より戶山津見神に至るまでは、并はせて八はしらの神ぞ〉。故、斬れる刀の名は、天之尾羽張と謂ふ。亦の名は、伊都之尾羽張と謂ふ。

【주】

那邇妹命 여자를 친근하게 표현한 말. 남편이 처에게 '미코토'를 붙이는 것은 죽은 자에 대한 존경이다. 상대에는 남녀 부처가 대등의 경어를 사용했다. 이자나키가 이자나미를 부른 것을 받는 이하의 문장의 주

어는, 불린 이자나미이다. '謂'는 '오모후'로 읽어도 좋으나, 『고사기』에서는 '이후'로 읽는 것이 보통이다.

^{히토쯔 키}
一つ木 한 사람. ^{일 주}一柱. ^{일 신}一神.

^{하 라 바 히}
匍匐ひ 엎드려 기어 다니며. 통곡하며 사체의 주위를 배회하는 것은 사자에 대한 의례.

^{카구야마}
香山 ^{나 라 켄}奈良縣 ^{사쿠라이 시}櫻井市에 위치한 ^{카 구 야마}香具山.

^{우 네 오}
畝尾 높고 구부러진 언덕. 후에 지명화되었다.

^{코 노 모토}
木本 나무 밑이라는 의미. 후에 지명화되었다.

^{나키사와메노카미}
泣澤女神 ^{나키}泣(우는 것)+^{사하}澤(많다)+^메女. 우는 것의 신격화. 澤는 多의 ^{사와}오오 통자. ^{나키사와}泣澤는 물소리가 나는 늪. 장례식에서 곡을 하는 ^{나키메}哭女를 의미하기도 한다.

^{이즈모노쿠니}
出雲國 ^{시 마 네 켄}島根縣.

^{하하키노쿠니}
伯耆國 ^{톳 토 리 켄}鳥取縣.

^{히 바 노 야 마}
比婆之山 ^{시 마 네 켄}島根縣과 ^{히로시마켄}廣島縣과의 경계에 있는 산.

^{토쯔카쯔루기}
十拳劍 ^{쯔카}拳는 한 주먹의 폭으로 약 10센티미터. 장검을 말한다.

^{유 쯔}
湯津 '많다'라는 설과 '신성하고 청정하다'라는 설이 있다.

^{이하무라}
石村 바위나 돌이 많이 있는 것.

^{이하사쿠노카미}
石柝神 암석을 쪼개거나 자를 정도의 위력을 지닌 신[雷神].

^{네사쿠노카미}
根柝神 바위나 나무의 뿌리까지 자를 수 있는 위력의 신. 위력이 있는 신검인 동시에 뇌신의 성격도 지니고 있다. 뇌는 도검의 영으로 믿었다.

^{이하쯔 노 오노카미}
石筒之男神 암석의 영위를 나타내는 신이나 그 뜻은 미상.

^{미카하야히노카미}
甕速日神 ^{미카}甕는 嚴의 차자. ^{이카}速는 민첩한 위력. ^{하야}日는 영을 뜻함. 엄숙하고 신속한 위령을 지닌 뇌신을 뜻하는 듯하다.

^{히하 야 히노카미}
樋速日神 ^히樋는 ^히火의 ^{차 훈}借訓일까. 타오르는 태양신. 고대에는 불의 근원을

태양이라고 믿었으며, 이것을 지상으로 전달하는 것이 번개라고 믿었다.

建御雷之男神(타케미카즈찌 노 오노카미) 建+御嚴(타케 미이카)+즈(의)+男. 嚴는 세력이 거센 것을 말한다. 뇌신을 의미한다. 이 신은 葦原中國(아시하라노나카쯔쿠니)를 평정할 때 큰 역할을 한다. 이 또한 지상에서 생겨 高天原(타카마노하라)의 신이 된 예이다. 大國主神(오호쿠니누시노카미)가 나라를 양도할 때, 또 神武(진무) 천황이 동정할 때 나타난 도검의 신.

建布都神(타케 후 쯔노카미) 建(타케)는 용맹하다는 의미의 미칭. 布都(후 쯔)는 물건을 벨 때의 소리. 매우 예리한 검이라는 의미.

豊布都神(토요 후 쯔노카미) 豊(토요)는 풍부하다는 의미의 미칭. 布都(후 쯔)는 빛이 비치는 것. 신령의 강림이라는 설도 있다.

手上(타가미) 柄(병). 칼자루.

手俣(타나마타) 타(손)+나(의)+마타(갈라진 곳)로, 손가락과 손가락 사이.

闇淤加美神(쿠라 오 카 미노카미) 闇는 계곡. 淤加美(오 카 미)는 눈. 비를 다스리는 신으로 龍蛇(용사)의 형태를 하고 있다 한다.

闇御津羽神(쿠라 미 쯔 하노카미) 御津羽(미 쯔 하)는 수신. 계곡의 수신.

生(우메루) 본문에서 신들의 출현에는 成(나루)로 표현하는데, 정리함에 있어서는 生(우메루카미) 神로 표현한다. 生(우무)는 모태에서 태어나는 것을 말하는 것이 원칙이고, 물건에 의해서 생성된 신에는 어울리지 않는다. 이곳에서 일부러 生 神(우메루카미)라고 말하는 것은, 생성시키는 주체로서의 伊邪那岐(이 자 나 키)를 의식하여, 마치 生(우무)한 것처럼 말한 것이다. 그리고 그 표현으로 岐(키)·美(미) 두 신이 함께 낳은 전체가 하나의 혈연인 것처럼 받아들이는 것도 의도되어 있다.

所殺(코로사에시) 죽은 신의 몸에서 산신이 태어났다 한다. 이미 산신 大山津見神(오호야마쯔미노카미)가 태어나 있는데, 또 山津見(야마 쯔 미)라는 이름을 가진 신들이 생성된다. 산신이 중복되는데 그 의미는 미상.

正鹿山津見神(마사카야마쯔미노카미) 正鹿(마사카)는 正眞 또는 眞坂. 山津見(야마쯔미)는 산신. 이하의 여덟 신은 모두 산신이다.

淤縢山津見神(오도야마쯔미노카미) 正鹿(마사카)·'오도'는 의미 미상. '오도'는 正眞에 대한 弟(오토)라는 설도 있으나, 기전은 下(오리도)라 했다.

奥山津見神(오쿠야마쯔미노카미) 奥(오)는 端(하시)에 대해 안이라는 의미. 깊은 산을 다스리는 신.

陰(하제) 남자의 음부. 여자의 음부 '호토'와 쌍을 이룬다.

闇山津見神(쿠라야마쯔미노카미) 闇(쿠라)는 협곡. 계곡 신. 여음에서 연상된 것이다.

志藝山津見神(시기야마쯔미노카미) 志藝(시기)는 繁(시게)와 동의. 숲이 우거진 산을 다스리는 신.

羽山津見神(하야마쯔미노카미) 羽(하)는 端(하)로, 산의 가장자리(端山). 산기슭을 의미한다.

原山津見神(하라야마쯔미노카미) 原(하라)는 山裾(산기슭)이 퍼지는 것. 고원을 뜻하는 듯하다.

戸山津見神(토야마쯔미노카미) 戸(토)는 奥(오)에 대해 外(오쿠야마). 奥山에 대응하는 外山(소토야마).

天之尾羽張(아메노오하바리) 天(아메)로 장식되는 것은 천에 속함을 의미한다. 建御雷神(타케미카즈찌노카미)가 葦原中國(아시하라노나카쯔쿠니)의 평정에 파견되는 대목에서, 타케미카즈찌노카미의 부로 등장한다. 이 신도 어떻게 해서 천신이 되었는가에 대한 이야기는 없다. 이 신을 타케미카즈찌노카미의 부신으로 하는 것은 이상하나, 검에서 생성되었으므로 검신의 아들로 한 것이다. '오하바리'는 잘 드는 칼날.

伊都之尾羽張(이쯔노오하바리) 伊都(이쯔)는 날카로운 위세의 미칭.

【해석】

그러자 이자나키노미코토가 "사랑스런 나의 부인이시여. 당신을 자식 하나와 바꾸라는 것인가."라고 말씀하시고, 그대로 이자나미노미코토의 머리맡에 엎드려 기다가, 발치에 엎드려 기면서 울었을 때, 눈물에서 생긴 신은, 카구야마의 우네오의 나무 밑에 진좌해 계시는, 이름이 나키자와메노카미라고 하는 여신이다. 그리고 그 돌아가신 이자나미노미코토는, 이즈모노쿠니와 하하키노쿠니의 경계에 있는 히바노야마에 묻었다.

그러고 나서 이자나키노미코토는 허리에 차고 있던 토쯔카쯔루기를 뽑아서, 그 자식 카구쯔찌노카미의 목을 베었다. 그리하여 그 칼의 끝에 묻은 피가 신성한 돌 더미에 튀어 묻어서 생긴 신의 이름은 이하사쿠노카미. 다음에 네사쿠노카미, 다음에 이하쯔쯔노오노카미(3주의 신). 다음에 칼의 차양에 묻은 피가 또 신성한 돌 더미에 튀어 묻어서 생긴 신의 이름은 미카하야히노카미. 다음에 히하야히노카미, 다음에 타케미카즈찌노오노카미. 다른 이름은 타케후쯔노카미. 또 다른 이름은 토요후쯔노카미(3주의 신). 다음에 칼의 손잡이에 모인 피가 손가락 사이로 흘러내려서 생긴 신의 이름은 쿠라오카미노카미. 다음에 쿠라미쯔하노카미.

이상 이하사쿠노카미부터 쿠라미쯔하노카미까지 합하여 8주의 신은, 칼에 의해서 태어난 신이다.

살해된 카구쯔찌노카미의 머리에서 생긴 신의 이름은 마사카야마쯔미노카미. 다음에 가슴에서 생긴 신의 이름은 오도야마쯔미노카미. 다음에 배에서 생긴 신의 이름은 오쿠야마쯔미노카미. 다음에 남자의 음부에서 생긴 신의 이름은 쿠라야마쯔미노카미. 다음에 왼손에서 생긴 신의 이름은 시기야마쯔미노카미. 다음에 오른손에서 생긴 신의 이름은 하야마쯔미노카미. 다음에 왼발에서 생긴 신의 이름은 하라야마쯔미노카미. 다음에 오른발에서 생긴 신의 이름은 토야마쯔미노카미(마사카야마쯔미노카미부터 토야마쯔미노카미까지는, 합하여 8주의 신이다.) 그리고 카구쯔찌노카미를 베었던 칼의 이름은 아메노오하바리라 한다. 다른 이름은 이쯔노오하바리라 한다.

【해설】

전집 이자나키노미코토가 이자나미노미코토의 죽음을 슬퍼하며, 그 유해를 出雲國와 伯耆國의 국경에 있는 比婆山에 묻은 것, 아내를 죽게 한 火之迦具土神를 베자, 그 피에서 雷와 검(양자는 동일의 영격)의 8신이 화생한 것, 迦具土神의 시체 각 부분에서 산과 관계있는 8신이 화생한 것 등의 삼절로 되어 있다. 시체에서 여러 가지가 화생되는 신화는 중국의 반고 설화도 마찬가지이다.

집성 이자나키노카미는 아내를 죽게 한 화신을 벤다. 그 피에서 도검·번개·물의 신이 화생하고, 또 그 시체에서 산신이 화생한다.

강담 이자나미노미코토를 出雲와 伯耆의 국경에 있는 산에 묻었다는 것은, 黃泉國가 出雲國에 있다는 사상과 관련이 있을 것이다. 이자나키노미코토가 검으로 화신을 베는 이야기는 검의 영위로 불의 맹위를 누른다는 신앙에 의거한 것이다. 迦具土神의 목을 벨 때 튄 피에서 검의 신령인 建御雷之男神와 수신인 闇淤加美神, 闇御津羽神가 생겼다는 이야기의 배후에는, 불에 달군 철을 붉은 불똥이 튀게 두드려서 칼을 만드는 대장 작업을 연상한 것으로 보인다.

카구쯔찌노카미의 시체에서 8주의 산신이 태어났다는 전승을 둘러싸고, 화산이 폭발하는 이야기로 보는 설과, 화전 풍습과 관계 짓는 설 등이 있다. 그러나 카구쯔찌노카미는 뇌화신으로 생각되므로, 산과 천둥과의 관계에 바탕을 둔 전승이라 할 것이다. 또 이 전승은 이자나미노카미의 머리, 가슴, 배, 음부, 왼손, 오른손, 왼발, 오른발에서 여덟 뇌신이 생겼다고 하는 전승과 동형의 화생신화로 그 관계가 주목된다.

신전집 이자나키노미코토가 카구쯔찌노카미의 목을 베어 죽인 후, 그 피에서 또 그 몸에서 신들이 생겼다. 그런 신들을 둘러싸고 칼의 제작과정의 표상이라고 보는 설, 분화 현상의 표상이라고 보는 설 등이 있으나, 이 부분만을 논하는 것은 무의미하다. 전체 문맥으로 볼 때, 칼 또는 분화라는 설을 받아들일 수 없으며 미상이라고 할 수밖에 없다.

6. 황천국

　　於是, 欲相見其妹伊耶那美命, 追往黃泉國. 爾, 自殿縢戶出向之時, 伊耶那岐命語詔之, 愛我那邇妹命, 吾与汝所作之國, 未作竟. 故, 可還. 爾, 伊耶那美命答白, 悔哉, 不速來, 吾者爲黃泉戶喫. 然, 愛我那勢命^{那勢二字以音. 下效此.} 入來坐之事, 恐故, 欲還. 且与黃泉神相論. 莫視我, 如此白而, 還入其殿內之間, 甚久, 難待. 故, 刺左之御美豆良,^{三字以音. 下效此.} 湯津々間櫛之男柱一箇取闕而, 燭一火入見之時, 宇士多加禮許呂々岐弖,^{此十字以音.} 於頭者大雷居, 於胸者火雷居, 於腹者黑雷居, 於陰者析雷居, 於左手者若雷居, 於右手者土雷居, 於左足者鳴雷居, 於右足者伏雷居, 并八雷神, 成居.

　　於是, 伊耶那岐命, 見畏而逃還之時, 其妹伊耶那美命言, 令見辱吾, 卽遣豫母都志許賣,^{此六字以音.} 令追. 爾, 伊耶那岐命, 取黑御鬘投棄, 乃生蒲子. 是摭食之間, 逃行. 猶追. 亦, 刺其右御美豆良之湯津々間櫛引闕而投棄, 乃生笋. 是拔食之間, 逃行. 且後者, 於其八雷神, 副千五百之黃泉軍令追. 爾, 拔所御佩之十拳劍而, 於後手布伎都々,^{此四字以音.} 逃來. 猶追. 到黃泉比良^{此二字以音.} 坂之坂本時, 取在其坂本桃子三箇待擊者, 悉坂返也. 爾, 伊耶那岐命, 告桃子, 汝, 如助吾, 於葦原中國所有, 宇都志伎^{此四字以音.} 靑人草之, 落苦瀨而患惚時, 可助, 告, 賜名號意富加牟豆美命.^{自意至美以音.}

　　最後, 其妹伊耶那美命, 身自追來焉. 爾, 千引石引塞其黃泉比良坂, 其石置中, 各對立而, 度事戶之時, 伊耶那美命言, 愛我那勢命, 爲如此者, 汝國之人草, 一日絞殺千頭. 爾, 伊耶那岐命詔, 愛我那邇妹命, 汝爲然者, 吾一日立千五百產屋. 是以, 一日必千人死, 一日必千五百人生也. 故, 號其伊耶那美神命謂黃泉津大神. 亦云, 以其追斯伎斯^{此三字以音.} 而, 號道敷大神. 亦, 所塞其黃泉坂之石者, 號道反之大神. 亦, 謂塞坐黃泉戶大神. 故, 其

所謂黄泉比良坂者, 今, 謂出雲國之伊賦夜坂也.

【훈】

　是に、其の妹伊耶那美命を相見むと欲ひて、黄泉國に追ひ往きき。爾くして、殿より戸を縢ぢて出で向へし時に、伊耶那岐命の語りて詔ひしく、「愛しき我がなに妹の命、吾と汝と作れる國、未だ作り竟らず。故、還るべし」とのりたまひき。爾くして、伊耶那美命の答へて白さく、「悔しきかも、速く來ねば。吾は黄泉戸喫を爲つ。然れども、愛しき我がなせの命の入り來坐せる事、恐きが故に、還らむと欲ふ。且く黄泉神と相論はむ。我を視ること莫れ」と、如此白して、其の殿の内に還り入る間、甚久しくして、待つこと難し。故、左の御みづらに刺せる湯津々間櫛の男柱を一箇取り闕きて、一つ火を燭して入り見し時に、うじたかれころろきて、頭には大雷居り、胸には火雷居り、腹には黒雷居り、陰には析雷居り、左の手には若雷居り、右の手には土雷居り、左の足には鳴雷居り、右の足には伏雷居り、并せて八くさの雷の神、成り居りき。
　是に、伊耶那岐命、見畏みて逃げ還る時に、其の妹伊耶那美命の言はく、「吾に辱を見しめつ」といひて、卽ち豫母都志許賣を遣して、追はしめき。爾くして、伊耶那岐命、黑き御縵を取りて投げ棄つるに、乃ち蒲子生りき。是を摭ひ食む間に、逃げ行きき。猶追ひき。亦、其の右の御みづらに刺せる湯津津間櫛を引き闕きて投げ棄つるに、乃ち笋生りき。是を拔き食む間に、逃げ行きき。且、後には、其の八くさの雷の神に、千五百の黄泉軍を副へて追はしめき。爾くして、御佩かしせる十拳の劍を拔きて、後手にふきつつ、逃げ來つ。猶追ひき。黄泉ひら坂の坂本に到

りし時に、其の坂本に在る桃子を三箇取りて待ち撃ちしかば、悉く坂を
返りき。爾くして、伊耶那岐命、桃子に告らさく、「汝、吾を助けしが如
く、葦原中国に所有る、うつしき青人草の、苦しき瀬に落ちて患へ惚む
時に、助くべし」と告らし、名を賜ひて意富加牟豆美命と號けき。
　最も後に、其の妹伊耶那美命、身自ら追ひ來つ。爾くして千引の石を
其の黄泉ひら坂に引き塞ぎ、其の石を中に置き、各對き立ちて、事戸を
度す時に、伊耶那美命の言ひしく、「愛しき我がなせの命、如此爲ば、
汝が國の人草を、一日に千頭絞り殺さむ」といひき。爾くして伊耶那岐命
の詔ひしく、「愛しき我がなに妹の命、汝然爲ば、吾一日に千五百の産屋
を立てむ」とのりたまひき。是を以て、一日に必ず千人死に、一日に必
ず千五百人生るるぞ。故、其の伊耶那美神命を號けて黄泉津大神と謂ふ。
亦云はく、其の追ひしきしを以て、道敷大神と號く。亦、其の黄泉坂を塞
げる石は、道反之大神と號く。亦、塞り坐す黄泉戸大神と謂ふ。故、其の
所謂る黄泉ひら坂は、今、出雲國の伊賦夜坂と謂ふ。

【주】

相見(아히미무)　눈으로 직접 보려고. '아히'는 강조의 조자.

黄泉國(요모쯔쿠니)　'요미노쿠니'로도 읽는다. 사자가 사는 나라로, 지하에 있는 부정한 곳으로 여기는 것이 통설이나, 기의 黄泉國는 수평의 세계로 되어 있다. 黄泉는 한어의 차용으로 地中之泉의 의미.

滕戸(토자시도)　원문 등호(滕戸)를 '사시토'로 읽는 설이 유력하나, 그렇다면 자물쇠[錠]를 거는 문을 의미한다. 다만, 殿舍의 문은 대개 자물쇠를 걸게 마련이라 의문이 남는다. 여기서는 문을 잠그고 밖으로 나온 것으로 해

석하고 싶다. 그 맞아들이는 태도는 실내로 안내할 의사가 없음을 나
타내고 있다. 고분의 석관이 있는 곳의 입구. 본장을 하기 전에 임시
로 시체를 안치하는 殯所(모가리)의 입구로 보는 설도 있다.

愛(우쯔쿠시키) 귀여운. 사랑스러운.

作(쯔쿠레루) 伊邪那岐神(이자나키노카미)·伊邪那美神(이자나미노카미)가 행해 온 것은 生(우무)였다. 그것을 지금 作(쯔쿠루)라 한다. '둥둥 떠다니는' 속에서 나라를 낳았[生(우무)]는데, 그것은 나라의 형태를 만든다는 점에서 말한다면 作(쯔쿠루)라고 말할 수 있다. 뒤의 大國主命(오호쿠니누시노카미)의 나라 만들기와 대응한다. 완성하지 못한 나라를 大國主命(오호쿠니누시노카미)가 완성한다.

悔(쿠야시) 자신의 동작에 대해, 그렇게 하지 않았으면 좋았을 것이라고 분하게 생각하는 것. 여기서는 황천의 음식을 먹은 것을 후회한다. 이자나키노미코토가 늦게 온 것을 탓하는 것은 아니다.

黃泉戶(요모쯔헤) 戶(헤)는 부엌으로, 요모쯔쿠니의 음식을 먹는 것을 의미한다. 이것을 먹으면 요모쯔쿠니의 소속이 되기 때문에 돌아올 수 없다고 믿었다.

那勢(나세) 남자를 친근하게 부르는 말. 여자의 경우는 汝妹(나니모).

恐し(카시코시) 남편이 마중 온 것에 대한 아내의 송구스런 마음.

黃泉神(요모쯔카미) 이 신에 대해서는 지금까지 언급되지 않았다. 요모쯔쿠니에 있는 신으로 아시하라나카쯔쿠니와 관계없는 곳에 있는 신으로 볼 수밖에 없다. 요모를 지배하는 신.

美豆良(미즈라) 머리를 좌우로 갈라 귀 근처에서 원형으로 만 남자 머리.

湯津津間櫛(유쯔쯔마구시) 湯津(유쯔)는 신성함. 津間櫛(쯔마구시)는 머리의 측면에 꽂는 빗을 말하는 것인가. 빗살이 많은 빗이라는 설도 있다. 상대의 빗은 대나무로 만든 것이 많으며 주술성을 지닌다.

男柱(오바시라) 빗의 양쪽 끝에 있는 굵은 살.

^{히토쯔비}
一つ火 불은 여러 개를 켜는 것이 정상. 하나는 금기였던 것 같다. 불을 켰다는 것을, 요모쯔쿠니가 어두웠다는 주장의 증거로 보는 것이 통설이나 이는 잘못이다. "들어가 보았다."니까, 실내로 들어가기 위하여 불을 켠 것은 분명하다. 단지 실내가 어두웠을 뿐이다.

^{우 지}
宇士 구더기.

^{타 카 레}
多加禮 모이다. 구더기가 우글거리는 모양.

^{코 로 로 키}   ^{와묘우쇼우}
許呂呂岐 『和名抄』 등에 의해, '코로로쿠'는 '골골'한 소리를 내다, 로 해석하는 것이 보통이나 그것은 병으로 소리가 잘 안 나오는 것을 말하는 것이라 여기에는 맞지 않는다. '코로로쿠'는 데굴데굴 구르며 움직이는 모습으로 보아야 한다. 보이는 이자나미노미코토의 모습은 이상했다. 이것을 이자나미노미코토의 사체의 모습으로 취하는 설도 있으나, 기술되어 있는 것은 어디까지나 요모쯔쿠니에서의 이자나미노미코토의 모습이다. 그것이 더러움으로 가득 찬 것이었다고 말하는 것이다.

^{오호이카즈찌}   ^{와카이카즈찌}   ^{오호} ^{와카}   ^{오호토시노카미}
大 雷 뒤에 나오는 若 雷와 대응하는 신. 大는 若에 대응. 大年神·
^{와카토시노카미}   ^{오호 단나} ^{와카 단나}
若年神. 지금도 大旦那·若旦那 등의 어휘가 쓰이고 있다.

^{호노이카즈찌}
火 雷 번개.

^{쿠로이카즈찌}
黑 雷 검은 번개라 하나 미상.

^{사쿠이카즈찌}
柝 雷 물건을 쪼갤 수 있는 위력을 지닌 뇌신. 여음의 모양과도 관련이 있다.

^{쯔찌이카즈찌}
土 雷 땅을 가를 정도의 위력을 지닌 뇌신.

^{나리이카즈찌}
鳴 雷 천둥.

^{후시이카즈찌}
伏 雷 사람을 엎드리게 할 정도로 무서운 뇌신. 이상의 여덟 신은 이자나미노미코토의 시체의 무서운 형상을 신비적으로 표현한 것. 사쿠

이카즈찌는 여음의 형상을 연상한 것이나, 다른 것은 생성 장소와의 필연성이 보이지 않는다.

成(나루) 화성. 변하여 되는 것. 생기다.

見畏(미카시코미) 보고 무서워져서.

辱(하지) 보지 말라는 금기를 깨고 훔쳐본 것. 사자를 보는 것은 부정한 행위로 금지되었다.

豫母都志許賣(요모쯔시코메) 子母(요미의 교체형)+쯔(의)+志許賣(추악한 여자). 黃泉國의 추악한 여자.

黑御縵(쿠로키미카즈라) '쿠로미카즈라'로 읽는 설도 있으나, 御는 伊邪那美神(이자나미노카미)에 대한 경의이므로, 縵가 검은 것을 말한다고 보아야 온당하다고 보고, '쿠로키미카즈라'로 읽는다. 그 흑색은 산포도 색을 연상한 것일지도 모른다. 식물의 줄기에 구슬 등을 꿴 머리 장식물. 주물로 여겼다.

蒲子(에비카즈라노미) 산포도로 만든 머리 장식물을 내던지자 포도가 열리고, 빗을 내던지자 죽순이 돋아났다. 유사 주술. 포도 덩굴로 만든 가발이 원래의 모습으로 변한 것이다.

笋(타카미나) 竹+蜷(타카 미나)(고둥이나 우렁이)로 죽순. 후에 음편화하여 '타칸나'라 한다. 대나무로 만든 빗이 원래의 자연으로 되돌아간 것이다.

千五百(찌이호) 수가 아주 많은 것.

黃泉軍(요모쯔이쿠사) 황천국의 군사. 악령·사귀의 의인화.

後手(시리헤데) 두 손을 뒤로 하고 행하는 주적 행위일 것이다.

布伎都都(후키쯔쯔) '후쿠'는 후루(흔들다)의 고어. 손을 뒤로 돌리는 행위로, 상대를 괴롭히는 주술의 일종이다.

黃泉比良坂(요모쯔히라사카) 黃泉國(요모쯔쿠니)와 현세와의 경계. 比良(히라)는 平가 아닌 절벽을 의미하는 벼랑[崖]을 뜻한다. 黃泉國(요모쯔쿠니)와 葦原中國(아시하라노나카쯔쿠니) 사이에 있는 언덕. 比良坂(히라사카)를 내려왔다는 것은, 黄泉國(요모쯔쿠니)의 지하설을 부정하는 증거이다. 葦原中國(아시하라노나카쯔쿠니)는 언덕을 내려온 이쪽에, 黄泉國(요모쯔쿠니)는 언덕의 저편에 있는 지상의 세계이다.

坂本(사카모토) 언덕의 중턱.

桃子(모모노미) 중국에서는 예로부터 복숭아에 사귀를 쫓는 영력이 있는 것으로 믿어 왔다.

待擊(마찌우찌) 복숭아 열매를 내던졌다고 말하는 것인지에도 관계된다. 서기 일서에는 내던졌다고 되어 있으나, 기에서 '우쯔'로 말할 때는 상대를 격멸하는 것이라, 여기서는 다르다고 생각된다. 뒤에 복숭아에 이름을 붙이고 있으므로 보통 물체와는 다르다. 내던지거나 하는 물건이 아니라 복숭아가 주력을 발휘하여 돕는 것이다. 이 점에서 '마찌우찌'는 적절하지 않다.

葦原中國(아시하라노나카쯔쿠니) 여기서 처음으로 등장한다. 요모쯔쿠니라는 타계와 관계하는 세계로 불린 것이다. 이 칭호에는 생명력이 가득한[葦原] 중심[中]의 지상세계[國]라는 의미가 있다. 종전에는 무성한 갈대밭 가운데에 있는 나라, 천상의 타카아마노하라와 지하의 요모쯔쿠니의 중간에 있는 현실세계라는 것이 통설이었다.

宇都志伎(우쯔시키) 신적인 것이 아닌 것을 우쯔시라 한다. 신의 세계에 포함되나 신이 아닌 존재. 현실세계의 인간에 연결되는 아오히토쿠사로, 지금까지 출현이 이야기된 일이 없다. 여기서 처음 이미 존재하는 것으로 언급된다. 출현을 이야기하지 않은 것은 주제가 신을 이야기하는 것이고, 인간은 관심 밖이기 때문이다.

靑人草(아오히토쿠사) 창생의 일본어 역. 인민. 사람이 태어나서 점점 성장해 가는 것을 푸릇푸릇한 풀의 무성함에 비유한 것.

瀨(세) 어떤 사건이 생기는 특정한 시기.

오호카무즈미노미코토
意富加牟豆美命　意富는 크다. '카무'는 신. '즈'는 조사. '미'는 신령.

모토
最　'이야하테니'로 읽는 설이 유력하나, 뒤의 '후'를 시간을 의미하는 '노찌'로 읽어, '모토모노찌니'로 읽는 것이 어울린다.

찌비키
千引　천 명이 끌어야 움직일 수 있을 만큼 큰 바위.

히키후사기
引塞　'사후'로 읽는 것이 유력하나, '사후'는 통행을 막는 것에 중점이 있어, '이하'를 목적격으로 취하지 않는다. 경계를 물체로 막는다는 의미로 해서 '후사구'로 읽는다.

코토도　코토　　도　　노리토　　토코히도
事戸　事는 다른 것. 戸는 祝詞의 '토', 詛戸의 '도'로 주적 언어를 의미한다. 부부의 절연을 선언하는 말로 해석할 수 있다.

이마시노쿠니　　　　　　아시하라나카쯔쿠니
汝國　당신의 나라. 즉 葦原中國.

우부야
産屋　아기를 낳기 위하여 만든 작은 집. 산실을 세운다는 것은 출산을 뜻한다. 하루에 천 명이 죽고, 천오백 명이 태어난다는 것은 인구의 증식으로 생각되나, 생과 사의 투쟁으로 보면 생이 우월하다는 생사관의 이야기이다. 이자나미노미코토가 인간을 요모쯔쿠니로 데려간다고 말하지 않은 것에서, 이자나미노미코토의 힘이 아시하라노나카쯔쿠니에 영향을 미친다는 것이지, 요모쯔쿠니가 곧 사자의 세계는 아님을 알 수 있다.

찌시키노오호카미
道敷大神　길을 뒤쫓아 가서 잡는 대신. '찌시키'는 길을 차지한다는 의미.

찌가에시노오호카미
道反之大神　길에서 이자나미노미코토를 요모쯔쿠니로 되돌려 보낸 신. 고대인은 반석이 악령을 쫓아내는 주력을 지닌다고 믿었다.

요모쯔도
黃泉戸　황천국의 입구.

이마
今　신의 세계와 현실세계의 연결을 확인하는 말. 이 현실은 신의 세계에 기반을 둔다고 말하는 것이다. 『出雲風土記』의 黃泉坂·黃泉穴라는 굴을 이것과 결부시키는 것이 통설이나 별 의미가 없다. 기의 요모쯔

쿠니는 어디까지나 신화적 세계이다.

伊賦夜坂(이후야사카) 어디인지 미상이나 島根縣(시마네켄) 八速郡(야쯔카군)에 揖屋神社(이후야진자)가 있다.

【해석】

그런데 이자나키노미코토는 처 이자나미노미코토를 만나고 싶다고 생각하고 요모쯔쿠니로 뒤쫓아 갔다. 그리고 이자나미노미코토가 어전에서 문을 잠그고 마중 나왔을 때, 이자나키노미코토는 말을 걸며 "사랑스러운 나의 아내 미코토여, 나와 당신이 만든 나라는 아직 다 완성되지 않았다. 그러니 돌아와 주었으면 한다."라고 말씀하셨다.

이에 대해 이자나미노미코토가 답하여 "애석한 일입니다. 당신이 빨리 오지 않았기 때문에, 저는 요모쯔쿠니의 부엌에서 삶은 것을 먹고 말았습니다. 그렇다 해도, 사랑하는 저의 남편 미코토께서 이 나라에 오신 것은 참으로 황송한 일이므로 돌아가려 생각합니다. 잠시 요모쯔카미와 상의해 보겠습니다. 그동안에 저를 보지 말아 주십시오."라고 말하고 어전 안으로 되돌아갔지만, 그 시간이 너무 길어서 남신은 참을 수가 없었다.

그래서 왼쪽 머리에 꽂고 있던 신성한 빗 가장자리의 굵은 빗살을 하나 뜯어내어, 그것에 하나의 불을 붙여 어전 안으로 들어가 보았는데, 이자나미노미코토의 몸에는 구더기가 꾀어서 데굴데굴 구르며 움직이고 있었고, 머리에는 오호이카즈찌가 있고, 가슴에는 호노이카즈찌가 있고, 배에는 쿠로이카즈찌가 있고, 여음에는 사쿠이카즈찌가 있고, 왼손에는 와카이카즈찌가 있고, 오른손에는 쯔찌이카즈찌가 있고, 왼발에는 나루이카즈찌가 있고, 오른발에는 후스이카즈찌가 있어, 합하여 8종의 뇌신이 생겨 있었다.

그런데 이자나키노미코토가 그 모습을 보고 두려워 요모쯔쿠니에서 도망쳐 돌아올 때, 처 이자나미노미코토는 "잘도 나에게 창피를 주셨습니다."라고 말하고, 즉시 요모쯔쿠니의 시코메를 보내어 그 뒤를 쫓게 했다. 그러자 이자나키노미코토가 검은 머리장식물을 취하여 던져 버렸는데, 즉시 산포도의 열매가 열렸다. 이것을 시코메가 주워서 먹는 사이에 이자나키노미코토는 도망쳐 갔으나, 다시 뒤쫓아 왔다. 다시 오른쪽 머리에 꽂고 있던 신성한 빗의 빗살을 꺾어 뽑아 내던져 버리자, 즉시 죽순이 돋아났다. 그것을 시코메들이 뽑아서 먹고 있는 사이에 이자나키노미코토는 도망쳐 갔다.

그러자 그 후에, 이자나미노미코토는 그 여덟 종의 뇌신에게 많은 요모쯔 군사를 딸려서 이자나키노미코토를 뒤쫓게 하였다. 그러자 이자나키노미코토는 허리에 차신 '토쯔카쯔루기'라는 장검을 뽑아 그것을 뒤로 잡고 흔들면서 도망쳐 갔으나, 뇌신들은 계속 뒤쫓아 왔다. 요모쯔히라의 기슭에 도착했을 때에, 이자나키노미코토는 그 언덕 기슭에 나 있는 복숭아의 열매 셋을 따서 맞아 치자, 모두 언덕을 도망쳐 되돌아갔다.

그러자 이자나키노미코토는 복숭아 열매에게 "너는 나를 도와주었듯이, 아시하라노나카쯔쿠니에 사는 모든 생명이 있는 사람들이 어려운 일을 만나 괴로워하고 고통스러워할 때에 도와주거라."라고 말씀하시고, 복숭아 열매에게 이름을 하사하여 오호카무즈미노미코토라 하였다.

최후에는 그 처 이자나미노미코토 자신이 쫓아왔다. 그러자 이자나키노미코토는 천 명이 끌어야 겨우 움직일 정도의 거대한 바위를 끌어다 그 요모쯔히라사카를 막고 그 바위를 사이에 두고 각각 서로 마주보며 부부의 인연을 끊는 말을 건넸을 때, 이자나미노미코토는 "사랑하는 나의 남편이시여, 당신이 이런 일을 한다면 나는 당신이 사는 나라의 인간을 하루에 천 명씩 교살하겠습니다."라고 말했다. 이에 대해 이자나키노미코토는 "사랑하는 나의 아내이시어, 당신이 그런 일을 한다면 나는 하루에 천오백 개의 산실을 세우겠다."라고 말씀하셨다. 이런 연유로 이 세상에서는 하루에 반드시 천 명이 죽고 천오백 명이 태어나는 것이다. 그래서 그 이자나미노미코토를 요모쯔오호카미라고도 한다.

또 이자나키노미코토를 뒤쫓은 것에 의해 찌시키노오호카미라고 이름 한다고도 한다. 또 그 요모쯔쿠니의 언덕을 막았던 바위는 찌가에시노오호카미라 이름하고, 길을 막고 계시는 요모쯔토노오호카미라고도 한다. 또 위에서 말한 요모쯔히라사카는 현재의 이즈모노쿠니의 이후야사카라 한다.

【해설】

전집 신화의 무대가 사자의 세계 黃泉國(요모쯔쿠니)로 변한다. 伊邪那岐(이자나키)·伊邪那美(이자나미) 두 신의 생과 사의 투쟁을 통하여, 黃泉國(요모쯔쿠니)의 양상, 죽음의 부정에 대한 공포, 부정의 기피와 그것을 씻어 내리는 주술, 사자보다 생자가 우월하다는 생사관 등이 환상적으로 그려져 있다. 이 요모쯔쿠니 이야기의 원상을 고고학적 관점에서 고분의 내부로 보는 설과 민속학적 관점에서 본장을 치르기 전에 일정 기간 사체를 임시로 모셔 두고 조문하는 '모가리(殯)' 의례로 보는 설이 있다. 현재는 후자가 유력하나 전자의 설도 버리기 어렵다.

집성 '보지 말라'는 금기를 범한 이자나키가 본 것은 이자나미의 시체에 화생해 있는 여덟 뇌신이었다. 시체가 공포의 대상인 동시에 금기를 범한다는 것이 얼마나 무서운 결과를 초래하는지를 나타내고 있다.

강담 천상계의 高天原(타카아마노하라), 지상계의 葦原中國(아시하라노나카쯔쿠니)에 대해 黃泉國(요모쯔쿠니)는 하계로 여겨져 사자가 가는 부정의 암흑세계로 여겨졌다. 이자나키가 여신을 만나기 위하여 요모쯔쿠니에 가는 이야기는 고대에 귀인이 죽었을 때 행해졌던 빈궁의례(본장례 전의 임시 빈소)를 배경으로 하여 형성된 것이라 여겨지고 있다. 요모쯔쿠니의 음식을 먹었기에 돌아올 수 없다는 내용은, 같은 음식물을 먹음으로써 친밀한 관계가 유지된다고 하는 사상에 기인하고 있다.

'보지 말라'는 금기를 깨고 남신이 여신의 시체를 보는 것은 육친을 장사 지낸 후, 근친자가 시체를 보러 가는 풍습과 관련한다. 여신의 몸에서 뇌신이 생겨났다는 내용은 사령(死靈)에 대한 공포심을 구체적으로 말한 것으로 보인다. 시코메와 요모쯔쿠니의 군사들이 추격해 오는 이야기는 사령이나 죽음의 부정에 대한 무서움을 이야기한 듯하다. 이처럼 물건을 던지며 도주하는 형태의 설화는 세계적으로 넓게 분포되어 있으며, 주적(呪的) 도주설화라 한다.

복숭아 열매를 던져서 사령을 퇴치하는 이야기는 복숭아나무에 사기를 쫓는 주력이 있다고 믿는 중국 사상에 의한 것이다. 또 큰 바위를 끌어다 막았다는 이야기는 암석이 사기와 악령의 침입을 막는다는 고대 신앙에 의한 것이다. 두 신이 부부의 연을 끊은 후에는 이자나키는 삶의 신, 이자나미는 죽음의 신이 되어 대립한다. 이 부분은 인간의 생과 사의 기원을 다룬 신화로 볼 수 있다.

신전집 이자나키의 요모쯔쿠니행은, 그곳에 이자나미가 있다는 자명한 사실을 근거로 지극히 당연한 행위인 것처럼 그려져 있다. 그러나 이자나미는 전단에서 比婆之山^{히바노야마}에 장사 지냈다고 했을 뿐, 요모쯔쿠니에 대한 어떤 언급도, 애초에 요모쯔쿠니라는 세계가 어떻게 성립되었는지에 대한 설명도 없다. 이미 존재하는 곳, 갈 수 있는 곳으로 이야기되는 이러한 구성은 요모쯔쿠니만이 아니라 根之堅州國^{네노카타스쿠니}나 綿津見神國^{와타쯔미카미노쿠니}의 경우도 마찬가지이다.

이야기는 葦原中國^{아시하라노나카쯔쿠니}에 관련된 것만을 이야기하고, 이와 관련되지 않은 것은 이야기하지 않고 있다. 그러한 원칙으로 보면 이해가 쉽다. 요모쯔쿠니는 지하설이 유력하지만, 그러한 미증은 인정할 수 없다. 아시하라노나카쯔쿠니와 같은 지상의 세계이고, 그 세계와의 관계에서 아시하라노나카쯔쿠니는 성립한다.

요모쯔쿠니를 지하세계로 보는 관점이 통설로 되어 있으나, 坂本^{사카모토}라는 표현으로 미루어 볼 때, 아시하라노나카쯔쿠니와 요모쯔쿠니는 같은 지상세계라 할 수 있다. 또 요모쯔쿠니를 사자의 세계로 보는 통설도 인정하기 힘들다. 이야기에 근거해 볼 때, 요모쯔쿠니에 있는 이자나미의 힘이 아시하라노나카쯔쿠니에까지 미치는 것으로 인해(두 세계는 바위를 사이로 격리되어 있으나, 그러한 관계는 남는다.) 아시하라노나카쯔쿠니의 신이 아닌 인간은 죽어야 하는 것이다. 그러한 세계 관계를 통하여 아시하라노나카쯔쿠니가 하나의 세계로서 성립되고 있다는 것을 이야기하고 있다.

7. 미소기

是以, 伊耶那伎大神詔, 吾者, 到於伊那志許米志許米岐.$^{此九字}_{以音}$ 穢國而在祁理.$^{此二字}_{以音}$ 故, 吾者, 爲御身之禊而, 到坐竺紫日向之橘小門之阿波岐$^{此三字}_{以音}$原而, 禊祓也. 故, 於投棄御杖所成神名, 衝立船戶神. 次, 於投棄御帶所成神名, 道之長乳齒神. 次, 於投棄御囊所成神名, 時量師神. 次, 於投棄御衣所成神名, 和豆良比能宇斯能神.$^{此神名}_{以音}$ 次, 於投棄御褌所成神名, 道俣神. 次, 於投棄御冠所成神名, 飽咋之宇斯能神.$^{自字以下}_{三字以音}$ 次, 於投棄左御手之手纏所成神名, 奧疎神.$^{訓奧云於伎. 下效此.}_{訓疎云奢加留. 下效此}$ 次, 奧津那藝佐毘古神.$^{自那以下五字以}_{音. 下效此也}$ 次, 奧津甲斐弁羅神.$^{自甲以下四字}_{以音. 下效此}$ 次, 於投棄右御手之手纏所成神名, 辺疎神. 次, 辺津那藝佐毘古神. 次, 辺津甲斐弁羅神.

右件, 自船戶神以下, 辺津甲斐弁羅神以前, 十二神者, 因脫著身之物所生神也.

於是, 詔之, 上瀨者, 瀨速. 下瀨者, 瀨弱而, 初於中瀨墮迦豆伎而滌時, 所成坐神名, 八十禍津日神.$^{訓禍云摩}_{賀. 下效此}$ 次, 大禍津日神. 此二神者, 所到其穢繁國之時, 因汚垢而所成神之者也. 次, 爲直其禍而所成神名, 神直毘神.$^{毘字以音}_{下效此}$ 次, 大直毘神. 次, 伊豆能賣.$^{并三神也. 伊}_{以下四字以音}$ 次, 於水底滌時, 所成神名, 底津綿津見神. 次, 底筒之男命. 於中滌時, 所成神名, 中津綿津見神. 次, 中筒之男命. 於水上滌時, 所成神名, 上津綿津見神.$^{訓上云}_{宇閇}$ 次, 上筒之男命. 此三柱綿津見神者, 阿曇連等之祖神以伊都久神也.$^{伊以下三字}_{以音. 下效此}$ 故, 阿曇連等者, 其綿津見神之子, 宇都志日金析命之子孫也.$^{宇都志三}_{字以音}$ 其底筒之男命・中筒之男命・上筒之男命三柱神者, 墨江之三前大神也.

於是, 洗左御目時, 所成神名, 天照大御神. 次, 洗右御目時, 所成神名, 月讀命. 次, 洗御鼻時, 所成神名, 建速須佐之男命.$^{須佐二}_{字以音}$

右件, 八十禍津日神以下, 速須佐之男命以前十柱神者, 因滌御身所生者也.

【훈】

是を以て、伊耶那伎大神の詔はく、「吾は、伊那志許米、志許米岐穢き國に至りて在りけり。故、吾は御身の禊を爲む」とのりたまひて、筑紫の日向の橘の小門の阿波岐原に至り坐して、禊祓しき。故、投げ棄つる御杖に成れる神の名は、衝立船戸神。次に、投げ棄つる御帯に成れる神の名は、道之長乳歯神。次に、投げ棄つる御嚢に成れる神の名は、時量師神。次に、投げ棄つる御衣に成れる神の名は、和豆良比能宇斯能神。次に、投げ棄つる御褌に成れる神の名は、道俣神。次に、投げ棄つる御冠に成れる神の名は、飽咋之宇斯能神。次に、投げ棄つる左の御手の手纒に成れる神の名は、奥疎神。次に、奥津那藝佐毘古神。次に、奥津甲斐弁羅神。次に、投げ棄つる右の御手の手纒に成れる神の名は、邊疎神。次に、辺津那藝佐毘古神。次に、辺津甲斐弁羅神。

右の件の、船戸神より以下、邊津甲斐弁羅神より以前の、十二はしらの神は、身に著けたる物を脱きしに因りて生める神ぞ。

是に、詔はく、「上つ瀬は、瀬速し。下つ瀬は、瀬弱し」とのりたまひて、初めて中つ瀬に堕ちかづきて滌ぎし時に、成り坐せる神の名は八十禍津日神。次に、大禍津日神。此の二はしらの神は、其の穢れ繁き國に到れる時に、汚垢れしに因りて成れる神ぞ。次に、其の禍を直さむと爲て成れる神の名は、神直毘神。次に、大直毘神。次に、伊豆能賣<并せて三はしらの神ぞ>。次に、水底に滌ぎし時に、成れる神の名は、底津綿津見

神。次に、底筒之男命。中に滌ぎし時に、成れる神の名は、中津綿津見神。次に中筒之男命。水の上に滌ぎし時に、成れる神の名は、上津綿津見神。次に、上筒之男命。此の三柱の綿津見神は、阿曇連等が祖神と以ちいつく神ぞ。故、阿曇連等は、其の綿津見神の子、宇都志日金析命の子孫ぞ。其の底筒之男命、中筒之男命、上筒之男命の三柱の神は、墨江の三前の大神ぞ。

是に左の御目を洗ひし時に、成れる神の名は天照大御神。次に、右の御目を洗ひし時に、成れる神の名は、月讀命。次に、御鼻を洗ひし時に、成れる神の名は建速須佐之男命。

右の件の八十禍津日神より以下、速須佐之男命より以前の十柱の神は、御身を滌ぎしに因りて生めるぞ。

【주】

大神 天照大御神의 조상신이라 大神라 했다.

伊那志許米志許米岐 '이나시코메'는 삽입구. '이나'는 감동사. '시코메'는 형용사 '시코메시'('醜=시코'에 접미사 '메'를 붙인 것)의 어간. 이러한 감동어법의 경우, 어간의 말미는 상성이 된다. 伊那는 부정의 감탄사. 萬葉集는 不許·不聽·不欲라 했다. 醜目醜目岐는 추악하다는 의미의 형용사 '시코메시'를 되풀이한 것. 추하고 더러운.

禊 '미소기'는 부정을 물로 씻어 내 깨끗이 한다는 의미. '미'는 몸[身], '소기'는 '스스구'의 교체형으로서의 '소소구'를 생각한 위에, '미소소기'가 '미소기'로 된 것으로 볼 수 있다. 注く 와는 다른 濯ぐ이다.

竺紫日向 竺紫는 九州. 日向는 宮崎縣이라는 설이 있다. '해를 마주 본다'

는 뜻으로도 해석한다. 토지에 실제로 의미가 있는 것이 아니라 재계하는 곳이 해를 향한다는 이미지를 부여하는 것에 있다. '쯔쿠시노 히무카'라는 어법은 정형구로 되어 있다.

橘(타찌바나) 생명을 상징하는 식물. 宮崎縣(미야자키켄) 지역으로 비정하는 설이 있으나, 어디라고 정하는 데 의미가 있는 것은 아니다.

小門(오도) 작은 수문. 좁은 해협.

阿波岐原(아하키하라) 阿波岐(아하키)는 의미 불명의 식물. 상록수·떡갈나무로 보는 설도 있다.

投棄(나게우쯔루) 내던지다. 장신구를 내던지는 것은 黃泉(요모쯔)의 부정을 털고 재계하기 위해 전라가 되는 과정이다.

衝立船戸神(쯔키타쯔후나토노카미) 衝立(쯔키타쯔)는 지팡이를 꽂아 세우는 것에서 연상된 말. 船戸(후나토)는 구나토와 마찬가지로 길이 구부러진 모퉁이를 의미한다. 길모퉁이에 서 있는 도표. 여행의 신이라는 설이 있다. 지팡이는 악령의 침입을 막아준다. 이하의 6신을 육로의 신으로 보는 설이 유력하다. 다만 飽咋(아키쿠히)와 죽순이나 산포도를 먹은 이야기와 대응시키는 것을 포함하여, 요모쯔쿠니에서의 도주를 관련시켜 보는 설도 버리기 어렵다.

道之長乳齒神(미찌노나가찌하노카미) 長乳(나가찌)는 道長(미찌나가)의 의미. 긴 허리띠의 연상. 길을 관장하는 바위신. '하'는 미상.

御囊(미후쿠로) 여행구를 넣는 자루.

時量師神(토키하카시노카미) 표기상 시간과 유관한 신으로 추정된다. 자루의 식료 등을 헤아려 본다는 의미로도 생각할 수 있다.

御衣(미케시) 위에 입는 옷.

和豆良比能宇斯能神(와즈라히노우시노카미) 災厄(와즈라히)+노+主(누시). 질병과 번민의 신. 옷이 몸에 감기는 것에서 연상된 신.

褌(하카마) 가랑이가 갈라진 남자용 하의. 여자용은 裳(모)라 한다.

道俁神(찌마타노카미) 道俁(찌마타)는 길이 갈라지는 곳. 갈라지는 길을 담당하는 신. 하카마의 모양에서 연상한 듯하다.

冠(카가후리) 뒤집어쓰다. 중국풍의 관이 아니라 단순히 머리에 쓰는 것.

飽咋之宇斯能神(아키구히노우시노카미) 입을 벌려 죄나 부정을 먹어 버리는 신. 飽咋(아키구히)(싫도록 먹는다)+노+主(우시).

手纒(타마키) 손목에 감는 장신구. '타마키'에서 바다와 유관한 여섯 신이 나타난 것은 '타마키'의 구슬이 해신의 소유물이라는 신앙에 의한다.

奧疎神(오키자카루노카미) 이하 세 신의 奧(오키)는 邊(헤)와 대응한다. 부정이 먼 바다로 흘러간다는 의미의 신명. 奧疎(오키자카루)는 沖(오키)보다 더 떨어진 곳. 이하는 해로의 신이라는 설이 유력하나, 앞의 6신이 육로이고 이들이 해로라는 것만으로는 전체 맥락을 잘 알 수 없다.

奧津那藝佐毘古神(오키쯔나기사비코노카미) 奧(오키)는 먼 바다의 沖. 那藝佐(나기사)는 물가[渚]. 파도가 밀려오는 둔치를 다스리는 남신.

奧津甲斐弁羅神(오키쯔카히베라노카미) 甲斐(카히)는 山峽(야마카히) 등의 間, 辨(베)는 가장자리[邊]. 바다와 육지 사이를 담당하는 신.

邊疎神(헤자카루노카미) 이하 3신은 奧(오키)를 邊(헤)와 대응시키는 신이다.

十二神(토하시라아마리후타하시라) 전반의 여섯 신은 육로의 신, 후반의 여섯 신은 해로의 신.

生神(우메루) 成神(나레루카미)를 生神(우메루카미)로 표기하는 것은 伊邪那岐神(이자나키노카미)가 출현시킨 것에 역점을 둔 표현이다.

上瀨(카미쯔세) 상류. 상·중·하로 나누는 것은 성수관념 3에 의한 발상. 海人(아마)의 전승에 많이 보인다.

墮(오찌) 천천히 물에 들어가는 것이 아니라, 갑자기 풍덩하고 뛰어드는 것을 나타낸다.

迦豆伎(카즈키) 물속에 들어가 잠기는 본격적 재계 행위.

滌ぎ(스스기) 부정을 씻어 내기 위해 물로 몸을 씻는 것.

所成坐神(나리마세루카미) 생겨난 신. 이곳에서만 所成坐神(나리마세루카미)라고 하며, 坐(마세루)가 사용된 것이 특이하다. 다른 곳에서는 모두 所成神(나리마세루카미)로 되어 있다. 오기일 수도 있다.

八十禍津日神(야소마가쯔히노카미) 여기부터 禊(미소기)에 의해서 생성되는 신이다. 처음에는 화를 부르는 신이 생성된다. 多數(야소)+禍(마가)+쯔(의)+靈力(히). 잘못된 일·흉사·재액을 뜻한다. 흉사를 담당하는 신으로, 인생의 흉사를 바로잡아 준다는 설도 있다.

大禍津日神(오호마가쯔히노카미) 大(위대한)(오호)+禍(마가)+쯔+히. 흉사를 담당하는 신.

穢繁國(케가레시게키쿠니) 黃泉國(요모쯔쿠니). 더럽고 부정한 곳이라는 의미.

汚垢(케가레) 명사 '케가레'로 읽는 것이 보통이나 여기서는 동사로 본다. '因汚垢而'를 '케가레시니요리테'라고 읽는다. 요모쯔쿠니에서 더러워진 몸을 씻었을 때 생성된 신이라는 것이다.

禍(마가) 흉사·화근·잘못된 일.

爲直(나오사무) 흉사나 화근을 원래 상태로 되돌리는 것.

神直毘神(카무나호비노카미) 神(카무)는 미칭. 중심은 直毘(나호비)(화를 고치는 영력)에 있다.

大直毘神(오호나호비노카미) 直(나호)는 원래대로 고치는 것. 毘(비)는 신령.

伊豆能賣神(이쯔노메노카미) 嚴+노+女(이쯔). 무녀적 존재의 신격화일 것이다. 이 신을 이곳에 꼭 배치해야 하는 필연성은 없다. 셋으로 구성하기 위해 고의적으로 배치한 것으로 보인다.

底津綿津見神(소코쯔와타쯔미노카미) 綿津見(와타쯔)는 해신. 이하의 底津(소코쯔)·中津(나카쯔)·上津(우헤쯔)의 삼분법도 역시 3의 성수관념에 의한 것이다. 해신을 3신1조로 보는 설도 있다. 이미 이자나키와 이자나미가 생성한 신. 중복된 이유는 미상.

底筒之男命(소코쯔쯔노오노미코토) 항해의 수호신. 3신1조로 되어 있다. '저·중·상'+쯔(의)+津(쯔)+노(의)+男(오)로, 항구의 신으로 추정된다. 다만 연체사의 '쯔'와 津(쯔)를 筒(쯔쯔)

로 표기한 것이 의문이다. 배의 돛대[帆柱]를 받기 위한 箇柱라는 설
도 있으나, 저·중·상 3신의 의미를 그것으로는 풀 수가 없다.

_{우헤쯔와타쯔미노카미}
上津綿津見神 복합어에서는 上로 읽는 것이 보통이라 훈주를 붙였다.

_{우헤오요미테우헤토이후}
訓上云宇閇 上을 宇閇라고 읽는다. 이는 上로 읽는 것을 피하기 위한 주.
'우하'가 아닌 '우헤'로 읽는 것은 통상어에 따른 주이다.

_{이 쯔 쿠}
伊都久 신을 제사 지내는 것.

_{아즈미노무라지}
阿曇連 阿曇는 씨(가계를 나타내는 명칭). 連는 姓이다. 姓는 고대 호족의 씨
아래에 붙어, 씨의 존비를 나타내는 칭호로 30여 종이 있었다.

_{오야카미}
祖神 조상신.

_{모찌}
以 접두어.

_{우 쯔 시 히 카나사쿠노미코토}
宇都志日金析命 명의 미상. 『新撰姓氏錄』의 '河內國神別'에 '安曇連, 于都
斯奈賀命之後'라고 있다.

_{스미노에노미마헤}
墨江之三前 住吉 신사의 3신. 大阪市의 住吉大社가 유명하다. 福岡市와
下關市의 住吉神社도 역사가 깊어, 일본의 세 住吉로 불리고 있다.
綿津見神와 住吉神社를 모시는 고사는 北九州, 壹岐, 對馬 등에 분포
하며, 대륙과의 항해를 수호하는 해신을 신앙하는 종교 집단을 이루
었다. 前는 신의 수를 세는 말.

_{아마테라스오호미카미}
天照大御神 天+照+존경의 '스'. 하늘에서 빛나는 것과 같다는 의미의
칭사이다. 大御神의 大御 칭사이므로, 이 신명은 칭사만으로 구성
된다. 태양신이라는 실질은 명의에 나타나 있지 않다. 오히려 실질을
초월한 지고성을 가지는 존재로 나타나 있다.

_{쯔쿠요미노미코토}
月讀命 달을 센다(헤아린다)는 일의 신격화. 달을 신격화한 자연신이라
는 설도 있으나, 달을 센다는 것은 항해의 기술로, 원래는 제사를 지
내는 자의 직능신이라는 설이 타당하다. 壹岐는 月讀 신앙의 본거지

로, 쯔쿠요미 신사가 위치한다. 좌우의 눈을 해와 달에 비한 설화는 고대 중국의 반고 설화에서도 볼 수 있다. 왼쪽 눈을 天照大御神(아마테라스오호미카미), 오른쪽 눈을 月讀命(쯔쿠요미노미코토)에 비유하는 것은 우보다 좌를 중시하는 사상을 배경으로 한다.

建速須佐之男命(타케하야사스사노오노미코토) 용맹하고 민첩하며 거친 남신. '스사'는 出雲國 飯石郡(이즈모노쿠니 이 이시 군)의 須佐(스사)로, 그곳의 수장을 '스사노오'로 불렀다는 설도 있으나, 이 신의 성격이나 행동으로 미루어 볼 때 거칠다는 의미의 '스사부'에서 유래한 것으로 보아야 한다. 이즈모 지방의 영웅신으로, 폭풍·농경·식림·야금 등의 속성을 지니고 있다. 코에서 태어난 것도 폭풍신의 속성을 나타낸 것이다.

十柱(토하시라) 10주. 14주로 세는 설도 있다.

【해석】

이리하여 이자나키노오호카미는 "나는 참으로 추하고, 추하게 더러워진 곳에 가 있었던 몸이다. 그러니 나는 신체의 부정을 씻어 깨끗이 해야겠다."라고 말씀하시고, 쯔쿠시 히무카 타찌바나 오도의 아하키하라에 도착하시어 재계를 하셨다.

그러면서 내던져 버린 지팡이에 생긴 신의 이름은 쯔키타쯔후나토노카미. 다음에 내던진 허리띠에 생긴 신의 이름은 미찌노나가찌하노카미. 다음에 내던진 자루에 생긴 신의 이름은 토키하카라시노카미. 다음에 내던진 옷에 생긴 신의 이름은 와즈라히노우시노카미. 다음에 내던진 바지에 생긴 신의 이름은 찌마타노카미. 다음에 내던진 모자에 생긴 신의 이름은 아키구히노우시노카미. 다음에 내던진 왼손의 팔찌에 생긴 신의 이름은 오키자카루노카미. 다음에 오키쯔나기사비코노카미. 다음에 오키쯔카히베라노카미. 다음에 내던진 오른손의 팔찌에 생긴 신의 이름은 헤자카루노카미. 다음에 헤쯔나기사비코노카미. 다음에 헤쯔카히베라노카미.

이상의 후나토노카미부터 헤쯔카히베라노카미까지 12주의 신은, 이자나키노미코토가 몸에 걸치고 있던 것을 벗은 것에서 생긴 신이다.

그리고 이자나키노미코토는 "상류의 여울은 흐름이 세다. 하류의 여울은 흐름이 약하다."라고 말씀하시고, 먼저 중간 정도의 여울에 뛰어들어 몸을 씻었을 때에 생긴 신의 이름은 야소마가쯔히노카미. 다음에 오호마가쯔히노카미. 이 2주의 신은, 그 더러움이 심한 나라에 갔을 때에 몸이 더러워진 것을 씻은 것에 의해서 생긴 신이다. 다음에 그 잘못을 고치려고 해서 생긴 신의 이름은, 카무나오비노카미. 다음에 오호나오비노카미. 다음에 이즈노메(합하여 모두 3주의 신이다.) 다음에 물 바닥에서 몸을 씻었을 때에 생긴 신의 이름은, 소코쯔와타쯔미노카미. 다음에 소코쯔쯔노오노미코토. 물의 중간 정도에서 몸을 씻었을 때에 생긴 신의 이름은 나카쯔와타쯔미노카미. 다음에 나카쯔쯔노오노미코토. 물의 표면에서 몸을 씻었을 때 생긴 신의 이름은 우헤쯔와타쯔미노카미. 다음에 우하쯔쯔노오노미코토. 이 3주의 와타쯔미노카미는, 아즈미노무라지들이 조상신으로 제사하여 모시는 신이다. 그 아즈미노무라지들은 와타쯔미노카미의 자식, 우쯔시히가나사쿠노미코토의 자손이다. 또 이 소코쯔쯔노오노미코토・나카쯔쯔노오노미코토・우하쯔쯔노오노미코토 3주의 신은, 스미노에의 세 대신이다.

그리고 왼쪽 눈을 씻었을 때에 생긴 신의 이름은 아마테라스오호미카미. 다음에 오른쪽 눈을 씻었을 때에 생긴 신의 이름은 쯔쿠요미노미코토. 다음에 코를 씻었을 때에 생긴 신의 이름은 타케하야스사노오노미코토.

이상의 야소마가쯔히노카미부터 하야스사노오노미코토까지 10주의 신은, 이자나키노미코토가 몸을 씻는 것에 의해서 낳은 것이다.

【해설】

전집 黃泉國(요모쯔 쿠니)에서 도망쳐 온 伊邪那岐命(이자나키노미코토)가 부정을 씻어 낼 때 錦津見神(와타쯔미노카미)와 筒之男命(쯔쯔노오노미코토) 등이 화생하고, 마지막에 좌우의 눈을 씻을 때 일월 양신, 코에서 須佐之男命(스사노오노미코토)가 각각 태어난다. 이 재계신화는 재계 실행의 기원을 설명하면서, 청정을 지상의 가치로 하는, 소위 삼귀자의 출현을 목표로 구상된 것이다.

집성 요모쯔쿠니에서 탈출한 이자나키노미코토는 筑紫(쯔쿠시) 日向(히무카)의 小門(오도)에서 재계를 한다. 몸에 묻은 더러움을 내던지자 그것들이 신으로 변하고, 물에 몸을 담그고 씻었을 때에 신들이 생겨난다.

강담 黃泉國(요모쯔 쿠니)의 신화에는 죽음의 부정·사령의 재앙에 대한 공포가 이야기되고 있다. 그리고 齋(미소기)·戒(하라이)의 단에서 그러한 부정을 해소하는 방법이 이야기되어 있다. 재계신화는 액을 막는 祝詞(노리토) 사상과 통하는 곳이 있다. 고대의 중요한 종교적 의례였던 재계는 바다를 향해 물이 흐르는 하구에서 행해지거나 강변에서 행해졌는데, 이는 물의 정화력으로 죄·더러움·화 등의 모든 재앙을 씻어 내고 정화시키기 위한 주적 의례였다.

재계를 할 때 3주의 와타쯔미노카미와 3주의 쯔쯔노오노미코토가 생겨 난 것으로 되어 있는데, 이러한 해신이나 항로의 수호신은 모두 海人^(아 마) 집단이 신앙하는 신이다. 와타쯔미노카미는 阿曇連^(아즈미노무라지)가, 쯔쯔노오노미코토는 津守連^(쯔모리노무라지)가 제사했다. 와타쯔미노카미나 쯔쯔노오노미코토가 이자나키노미코토가 재계를 할 때 생겨났다는 사실에서, 이자나키노미코토가 본래 아마족의 신이었다는 것, 재계의 습속이 본래는 아마족 사이에서 행해진 종교 의례였던 것 등을 짐작할 수 있다.

마지막으로 天照大御神^(아마테라스오호미카미)·月讀命^(쯔쿠요미노미코토)·須佐之男命^(스사노오노미코토)의 세 신이, 伊邪那岐命^(이자나키노미코토)의 삼귀자로서 태어난 것으로 되어 있다. 이때 須佐之男命^(스사노오노미코토)가 天照大御神^(아마테라스오호미카미)·月讀命^(쯔쿠요미노미코토)와 姉弟^(자 제) 관계로 맺어져 있는 것에 주목해야 한다. 일신과 월신이 천부신의 좌우의 눈에서 태어났다고 하는 신화는 일본 신화 이외에서도 그 예를 볼 수 있지만, 코에서 스사노오노미코토가 태어났다고 하는 내용은 이례적이다. 스사노오노미코토는 본래 出雲^(이즈모) 신화의 조상신으로, 황조 신화의 조신인 아마테라스오호미카미와는 어떤 혈연관계도 갖지 않는다. 그것이 이자나키노미코토의 아들이란 위치로 통합된 것은 황실신화와 이즈모계의 신화를 통합하기 위해 취한 방법이라 생각된다.

신전집 목욕재계에 의한 신들의 생성을 말하는 단. 미완성의 葦原中國^(아시하라노나카쯔쿠니)가 이자나키노미코토 혼자서 탄생시킨 신과 함께 움직여 가게 된다. 목욕재계에 의해 만들어진 신들은 두 개의 그룹을 이룬다. 몸에 착용하고 있던 것을 벗어 던졌을 때 생긴 신(衝立船戶神^(쯔키타쯔후나토노카미)~邊津甲斐弁羅神^(헤 쯔 카 히 베 라노카미))과 몸을 씻을 때 생긴 신(八十禍津日神^(야 소 마가 쯔 히노카미)~須佐之男命^(스사노오노미코토))이다. 첫 번째 그룹의 신들은 목욕재계에 의한 신이라고 볼 수 없다. 그 전체가 무엇을 표상하고 있는가를 둘러싸고 여행에 관련된 신들이라고 보는 설, 요모쯔쿠니에서의 도주에 대응되는 내용이라고 보는 설 등이 있으나 아직 확실한 해답을 얻지 못하고 있다.

이자나키노미코토 혼자의 힘으로 탄생시킨 신들과 함께 아시하라노나카쯔쿠니는 미완성 상태로 움직여 간다. 거기에는 세계의 완성과 안정으로의 지향 의지가 담겨 있다. 이자나키노미코토가 출현시킨 신에게 내린, 소위 분치의 명령은 국가 완성의 의지를 신들 세계의 자율적·자기운동적인 전개에 맡긴 것이라 이해할 수 있다. 이자나키노미코토가 多賀에 진좌한 상태로, 이후의 전개가 아마테라스오호미카미와 스사노오노미코토 두 신을 둘러싸고 이루어지며, 결국 국가 완성의 과업을 완수한다는 내용을 볼 때 신들 세계의 자율적 전개라는 표현이 잘 어울린다.

8. 삼귀자의 분치

此時, 伊耶那伎命, 大歡喜詔, 吾者, 生々子而, 於生終得三貴子, 即其御頸珠之玉緒, 母由良迩^{此四字以音. 下效此.} 取由良迦志而, 賜天照大御神而, 詔之, 汝命者, 所知高天原矣, 事依而賜也. 故, 其御頸珠名, 謂御倉板擧之神. ^{訓板擧云多那.} 次, 詔月讀命, 汝命者, 所知夜之食国矣, 事依也. ^{訓食云袁須.} 次, 詔建速須佐之男命, 汝命者, 所知海原矣, 事依也.

故, 各隨依賜之命所知看之中, 速須佐之男命, 不治所命之国而, 八拳須至于心前, 啼伊佐知伎也.^{自伊下四字以音. 下效此.} 其泣狀者, 青山如枯山泣枯, 河海者悉泣乾. 是以, 悪神之音, 如狹蠅皆滿, 万物之妖, 悉發. 故, 伊耶那岐大御神, 詔速須佐之男命, 何由以, 汝, 不治所事依之国而, 哭伊佐知流. 爾, 答曰, 僕者, 欲罷妣国根之堅州国故, 哭. 爾, 伊耶那岐大御神, 大忿怒詔, 然者, 汝, 不可住此国, 乃神夜良比爾夜良比賜也.^{自夜以下七字以音.} 故, 其伊耶那岐大神者, 坐淡海之多賀也.

【훈】

此の時に伊耶那岐命、大きに歡喜びて詔はく、「吾は子を生み生みて、生みの終へに三はしらの貴き子を得たり」とのりたまひて、即ち其の御頸珠の玉の緒、もゆらに取りゆらかして、天照大御神に賜ひて、詔ひしく、「汝が命は、高天原を知らせ」と、事依さして賜ひき。故、其の御頸珠の名は、御倉板擧之神と謂ふ。次に、月讀命に詔ひしく、「汝が命は、夜の食國を知らせ」と、事依さしき。次に、建速須佐之男命に詔ひしく、「汝が命は、海原を知らせ」と、事依しき。

故、各依し賜ひし命の隨に知らし看せる中に、速須佐之男命は、命せらえし国を治めずして、八拳須心の前に至るまで、啼きいさちき。其の泣く狀は靑山を枯山の如く泣き枯し、河海は悉く泣き乾しき。是を以て、惡しき神の音は、狹蠅の如く皆滿ち、萬の物の妖は、悉く發りき。故、伊耶那岐大御神、速須佐之男命に詔ひしく、「何の由にか、汝が事依さえし國を治めずして、哭きいさちる」とのりたまひき。爾くして、答へて白ししく、「僕は妣が国の根之堅州國に罷らむと欲ふが故に、哭く」とまをしき。爾くして、伊耶那岐大御神、大きに忿怒りて詔はく、「然らば、汝は、此の国に住むべくあらず」とのりたまひて、乃ち神やらひにやらひ賜ひき。故、其の伊耶那岐大御神は、淡海の多賀に坐す。

【주】

生生 (우미우미테) 차례차례로 낳고.

御頸珠 (미 쿠비타마) 목에 거는 장식물. 구슬을 끈으로 엮은 목걸이.

緒 (오) 끈. 물건을 엮거나 매달거나 하는 것의 총칭.

母由良邇 (모유라니) 母는 접두어, 由良邇는 부사. 구슬이 흔들려 부딪쳐 울리는 소리와 상태.

由良迦志 (유라카시) 흔들어 울리며.

汝命 (나가 미코토) 당신의 의미로, 친애와 경의가 담긴 표현.

所知 (시라세) '시루(통치하다)'의 미연형에 존경의 조동사 '스'의 명령형 '세'가 접속된 형태. 다스려라.

事依 (코토 요사시) 위임하시다. 위임한다는 '고토요스'의 미연형 '코토요사'에 존경의 조동사 '스'의 연용형 '시'가 접속된 것.

御倉板擧之神(미쿠라타나노카미) 창고의 선반에 소중히 안치된 것에서 유래하는 이름. 구슬을 신령으로 인정하고 소중히 여겼던 것에 기인한다.

夜食國(요루노오스쿠니) 밤의 세계. 食는 먹다·마시다의 존경어. 食國(오스쿠니)는 治國(오스쿠니)와 동의.

海原(우나바라) 넓은 바다. 폭풍과 바다를 결부시키고 있으나, 서기의 본문과 두 개의 일서에는 根國(네노쿠니)를 다스리는 것으로 되어 있다.

八拳須心前(야쯔카히게코코로사키) 心(코코로)=前는 심장[心(코코로)]의 하단 근처. 명치. '수염이 그곳까지 자랄 때까지'라고 말하는 것은 성인이라는 것을 의미한다. 울어 댄다는 유치성과 성인성을 나타내는 수염, 그 불균형이 스사노오노미코토의 문제를 잘 나타내고 있다.

伊佐知伎(이사찌키) 심하게 울어 댔다. 심하게 운다는 '이사찌루'의 연용형에 과거의 조동사 伎(키)가 접속된 형태. 우는 상태를 海原(우나바라)에 비유하는 것은 스사노오노미코토를 물에 관계시키는 것으로, 스사노오노미코토가 울어 대는 것은 그 물의 질서를 무너뜨리고 만다. 팽대한 에너지를 가진 존재라는 것이 잘 나타나 있다.

枯山(카라야마) 초목이 말라죽은 산. 산과 강의 모든 수분이 눈물로 흡수되기 때문에, 초목이 마르고 하천이 말라 버렸다는 내용을 통해 스사노오노미코토의 폭풍신으로서의 속성을 엿볼 수 있다. 분화로 인해 초목이 고사하고, 하해가 화산재로 메워진 상태를 연상한 것이라는 설도 있다.

狹蠅(사바에) 狹(사)는 五月, 早苗(사쯔키)(모), 早乙女(사나에)(처녀)의 '사'로, 모내기하는 오월이라는 의미.

晉(코에) 수습할 수 없을 정도로 소음이 가득 찬 상태. 세계의 모든 질서가 없어져, 혼돈과 무질서에 빠진 것이다. 그것을 초래한 것이 스사노오노미코토이다. 거기에 이 신의 괴력을 이야기하고 있는데, 이 신이 악신이라고 이야기하는 것이 아니라는 점에 유의해야 한다. 스사노오노미코토는 오히려 무구하고 유아적이며 악의가 없다. 그러나 엄청난 힘을 발휘한다.

^{미찌}
滿 악신들의 소동치는 소리가 오월의 파리 소리처럼 천지에 가득하여.

^{요로즈 모노}
萬物 수많은 것.

^{와자하히}
妖 악령·잡귀들에 의한 재해.

^{야쯔카레}
僕 신분이 낮은 자가 높은 자를 대하는 경우에 자칭대명사로 사용한다.

^{하하} ^{하하}
妣 妣는 죽은 어머니를 뜻하는 한자. 이자나미노미코토를 의미한다는 것이 일반적이나, 스사노오노미코토는 이자나키노미코토가 그의 몸을 씻었을 때 생긴 신으로 부모에게서 태어난 신이 아니므로 여전히 의문이 남는다. 적어도 '하하=이자나미노카미'이므로, ^{네 노 카타스 쿠니}根之堅州國= ^{요모쯔 쿠니}黃泉國라는 설은 성립되지 않는다. 세계로서의 호칭이 다르다. 그것은 두 세계가 별개라는 것을 의미한다.

^{네 노 카타스 쿠니} ^네 ^{카타스} ^{카타스} ^네
根之堅州國 根는 먼 끝을, 堅州는 中州를 의미. 根를 지하라고 보는 설은 따르기 어렵다. 지하로 하면 ^스州를 설명할 수 없다.

^{오호 미 카미} ^{오호카미}
大御神 이자나키를 大神라고 말하는 것에 주의. 여기서 처음으로 그렇게 부르는데, 아마테라스오호미카미를 낳은 후라서 특별히 존경한 것으로 생각된다.

^{카무 야 라 히 니 야 라 히} ^{카무} ^{야 라 히}
神夜良比爾夜良比 神는 신의 행동을 나타내는 접두어. 夜良比는 '야라후(추방하다·내쫓다)'의 연용형. 동어의 반복은 강조와 음률적인 효과를 더한다.

^{쿠니} ^{아시하라노나카쯔쿠니} ^{우나바라}
國 葦原中國. 海原의 세계로 가지 않고 그저 울어 대고 있었던 것이다.

^{아후미노타가} ^{시가켄} ^{이누카미군} ^{타 가쬬우} ^{타 가}
淡海多賀 滋賀縣 犬上郡 多賀町에 있는 多賀 신사. 서기와 기의 일부에 ^{아하지}는 淡路로 되어 있다. 국토를 창성할 때, 최초로 낳은 섬이 ^{아 와 지 시마}淡路島였다는 것 등으로 보면 ^{아하지}淡路 쪽이 타당할 것이다. 이자나키노미코토의 신사가 있다.

【해석】

　이때 이자나키노미코토는 매우 기뻐하며 "나는 자식을 계속 낳아 낳는 일의 끝에 3주 명의 귀한 자식을 얻을 수가 있었다."라고 말씀하시고, 즉시 그 목걸이의 구슬 줄을, 구슬이 영롱한 음을 낼 정도로 들어 흔들고, 아마테라스오호미카미에게 내려 주시고 말씀하시길 "너는 타카아마노하라를 다스리거라."라고 위임하고 하사하셨다. 참고로 그 목걸이의 이름은, 미쿠라타나노카미라 한다. 다음에 쯔쿠요미노미코토에게 말씀하시길 "너는 밤의 식국을 다스리거라."라고 위임하셨다. 다음에 타케하야스사노오노미코토에게 말씀하시길 "너는 바다를 다스리거라."라고 위임하셨다.

　그래서 각각 이자나키노미코토가 위임하신 명에 따라 다스리고 있는 중에, 하야스사노오노미코토는 명을 받은 나라를 다스리지 않고 성인이 되어 긴 수염이 명치 근처에 다다를 때까지 울어 댔다. 그 울어 대는 상황은, 파랗게 우거진 산을 마른 산처럼 울어 메마르게 하고, 강이나 바다는 우는 것으로 완전히 메마르게 하고 말았다. 그 때문에 악신들의 소리는, 오월경에 들끓어 대는 파리처럼 가득 차, 모든 재앙이 일제히 발생했다.

　그러자 이자나키노오호미카미가 하야스사노오노미코토에게 "어이하여 너는 위임받은 나라를 다스리지 않고 울어 대기만 하느냐."라고 말씀하셨다. 이에 대해 스사노오노미코토는 "저는 돌아가신 어머니의 나라 네노카타스노쿠니에 가고 싶다고 생각하고 울고 있는 것입니다."라고 아뢰었다. 그러자 이자나키노오호미카미는 크게 노하며 "그렇다면 너는 이 나라에 살아서는 안 된다."라고 말씀하시고, 즉시 신을 쫓아내어 떨어내셨다. 그리고 그 이자나키노오호카미는 아후미의 타가에 진좌하여 계신다.

【해설】

전집 재계의 끝에 태어난 삼귀자에게, 이자나키노미코토는 각각 다스릴 영역을 위임한다. 타카아마노하라를 다스릴 아마테라스오호미카미에게 특별히 목걸이를 준 것은, 아마테라스오호미카미를 황조로 하는 황조의 유래를 강조하기 위해서이다.

바다의 통치를 위임받은 스사노오노미코토는 그것을 거부하고 성인이 될 때까지 울어 대며 망모가 사는 根國(네노쿠니)에 가고 싶다고 말했기 때문에, 이자나키노미코토의 격노를 사 결국은 추방된다. 그 울어 대는 모양을 "청산이 메마른 산이 될 정도로……."라고 비유하고 있는 것은 스사노오노미코토의 거친 신으로서의 성격을 나타내며, 또 네노쿠니에 가기를 원한 것은 뒷날 스사노오노미코토가 천강한 出雲國(이즈모노쿠니)와 이 네노쿠니가 깊은 관계라는 것을 암시하고 있다.

집성 伊邪那岐命(이자나키노미코토)는 천상의 왕권의 상징으로 목걸이를 天照大御神(아마테라스오호카미)에게 하사한다. 이 구슬은 御倉板擧之神(미쿠라타나노카미)라는 이름에서 알 수 있듯이, 벼의 영[稲霊]의 표상이기도 하다. 天照大御神(아마테라스오호미카미)는 高天原(타카아마노하라)를 영유하는 지배자임과 동시에 곡령의 성격이 부여되어 있다. 그리고 月讀命(쯔쿠요미노미코토)는 밤[夜国]의 영유와 지배를 위임받는다. 食國(오스쿠미)는 다스릴 나라를 의미한다. 夜讀(쯔쿠요미)의 문자는 역법을 담당하는 신의 성격을 표현한다. 다음으로 須佐之男命(스사노오노미코토)가 바다를 영유 지배하는 것은 폭풍의 발생원이 바다라고 생각했기 때문일 것이다.

강담 出雲계(이즈모) 신화의 조상신으로 되어 있는 스사노오노미코토는, 원래 根國(네노쿠니)와 관계가 깊다. 스사노오노미코토가 네노쿠니에 가고 싶다며 울었다는 것은, 원래 이 신이 네노쿠니를 주재하는 신이었기 때문일 것이다. 네노쿠니는 바다 저쪽에 있다고 여겨진 이향으로, 신들의 고향이며 또한 곡물이나 부의 근원세계로도 여겨졌다. (중략) 이즈모 신화에 있어서는 농경에 자비를 베푸는 수신으로서의 스사노오노미코토가 高天原(타카아마노하라) 신화에서는 폭풍을 연상케 하는 거친 신으로 그려져 있어, 스사노오노미코토의 성격은 복잡하다.

신전집 소위 삼귀자의 분리 통치의 단. 아마테라스오호미카미에게는 하늘이, 쯔쿠요미노미코토에게는 밤의 세계(夜の食国)가, 스사노오노미코토에게는 바다가 각각 배당되었다. 지상의 국토에 대한 배려는 기술되어 있지 않다. 이 점에 관해 기전은, 후에 황손이 강림할 것을 암시하는 복선이라 했지만, 지금 아시하라노나카쯔쿠니는 아직 미완성 단계이며, 또 주재신이 배당되지 않았다는 점을 먼저 알아야 할 것이다. 신들의 자율적인 전개에 맡겨져, 나라 만들기가 완성된 후에, 천손의 강림에 의해 비로소 지상세계의 주재신을 얻을 수 있는 것이다.

스사노오노미코토가 가진 엄청난 에너지는 이후에도 계속 이야기된다. 그것은 출현 단계부터 일관적이다.

3 아마테라스와 스사노오

1. 스사노오노미코토의 승천
2. 우케히
3. 천석옥
4. 스사노오의 추방
5. 여덟 갈래의 뱀
6. 스가노미야

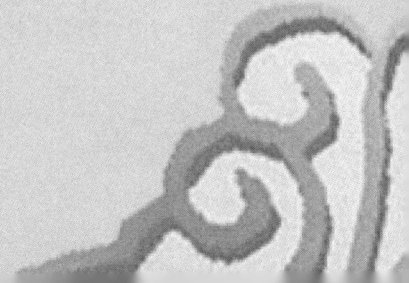

1. 스사노오노미코토의 승천

故於是, 速須佐之男命言, 然者, 請天照大御神將罷, 乃參上天時, 山川悉動, 國土皆震. 爾, 天照大御神, 聞驚而詔, 我那勢命之上來由者, 必不善心. 欲奪我國耳, 卽解御髮, 纏御美豆羅而, 乃於左右御美豆羅, 亦於御縵, 亦於左右御手, 各纏持八尺勾璁之五百津之美須麻流之珠而,自美至流四字以音. 下效此. 曾毘良邇者, 負千入之靫,訓入云能理 下效自曾至邇以音也. 比良邇者, 附五百入之靫, 亦所取佩伊都此二字以音.之竹鞆而, 弓腹振立而, 堅庭者, 於向股蹈那豆美,三字以音. 如沫雪蹶散而, 伊都二字以音.之男建,訓建云多祁夫. 蹈建而, 待問, 何故上來. 爾, 速須佐之男命答白, 僕者, 無邪心. 唯, 大御神之命以, 問賜僕之哭伊佐知流之事故, 白都良久,三字以音. 僕, 欲往妣國以哭. 爾, 大御神詔, 汝者, 不可在此國而, 神夜良比夜良比賜故, 以爲請將罷往之狀, 參上耳. 無異心. 爾, 天照大御神詔, 然者, 汝心之淸明, 何以知. 於是, 速須佐之男命答白, 各宇氣比而生子.自宇以下三字以音. 下效此.

【훈】

かれこゝに、速須佐之男命の言はく、「然らば、天照大御神に請して罷らむ」といひて、乃ち天に參ゐ上る時に山川悉く動み、國土皆震ひき。爾くして天照大御神、聞き驚きて詔はく、「我がなせの命の上り來る由は、必ず善き心ならじ。我が國を奪はむと欲へらくのみ」とのりたまひて、卽ち御髮を解き、御みづらを纏きて、乃ち左右の御みづらに、亦、御縵に、亦、左右の御手に、各八尺の勾璁の五百津のみすまるの珠を纏き持ちて、そびらには、千入の靫を負ひ、ひらには、五百入の靫を附け、亦、いつの竹鞆を取り佩かして、弓腹を振り立てて、堅庭は、向股に蹈

みなづみ、沫雪の如く蹶ゑ散して、いつの男と建ぶ。蹈み建びて、待ち
問ひしく、「何の故にか上り來たる」ととひき。爾くして速須佐之男命
の答へて白ししく、「僕は、邪しき心無し。唯、大御神の命以て、
僕が哭きいさちる事を問ひ賜ふが故に、白しつらく、『僕は、妣が國に
往かむと欲ひて、哭く』とまをしつ。爾くして、大御神の詔はく、『汝
は、此の國に在るべくあらず』とのりたまひて、神やらひやらひ賜ふが
故に、罷り往かむ狀を請さむと以爲ひて、參ゐ上れらくのみ。異しき心
無し」とまをしき。爾くして、天照大御神の詔ひしく「然らば、汝が心の
淸く明きは、何にしてか知らむ」とのりたまひき。是に、速須佐之男命の
答へて白ししく、「各うけひて子を生まむ」とまをしき。

【주】

마오시테
請　말씀드리고. 사정을 설명하고.

마카루
罷　네노카타스노쿠니根之堅州國에 가는 것. 오호아나무찌노카미大穴牟遲神가 스사노오노미코토須佐之男命가 있는 네노카타스노쿠니根之堅州國에 가는 것과 대응한다.

야마카하코토고토
山川悉　모든 산천. 스사노오노미코토須佐之男命의 거대함과 괴력의 강렬한 표현.

토요미
動　산천이 울리는 것. 폭풍·지진·분화 등의 현상.

나세
那勢　勢는 이성의 형제자매 사이에 사용되는 호칭. 여성이 남성을 부르는 호칭. 연령의 상하와는 관계없다. 후에 스사노오노미코토가 스스로를 아마테라스오호미카미의 '이로세'라고 말한다. 아마테라스오호미카미가 여성이라는 것은 이것으로 분명하다. 이하는 아마테라스오호미카미가 남장하여 스사노오노미코토를 맞이하는 장면이다.

요키 코코로
善心　사심의 반대인 선의. 충성심.

^{토루}
解 머리를 풀어서. 남자 머리로 변장하려고 하는 것.

^{미미즈라}
御美豆羅 남성의 머리 모양. 스사노오노미코토에 대항하기 위하여 머리를 좌우로 갈라 귀밑에서 둥글게 땋아 남자 머리로 바꾼다.

^{미 카즈라 미}
御縵 御는 접두어. 구슬을 덩굴 풀로 꿴 머리 장신구.

^{야 사 카}
八尺 곡옥을 꿰는 긴 줄로, 많은 곡옥을 긴 끈에 꿴 것을 말하는 것 같다.

^{마가타마}
勾 동물의 이빨이나 유리·수정 등으로 만든 곡옥.

^{이 호 쯔}
五百律 다수. 많은 수.

^{미 스 마 루}
美須麻流 구슬을 꿰어 목이나 팔에 거는 장식물. 주술적 위력을 나타내려는 것 같다.

^{소비라 소 히라 히라}
曾毘良 背+平. 平는 갑옷[鎧]의 일부로, 금속이나 가죽의 판 같다. 배면부의 판을 背平, 전면부의 판을 平라 하며 양쪽 모두에 전통을 달았다.

^{찌노리}
千入 천 개의 화살이 들어가는 전통. 과장이라 하나, 뒤의 표현과 더불어 아마테라스오호미카미의 거대한, 위력이 넘치는 이미지를 떠오르게 한다.

^{이 쯔}
伊都 위세가 좋은. 위력이 있는.

^{타카토모 타카}
竹鞆 竹는 차자. 높은 소리를 내는 무구적 장신구. 鞆는 활을 잡는 왼쪽 손목에 끼어 활줄이 튕기는 탄력에서 보호해 주고, 튕기는 소리로 적을 위협하는 무구.

^{오바스}
佩 몸에 차시다. '오부'의 미연형 '오바'+'스(존경)'.

^{유 하라}
弓腹 활의 안쪽. 이것을 힘차게 들고 흔들며 맞아 치는 상황.

^{카타니하}
堅庭 흙이 단단한 마당의 공터. 흙이 단단한 곳.

^{무카모모}
向股 양쪽 허벅지의 마주 닿는 부분.

^{나 즈 미}
那豆美 물의 장애를 받으며 나가는 어려움. 여기서는 땅을 힘차게 딛고 서 있는 상태를 의미한다.

沫雪〔아와유키〕 가볍고 부드러운 눈. 아마테라스오호미카미의 거대한 힘의 표현.

如〔나스〕 ~와 같이. 체언이나 동사의 연체형에 접속한다.

蹴散〔쿠에〕 '쿠우'는 蹴(차다)의 고형.〔케루〕

男建〔오타케비〕 늠름하고 우렁차게 소리치는 것. 용감하고 씩씩하게 행동하는 것. 建는 후주에 의해서 '타케부'라는 종지형으로 읽는다. 伊都之男と〔이쯔노오 토〕의 'と'는 'として(으로써)'의 뜻으로, 여성인 아마테라스오호미카미가 남성처럼 힘찬 태도를 보이는 것을 말한다.

僕〔야쯔카레〕 자신을 비하하는 의미를 포함하는 일인칭. 아마테라스오호미카미에 대한 겸손.

邪心〔아시키 코코로〕 스사노오노미코토를 의심하는 아마테라스오호미카미. 이것이 宇氣比〔우케히〕의 원인이다.

大御神〔오호 미 카미〕 伊邪那岐神〔이자나키노카미〕. 大神〔오호카미〕의 표현은 삼귀자의 분치와 이곳에 사용되었다.

神夜良比夜良比〔카무 야 라 히 야 라 히〕 神는 신의 행위를 나타내는 접두어. 追〔야라후〕는 추방하다. 동음어를 반복하여 음률 효과를 내고 있다.〔카무〕

異心〔코토 코코로〕 모반하려는 마음. 사심.

明〔아카키〕 마음이 맑고 깨끗한 것. 충성심.

宇氣比〔우 케 히〕 정사 길흉 등을 판단할 때, 미리 정한 대로 결과가 나오는지 어떤지로 판단하는 것으로, 복점의 성격을 띤 일종의 신기(神祇) 재판. 이 경우는 태어나는 아이의 성별로 역심의 유무를 증명해 보이고 판별하고 있다. 그런데 이곳의 우케히에는 전제가 되는 내용이 명시되어 있지 않다. 여자(혹은 남자)를 낳는 것으로 청명심이 증명된다는 전제 하에 행해졌을 것임에도, 그 같은 대화가 이루어지고 있는 것은 우케히 그 자체가 관심의 대상이 아니었기 때문일 것이다. 또 스사노오노미코토의 문제임에도 아마테라스오호미카미 또한 아이를 낳는 점이 보통의 우케히와는 다르다.

【해석】

　그러자 스사노오노미코토는 "그렇다면 아마테라스오호미카미에게 말씀드리고 네노카타스쿠니에 가겠다."라고 말하고 곧바로 하늘로 올라가자, 산이나 강 모두가 울리고 국토 전체가 흔들렸다. 그러자 아마테라스오호미카미가 이것을 듣고 놀라서 "나의 동생 미코토가 올라오는 것은, 틀림없이 선한 마음이 아닐 것이다. 나의 나라를 빼앗으려고 생각한 것이 틀림없다."라고 말씀하시고, 즉시 머리를 풀어 남자 머리로 고쳐 매고 좌우에 갈라 맨 머리에, 또 장식물에, 또 좌우의 손에, 각각 야사카의 곡옥을 많이 펜 기다란 구슬 장식을 감아 걸고, 갑옷의 등에는 천발의 화살을 넣을 수 있는 전통을 메고, 갑옷의 가슴에는 오백 발의 화살을 넣을 수 있는 전통을 차고, 또 위력 있는 대나무로 만든 보호대를 차고, 활의 안쪽을 올려 흔들며, 단단한 흙의 정원에, 허벅지가 묻힐 정도로 힘차게 밟아 지면을 부드러운 눈처럼 차 흐트러뜨리고, 늠름한 위세로 맞아 친다. 거칠게 발을 밟아 구르며 스사노오노미코토를 기다렸다 맞아 "무엇 때문에 올라온 것이냐."라고 물었다.

　이에 대해 스사노오노미코토가 답하여 "저는 사심이 없습니다. 다만 이자나키노오호미카미의 명으로, 제가 울어 대는 이유를 물으셨기 때문에 '저는 돌아가신 어머님이 계시는 나라에 가고 싶다고 생각하며 울고 있는 것입니다.'라고 아뢰었습니다. 그러자 이자나키노오호미카미가 '너는 이 나라에 있어서는 안 된다.'라고 말씀하시고 신을 쫓아내어 떨어내셨기 때문에, 물러나게 된 사정을 말씀드리려고 생각하고 찾아온 것일

뿐입니다. 다른 마음은 없습니다."라고 아뢰었다.

이에 대해 아마테라스오호미카미는 "그렇다면 너의 마음이 청명하다는 것을 어떻게 해서 알겠느냐."라고 말씀하셨다. 그러자 하야스사노오노미코토가 답하여 "각각 우케히를 하여 아이를 낳읍시다."라고 아뢰었다.

【해설】

<u>전집</u> 부신 伊邪那岐命(이자나키노미코토)에게 추방당한 須佐之男命(스사노오노미코토)는 어머니가 있는 根國(네노쿠니)로 떠나기 전에, 高天原(타카아마노하라)의 누나 天照大御神(아마테라스오호미카미)에게 인사하러 승천한다. 대지를 진동시키며 승천하는 거친 신, 그것을 경계하여 남장을 하고 타카아마노하라를 지키려고 하는 아마테라스오호미카미, 그리고 스사노오노미코토의 결백함을 둘러싼 두 신의 문답 등이 웅장한 어조로 이야기되어 있다.

<u>집성</u> 부신에게 추방된 스사노오노미코토는 네노쿠니에 가기 전에 타카아마노하라에 있는 누나 아마테라스오호미카미에게 인사하기 위해 승천하는데, 그의 거친 성격 때문에, 오호미카미는 남장을 하고 기다렸다가 동생의 충성심을 묻는다.

<u>신전집</u> 여기부터 아마테라스오호미카미와 스사노오노미코토를 둘러싼 이야기가 시작된다. 거기서 초래된 일을 통해서 아시하라노나카쯔쿠니는 완성을 이루게 된다. 미완성으로 남아 있던 아시하라노나카쯔쿠니가 이자나키노미코토를 떠나, 신들의 상관관계 속에서 자율적으

로 움직여 가는 것이다. 그것을 이끄는 것은 스사노오노미코토의 거대한 에너지이다.

처음에 아마테라스오호미카미와 스사노오노미코토가 서로 아이를 낳는, 소위 우케히를 하게 된다. 우케히는 A라면 B라는 전제하에 그 결과로 판단하는 언어 주술. 여기에서 두 신은 우케히를 통해 자식을 낳지만, 우케히 그 자체를 말하려는 것은 아니다.

2. 우케히

故爾, 各中置天安河而, 宇氣布時, 天照大御神, 先乞度建速須佐之男命所佩十拳劍, 打折三段而, 奴那登母々由良爾.此八字以音,下效此 振滌天之眞名井而, 佐賀美邇迦美而,自佐下六字以音,下效此 於吹棄氣吹之狹霧所成神御名, 多紀理毘賣命.此神名以音 亦御名, 謂奧津島比賣命. 次, 市寸島比賣命. 亦御名, 謂狹依毘賣命. 次, 多岐都比賣命.三柱,此神名以音 速須佐男命, 乞度天照大御神所纏左御美豆良八尺勾璁之五百津之美須麻流珠而, 奴那登母々由良爾, 振滌天之眞名井而, 佐賀美邇迦美而, 於吹棄氣吹之狹霧所成神御名, 正勝吾勝々速日天之忍穗耳命. 亦, 乞度所纏右御美豆良之珠而, 佐賀美邇迦美而, 於吹棄氣吹之狹霧所成神御名, 天之菩卑能命.自菩下三字以音 亦, 乞度所纏御縵之珠而, 佐賀美邇迦美而, 於吹棄氣吹之狹霧所成神御名, 天津日子根命. 又, 乞度所纏左御手之珠而, 佐賀美邇迦美而, 於吹棄氣吹之狹霧所成神御名, 活津日子根命. 亦, 乞度所纏右御手之珠而, 佐賀美邇迦美而, 於吹棄氣吹之狹霧所成神御名, 熊野久須毘命.自久下三字以音 幷五柱.

於是, 天照大御神, 告速須佐之男命, 是, 後所生五柱男子者, 物實因我物所成故, 自吾子也. 先所生之三柱女子者, 物實因汝物所成故, 乃汝子也, 如此詔別也. 故, 其, 先所生之神, 多紀理毘賣命者, 坐胸形之奧津宮. 次, 市寸島比賣命者, 坐胸形之中津宮. 次, 田寸津比賣命者, 坐胸形之邊津宮. 此三柱神者, 胸形君等之以伊都久三前大神者也. 故, 此, 後所生五柱子之中, 天菩比命之子, 建比良鳥命.此, 出雲國造・無耶志國造・上菟上國造・下菟上國造・伊自牟國造・津島縣直・遠江國造等之祖也. 次, 天津日子根命者, 凡川內國造・額田部湯坐連・茨木國造・倭田中直・山代國造・馬來田國造・道尻岐閇國造・周芳國造・倭淹知造・高市縣主・蒲生稻寸・三枝部造等之祖也.

【훈】

　故爾くして、各天の安の河を中に置きて、うけふ時に、天照大御神、先づ建速須佐之男命の佩ける十拳の劒を乞ひ度して、三段に打ち折りて、ぬなとももゆらに天の眞名井に振り滌ぎて、さがみにかみて、吹き棄つる氣吹の狹霧に成れる神の御名は、多紀理毘賣命。亦の御名は、奧津島比賣命と謂ふ。次に、市寸島比賣命。亦の御名は、狹依毘賣命と謂ふ。次に、多岐都比賣命<三柱>。速須佐之男命、天照大御神の左の御みづらに纏ける八尺の勾璁の五百律のみすまるの珠を乞ひ度して、ぬなとももゆらに天の眞名井に振り滌ぎて、さがみにかみて、吹き棄つる氣吹の狹霧に成れる神の御名は正勝吾勝々速日天之忍穗耳命。亦、右の御みづらに纏ける珠を乞ひ度して、さがみにかみて、吹き棄つる氣吹の狹霧に成れる神の御名は、天之菩卑能命。亦、御縵に纏ける珠を乞ひ度して、さがみにかみて、吹き棄つる氣吹の狹霧に成れる神の御名は、天津日子根命。又、左の御手に纏ける珠を乞ひ度して、さがみにかみて、吹き棄つる氣吹の狹霧に成れる神の御名は、活津日子根命。亦、右の御手に纏ける珠を乞ひ度して、さがみにかみて、吹き棄つる氣吹の狹霧に成れる神の御名は、熊野久須毘命。并せて五柱ぞ。

　是に、天照大御神、速須佐之男命に告らししく、「是の、後に生める五柱の男子は、物実我が物に因りて成れるが故に、自ら吾が子ぞ。先づ生める三柱の女子は、物實汝が物に因りて成れるが故に、乃ち汝が子ぞ」と、如此詔り別きき。故、其の先づ生める神、多紀理毘賣命は、胸形の奧津宮に坐す。次に、市寸島比賣命は、胸形の中津宮に坐す。次に、田寸津比賣命は、胸形の辺津宮に坐す。此の三柱の神は、胸形君等が以ち

いつく三前の大神ぞ。故、此の、後に生める五柱の子の中に、天菩比命の
子、建比良鳥命、＜此は出雲 國造・無耶志國造・上菟上 國造・下菟上 國造・
伊自牟国造・津島県 値・遠江 国 造等が 祖ぞ＞。次に 天津日子根命は、
＜凡川内國 造・額田部湯坐連・茨木國 造・倭田中値・山城國 造・馬来田國 造・
道尻岐閇國 造・周芳國 造・倭 淹知 造・髙市県主・蒲生稲寸・三岐部造等が 祖
ぞ＞。

【주】

天安河 아메노야스노카하 高天原에 있는 강. 타카마노하라 시가켄 滋賀縣의 野洲川나 야스가하 나라켄 奈良縣의 飛鳥川를 아스카가하 모형으로 했다는 설도 있다.

乞度 코히와타스 상대가 원하는 것을 건네주는 것. 서로 몸에 걸친 것을 교환하여 그것으로 아이를 낳는다. 그것이 아이의 소속과 관계된다. 와타스는 강을 사이에 두고 물건을 주고받는 것을 말한다.

三段 미키다 세 동강으로 자른 것.

奴那登 누나토 玉+那(조사)+音의 약. 누나 母由良는 그 음을 나타내는 의성어. '칼을 오토 모유라 씻을 때 나는 소리'라는 것은 의심스럽다. 뒤에 구슬을 奴那登 누나토 母由良爾 씻었다고 하는 것과 혼동한 것은 아닌가 하는 설이 있다. 모유라니 아마테라스오호미카미가 한 장식물의 구슬이 맑은 소리로 울릴 정도로 검을 씻었다는 설도 있으나, 씻는 것이 소리를 낸다고 보는 것이 자연스럽. "누나토노모유라니, ……깨끗이 씻어, 씹고 씹어서, 혹 불어 내뱉은 입김의 안개에서 생기는……"은 정형구가 되어 있어, 검에도 그대로 사용한 것인가.

母由良爾 모유라니 구슬이 부딪쳐 나는 소리. 검에서 구슬 소리가 난다는 표현은

아마테라스와 스사노오 135

아마테라스오호미카미가 몸에 단 구슬이 부딪쳐 울리는 소리에서 유래하는 듯하다.

天眞名井(아메노마나이) 高天原(타카아마노하라)에 있다는 성스러운 우물. 眞+名(마 나)(의).

振滌(후리스스기) 후리는 접두어. 깨끗하고 정결하게 씻어.

佐賀美邇迦美(사가미니카미) 씹고 또 씹어. 佐(사)는 접두어.

吹棄(후키우쯔루) 훅 내뿜다.

氣吹(이후키) 내뿜는 숨. 息(이키)는 생명의 상징. 그것에서 신이 생긴다는 것은 자연스런 발상이다.

狹霧(사기리) 안개. 狹(사)는 접두어.

多紀理毘賣命(타키리비메노미코토) 多는 접두어, 霧(키리)는 안개. 토해 낸 입김에서 생성된 신으로서의 안개를 의미한다.

奧津島比賣命(오키쯔시마히메노미코토) 먼 바다에 있는 섬(奧津島)(오키쯔시마)에 있는 여신. 宗像(무나카타)의 3신 중의 하나. 福岡縣(후쿠오카켄) 大村(오호무라)의 奧津島(오키쯔시마)에 있는 宗像(무나카타) 신사의 沖津宮(오키쯔미야)의 제신.

市寸島比賣命(이찌키시마히메노미코토) 市寸(이찌키)는 심신을 정결히 하고 신을 모신다는 의미. 신을 모시는 신성한 섬.

狹依毘賣命(사요리비메노미코토) 依(요리)는 신이 내린다는 의미. 3신 중 하나로 宗像郡(무나카타군) 玄海町(켄가이쬬우) 田島(타지마)에 있는 宗像(무나카타) 신사의 邊津宮(헤쯔미야)의 제신. 宗像(무나카타) 3궁의 소재지는 한반도로 가는 항로의 요충지. 세 여신은 그 항로의 수호신이었다.

多岐都比賣命(타키쯔히메노미코토) 多岐都(타키쯔)는 물이 격류한다는 의미. 天安河(아마노야스카하)에 의한 이름이라는 설도 있다. 현해탄의 여울과 관계있는 이름으로 보는 것이, 뒤의 胸形(무나카타)에 진좌하는 여신이라는 것에도 맞는다. 하해의 빠른 여울에서 연유된 신명. 수신.

正勝吾勝勝速日天之忍穗耳命(마사카쯔아카쯔카찌하야히아메노오시호미미노미코토) 황계의 조상신. 正勝(마사카쯔)는 확실히 이겼다. 吾勝(아카쯔)는 내가 이겼다. 勝(카찌)는 이기다. 勝速日(하야히)는 위력이 센 신령. 天之(아메노)는

136 고사기 상권

천에 속한다는 것을 의미하는 미칭. 忍는 위대한, 穗는 열매. 耳는 영
위. 正勝吾勝勝速日〔마사카쯔아카쯔카찌하야히〕는 須佐之男命〔스사오노미코토〕가 이긴 것을 선언하는 것에 의한
이름. 스사노오노미코토의 힘을 받은 신이 나타나, 아마테라스오호
미카미의 아들이 된다는 것이 이야기의 중점이다. 이삭의 풍요를 맡
은 신이라는 뜻. 아들 番能邇邇藝命〔호노니니키노미코토〕, 손자 穗穗手見命〔호호데미노미코토〕 등의 이름에는
벼 이삭을 의미하는 穗〔호〕가 사용되었다.

天之菩卑能命〔아메노호히노미코토〕 天+之(의)+穗+靈力〔아메 노 호 히〕로, 벼 이삭의 신격화. 후에 葦原中國〔아시하라나카쯔쿠니〕를
평정할 때, 맨 먼저 선발 파견되었으나, 大國主神〔오호쿠니누시노카미〕에게 아부하며 3년
이 지나도록 복명하지 않았다.

天津日子根命〔아메쯔히코네노미코토〕 태양의 아들 신. 根〔네〕는 친근하게 부르는 말.

活津日子根命〔이쿠쯔히코네노미코토〕 活〔이쿠〕는 활력이 있다.

熊野久須毘命〔쿠마노쿠스비노미코토〕 熊野를 出雲〔이즈모〕의 지명으로 하는 설이 있으나, 出雲와 결부시
킬 필요는 없다. 久須〔쿠스〕는 奇〔쿠시〕의 어간, 毘〔비〕는 영력. 신비하고 영묘한 신으
로 熊野大社〔쿠마노다이샤〕의 제신.

物實〔모노자네〕 재료로서의 물건. 출현한 신들은 그것을 출현시킨 자에 귀속되는
것이 아니라, 원재료의 소유자에게 귀속된다. 그래서 스사노오노미
코토가 생성한 아이를 아마테라스오호미카미가 소유한다. 스사노오
노미코토의 힘을 받은, 아마테라스오호미카미의 아이로서 지상세계
에 관여할 수 있는 존재가 출현한 것이다.

我物〔아가모노〕 나의 소유물. 여기서는 아마테라스오호미카미의 구슬.

詔別〔노리와케〕 주적으로 선언하고 지적으로 변별함.

多紀理毘賣命〔타키리비메노미코토〕 스사노오의 자식이 된 3여신은 胸形〔무나카타〕가 제사 지낸다. 그러
나 古事〔고사〕는 이 신이 지상신이 된 것을 언급하지 않았다. 아마테라스의
자식이 된 다섯 남신 중에 天菩比命〔아메노호히노미코토〕를 제외하고, 지상과의 관계가 언

아마테라스와 스사노오 137

급된 것이 없다. 아무런 설명 없이 天津日子根命을 凡川內國造의 조
상으로 한 것도 마찬가지이다. 高天原와 葦原中國 신의 세계는
결코 고정적이거나 움직일 수 없는 것이 아니었음을 의미한다.

胸形君 『新撰姓氏錄』 河內國의 신별에 "宗形君는 大國主神의 6세손
吾田片隅命의 후손이다."라고 전한다. 福岡縣 宗形郡 宗形 신사는
沖津宮·中津宮·邊津宮로 이루어져 있다. 沖津宮는 현해탄의 고
도인 沖ノ島에, 中津宮는 같은 곳의 大島에, 邊津宮는 玄海町
田島에 위치하고 있다. 津는 소속을 나타내는 격조사. 宗像는 安曇씨
와 더불어 北九州 연안에서 활약했던 海人족의 감독관. 君는 姓로,
국군의 제도가 시행되면서는 대대로 宗像 신사의 신주가 되어 宗形
郡의 군사를 겸했다.

三前 前는 신을 세는 수사.

建比良鳥命 天菩比命가 지상에서 만든 자식. 出雲國造의 神賀訶(『延喜式』
祝詞)에는 天菩比命의 자식, 天夷鳥命에게 布都怒志命를 딸려서 내려
보내, 大穴持命를 복종시킨 것으로 되어 있다. 이 天夷鳥命와 建比良
鳥命를 동신으로 보는 설이 있으나 적절치 않다. 神賀訶는 기의
天鳥船神와 중복되어, 出雲造가 자신들의 조신으로 만든 것이라고
생각된다.

國造 지방의 수장에게 세습적으로 주어지는 姓. 호족이 임명되었다.
독립되어 있던 지방 군주가 조정에 나라를 바치고 받는 지위. 미얏코
는 '御家子'에서 온 것 같다.

直 連·縣主·稻寸 등은 姓.

無邪志 지명. 武蔵.

上菟上 上總國의 海上.

시모쯔우나카미　시모쯔우나카미　우나카미
下菟上　下菟上의 海上.

이 지 무　카즈사노쿠니　이 지 무 군
伊自牟　上總國의 夷隅郡.

쯔시마노아가타　쯔 시 마
津島縣　對馬島.

토오쯔아후미　시즈오카켄
遠江　靜岡縣.

오호시카후찌　카하찌노쿠니
凡川內　河內國.

누 카 타 베　누카타　　　　　　　야마토노쿠니 헤 구 리 군　카하찌노쿠니 카하찌 군　누카타노쿠니
額田部　額田의 지명으로, 倭國 平群郡과 河內國 河內郡에 額田鄕가 있
　　　　　　베
　　　었다. 部는 주거지나 직업에 의한 집단.

우바라키　히타찌노쿠니　이바라키군
茨木　常陸國 茨城郡.

야마토노타나까　야마토노쿠니　타 나 카
倭田中　倭國田中.

야마시로　야마노쿠니
山代　山国.

우 마 구 타　카즈사노쿠니　타 가 군
馬來田　上總國 望多郡.

미쩨노시리노키헤　　　　　　　미쩨노시리
道尻岐閇　미상. 道尻는 수도에서 멀다는 뜻.

스 하　시나노쿠니　스 하 군
周芳　信濃國의 諏訪郡.

야마토노아무찌　야마토노쿠니 시키노 시모 군 시쯔바라 촌
倭淹知　倭國 城下郡 室原村.

타케찌　야마토노쿠니 타 케 찌 군
高市　倭國 高市郡.

아가타노누시
縣主　현의 수장으로 세습제.

카마후　아후미노쿠니 카 마 후 군
蒲生　近江國 蒲生郡.

사키쿠사
三枝　식물명. 가지가 셋으로 갈라져 피는 산백합이라는 설이 있다.

【해석】

　　그런데 이리하여, 각각 아메노야스카하를 사이에 두고 우케히를 할 때에, 먼저 아마테라스오호미카미가 타케하야스사노오노미코토의 허리에 찬 검 토쯔카쯔루기를 청하여 받아 셋으로 잘라 구슬 소리도 상쾌하

게 타카아마노하라의 성스러운 우물에 저어 씻은 후에, 씹고 씹어 내뱉은 입김의 안개에서 생긴 신의 이름은 타키리비메노미코토. 다른 이름은 오키쯔시마히메노미코토라 한다. 다음에 이찌키시마히메노미코토. 다른 이름은 사요리비메노미코토라 한다. 다음에 타키쯔히메노미코토(3주).

하야스사노오노미코토가 아마테라스오호미카미의 왼쪽 머리에 감은, 수많은 야사카의 곡옥을 긴 줄에 꿴 머리 장식의 구슬을 청하여 받아, 구슬 소리도 상쾌하게 타카아마노하라의 성스러운 우물에 저어 씻어, 씹고 씹어 내뱉은 입김의 안개에서 생긴 신의 이름은 마사카쯔아카쯔카찌하야히아메노오시호미미노미코토. 또 오른쪽의 머리 장식에 감은 구슬을 청하여 받아 씹고 씹어 내뱉은 입김의 안개에서 생긴 신의 이름은 아메노호히노미코토. 또 머리 장식에 감은 구슬을 청하여 받아 씹고 씹어 내뱉은 입김의 안개에서 생긴 신의 이름은, 아마쯔히코네노미코토. 또 왼손에 감고 있던 구슬을 청하여 받아 씹고 씹어 내뱉은 입김의 안개에서 생긴 신의 이름은 이쿠쯔히코네노미코토. 또 오른손에 감고 있던 구슬을 청하여 받아 씹고 씹어 내뱉은 입김의 안개에서 생긴 신의 이름은 쿠마노쿠스비노미코토. 합하여 5주이다.

그러자 아마테라스오호미카미가 하야스사노오노미코토에게 일러 "이 나중에 태어난 5주의 남자는 나의 소지품을 근거로 해서 생긴 것이기 때문에, 당연히 나의 자식이다. 먼저 낳은 3주의 여자는 당신의 소지품을 근거로 해서 생긴 것이므로, 곧 너의 자식이다."라고 말씀하시어 자식들의 소속을 정하셨다. 참고로 그 먼저 낳은 신 타키리비메노미코토는 무나카타의 오키쯔미야에 진좌하여 계신다. 다음에 이찌키시마히메노미코토는 무나카타의 나카쯔미야에 진좌하여 계신다. 다음에 타키쯔히메노미코토는 무나카타의 헤쯔미야에 진좌하여 계신다. 이 3주의 신은 무나카타키미들이 모시는 3분의 대신이다.

　그리고 그 후에 낳은 5주의 자식 중에, 아메노호히노미코토의 자식은 타케히라토리노미코토(이는 出雲國造, 武藏國造, 上菟上國造, 下菟上國造, 伊自牟國造, 津島縣直, 遠江國造 등의 선조이다.) 다음에 아마쯔히코네노미코토(凡河內國造, 額田部湯坐連, 紀伊國造, 大和田中置, 山城國造, 馬來田國造, 道尻岐閇國造, 周防國造, 大和淹知造, 高市縣主, 蒲生稻寸, 三枝部造들의 선조이다.)

【해설】

전집 서로 같이 자식을 낳는 장면이다. 우케히의 형식으로 자식을 낳는다는 것이 주안점으로, 우케히는 이야기의 장치이다. 어느 쪽이 이기는가 하는 승부를 문제로 하는 것은 아니다. 아마테라스오호미카미의 의심이 우케히를 행하게 했으나 스사노오노미코토에게는 처음부터 사심이 없었다. 아마테라스오호미카미와 스사노오노미코토는 우케히를 하여 각각 구슬과 검을 교환하여 씹어 뱉은 입김에서 무나카타의 3여신과 아메노오시호미미노미코토 이하의 5남신이 화생한다. 우케히라는 신비적인 주의에서 신들이 화생하는 것은, 재계에서 3신이 화생하는 것과 같은 사상에 근거하는 이상탄생이다.

집성 아마테라스오호미카미와 스사노오노미코토는 서약을 통해 아마테라스오호미카미의 구슬과 스사노오노미코토의 검을 교환하여, 서로가 그것을 씹어 뱉은 입김에서, 무나카타의 3여신과 天之忍穗耳命(아메노오시호미미노미코토) 이하의 5남신이 화생한다. 옥과 검은 우케히의 呪具(주구)이기 때문이고, 우케히라는 呪義(주의)에서 태어난다고 하는 것은 그 탄생이 신비롭다는 것을 의미한다. 3과 5는 중국의 성수관념에 의한다. 이 우케히의 목적은 스사노오노미코토의 청명심의 유무 판별에 있고, 그것은 낳은 아이의 성별로 정부를 정하기로 했다. 그러나 우케히의 내용은 확실하지 않은 채로, 아마테라스오호미카미는 3여신을, 또 스사노오노미코토는 5남신을 낳은 것만을 이야기하고 있다.

　이 우케히라는 주법에는 말로 신의를 묻는다는 것이 있었을 것이다. '누나토모유라니'라든가 '사가미니카미테'의 구송성을 생각하게 하는 율어를 정형적으로 반복하고 있는 것으로 알 수 있다. 그리고 같은 주법 중에, 한 명씩 생겨나는 자식을 확인하고 명명해 나간 것도 알 수 있다.

강담 우케히 신화는 주의의 신비적인 내용이, 되풀이가 많은 장중한 표현으로 이야기되고 있다. 이 신화의 주안은 두 신의 우케히에 의해 검과 옥을 재료로 하여 3여신이 스사노오노미코토의 자식으로, 5남신이 아마테라스오호미카미의 자식으로 화생했다는 점에 있다. 3여신은 胸形(무나카타) 신사의 제신이다. 이 신을 모시는 胸形君(무나카타노키미)는 北九州(키타큐우슈우)를 본거지로 해서, 일본해나 조선반도의 해상교통에서 활약한 海人(아마)계의 호족이다.

　한편 5남신 가운데 아메노호히노미코토는 出雲國造(이즈모노쿠니노먀토)의 조상신이고, 아마쯔히코네노미코토는 凡川內國造(오호시카후찌노쿠니노먀코)나 山代國造(야마시로노쿠니노먀코)와 같은 호족의 조상신이다. 그리고 황조신 오시호미미노미코토와 이즈모노쿠니노미얏코의 조상신인 아메노호히노미코토가 형제 관계로 되어 있는 것은 아마테라스오호미카미와 스사노오노미코토가 남매 관계인 것과 같은 구상이다.

　서기에는 우케히에 앞서 혹시 여자가 태어나면 스사노오노미코토에게 사심이 있는 것으로 알고, 남자가 태어나면 결백하다는 것을 믿으랴는 기록이 있다. 하지만 기에는 그런 기록이 없다. 그리고 서기와는 반대로 여자가 태어났기 때문에 스사노오노미코토의 결백이 증명된 것으로 되어 있다. 기에도 天之忍穗耳命(아메노오시호미미노코토)의 신명에는 正勝吾勝勝速日(마사카쯔아카쯔카찌하야히)가 덧붙어 있으므로 남자가 태어났기 때문에 우케히에서 이겼다고 하는 것이 본래의 전승이었으리라고 생각된다. 기는 왜 여자가 태어난 것을 승리의 증거로 했을까. 이것은 중요한 문제이다. 어쩌면 서기의 전승이 여제 지토우 천황이나 겐메이 천황대에 형성되었기에 이같이 개변된 것일지도 모른다.

신전집 서로 같이 자식을 낳는 장면이다. 우케히의 형식으로 자식을 낳는다는 것이 주안점으로, 우케히는 이야기의 장치이다. 어느 쪽이 이기는가 하는 승부를 문제로 하는 것은 아니다. 아마테라스오호미카미의 의심이 우케히를 행하게 하였으나 스사노오노미코토에게는 처음부터 사심이 없었다. 우케히라는 형식으로 신들이 생겨나, 세계의 이야기에 있어서 새로운 전개를 준비한다. 그것이 이 단락의 주제이다.

3. 천석옥

爾, 速須佐之男命, 白于天照大御神, 我心淸明故, 我所生之子, 得手弱女. 因此言者, 自我勝, 云而, 於勝佐備,^{此二字以音.} 離天照大御神之營田之阿,^{此阿字以音.} 埋其溝, 亦, 其, 於聞看大嘗之殿屎麻理^{此二字以音.} 散. 故, 雖然爲, 天照大御神者, 登賀米受而告, 如屎, 醉而吐散登許曾,^{此三字以音.} 我那勢之命, 爲如此. 又, 離田之阿, 埋溝者, 地矣阿多良斯登許曾,^{自阿以下七字以音.} 我那勢之命, 爲如此登,^{此一字以音.} 詔雖直, 猶其惡態, 不止而轉. 天照大御神, 坐忌服屋而, 令織神御衣之時, 穿其服屋之頂, 逆剝天斑馬剝而, 所墮入時, 天服織女, 見驚而, 於梭衝陰上而死.^{訓陰上云富登.}

故於是, 天照大御神, 見畏, 開天石屋戶而, 刺許母理^{此三字以音.} 坐也. 爾, 高天原皆暗, 葦原中國悉闇. 因此而常夜往. 於是, 万神之聲者, 狹蠅那須^{此二字以音.} 滿, 万妖, 悉發. 是以, 八百万神於天安之河原神集々而,^{訓集云都度比.} 高御産巢日神之子, 思金神令思^{訓金云加尼.} 而, 集常世長鳴鳥, 令鳴而, 取天安河之河上之天堅石, 取天金山之鐵而, 求鍛人天津麻羅而,^{麻羅二字以音.} 科伊斯許理度賣命,^{自伊下六字以音.} 令作鏡, 科玉祖命, 令作八尺勾璁之五百津之御須麻流之珠而, 召天兒屋命・布刀玉命^{布刀二字以音. 下效此.} 而, 內拔天香山之眞男鹿之肩拔而, 取天香山之天之波々迦^{此三字以音. 木名.} 而, 令占合麻迦那波而,^{自麻下四字以音.} 天香山之五百津眞賢木矣, 根許士爾許士而,^{自許下五字以音.} 於上枝取著八尺勾璁之五百津之御須麻流之玉, 於中枝取繫八尺鏡,^{訓八尺云八阿多.} 於下枝取垂白丹寸手・靑丹寸手而,^{訓垂云志殿.} 此種々物者, 布刀玉命, 布刀御幣登取持而, 天兒屋命, 布刀詔戶言禱白而, 天手力男神, 隱立戶掖而, 天宇受賣命, 手次繫天香山之天之日影而, 爲鬘天之眞析而, 手草結天香山之小竹葉而,^{訓小竹云佐々.} 於天之石屋戶伏汙氣^{此二字以音.} 而, 蹈登杼呂許志,^{此五字以音.} 爲神懸而, 掛出胸乳, 裳緖忍垂於番登也. 爾, 高天原

動而, 八百万神共咲.

　於是, 天照大御神, 以爲怪, 細開天石屋戸而, 內告者, 因吾隱坐而, 以爲天原自闇, 亦, 葦原中國皆闇矣, 何由以, 天宇受賣者爲樂, 亦, 八百万神諸咲. 爾, 天宇受賣白言, 益汝命而貴神坐故, 歡喜咲樂, 如此言之間, 天兒屋命・布刀玉命, 指出其鏡, 示奉天照大御神之時, 天照大御神, 逾思奇而, 稍自戸出而, 臨坐之時, 其所隱立之天手力男神, 取其御手引出, 卽布刀玉命, 以尻久米此二字以音 繩控度其御後方, 白言, 從此以內不得還入. 故, 天照大御神出坐之時, 高天原及葦原中國, 自得照明.

【훈】

　爾くして、速須佐之男命、天照大御神に白さく、「我が心淸く明きが故に、我が生める子は、手弱女を得つ。此に因りて言はば、自ら我勝ちぬ」と云ひて、勝ちさびに、天照大御神の營田のあを離ち、其の溝を埋み、亦、其の、大嘗を聞し看す殿に屎まり散しき。故、然爲れども、天照大御神は、とがめずして告らさく、「屎の如きは、醉ひて吐き散らすとこそ、我がなせの命、如此爲つらめ。又、田のあを離ち、溝を埋むは、地をあたらしとこそ、我がなせの命、如此爲つらめ」と、詔りて直せども、猶其の惡しき態、止まずして轉たあり。天照大御神、忌服屋に坐して、神御衣を織らしめし時に、其の服屋の頂を穿ち、天の斑馬を逆剥ぎに剥ぎて、墮し入れたる時に、天の服織女、見驚きて、梭に陰上を衝きて死にき。

　故是に、天照大御神、見畏み、天の石屋の戸を開きて、刺しこもり坐しき。爾くして、高天原皆暗く、葦原中國悉く闇し。此に因りて常夜往き

き。是に萬の神の聲は、狹蠅なす滿ち、萬の妖は、悉く發りき。是を以て、八百萬の神、天の安の河原に神集ひ集ひて、高御産巣日神の子、思金神に思はしめて、常世の長鳴鳥を集め、鳴かしめて、天の安の河の河上の天の堅石を取り、天の金山の鐵を取りて、鍛人の天津麻羅を求めて、伊斯許理度賣命に科せ、鏡を作らしめ、玉祖命に科せ、八尺の勾璁の五百津の御すまるの珠を作らしめて、天兒屋命・布刀玉命を召して、天の香山の眞男鹿の肩を內拔きに拔きて、天の香山の天のははかを取りて、占合ひまかなはしめて、天の香山の五百津真賢木を、根こじにこじて、上つ枝に八尺の勾璁の五百津の御すまるの玉を取り著け、中つ枝に八尺の鏡を取り繋け、下つ枝に白丹寸手・青丹寸手を取り垂でて、此の種々の物は、布刀玉命、ふと御幣と取り持ちて、天兒屋命、ふと詔戶言禱き白して、天手力男神、戶の掖に隱り立ちて、天宇受賣命、手次に天の香山の天の日影を繫けて、天の眞析を縵と爲て、手草に天の香山の小竹の葉を結ひて、天の石屋の戶にうけを伏せて、蹈みとどろこし、神懸り爲て、胸乳を掛き出だし、裳の緒をほとに忍し垂れき。爾くして、高天原動みて、八百萬の神共に咲ひき。

　是に、天照大御神、怪しと以爲ひ、天の石屋の戶を細く開きて、內に告らししく、「吾が隱り坐すに因りて、天の原自ら闇く、亦、葦原中國も皆闇けむと以爲ふに、何の由にか、天宇受賣は樂を爲、亦、八百萬の神は諸咲ふ」とのらしき。爾くして、天宇受賣が白して言はく、「汝が命に益して貴き神の坐すが故に、歡喜び咲ひ樂ぶ」と、如此言ふ間に、天兒屋命・布刀玉命、其の鏡を指し出だし、天照大御神に示し奉る時に、天照大御神、逾よ奇しと思ひて、稍く戶より出でて、臨み坐す時に、其の隱り立てる天手力男神、其の御手を取り引き出だすに、即ち布刀玉命、尻く

め繩を以て其の御後方に控き度して、白して言ひしく、「此より以內に
還り入ること得じ」といひき。故、天照大御神の出で坐しし時に、高天原
と葦原中國と、自ら照り明ること得たり。

【주】

手弱女(타 와야 메) 부드러운 여자 손을 의미하며 연약하고 아름다운 여자를 나타내는 말.

勝さび(카찌 사비) 승리에 도취한 행동. '사비'는 비슷한 태도나 상태를 나타내는 말.

營田(쯔루 다) 이하 스사노오노미코토가 본성에 따라 거칠게 행동한다. 그것은 타카아마노하라의 신사(神事)를 범하는 것으로, 공동체적 질서를 침범하는 것이라고 말할 것은 아니다.

阿(아) 논밭 사이의 두렁.

溝(미조) 개천・도랑・수채・두렁을 허물거나 메우는 것은 농경을 방해하는 행위.

大嘗(오호니헤) 신곡으로 만든 음식을 신에게 바치고 맛을 보는 제의.

聞看(키코시메스) 드시다. 잡수시다.

屎麻理(쿠소 마리) 똥을 내지르다. '마리'는 대소변을 보다. 어전에 대소변을 보는 것은 신성한 제사의 모독이다. 屎는 부정으로 보고 기피한다. '屎の如きば'는 똥으로 인정하지 않는다는 말로 표현하는 방법으로 부정을 기피할 수 있다.

如(나스) 처럼.

醉(에후) 술이나 탈것에 취하다.

阿多良斯(아 타 라 시) 아름다운 것이 사라져 가는 것에 대한 아쉬움의 표현.

노리나오시
詔直 나쁜 것도 선의로 해석하여 말하면 부정을 피할 수 있다는 사고의 표현. 부정을 기피하기 위한 것이다. 스사노오노미코토에 대한 관용이나 온정의 문제가 아니다.

와자
態 행위.

우타테
轉 점점 더하다. 이상하고 심한 형상을 나타내는 말.

이미하타야
忌服屋 신의 옷감을 짜는 신성한 건물. '이미'는 신성하다는 의미의 접두어.

카무미소
神御衣 아마테라스오호미카미가 천신을 위해 옷을 짜게 한다. 아마테라스오호미카미는 타카아마노하라의 지배자로, 그곳의 신사를 주재한다.

이타다키
頂 지붕의 중앙으로 제일 높은 곳.

우카찌
穿 구멍을 뚫다.

후찌우마
斑馬 얼룩말. '후찌코마'로 읽는 설도 있다. 『和名抄』에 따라 '후찌우마'로 읽는다. 단색이 아닌 말.

사카하기
逆剝 꼬리 쪽부터 가죽을 벗기는 것. 이상한 방법으로 가죽을 벗긴 말을 신성한 방에 던져 넣는 것은 신사에 대한 중대한 침범이다.

하타오리메
織女 베를 짜는 여자.

히
梭 베를 짤 때 쓰는 도구. 배 모양의 도구. 북.

호토
陰上 음부. 의복 위에서 찌른 것을 나타낸 표기. 죽음은 신사에서 가장 큰 부정이다.

아메노이하야토
天石屋戸 천상에 있다는 돌로 된 집의 문. 이하야는 암굴.

히라키
開 본문의 '開'를 '閉'로 정정하고, 閉て로도 읽으나 맞지 않는다. 원래 잠겨 있는 것을 열고 들어가는 것이다.

사시
刺 열쇠 등을 잠그는 것.

코모리
許母理 문을 잠그고 숨는 것. 암굴이나 석실에 들어가는 것은 재계를 통해 재생하기 위한 것이다.

高天原(타카아마노하라) 천신들이 산다는 천상계.

葦原中國(아시하라노나카쯔쿠니) 사건은 타카아마노하라에서 일어났는데, 분명한 것은 아시하라노나카쯔쿠니에도 파문이 미치는 것으로 이야기한다. 두 세계를 무조건적으로 병렬하고 이야기하는 것은 이후에도 계속된다. 아마테라스오호미카미가 천지세계에 통하는 원리라는 것이 여기에 나타난다.

常夜(토코요) 세계에 빛이 없어진 상태를, 언제 밝아질지도 모르게 밤만 계속된다고 표현한 것.

往(유쿠) 시간이 경과된다.

狭蠅(사바 에) 오월에 파리가 꾀듯이 시끄러운 상태. 세계의 질서가 없어져 혼돈과 혼란에 빠져 버린 상태를 말한다. 아마테라스오호미카미가 천지세계의 질서 원리라는 것을 의미하고 있다.

八百萬(야호요로즈) 수가 많다는 것의 관용어.

神集(카무쯔도히) 모여서. '카무'는 신의 행동임을 뜻하는 접두어. 모든 신들이 모인 것을 八百萬(야호요로즈)라 한다. 이하 그 신들이 아마테라스오호미카미를 끌어내기 위하여 행한 것을 이야기한다. 그 서술은 '신들이 모여'로 시작하여, '하고'로 신들의 행동을 이어가며 '치마의 끈을 음부에 내려뜨려'에 이르기까지 장대한 하나의 문장으로 되어 있다. 되풀이하여 사용되는 'て', 원문에서는 '而'로 표기하였다. 소박하게 보이나, 그것은 전승의 문체가 아니다. 훈주체의 표기 중에서 '而'로 의미의 단위를 표시하여 이해를 확보하는 것으로 획득된 문체로 보아야 할 것이다.

高御産巣日神(타카미무스히노카미) 高御(타카미)는 미칭. 産巣(무스)는 생산. 日(히)는 신비한 영력. 産巣日(무스히)가 접두어인 신이 많다.

思金神(오모히카네노카미) '카네'는 '미리'라는 뜻으로, 예견의 신이라는 신명. 깊은 사려를 겸비한 신.

常世(토코요) 영원의 나라. 현세에 행복을 주는 이상향. 후세에는 바다 건너에 있는 이향으로 생각했다.

長鳴鳥(나가나키도리) 길게 우는 닭. 그 소리는 양광을 불러 사기를 쫓는다. 새를 모아 울리는 것은 새벽을 알리는 계명을 의미한다.

堅石(카타시하) 단단한 암석. 철을 벼를 때 밑돌로 사용한다.

金山鐵(카나야마노쿠로가네) 광산의 철. 광산에서 채광하여 철기를 만든 것은 야요히(弥生) 중기 이후이다.

鍛人(카누찌) '카누찌'는 金打(카나우찌)의 약. 대장장이.

天津麻羅(아마쯔마라) 天+쯔(의)+마라. '마라'는 대장장이의 통칭. 그러나 대장장이를 구하는 목적이 불분명하다. 검을 만들게 하였다는 문장이 누락된 것 같다. '아마쯔마라'를 구하는 것은 단단한 돌을 구하고 철을 구하는 것과 마찬가지로, 말하자면 거울을 만드는 조건이다. 그것들을 구하여 이시코리토메노미코토가 거울을 만든다. 즉 '아마쯔마라'는 오모카네노카미 등과 동열의 신이 아닌 것이다.

伊斯許理度賣命(이시코리도메노미코토) 石+코리. '코리'는 木樵(키코리)의 '코리'로, 자르는 것을 의미하는 것일까. 주형하기 위해 돌을 자른 것일까. '도'는 연체조사 '쯔'의 전. '메'는 여성. 석형에 철물을 넣어서 거울을 주조하는 노녀.

科(오호스) 말씀하시다. 분부하시다.

鏡(카가미) 거울. 고대의 거울은 철경보다 청동[白銅]경이 많이 사용되었다.

玉祖命(타마노오야노미코토) 구슬을 만드는 집단의 조상.

八尺(야사카) '야'는 많다. '사카'는 길이. 긴 것의 관용적 표현.

八尺勾璁(야사카노마가타마) 많은 곡옥을 꿰어서 둥글게 만든 장신구.

五百律(이호쯔) 다수를 의미하는 접두어.

미스마루
美須麻流 구슬을 꿰어서 만든 장신구. 목이나 팔에 걸었다.

아메노코야네노미코토   나카토미노무라지
天兒屋命 中臣連의 조상신.

후토타마노미코토
布刀玉命 '후토'는 미칭. '타마'는 제사용 구슬. 제사를 지내는 행위를 표
                                   인베노오비토
         상한 신. 忌部首의 조상신.

아메노카구야마   우네비야마
天香山 야마토 3산의 하나로 신제가 행해진 성산. 3산은 畝傍山·
        미미나시야마   아메노카구야마
        耳成山·天香山. 이하는 천에 속한 카구야마의 물건으로 제사의 장
        소를 성립시키는 내용의 서술.

마오시카노카타   마
眞男鹿肩 수사슴의 어깨뼈. 眞는 접두어.

우쯔누키   우쯔하기니   하기테
內拔 '우쯔'는 전부를 의미하는 형상어. 모두 뽑아서. 內剝に 剝て 라는 용
                                   대국주신   국작
      례도 후출한다(大国主神의 国作).

하 하 카
波波迦 주앵(朱櫻) 나무의 껍질로 사슴의 어깨뼈를 태워 뼈에 생기는 금으
        로 길흉을 점친다.

마 카 나 하
麻迦那波 '마나카후'는 정리하여 준비한다는 의미.

마 사카 키   사카키
眞賢木 가지와 잎이 무성한 상록수. 후의 비쭈기나무. 木神는 신령이 깃
                   타마시로
        드는 靈代의 상록수.

이 호 쯔
五百津 무성한 가지를 의미하는 것 같다. 다수설도 있다.

네 코 지 니 코 지
根許士爾許士 뿌리째 뽑다. '코지'는 비틀어 쥐어뜯는 것.

카미쯔에
上枝 가장 위쪽의 가지.

나카쯔에
中枝 가운데 가지.

야아타노카가미
八尺鏡 '야타'로도 읽으나 훈주에 따라 '야아타'로 읽는다. 八는 길다는
        관용어. '아타'는 손가락을 편 넓이. 실제의 크기나 넓이를 말하는 것
        이 아니라 큰 거울의 형용이다.

시모쯔에
下枝 아랫가지.

시 라 니 키 테   니 키 테
白丹寸手 丹寸手는 베(후일에는 종이)를 나뭇가지 등에 걸어 신에게 올리는

것. '니키'는 신을 편안하게 한다는 의미. '테'는 접미어. 흰 幣는 닥나무로, 파란 것은 마로 만든 것이다.

^{시즈}
垂 늘어뜨리다.

^{후토미테구라} ^{후토} ^{미테구라}
布刀御幣 太는 훌륭하다는 의미의 미칭. 幣는 신에게 올리는 물품의 총칭.

^{후토노리토고토} ^{노리토}
布刀詔戸言 신에게 기원하는 祝詞와 동의. 제의에서 신에게 올리는 말. 여기서는 아마테라스오호미카미의 출현을 기원하는 내용일 것이다.

^{호키} ^{코토타마}
禱 언어에 주력이 있다는 言靈 신앙으로, 소원 성취를 기원하는 아름다운 말.

^{아메노타지카라오노카미}
天手力男神 완력이 강한 남신. 석굴에서 아마테라스오호미카미의 손을 잡고 끌어내는 힘을 표상한 신명으로, 설화적으로 만들어진 신 같다.

^{아메노우즈메노미코토}
天宇受賣命 '우즈'는 머리 장식, '메'는 여자. 머리를 장식한 무녀를 명의로 한다. 뒤의 '爲縵天之眞析而'와 조응한다. ^{코고슈우이}『古語拾遺』에는 강하고 용맹한 여자로 나온다. 서기의 ^{아메노우즈메노미코토}天細女命. ^{오오나메마쯔리}大嘗祭를 주재하는 ^{사루메노키미}猿女君의 조상.

^{히카게} ^{히카게노카즈라} ^{타스키}
日影 상록의 덩굴. 日影蔓의 약어. '키즈네노타스키'라고도 하며, 欅로 할 수도 있다.

^{타스키}
手次 제사할 때에 걸치는 어깨띠. 멜빵.

^{마사키}
眞析 덩굴풀의 일종.

^{카즈라}
縵 덩굴풀이나 초목의 가지·꽃 등으로 만든 머리 장식물.

^{사사바} ^{사사}
小竹葉 笹는 대나무의 일종. 형태가 작은 것의 총칭.

^{타구사}
手草 가무를 할 때에 손에 지니는 것.

^{우케} ^{오케}
汚氣 桶. 속이 빈 통.

^{토도로코시}
登杼呂許志 빈 통을 발로 밟으며 소란을 피우는 것.

^{카무카카리}
神懸 신령이 사람에게 옮겨 붙는 것. 무아지경의 상태에서 신탁을 전

하는 것.

^{무나 찌}
胸乳 유방.

^{카키이데}
掛出 드러내 놓고. 卦^{카키}는 접두어.

^{모노오}
裳緒 치마끈. 치마끈을 내리고 여음을 노출시키는 것은 사기를 쫓기 위한 주술적 행위.

^{호 토}
番登 여자의 음부.

^{우찌}
內 암굴 속.

^{아마노하라}
天 原 지문에서는 '타카아마노하라'라 하고, 아마테라스오호미카미의 말 속에서는 '아마노하라'라 한다. 하늘에 있으며 한 발언이라 그렇다.

^{아소비}
樂 가무음곡. 원래는 제의 장의 등에서의 가무를 뜻하는 말이었다.

^{소노카가미}
其 鏡 중간 가지에 건 큰 거울[八尺鏡]을 받고 있다.

^{이요요아야시}
逾 奇 앞의 '이상하게 생각하고'를 받고 있다. 한층 더 이상하여. 거울에 자신의 모습이 비쳤기 때문에 이상히 여겼다. 거울은 태양신의 상징. 또 다른 태양신이 있는가 하고 이상하게 생각했다.

^{야오야}
稍 서서히. 슬슬.

^{시리 쿠 메 나하}
尻久米繩 함부로 드나들지 못하도록 신역에 친 금줄. 注連繩^{시메나하}(七五三繩)^{시메나하}와 동의어. 서기 端出之繩^{시라쿠메나하}라는 훈주가 있다. 짚의 끝을 내놓고 꼰 새끼. '쿠메'는 낸대[出]는 의미의 하이단동사 '쿠무'의 연용형.

【해석】

그러자 하야스사노오노미코토는 아마테라스오호미카미에게 아뢰어 "나의 마음이 청명하기에 나는 여자를 얻었다. 이 결과를 가지고 말하면 당연히 나의 승리다."라고 말하고 승리감에 도취되어 아마테라스오호미카미가 경작하시는 논의 두렁을 허물고, 그 고랑을 메우고, 또 아마테라스오호미카미가 대상제를 행하는 어전에 똥을 싸 흩어 뿌렸다.

그러나 그럼에도 아마테라스오호미카미는 꾸짖지도 않고 말씀하시길 "똥과 같은 것은, 술에 취하여 토하려 한 나의 동생 미코토가 그렇게 했을 것이다. 또 논의 두렁을 허물고 물고랑을 메운 것은 토지가 아깝다고 생각하고 나의 동생 미코토가 그랬을 것이다."라고 고쳐 말씀하셨으나, 역시 그 나쁜 행위는 그치지 않고 심했다.

아마테라스오호미카미가 베를 짜는 신성한 방에 계시며 신에게 바칠 옷감을 짜게 하고 계실 때, 그 지붕의 천정에 구멍을 뚫고 타카아마노하라의 얼룩말의 가죽을 거꾸로 벗겨 떨어뜨려 넣었더니, 베를 짜던 하늘의 직녀는 그것을 보고 놀라 베틀의 북에 음부를 찔려 죽고 말았다.

그러자 아마테라스오호미카미는 보고 두려워, 아메노이하야의 문을 열고 안에 들어 앉으셨다. 그러자 타카아마노하라는 완전히 어두워지고 아시하라노나카쯔쿠니도 완전히 어두워졌다. 이리하여 밤이 계속되었다. 그러자 많은 신들이 소란을 피우는 소리는, 오월경에 꾀어드는 파리처럼 가득 차서 온갖 재앙이 일제히 발생했다.

그러자 모든 신들이 아메노야스노카하라의 강변에 모여 타카미무스히노카미의 자식 오모히카네노카미에게 생각하게 하여, 먼저 토코요의 길게 우는 새를 모아서 울게 하고, 아메노야스노카하라의 상류에 있는 단단한 돌을 모아 아메노카나야마에서 철을 캐다가, 대장장이 아마쯔마라를 찾아내어 이시코리도메노미코토에게 명하여 거울을 만들게 하고, 타마노오야노미코토에게 명하여 야사카의 곡옥을 긴 끈에 많이 꿴 구슬장식을 만들게 하여, 아메노코야네노미코토와 후토타마노미코토를 부르셔서, 아메노카구야마의 수사슴의 어깨뼈를 모두 빼어 가져다, 아메노카구야마의 빨간 벗나무를 베어다, 그 뼈를 태워서 점을 치게 하고, 아메노카구야마의 무성한 비쭈기나무를 뿌리째 뽑아다가, 윗가지에는 야사카의 곡옥을 긴 끈에 많이 꿴 구슬 장식을 걸고, 중간가지에는 큰 거울을 걸고, 아랫가지에는 닥나무로 만든 흰 포목과 마로 만든 파란 포목을 걸어 늘어뜨리고, 이 여러 가지 물품은 후토타마노미코토가 헌상할 신성한 제물로 바쳐 들고, 아메노코야네노미코토가 귀중한 노리토를 올리고, 아메노타지카라오노카미가 문 옆에 숨어 서고, 아메노우즈메노미코토가 아메노카구야마의 성스러운 석송 넝쿨을 어깨 멜빵으로 걸치고, 사철 덩굴을 머리 장식으로 하고, 아메노카구야마의 조릿대 잎을 드는 다발로 묶어 손에 들고, 아메노이하야의 문 앞에 통을 엎어 놓고 밟아 울리며, 신들려서 가슴의 젖을 노출하고, 치마끈을 음부까지 밀어 내려뜨렸다. 그러자 타카아마노하라가 울려 퍼질 정도로 수많은 신들이 일제히 웃었다.

그러자 아마테라스오호미카미는 이상하게 생각하고 아메노이하야의 문을 살짝 열고 그 안에서 "내가 여기에 들어앉아 있기 때문에 천의 세계는 저절로 어둡고 또 아시하라노나카쯔쿠니도 모두 어두워졌을 것이라고 생각하는데, 어찌하여 아메노우즈메는 가무를 하고 또 많은 신들은 모두 웃고 있는 것인가."라고 말씀하셨다. 그러자 아메노우즈메가 아뢰길 "당신보다도 훌륭한 신이 계시기 때문에 즐겁게 웃으며 가무를 하고 있는 것입니다."라고 말하고 있는 사이에, 아메노코야네노미코토와 후토타마노미코토가 그 거울을 내밀어서 아마테라스오호미카미에게 보여드리자, 아마테라스오호미카미는 더욱더 이상하게 생각하고 조금씩 문에서 나와 거울에 비친 모습을 들여다보시는 그때, 옆에 숨어서 서 있던 아메노타지카라오노카미가 그 손을 잡아 밖으로 끌어당기자, 즉시 후토타마노미코토가 금줄을 아마테라스오호미카미의 뒤에 치고 "이제 안으로 다시 돌아가실 수는 없습니다."라고 아뢰었다. 이리하여 아마테라스오호미카미가 나오셨을 때, 타카아마노하라도 아시하라노나카쯔쿠니도 저절로 비추어 밝아지게 되었다.

【해설】

전집 宇氣比(우케히)의 검증으로 여신을 낳은 須佐之男命(스사노오노이코토)는 자기의 청명심이 판명되었다고 우쭐대며 天照大御神(아마테라스오호미카미)가 다스리는 高天原(타카아마노하라)의 신성을 더럽히는 난폭한 짓을 한다. 그 난행은 농경의례의 방해이고 그것은 고대사회에 있어서는 최대의 중죄였다. 그런 거친 신의 행위에 비하여 타카아마노하라의 농경사회, 아마테라스오호미카미의 관용심 등을 엿볼 수 있다.

스사노오노미코토의 난폭이 두려워서 암굴에 숨은 아마테라스오호미카미를 다시 불러내는 장면이다. 복점에 의하여 제식을 정하고, 거울과 구슬을 걸은 靈代(카미시로)(신이나 혼령 대신으로 모시는 것)인 비쭈기나무 앞에서 축사를 올리고, 天宇受賣(아메노우즈메)의 진혼 무용을 연기한다. 아직 신사가 없을 때의 제의 형식이 잘 반영되어 있다. 이 신화의 기본적 주제는 동지 무렵에 쇠퇴해진 천자의 혼을 부활시키기 위한 진혼의 주의라 생각된다.

집성 스사노오노미코토가 부드럽고 연약한 여자를 낳은 것으로 宇氣比(우케히)에 의한 결백이 증명되었다. 그것을 우케히의 승리로 착각한 스사노오노미코토의 거친 성격이 나타난다. 타카아마노하라의 신성(내용은 농경의례)을 더럽히는 난행을 범한다. 그러나 아마테라스오호미카미는 관용을 보였다. 스사노오노미코토의 난행은 사람을 죽게 한다. 이것을 본 아마테라스오호미카미는 高天原(타카아마노하라)의 石屋의 戶(이하야토)에 숨는다(귀인의 죽음). 이하야 앞에서 그를 맞이하기 위한 제의가 행해져, 오호미카미는 부활한다. 아마테라스오호미카미의 출현으로 다시 타카아마노하라는 광명을 찾게 된다. 이 天之石屋(아메노 이하야)의 戶(토)의 신화는 (1) 大御神(오호 미 카미)의 石屋의 戶(이 하 야 토) 피난의 동기와 결과, (2) 오호미카미의 출현을 바라는 제의 준비·기도·가무, (3) 오호미카미의 출현, (4) 스사노오노미코토의 추방이라는 기승전결의 극적인 구성으로 문장도 구송성을 띠고 있는 것 등의 특색이 있다. 소재론적으로는 일식신화, 동지의 진혼제, 곡령(대어신의 곡령화는 앞에서 다루었다.)의 죽음과 부활의 제의(新嘗祭(니히나메마쯔리), 大嘗祭(오호나메마쯔리)에 통한다.) 등의 요소를 생각할 수 있다. 또 高天原(타카아마노하라)에 天(아메노)の香山(카쿠야마)가 등장한다. 大和(야마토) 3산의 하나인 天の香山(아메노카쿠야마)가 타카아마노하라에 직결되는 우주축적인 산으로 관념되어 있던 것의 반영이라 생각하면, 飛鳥藤原(아스 카후지와라)시대가 이 신화의 완성기라고 볼 수 있을 것이다.

강담 天の石屋の戶(아메 노 이하야 토)는 천손강림과 더불어 기기신화의 정점을 이루고 있는 중요한 이야기이다. 이 신화는 농업신에 대한 폭풍신의 폭행, 즉 폭풍우의 재해를 이야기한 것으로 보는 견해가 있으나 스사노오노미코토를 폭풍의 신으로 보는 설은 따르기 힘들다. 아마테라스오호미카미는 태양신으로서의 일면을 가지고는 있으나 신성한 베를 짜게 하고 神田(칸 다)에 벼를 재배하고 大嘗祭(오호나메마쯔리)를 행하는 신이기 때문에, 태양신이면서 新嘗祭(니히나메마쯔리)를 행하는 고대의 천황상을 반영하는 신이다.

天の石屋(아메 노 이하야)에는 고분석실의 이미지가 투영되어 있다. 그리고 아마테라스오호미카미가 이하야에 숨었다가 이하야토에서 다시 출현하는 이야기에는 신의 죽음과 부활 재생의 신앙이 엿보인다. 특히 곡신이 매년 죽

어 봄에 새로이 생명을 얻어 부활한다는 신앙과 관계가 깊다.

이하야의 토 앞에서의 제의에 활약하는 신은, 中臣(나카토미)씨의 조상신 天兒屋命(아메노코야노미코토)와 忌部(인베)씨의 조상신 布刀玉命(후토타마노미코토)와 猿女君(사루메노키미)의 조상신 天宇受賣命(아메노우즈메노미코토)이다. 宇受賣命(우즈메노미코토)의 이야기는 궁정에서 新嘗祭(니히나메마쯔리) 전날에 행해진 진혼제의 기원이라고 말해지고 있다. 진혼제는 태양의 광열이 약해지는 동지, 즉 11월의 중간 寅日(호랑이날)에 해의 아들로서의 천황령의 부활·갱신을 비는 궁정의 주의이다.

궁정제의를 분장했던 中臣(나카토미)씨와 忌部(인베)씨는 천황의 즉위식이기도 한 천조의 大嘗祭(오호나메마쯔리)에서 중요한 역할을 했다. 布刀玉命(후토타마노미코토)가 제물을 바쳐 들고, 天兒屋命(아메노코야노미코토)가 축사를 올렸다는 이야기는 中臣大島(나카토미노오호시마)가 天神壽詞(아마쯔카미노요고토)를 읽고, 忌部色夫知(인베노시코부찌)가 검과 거울을 천황에게 바쳤다는, 持統(지토우) 천황의 즉위 의례와 긴밀한 관계를 가지고 있다. 아마테라스오호미카미가 여신으로 되어 있는 것은, 고대 종교생활의 중심이 되었던 무녀가 여성 사령자인 것과 함께 신의 화신으로 숭앙받은 것에 의한 것이 크나, 또 한편 여제인 지토우 천황의 이미지도 겹쳐 있기 때문이라고 생각된다. 스사노오노미코토는 신전을 파괴하고 제전을 더럽히는 등 중대한 죄를 범하는 사신으로 되어 있다. 根國(네노쿠니)에서 찾아오는 사신이 죄나 화, 부정을 초래한다고 생각되었던 것이다. 죄나 부정의 화신이라고도 말할 수 있는 스사노오노미코토가 타카아마노하라에서 추방되었다는 것은, 액땜의 노리토 사상을 신화적으로 이야기한 것으로 보아도 될 것이다.

신전집 스사노오노미코토는 여아를 얻어 청명심을 증명했기 때문에 이겼다고 선언한다. 전제로 내세운 조건이 없기 때문에 이야기 속에서는 결과를 확인할 수 없다. 스사노오노미코토의 선언만이 있을 뿐으로, 이는 여기에서 우케히의 경위를 말하는 것을 목적으로 하고 있지 않음을 나타낸다. 다만 그 선언을 아마테라스오호미카미는 부정하지 않고 받아들이고 있는 것처럼 보이지만, 중요한 것은 결과의 여하를 어떻게 보느냐가 아니라 이겼다고 말하는 스사노오노미코토의 난폭이 이하야에 숨게 하는 사건을 일으키는 계기가 된다는 것이다. 우케히는 어디까지나 대화의 장치인 것이다.

하늘의 석실 이야기의 신화적 이해를 둘러싸고 일식신화설과 동지의례 반영설이 유력하다. 전자는 이야기로서의 전개의 모든 요소가 동남아시아에 넓게 분포하는 일식신화와 일치하는 것을 근거로 한다. 후자는 예의적 요소에 주목해서, 동지에 태양의 힘을 갱신하기 위해 행해진 예의를 핵심으로 하는 신화로 본다. 그러나 중요한 것은 신화론적으로 어떻게 볼 것인가가 아니라, 기에 있어서 이 이야기가 지니는 의미이다. 결국은 아마테라스오호미카미를 잃음으로써 무질서와 혼동 혼란이 야기되고 아마테라스오호미카미를 끌어냄으로써 그 위기가 회복된다고 하는 것이다. 그것은 타카아마노하라와 아시하라노나카쯔쿠니라는 두 개의 세계를 통하는 문제로 이야기된다. 사건은 타카아마노하라에서 일어났는데도 무조건적으로 아시히리노나카쯔쿠니의 문제가 되고 만다. 타카아마노하라의 아마테라스오호미카미가 두 세계를 관통하는 질서의 원리라는 것이 여기에 보인다. 그 때문에 아마테라스오호미카미는 강림을 사령하는 신이 된다. 이하야 이야기의 의미는 여기에 있다.

4. 스사노오의 추방

於是, 八百万神, 共議而, 於速須佐之男命負千位置戸, 亦, 切鬚及手足爪, 令祓而, 神夜良比夜良岐.

又, 食物乞大氣都比賣神. 爾, 大氣都比賣, 自鼻・口及尻種々味物取出而, 種々作具而進時, 速須佐之男命, 立伺其態, 爲穢汚而奉進, 乃殺其大宜津比賣神. 故, 所殺神於身生物者, 於頭生蚕, 於二目生稻種, 於二耳生粟, 於鼻生小豆, 於陰生麥, 於尻生大豆. 故是, 神産巣日御祖命, 令取茲成種.

【훈】

是に、八百萬の神、共に議りて、速須佐之男命に千位の置戸を負ほせ、亦、鬚と手足の爪とを切り、祓へしめて、神やらひやらひき。
又、食物を大氣都比賣神に乞ひき。爾くして、大氣都比賣、鼻・口と尻とより種々の味物を取り出だして、種々に作り具へて進る時に、速須佐之男命、其の態を立ち伺ひ、穢汚して奉進ると爲ひて、乃ち其の大氣都比賣神を殺しき。故、殺さえし神の身に生りし物は、頭に蠶生り、二つの目に稻種生り、二つの耳に粟生り、鼻に小豆生り、陰に麥生り、尻に大豆生りき。故是に、神産巣日御祖命、茲の成れる種を取らしめき。

【주】

千位 位는 물건을 놓는 대를 말한다. '찌'는 실수가 아니라 많다는 것을

^{오키토}
置戶 넣는 장소. 단순한 장소로 보아서는 負^{오후}라는 것에 연결되지 않는다. 置戶^{오키토}는 당연한 장소에 놓인 것을 의미하는 것으로 보는 것이 타당할 것이다. 많은 공물을 부과 받았다는 것이다.

^{하라후}
祓 拔^{하라후}로 하는 본문도 있으나 잘못이다. 원문 '鬚及手足爪'의 '及'은 수염과 손발톱을 병렬하는 것이다. 따라서 자르는 것은 수염과 손발톱이다. 千位^{찌쿠라}의 置戶^{오키토}와 함께 이것도 공물에 해당한다.

^{마타}
又 이야기의 접속이 又^{마타}는 어색하다. 이는 신화를 성급하게 접합시킨 데서 오는 미숙함이다.

^{키리}
切 수염이나 손톱을 자르는 것은 속죄시키기 위한 체형.

^{오시모노}
食物 오시는 마시다, 먹다, 입다의 존경어 '오스'의 연용형. 드실 것.

^{오호게쯔히메노카미}
大氣都比賣神 伊耶那伎命^{이자나키노 미코노}와 伊耶那美命^{이자나미 미코토}가 낳은 신. 葦原中國^{아시하라노나카쯔쿠니}에서 태어났는데, 아무런 설명도 없이 高天原^{타카마노하라}의 신으로 나타난다. '케'는 식물을 담당하는 여신. 大氣都比賣^{오호게쯔히메}·大宜津比賣神^{오호게쯔히메}.

^{코후}
乞 문맥은 앞에서부터 계속된다. 乞^{코후}한 것은 여러 신들. 다만 무엇 때문에 먹을 것을 원했을까. 스사노오노미코토를 추방하고 공복을 느꼈기 때문이라는 설도 있으나, 추방당하는 스사노오노미코토를 위한 것이라는 설이 타당할 것이다.

^{우마시모노}
味物 맛있는 음식물.

^{케가스}
穢汚 더럽히다.

^{나루}
生 오호게쯔히메의 사체에서 누에와 여러 곡물이 생겼다. 스사노오노미코토가 세계에 가져온 것 가운데 하나였다.

^{카미무스히노미오야노미코토}
神産巢日御祖命 이 신은 일관하여 아시하라노나카쯔쿠니에 작용하고 있다. 스사노오노미코토를 시조로 하는 이즈모의 신화는 카무무스히노

아마테라스와 스사노오 161

카미가 조상신으로 되어 있다. 이는 아마테라스오호미카미를 시조로 하는 천손계 신화가 高御産巢日神(타카 미무스 히노 카미)를 최고의 사령신으로 하는 것과 쌍을 이룬다.

【해석】

그리하여 모든 신들은 같이 상담하여 스사노오노미코토에게 많은 속죄물을 부과하고 또 수염과 손발톱을 자르고 속죄하게 하여 신을 쫓아 추방하였다.

또 신들은 오호게쯔히메노카미에게 먹을 것을 요구했다. 그러자 오호게쯔히메노카미는 코·입·엉덩이에서 여러 가지 맛있는 것을 꺼내어 여러 가지로 요리하여 가득 차려 바쳤을 때에, 스사노오노미코토가 이 상황을 엿보고 있다가 더럽게 해서 바치는 것으로 생각하고 즉시 그 오호게쯔히메노카미를 죽여 버렸다.

그렇게 해서 살해된 신의 신체에 생긴 것은 머리에는 누에가 생기고, 두 눈에는 벼의 종자가 생기고, 두 귀에는 조가 생기고, 코에는 팥이 생기고, 여음에는 보리가 생기고, 엉덩이에는 콩이 생겼다. 그러자 카무무스히노미오야노미코토가 스사노오노미코토에게 이 생긴 곡물의 씨를 취하게 했다.

【해설】

전집 스사노오노미코토는 폭행을 범한 죄과로 벌금을 물고 타카아마노하라에서 추방된다. 또 전후의 이야기와는 관계가 없는 별전으로 스사노오노미코토의 오곡과 관계가 깊은 농경의 속성이 이야기되고 있다. 오호게쯔히메노카미의 사체에서 화생하는 오곡의 기원설은 서기에도 유사한 것이 있다. 곡물의 죽음과 그 부활 신앙을 반영한 것이다.

집성 여러 신들은 스사노오노미코토를 추방하고 공복을 느꼈기 때문에 食物神에게 소망하였다. 식물신은 코·입·엉덩이에서 맛있는 것을 만들어 여러 신에게 바친다. 그것을 본 스사노오노미코토는 더럽다고 생각하고 식물신을 죽인다. 식물신의 시체에서 오곡이 생기는 것은, 식물은 먹혀서(죽어서) 부활하기 때문이다. 폭풍신은 곡물과 깊은 관계에 있는 것을 의미한다. 神産巢日祖는 出雲 신화에서 조신[母神]으로 활동하기 때문에 이하의 이즈모 신화의 접점으로 이 신이 등장하는 것이다. 무대의 이즈모는 유(幽)의 세계가 아니고 현세국으로서의 이즈모노쿠니이다. 식물신의 살해 설화는 전 세계에 분포되어 있으나, 내용적으로는 다른 것도 있다.

강담 이것은 오곡의 기원을 이야기한 하나의 유래신화이다. 이 신화와 동형의, 곡물의 기원을 말하는 신화가 서기에도 있다. 서기에서는 月讀命가 保食神의 행위를 지저분하다고 화를 내고 칼을 뽑아 죽였을 때, 保食神 시체의 머리에서 우마, 볼에서 조, 눈썹에서 누에, 눈에서 피, 배에서 벼, 음부에서 보리와 콩·팥이 화생했다고 되어 있다. 식물의 신이 왜 살해되었다고 전해지는 것일까. 그것은 곡물을 수확할 때 낫으로 베어 들이는 것으로 곡신은 죽고 씨를 뿌리는 것으로 부활한다고 생각하는 고대 신앙에 기인한다.

스사노오노미코토가 오호게쯔히메를 죽였다는 것은, 그를 난폭하게 이야기하기 위함일 것이다. 그러나 한편 스사노오노미코토는 이즈모 신화에서는 농경이나 곡물과 관계가 깊은 신으로 되어 있으므로, 곡물의 기원 이야기에 등장했을 것이다.

신전집 추방된 스사노오노미코토에 대한 서술의 일절. 속죄물을 부과하고 식물을 주어 쫓아내었으나 식물을 내놓는 오호게쯔히메를 죽여 버리는 것에도 스사노오노미코토의 본성이 유감없이 발휘된다.

5. 여덟 갈래의 뱀

　故, 所避追而, 降出雲國之肥河上, 名鳥髮地. 此時, 箸, 從其河流下. 於是, 須佐之男命, 以爲人有其河上而, 尋覓上往者, 老夫与老女, 二人在而, 童女置中而泣. 爾, 問賜之, 汝等者, 誰. 故, 其老夫答言, 僕者, 國神, 大山津見神之子焉. 僕名謂足名椎. 妻名謂手名椎, 女名謂櫛名田比賣. 亦, 問, 汝哭由者, 何. 答白言, 我之女者, 自本在八稚女, 是, 高志之八俣遠呂知,此三字 每年來喫. 今, 其可來時. 故, 泣. 爾, 問, 其形, 如何. 答白, 彼目, 如赤加賀智而, 身一有八頭·八尾. 亦, 其身生蘿及檜·椙, 其長度谿八谷·峽八尾而, 見其腹者, 悉常血爛也.此謂赤加賀知者, 今酸醬者也.

　爾, 速須佐之男命, 詔其老夫, 是, 汝之女者, 奉於吾哉. 答白, 恐. 亦, 不覺御名. 爾, 答詔, 吾者, 天照大御神之伊呂勢者也.自伊下三字以音. 故, 今自天降坐也. 爾, 足名椎·手名椎神白, 然坐者, 恐. 立奉. 爾, 速須佐之男命, 乃於湯津爪櫛取成其童女而, 刺御美豆良, 告其足名椎·手名椎神, 汝等, 釀八鹽折之酒, 亦, 作廻垣, 於其垣作八門, 每門結八佐受岐,此三字以音. 每其佐受岐置酒船而, 每船盛其八鹽折酒而, 待. 故, 隨告而如此設備待之時, 其八俣遠呂智, 信如言來, 乃每船垂入己頭, 飮其酒. 於是, 飮醉留伏寢. 爾, 速須佐之男命, 拔其所御佩之十拳劍, 切散其蛇者, 肥河, 變血而流. 故, 切其中尾時, 御刀之刃, 毀. 爾, 思怪, 以御刀之前刺割而見者, 在都牟羽之大刀. 故, 取此大刀, 思異物而, 白上於天照大御神也. 是者, 草那藝之大刀也.那藝二字以音.

【훈】

故、避り追はえて、出雲國の肥の河上、名は鳥髮といふ地に降りき。此の時に箸、其の河より流れ下りき。是に須佐之男命、人其の河上に有りと以爲ひて、尋ね覓め上り往けば、老夫と老女と、二人在りて、童女を中に置きて泣けり。爾くして、問ひ賜ひしく、「汝等は、誰ぞ」ととひたまひき。故、其の老夫が答へて言ひしく、「僕は、國つ神、大山津見神の子ぞ。僕が名は足名椎と謂ひ、妻が名は手名椎と謂ひ、女が名は櫛名田比賣と謂ふ」といひき。亦、問ひしく、「汝が哭く由は、何ぞ」ととひき。答へ白して言ひしく、「我が女は、本より八たりの椎女在りしに、是を、高志の八俣のをろち、年ごとに來て喫ひき。今其が來べき時ぞ。故、泣く」といひき。爾くして、問ひしく、「其の形は如何に」ととひき。答へて白ししく、「彼の目は、赤かがちの如くして、身一つに八つの頭・八つの尾有り。亦、其の身に蘿と檜と榲と生ひ、其の長さは谿八谷・峽八尾に度りて、其の腹を見れば、悉く常に血え爛れたり」とまをしき＜此に赤かがちと謂へるは、今の酸醬ぞ＞。

爾くして、速須佐之男命、其の老夫に詔ひしく、「是の汝が女は、吾に奉らむや」とのりたまひき。答へて白ししく、「恐し。亦、御名を覺らず」とまをしき。爾くして、答へて詔ひしく、「吾は、天照大御神のいろせぞ。故、今天より降り坐しぬ」とのりたまひき。爾くして、足名椎・手名椎の神の白ししく、「然坐さば、恐し。立て奉らむ」とまをしき。爾くして、速須佐之男命。乃ち湯津爪櫛に其の童女を取り成して、御みづらに刺して、其の足名椎・手名椎の神に告らししく、「汝等、八鹽折の酒を釀み、亦、垣を作り廻し、其の垣に八つの門を作り、門ごと

に、八つのさずきを結ひ、其のさずきごとに酒船を置きて、船ごとに其の
八鹽折の酒を盛りて待て」とのらしき。故、告しし隨に如此設け備へて
待つ時に、其の八俣のをろち、信に言の如く來て、乃ち船ごとに己が頭
を垂れ入れ、其の酒を飮みき。是に、飮み醉ひ留り伏して寢ねき。爾く
して、速須佐之男命、其の御佩かしせる十拳の劍を拔き、其の蛇を切り散
ししかば、肥河、血に變りて流れき。故、其の中の尾を切りし時に、御刀
の刃、毀れき。爾くして、怪しと思ひ、御刀の前を以て刺し割きて見れ
ば、つむ羽の大刀在り。故、此の大刀を取り、異しき物と思ひて、天照大
御神に白し上げき。是は、草那芸之大刀ぞ。

【주】

避追 추방당하여. 오하(追ふ의 미연형)+에(조동사 ゆ의 연용형).

出雲國 島根縣. 서기의 일서에는 스사노오가 아들 五十猛와 신라에서 건너온 것으로 되어 있다.

肥河 斐伊川. 철의 산지로 유명하다. 스사노오가 하강한 곳을 철 문화와 관계시키는 설도 있다.

鳥髪 『出雲風土記』에 의하면 伯耆와 出雲 국경에 이 鳥上山가 있다. 斐伊川의 수원이라는 근처로 생각된다. 鳥取縣 仁多郡 橫田町 大呂 부근(원래 鳥上촌). 철의 생산지로 유명한 곳.

箸 젓가락. 흘러온 젓가락으로 마을이 있다는 것을 아는 것은 隱里 설화의 유형이다.

國神 大山津見神의 아들에 걸린다. 자기는 쿠니쯔카미라고 겸손하게 이름을 댔다. 쿠니쯔카미는 이곳이 초출. 그것은 지상세계에 속하는 신

의 일반적인 칭호가 아니라 천에 속하는 것에 대하여 겸손하게 거명할 때에 사용된다. 여기서는 스사노오가 아마테라스의 동생으로 천에서 내려왔다고 소개한 것과 대조해야 한다. 足名椎(아시나즈찌)는 질문하는 스사노오를 천상의 세계에 속하는 자로 예감하여 겸손하게 "저는 쿠니쯔카미"라고 말한 것이다.

大山津見神(오호야마쯔미노카미) 오호야마쯔미노카미의 아들이라 했을 뿐, 계보적 관계는 불명. 오호야마쯔미노카미의 자식은 후에도 神大市比賣(카무오호이찌히메)·木花知流比賣(코노하나찌루히메)·木花之佐久夜毘賣(코노하나노사쿠야비메) 등이 나타난다. 이 신들에는 설명이 없으나 신들의 세계가 자율적으로 전개되는 속에서 생성된 신으로 보면 된다. 타카아마노하라 계통의 신에 대응하는 지상의 신.

足名椎(아시나즈찌) 足名椎(아시나즈찌)·手名椎(테나즈찌)는 足(아시)·手(테)+'나즈(어루만지다)'+'찌(위령)'. 소녀의 손발을 어루만지며 귀여워하는 것의 이름.

櫛名田比賣(쿠시나다히메) 奇(쿠시, 이상하다)+稻田(나다, 이나다의 약)+女性(히메, 논)로, 稻田의 수호신. 다만 櫛(쿠시)는 須佐之男命(스사노오노미코토)가 소녀를 湯津爪櫛(유쯔쯔마쿠시)로 변하게 한 것과 連想的(연상적)으로 이어지고 있다.

稚女(오토메) 딸. 이곳에 일관되게 사용되는 八(야)는 賀茂(카모)계 신화의 특징이다. 稚(오토)는 위력 있는 것의 존칭.

高志(코시) 『出雲風土記(이즈모풍토기)』 神門部(신문부)에 보이는 古志鄕(島根縣 出雲市)인가. 北陸의 越(코시)인가. 斐伊川의 하류 出雲大川(이즈모오호카하)의 유역에 있는 전자가 이 이야기 맞다.

八俣(야마타) 머리와 꼬리가 여덟으로 갈라져 있는 것. '몸 하나에 여덟 개의 머리와 꼬리'가 있다는 것으로 그 의미가 분명하다.

遠呂智(오로찌) 足名椎(아시나즈찌)의 이야기로 구렁이의 모습이 구체적으로 나타난다. 무서울 정도로 거대하면 할수록 이것을 벤 스사노오의 강한 힘이 인상적인 것이 된다. 遠(오)는 봉(峰). 呂(로)는 접미어. 智(찌)는 위령의 의미. 논의 생육을 맡은 수령이 뱀[蛇體]이라는 신앙에서 농민이 모시는 수신(하수, 풍우, 뇌전 등의 영격도 포함해서)으로 보는 설과 이 지방이 철의 산지라는 풍토를 배경으로, 철의 수호신 또는 철산족의 수장으로 보는 설 등이 있다.

_{토시고토}
年毎 매년. 정기적으로 구렁이(수신)를 제사 지낸다는 것의 암시.

_{아 카 카 가 찌}
赤加賀智 붉은 꽈리.

_{히카게}
蘿 이끼.

_히
檜 노송나무.

_{스기}
椙 삼나무.

_{타니야타니}
谿八谷 여덟 개의 계곡.

_{오 야 오}
峽八尾 여덟 개의 언덕.

_{찌타다레}
血爛 피가 흘러서 배어 나오는 상태의 형용.

_{호호즈키   아카}
酸醬 '赤카가찌'를 이해하기 위한 주. 선홍색의 구슬형의 꽈리를 비유에 이용하였으나, 신대기(紀) 하의 일서에도 猿田彦의 눈을 _{사루타히코} 赤酸醬_{아카카가찌}에 비유한 예가 있다.

_{아마}
天 앞에서 足名椎_{아시나즈찌}가 "저는 국신"이라고 말한 것에 대응한다.

_{이 로 세}
伊呂勢 동모형제. '세'는 남자의 총칭. 동모형은 '이로에', 동생은 '이로도', 누나는 '이로네', 여동생은 '이로모', 모는 '이로하'. 이모는 '마마'.

_{유쯔쯔마쿠시}
湯津爪櫛 소녀를 빗으로 화생시킨 것. 뒤에 "손을 잡게 했더니, 즉시 얼음 기둥으로 만들고, 또 칼의 날로 만들어"라고 되어 있다. 요는 소녀를 그대로 빗으로 변하게 했다는 것으로, 작게 만들었다는 것이 아니다. 스사노오노미코토의 거대함을 강조하는 것. 왜 빗으로 변하게 했는가 하는 점에 대해서는, 빗에 악귀를 쫓는 주력이 있다는 설도 있으나 쿠시나다히메의 쿠시(빗)로 보는 것이 온당할 것이다.

_{미 즈 라}
美豆良 머리를 갈라서 양쪽 귀 옆에 묶는 남자의 머리 모양.

아마테라스와 스사노오

^{야시호오리}
八鹽折 여러 번 빚은 강한 술. 八는 다수. 鹽는 염색이나 술을 발효시키는 회수의 조수사. 折는 되풀이하다. 대사를 취하게 하기 위해서는 그 정도로 센 술이어야 했다.

^{야 사 즈 키}
八佐受岐 임시 깔개나 관람석. 못이 아니라 새끼줄로 묶었기에 結라 했다. 후의 '사지키'.

^{사카부네}
酒船 배 모양의 큰 그릇.

^{마코토니} ^{아시나즈찌}
信 足名椎가 말한 대로.

^{토쯔카쯔루기}
十拳劍 장검.

^{히노카하}
肥河 강 전체가 피의 강이 되었다는 표현에 의해 뱀의 크기가 구체화됨과 동시에, 그것을 한숨에 벤 스사노오의 힘도 인상적이다.

^찌
血 물이 피로 물든 상태. 철의 폐수가 흐르는 것의 표현이라는 설도 있다.

^{쯔무하} ^{쯔무가리}
都牟羽 都牟羽, 都牟刈로 설이 갈라지나, 정설이 없다. 물건을 벨 때 나는 의성어.

^{타 찌}
大刀 도검의 총칭. 후에는 ^{편검}片劍을 말함. ^{쯔루기}劍는 양날의 검, ^{카타나}刀는 한쪽 날의 검. 이곳은 ^{쯔루기}劍를 말한다.

^{쿠 사 나 기 노 타 찌}
草那藝之大刀 ^{아마테라스오호미카미}天照大御神에게 보내진 이 검은, 후에 강림하는 ^{니니기노미코토}邇邇藝命에게 곡옥·거울과 함께 수여된다. 또 후에 동정하는 ^{야마토타케루노미코토}倭建命에게 수여되었다. 倭建命가 ^{사가무}相武의 國 ^{쿠니쯔미얏코}造에게 속아 들판으로 들어가 화공을 받았을 때, 이 검으로 풀을 베어 화난을 피했다. 풀을 벤다는 ^{쿠사나기}草那이기에 풀을 베어 없앤다는 것이 된다. 이름이 작용을 의미하는 셈인데, 그 이름이 여기서 주어진 것이다. 다만 ^{쿠사나기}草那로 명명된 유래는 없다. 또 경행기(紀) 40년에는 ^{야마토타케루노미코토}日本武尊가 풀을 베고 난을 피했기 때문에 이름을 ^{쿠사나기}草那라 했다고 되어 있어, 기와는 다르다. 신대기(紀) 에는 ^{아메노무라쿠모노쯔루기}天叢雲劍로 되어 있다.

【해석】

그런데 스사노오노미코토는 추방당하여 이즈모노쿠니의 히노카하의 상류, 지명은 토리카미라는 곳에 내려왔다. 이때 젓가락이 그 강을 흘러 내려왔다. 그래서 스사노오노미코토는 그 강의 상류에 사람이 있다고 생각하고 찾아 올라갔더니, 노인과 노파가 둘이서 여자 아이를 가운데 두고 울고 있었다. 그래서 스사노오노미코토는 "당신들은 누구인가."라고 물으셨다. 그러자 그 노인은 답하여 "저는 국신으로 오호야마쯔미노카미의 자식입니다. 저의 이름은 아시나즈찌라 하고, 처의 이름은 테나즈찌라 하며, 딸의 이름은 쿠시나다히메라고 합니다."라고 말했다. 스사노오노미코토가 다시 "당신이 우는 이유는 무엇인가."라고 물었다. 아시나즈찌는 답하여 "저의 딸은, 원래 여덟 명의 딸이 있었습니다만 코시의 야마타노오로찌가 해마다 와서 먹어 버렸습니다. 지금 그 구렁이가 온다고 하는 때입니다. 그래서 우는 것입니다."라고 아뢰었다.

그러자 스사노오노미코토는 "그 구렁이의 모습은 어떤가."라고 물었다. 아시나즈찌는 답하여 "그 눈은 빨간 꽈리와 같고, 하나의 신체에 여덟 개의 머리와 여덟 개의 꼬리가 있습니다. 또 그 몸에는 이끼의 넝쿨과 노송·삼목이 나 있으며, 그 길이는 여덟 계곡·여덟 산에 걸쳐 있고, 그 배를 보면 항상 모든 곳에 피가 흘러 문드러져 있습니다."라고 아뢰었다.(여기서 '빨간 카가찌'라고 말하는 것은 지금의 꽈리를 말한다.)

그러자 하야스사노오노미코토는 그 노인에게 "이 당신의 딸을 나에게 헌상하겠는가."라고 말씀하셨다. 노인은 답하여 "황송한 일입니다. 그러나 아직 당신의 이름을 모릅니다."라고 아뢰었다. 그러자 하야스사노오노미코토는 답하여 "나는 아마테라스오호미카미와 동모의 동생이다. 그리고 지금 하늘에서 내려오신 것이다."라고 말씀하셨다. 그러자 아시나즈찌와 테나즈찌 신은 "그러시다면 황송한 일입니다. 딸을 바치겠습니다."라고 아뢰었다.

그러자 하야스사노오노미코토는 그 소녀를 즉시 신성한 손톱 모양의 빗으로 바꾸어 머리에 꽂고, 아시나즈찌와 테나즈찌 신에게 일러서 "당신들은 몇 번이고 되풀이해서 양조한 독한 술을 빚고, 또 울타리를 만들어 둘러치고, 그 울타리에 여덟 개의 문을 만들고, 그 입구마다 여덟 개의 받침대를 만들어, 그 받침대마다 배 모양의 술그릇을 놓고, 그릇마다 몇 번이고 되풀이해서 빚어 양조한 독한 술을 가득 채워 놓고 기다리라."고 분부하셨다.

그러자 분부대로 하고 그렇게 만들어 준비하고 기다리고 있으니, 그 야마타노오로찌가 정말로 조금 전에 말한 대로 나타나서 즉시 배 모양의 큰 그릇마다 자기의 머리를 늘어뜨려 넣고 그 술을 마셨다. 그리고 술을 마시고 취해 그 자리에 엎어져서 잠들어 버렸다.

그러자 하야스사노오노미코토는 허리에 차고 있던 토쯔카의 장검을 뽑아 그 구렁이를 베어 뿌려 버렸더니, 히노카하는 피의 강이 되어 흘렀다. 그리고 그 구렁이의 중간쯤에 있는 꼬리를 잘랐을 때 칼의 날이 빠졌다. 그래서 이상하게 생각하고 칼의 끝으로 찔러서 갈라 보았더니 아주 예리한 날의 칼이 있었다. 그래서 이 칼을 꺼내어 희유한 것이라고 생각하고, 아마테라스오호미카미에게 아뢰고 이것을 헌상했다. 이것이 쿠사나기의 검이다.

【해설】

전집 出雲國의 肥河川의 상류에 내려온 스사노오노미코토는 딸을 가운데 두고 울고 있는 노부부를 만나 매년 딸을 잡아먹으러 오는 여덟 갈래 구렁이의 이야기를 듣는다. 노인이 말하는 구렁이의 형상은 농경의 물을 지배하는 수신[龍蛇神]의 신화적 표상, 日河의 홍수의 풍토적 표상, 용신을 수호신으로 하는 사철 채광이 행해진 肥河川 유역의 투영 등, 여러 해석이 있으나 확정된 것은 없다.

노인의 딸을 처로 삼고 싶다고 소망한 스사노오노미코토는 독한 술을 준비시켜, 나타난 구렁이를 술에 취하게 하여 베어 죽이고 딸을 구한다. 그리고 구렁이의 꼬리에서 草薙劍를 얻어서 天照大御神에게 바친다. 사랑과 지혜와 힘의 3덕을 겸비한 영웅의 면목이 나타나 있다. 그리스 신화 영웅 페르세우스가 뱀의 희생물 안드로메다를 구한 이야기와 같은 형태이다. 더욱이 여기에 삼종의 신기 쿠사나기노쯔루기의 유래가 이야기된 것은 기가 궁정 중심의 설화로 구상된 것을 의미한다.

집성 이즈모노쿠니의 히카하에 하강한 스사노오노미코토는 딸을 가운데에 놓고 우는 노부부를 만나, 사람을 먹는 여덟 갈래의 무서운 구렁이 이야기를 듣는다. 산신의 이름은 足名椎(만생 벼의 정령), 처의 이름은 手名椎(조생 벼의 정령), 딸의 이름은 櫛名田比賣(영묘한 논의 소녀)로 모두 벼와 관계있다.

딸의 이름을 중심으로 쿠시(奇·櫛·酒)로 줄거리가 전개되어 가고, 八가 반복되는 것 등 이야기가 심화되어 있다. 그리고 구렁이의 꼬리에서 쿠사나기노쯔루기를 얻는다. 이것을 天照大御神에게 헌상한다는 것은 히카하 유역의 사신 신앙과 철문화 신화의 원상을 쿠사나기노쯔루기의 연기담으로 하여 궁정신화에 끼워 넣은 결과에 의한다고 볼 수 있다.

강담 八枝大蛇(야마타노오로찌)는 히카하의 수령으로 거대한 사신이다. 중국 신화의 거대한 수령 相柳(쇼류)도 아홉 머리의 인면사신이다. 한편 구시나다는 원래는 신제일(神祭日)에 수신의 방문을 기다렸다가 신의 처가 되어야 하는 무녀였다. 술을 빚어 받침대에 늘어놓고 기다리는 것은 신을 모시기 위한 준비였다. 처녀가 뱀에게 먹힌다는 것은 해마다 우기가 되면 히카하가 범람하여 유역의 논이 파괴되는 공포를 신화적으로 이야기한 것일 것이다. 쿠시나다를 가운데에 두고 한숨짓는 노부부는 수해의 발생을 걱정하는 농부의 모습을 생각하게 한다.

영웅신 스사노오노미코토가 대사를 물리치고 처녀를 구출한 이야기는 대사의 모습에 표출된 사령의 폭위를 진정시키고 영웅의 힘으로 강의 범람을 막아 풍요가 약속된 것을 의미하고 있다. 또 대사의 꼬리에서 검이 발견된 이야기는 히카하의 상류 일대가 질 좋은 사철의 산지이고, 그 유역에서 검이 제조된 것과 관련이 있을 것이다. 대사의 배에 언제나 피가 맺혀 있다는 것도 히카하에 철을 포함한 붉은 물이 흘러드는 상태로 볼 수 있다. 이 영검이 아마테라스오호미카미에게 헌상되었다는 것은 3종 신기인 검의 기원을 설명하기 위하여 후에 덧붙여진 것으로 볼 수 있다.

신전집 이하 큰 뱀을 물리친 이야기. 페르세우스=안드로메다 모양의 이야기로 그 세계적 분포를 논의하는 자료가 되기도 한다. 그러나 여기에서 중요한 것은 스사노오노미코토가 놀라운 힘을 발휘하는 것과 그 스사노오노미코토의 핏줄을 계승한 자가 지상세계에 전래된다는 것이다. 하늘의 天忍穗耳命(아메노오시호미미노미코토)와 지상의 스사노오노미코토의 자손은 대응을 이룬다. 그 양자를 둘러싼 전개를 통하여 지상세계의 완성과 정립이 이루어진다.

쿠사나기노쯔루기는 구옥・거울과 함께 강림하는 邇邇藝命(니니기노미코토)에게 하사된다. 그것들은 천황의 정통성의 증거로서 '3종의 신기'라고 일반적으로 일컬어지고 있다. 그러나 기의 내용에 '신기'로서 쿠사나기노쯔루기가 일컬어지고 있다고는 말할 수 없다. 초대 천황인 진무 천황의 즉위에 즈음해서 언급된 적도 없고, 천황의 정통성의 증거로서 취급된 것은 아니다. 니니기노미코토에게 내리신 후의 쿠사나기노쯔루기에 관해서는, 이세의 大神宮(오호카미노미야)를 제사 지내는 倭比賣(야마토히메)가 倭建命(야마토타케루노미코토)에게 하사하였다고 되어 있으므로, 야마토히메가 소유하고 있었다는 것은 알 수 있으나 그간의 사정은 아무것도 이야기되어 있지 않다. 그리고 야마토타케루노미코토는 동정을 마친 뒤 검을 尾張(오하리)의 美夜受比賣(미야즈히메)의 곁에 둔 채, 伊吹山(이후키노야마)의 신을 정벌하다 패하고 能煩野(노보노)에서 승하하셨다. 쿠사나기노쯔루기에 관해서는 그 이후 전해지는 것이 없다. 중요한 것은 스사노오노미코토의 엄청난 힘이 초래된 것으로 그 힘을 상징한다는 것이고, 그것이 천황의 세계 질서의 최종적인 완성에 즈음하여 야마토타케루노미코토를 돕는다는 것이다. 아마테라스오호미카미가 천황의 조신에게 준 것이고, 아마테라스오호미카미를 제사하는 야마토히메를 통해서 야마토타케루노미코토에게 내려진 것이기 때문에, 아마테라스오호미카미의 보장에 의해서 천황의 질서가 만들어지는 것이다. 그러나 천황의 정통성을 보장하는 '신기'로 볼 것은 아니다. '신기'는 후대의 신화에 의해 만들어진 것이다.

6. 스가노미야

故是以, 其速須佐之男命, 宮可造作之地求出雲國. 爾, 到坐須賀^{此二字以音. 下效此}地而, 詔之, 吾, 來此地, 我御心, 須々賀々斯而, 其地作宮坐. 故, 其地者, 於今云須賀也. 茲大神, 初作須賀宮之時, 自其地雲立騰. 爾, 作御歌. 其歌曰,

夜久毛多都 伊豆毛夜弊賀岐 都麻碁微爾 夜弊賀岐都久流 曾能夜弊賀岐袁

於是, 喚其足名椎神, 告言, 汝者, 任我宮之首. 且, 負名號稻田宮主須賀之八耳神.

故, 其櫛名田比賣以, 久美度邇起而, 所生神名, 謂八島士奴美神.^{自士下三字以音. 下效此} 又, 娶大山津見神之女, 名神大市比賣, 生子, 大年神. 次, 宇迦之御魂神.^{二柱. 宇迦二字以音.} 兄八島士奴美神, 娶大山津見神之女, 名木花知流^{此二字以音}比賣, 生子, 布波能母遲久奴須奴神. 此神, 娶淤迦美神之女, 名日河比賣, 生子, 深淵之水夜禮花神.^{夜禮二字以音.} 此神, 娶天之都度閇知泥神,^{自都下五字以音.} 生子, 淤美豆奴神. 此神,^{此神名以音.} 娶布怒豆怒神^{此神名以音}之女, 名布帝耳神,^{布帝二字以音.} 生子, 天之冬衣神. 此神, 娶刺國大神之女, 名刺國若比賣, 生子, 大國主神. 亦名, 謂大穴牟遲神,^{牟遲二字以音.} 亦名, 謂葦原色許男神,^{色許二字以音.} 亦名, 謂八千矛神, 亦名, 謂宇都志國玉神,^{宇都志三字以音.} 并有五名.

【훈】

故是を以て、其の速須佐之男命、宮を造作るべき地を出雲國に求めき。爾くして、須賀といふ地に到り坐して、詔はく、「吾、此地に來て、我が御心、すがすがし」とのりたまひて、其地に宮を作りて坐しき。故、其地は、今に須賀と云ふ。茲の大神、初め須賀の宮を作りし時、其地より雲立ち騰り

き。爾くして、御歌を作りき。其の歌に曰はく、

　1　八雲立つ　出雲八重垣　妻籠みに　八重垣作る　その八重垣を

　是に、其の足名鐵神を喚して、告らして言ひしく、「汝は、我が宮の首に任けむ」といひき。且、名を負ほせて稻田宮主須賀之八耳神と号けき。

　故、其の櫛名田比賣以て、くみどに起して、生める神の名は、八島士奴美神と謂ふ。又、大山津見神の女、名は神大市比賣を娶りて生みし子は、大年神。次に、宇迦之御魂神<二柱>。兄八島士奴美神、大山津見神の女、名は木花知流比賣を娶りて、生みし子は、布波能母遲久奴須奴神。此の神、淤迦美神の女、名は日河比賣を娶りて、生みし子は、深淵之水夜禮花神。此の神、天之都度閉知泥神を娶りて生みし子は、淤美豆奴神。此の神、布怒豆怒神の女、名は布帝耳神を娶りて、生みし子は、天之冬衣神。此の神、刺國大神の女、名は刺国若比賣を娶りて、生みし子は、大國主神。亦の名は、大穴牟遲神と謂ひ、亦の名は、葦原色許男神と謂ひ、亦の名は、八千矛神と謂ひ、亦の名は、宇都志國玉神と謂ひ、并せて五つの名有り。

【주】

宮 이곳은 櫛名田比賣와 결혼하기 위한 장소. 영구히 진좌하는 곳이 아니다. 그것은 뒤에 노래되는 '처를 거두기 위해 여덟 겹의 울타리를 만든다'는 내용으로 확인된다.

須賀 島根県 大原郡 大東面 須賀. 이곳에는 須佐之男命와 櫛名田比賣를 모시는 須賀 신사가 있다.

須賀須賀斯 지명과 겸한 말이나 '마음이 상쾌하다'는 칭송의 말은 자손이

지상세계를 완성하는 것이 되는, 그 최초의 땅에 대한 축복. 미리 축복하는 식으로 작용하고 있다.

大神(오호카미) **須佐之男命**(스사노오노미코토)를 처음으로 대신으로 칭했다. 須賀(스가)에 궁을 만드는 것을 계기로 그렇게 호칭하는 것에는 의미가 있다. 葦原中國(아시하라노나카쯔쿠니)에 이 신이 관계를 갖는 의미(단순히 다른 신과 동류가 아니라는 구별)가 거기에 나타나 있다고 보아야 한다.

八雲(야쿠모) 구름이 피어오르는 이즈모라고 칭송하는 것이 '야쿠모 타쯔 이즈모'. 그 구름에서 몇 겹의 담을 연상하여 제시하고, 그것은 "처를 두는 곳이다."로 전환한다. 토지 칭송에서 궁의 축복으로 전개하는 구조이다. 원래는 스사노오노미코토의 이야기와 관계없는 노래라는 설이 유력하나 노래와 이야기는 불가분하게 결부되어 있다.

出雲(이즈모) 피어오르는 구름, 무성하게 자라나는 해초라는 설도 있으나 여기서는 구름으로 해석하고 국명도 암시하는 것으로 보아야 한다.

雲立(쿠모다찌) 이즈모라 구름이 피어오른다. 구름은 대지가 왕성히 활동하는 영력의 모습으로 상서로운 기운.

八重垣(야에가키) 몇 겹으로 둘러친 울타리. 궁 주위에 피어오르는 구름을 담으로 보았다.

妻籠(쯔마고미) 妻(쯔마)는 배우자를 뜻하는 말로 남녀 공용이다. 籠(고미)는 들어앉히다.

首(오비토) 大人(오호히토)의 약어. 궁의 수장.

稻田宮主(이나타노미야누시) 稻田(이나타)는 櫛名田比賣(쿠시나다히메)의 名田(나다)(稻田의 약)와 같다. 名田宮(나다노야)의 주인으로 櫛名田比賣(쿠시나다히메)의 궁을 관리하는 자.

八耳神(야쯔미미노카미) 八(야)는 성수. 耳(미미)는 신명에 붙이는 경칭.

久美度(쿠미도) 부부가 침소에서 일을 시작하는 것.

八島士奴美神(야시마지누미노카미) 미상.

<small>카무오호이찌히메</small> <small>카무</small> <small>오호이찌</small>
神大市比賣 神는 미칭. 大市는 지명으로 추측한다.

<small>오호토시노카미</small> <small>오호</small> <small>토시</small>
大年神 大는 칭사. 年는 벼 이삭.

<small>우카노미타마노카미</small> <small>우 카</small> <small>미 타 마</small>
宇迦之御魂神 宇迦, '우케'는 식물(食物). 御魂는 그 영력.

<small>코 노 하 나 찌 루 히 메</small>
木花知流比賣 벚꽃이 지는 것을 의미하는 이름. 풍부한 수확을 예축하는 이름.

<small>메토루</small>
娶 남성의 입장에서의 결혼의 표현. 남성 원리에 의한 계보 서술.

<small>후 하 노 모 지 쿠 누 스 누 노 카 미</small>
布波能母遲久奴須奴神 미상.

<small>오 카 미 노 카 미</small>
淤迦美神 용사체(龍蛇體)의 수신. 물을 관장하는 신.

<small>히 카 하 히 메</small> <small>히카하</small> <small>히가와</small> <small>무시노쿠니</small>
日河比賣 日河는 氷川 신사가 있는 武藏國의 지명.

<small>후카후쯔노미즈야레하나노카미</small> <small>야레하나</small>
深淵之水夜禮花神 夜禮花는 미상. 연못을 다스리는 신.

<small>아 메 노 쯔 도 헤 찌 네 노 카 미</small> <small>쯔 도 헤</small>
天之都度閇知泥神 都度閇는 모으다. 용수를 모으는 영력을 지닌 신.

<small>오 미 즈 노 노 카 미</small> <small>이 즈 모 후 도 기</small> <small>야쯔카미즈오미쯔노노미코토</small>
淤美豆奴神 미상. 『出雲國風土記』의 八速水臣津野命와 같은 신이라는 설이 있다.

<small>후 노 즈 노 노 카 미</small>
布怒豆怒神 미상.

<small>후테미미노카미</small>
布帝耳神 미상.

<small>아메노후유기누노카미</small>
天之冬衣神 미상.

<small>사시쿠니오호노카미</small>
刺國大神 미상.

<small>사시쿠니와카히메</small>
刺國若比賣 미상.

<small>오호쿠니누시노카미</small>
大國主神 위대한 나라의 주인이라는 뜻. 쿠니(지상세계)의 통치자를 말한다. 뒤에 계속되는 이야기가 나타내듯이 <small>오호쿠니누시</small>大國主로서의 신이 아시하라노나카쯔쿠니를 완성했다. 스사노오노미코토의 6세손으로 스사노오노미코토의 혈통을 이어받아 스사노오노미코토의 딸을 처로 하면서, 그 대도·궁시를 손에 넣어 스사노오노미코토의 엄청난 힘을 계승하는 것으로 아시하라노나카쯔쿠니를 완성하였다. 이하의 다양한

신명은 그 신의 여러 측면을 나타내고 있다.

大穴牟遲神(오호아나무지노카미) 穴는 토지. 牟遲는 존귀. 대지의 주신.

葦原色許男神(아시하라시코오노카미) 色許는 기피해야 한다는 뜻. 色許男는 용맹한 남자. 須佐之男命(스사노오노미코토)가 부른 이름.

八千矛神(야찌호코노카미) 창을 많이 가지고 있는 신. 창은 무기인 동시에 제기. 위대한 무력을 갖추는 것에 의해 大國主(오호쿠니누시)라는 것을 시사한다.

宇都志國玉神(우쯔시쿠니다마노카미) 현실세계의 혼을 신격화한 신. 신의 세계가 아닌 현실의 세계를 지배하는 영위. 아시하라노나카쯔쿠니는 신의 세계이나 그것은 현실세계로 이어진다. 스사노오노미코토이므로, 그 현실의 세계로 이어지는 것의 근원을 떠맡은 존재라는 것으로서 그렇게 부른다.

【해석】

그런데 이리하여, 하야스사노오노미코토는 궁을 짓기 위한 토지를 이즈모노쿠니에서 구하였다. 그리고 스가 땅에 도착하시어 "이곳에 와서 나의 마음은 상쾌하다."라고 말씀하시고 그 땅에 궁을 짓고 사셨다. 그래서 그 땅을 지금 스가라 한다. 그 대신이 처음으로 스가의 궁을 지었을 때에 그곳에서 구름이 피어올랐다. 그래서 노래를 지었다. 그 노래로 말하길,

   1 많은 구름이 피어오르는 이즈모 땅에, 구름처럼 여러 겹이나 울타리를 둘러치고, 아내를 두는 곳으로 하여 몇 겹이나 울타리를 만들고 있다. 아아, 이 몇 겹이고 둘러친 울타리여.

그러하고 그 아시나즈찌노카미를 가까이 불러서 이르시길 "너는 나의 궁을 관리하는 장으로 임명하겠다."라고 말했다. 또 이름을 주어 이

나다노미야누시스가노야쯔미미노카미라고 이름 붙였다.

그리고 그 쿠시나다히메와 침소에서 교합을 시작하여 낳은 신의 이름은 야시마지누미노카미라 한다. 또 오호야마쯔미노카미의 딸, 이름은 카무오호이찌히메를 얻어 낳은 자식은 오호토시노카미. 다음에 우카노미타마노카미(2주). 형 야시마지누미노카미가 오호야마쯔미노카미의 딸, 이름은 코노하나찌루히메를 얻어서 낳은 자식은 후하노모지쿠누스누노카미. 이 신이 오카미노카미의 딸, 이름은 히카와히메를 얻어서 낳은 자식은 후카후찌노미즈야레하나노카미. 이 신이 아메노쯔도헤찌네노카미를 얻어서 낳은 자식은 오미즈누노카미. 이 신이 후노즈노노카미의 딸, 이름은 후테미미노카미를 얻어 낳은 자식은 아메노후유키누노카미. 이 신이 사시쿠니오호노카미의 딸, 이름은 사시쿠니와카히메를 얻어서 낳은 자식은 오호쿠니누시노카미. 다른 이름은 오호아나무지노카미라 하고, 다른 이름은 아시하라시코오노카미라 하고, 다른 이름은 야찌호코노카미라 하고, 다른 이름은 우쯔시쿠니타마노카미라 하여, 합하여 다섯 개의 이름이 있다.

【해설】

전집 스사노오노미코토는 신혼의 궁을 이즈모의 스가에 마련하고 자손을 번영시킨다. 괴물을 퇴치하고 처녀를 구한 용자가 그 처녀와 결혼한다는 줄거리의 이야기는 많은 영웅설화에 보이는 하나의 전형이다. "야쿠모 타쯔……."는 신축과 신혼을 겸한 축연가로, 속설은 미소히토모지(31문자) 와카의 시작이라고 일컬어지고 있다.

집성 속칭 '이즈모노카미영가(八雲神詠歌)'라고 불리고 미소히토모지(和歌)의 시초라고 이야기되고 있다. 이구절(二句切)・사구절(四句切), 또 동어의 반복을 취하는 것은 고색을 보인다. 원래 이즈모 지방의 신축 연회의 민요로 '야쿠모타쯔'는 이즈모 양식의 담이고 '쯔마코미'는 담이 집안의 처를 숨겨 주는 구조를 말한 것이나 처를 숨긴다는 의미도 있다. 그런데 기의 본문에 삽입되었을 때의 이즈모는 '구름이 뭉게뭉게 피어올랐다'는 설명이 있어, 농업 치수신과 관계가 깊은 구름이, 서상의 구름 울타리가 신부를 감싸준다는 신혼의 축가적 성격을 전면에 내세운 것이다. 이렇게 독립가로 볼 때와 본문가로 볼 때 다른 점이 있는 것은 주의를 요한다.

강담 구렁이를 베고 쿠사나기노쯔루기를 얻은 영웅신 스사노오노미코토가 쿠시나다와 결혼할 곳을 찾아서 스가에 도착하여 마음이 "스가스가하다."라고 말했다는 것은 원래부터 지명설화이다. 그러나 괴물을 퇴치한 후인 만큼, '스가스가'라는 말은 영웅의 맑고 밝은 기분을 나타내는 효과가 있다. 또 "구름이 뭉게뭉게 피어오르는 이즈모의 여덟 겹의 담" 노래도 밝고 상쾌한 신혼의 기분을 진작시키는 데 어울리는 노래이다. (중략) 기의 大國主神(오호쿠니누시노카미)는 스사노오노미코토의 6세손으로 되어 있으나 서기 본문은 스사노오노미코토의 자식으로 하고, 일서는 6세손 또는 7세손으로 전하고 있다. 요컨대 大國主神(오호쿠니누시노카미) 또는 大穴牟遲神(오호아나무찌노카미)는 스사노오노미코토를 조상신으로 하는 직계의, 出雲계의 신격이 된 것이다. 중간에 나타나는 신들은 명의 미상도 많아 그 신들은 후에 삽입된 것일 것이다. 한편 스사노오노미코토와 神大市比賣(카무오호이찌히메) 사이에는 大年神(오호토시노카미)・宇迦之御魂神(우카노미타마노카미) 같은 곡신이 태어났다. 이는 스사노오노미코토가 농경과 유관한 수신으로 모셔진 것과 관계있다.

『신전집』 스사노오노미코토는 스가에 궁을 정한다. 최종적으로는 네노카타스쿠니로 가게 되겠지만 대사를 물리치고 쿠시나다히메를 아내로 삼아 아들을 남긴다는 것으로, 아시하라노나카쯔쿠니와 연관된다. 그 관계가 미완성의 아시하라노나카쯔쿠니를 완성으로 이끄는 역할을 잉태하는 것이다. 스사노오노미코토의 혈통을 이어받은 신이, 그 힘을 계속 이어나갈 수 있는 까닭에 아시하라노나카쯔쿠니를 완성시킬 수 있는 것이다. 다만, 단순히 스사노오노미코토의 혈통을 이어 받는 것만으로는 국가 건설이 이루어질 수 없다. 스사노오노미코토의 힘을 계승하는 것이 확인되어야 한다.(大國主神의 이야기의 전반부는 그것을 이야기한 것이다.) 말하자면 혈통은 자격으로, 여기에 그 자격을 지닌 존재가 나타난 것이다.

4
오호쿠니누시노카미

1. 이나바의 토키
2. 네노카타스쿠니의 방문
3. 야찌호노카미
4. 오호쿠니누시노카미의 계보
5. 나라의 완성
6. 오호토시노카미의 계보

1. 이나바의 토키

　故, 此大國主神之兄弟, 八十神坐. 然, 皆, 國者避於大國主神. 所以避者, 其八十神, 各有欲婚稻羽之八上比賣之心, 共行稻羽時, 於大穴牟遲神負袋, 爲從者, 率往.

　於是, 到氣多之前時, 裸菟, 伏也. 爾, 八十神, 謂其菟云, 汝將爲者, 浴此海鹽, 當風吹而, 伏高山尾上. 故, 其菟, 從八十神之教而, 伏. 爾, 其鹽隨乾, 其身皮, 悉風見吹析. 故, 痛苦泣伏者, 最後之來大穴牟遲神, 見其菟言, 何由汝泣伏. 菟答言, 僕, 在淤岐島, 雖欲度此地, 無度因. 故, 欺海和邇此二字以 言, 吾與汝, 競, 欲計族之多少. 故, 汝者, 隨其族在, 悉率來, 自此島至于氣多前, 皆列伏度. 爾, 吾, 蹈其上, 走乍讀度. 於是, 知与吾族孰多. 如此言者, 見欺而列伏之時, 吾, 蹈其上, 讀度來, 今將下地時, 吾云, 汝者, 我見欺, 言竟, 卽伏最端和邇, 捕我, 悉剝我衣服. 因此泣患者, 先行八十神之命以, 誨告, 浴海鹽, 當風伏. 故, 爲如教者, 我身, 悉傷.

　於是, 大穴牟遲神, 教告其菟, 今急往此水門, 以水洗汝身, 卽取其水門之蒲黃, 敷散而輾轉其上者, 汝身, 如本膚必差. 故, 爲如教, 其身, 如本也. 此, 稻羽之素菟者也. 於今者謂菟神也. 故, 其菟, 白大穴牟遲神, 此八十神者, 必不得八上比賣. 雖負袋, 汝命, 獲之.

【훈】

　故、此の大國主神の兄弟は、八十神坐しき。然れども、皆、國をば大國主神に避りき。避りし所以は、其の八十神、各稻羽の八上比賣に婚はむと欲ふ心有りて、共に稻羽に行きし時に、大穴牟遲神に袋を負せて、從者

と爲て、牽て往きき。

是に、氣多之前に到りし時に、裸の菟、伏せりき。爾くして、八十神、其の菟に謂ひて云ひしく、「汝が爲まくは、此の海鹽を浴み、風の吹くに當りて、高き山の尾上に伏せれ」といひき。故、其の菟、八十神の教に從ひて、伏せりき。爾くして、其の鹽の乾くに隨に、其の身の皮、悉く風に吹き析かえき。故、痛み苦しび泣き伏せれば、最も後に來し大穴牟遲神、其の菟を見て言ひしく、「何の由にか汝が泣き伏せる」といひき。菟が答へて言ひしく、「僕、淤岐島に在りて、此地に度らむと欲ひしかども、度らむ因無かりき。故、海のわにを欺きて言ひしく、『吾と汝と、競べて族の多さ少なさを計らむと欲ふ。故、汝は其の族の在りの隨に、悉く率て來て、此の島より氣多の前に至るまで、皆列み伏し度れ。爾くして、吾、其の上を蹈み、走りつつ讀み度らむ。是に吾が族と孰れか多きを知らむ』といひき。如此言ひしかば、欺かえて列み伏す時に、吾、其の上を蹈み、讀み度り來て、今地に下りむとする時に、吾が云はく、『汝は、我に欺かえぬ』と言ひ竟るに、即ち最も端に伏せりしわにに、我を捕へて、悉く我が依服を剝ぎき。此に因りて泣き患へしかば、先づ行きし八十神の命以て、誨へて告らししく『海鹽を浴み、風に當りて伏せれ』とのらしき。故、教の如く爲しかば、我が身、悉く傷れぬ」といひき。

是に、大穴牟遲神、其の菟に教へて告らししく、「今急やけく此の水門に往き、水を以て汝が身を洗ひて、即ち、其の水門の蒲黄を取り、敷き散して其の上に輾轉ばば、汝が身、本の膚の如く、必ず差えむ」とのらしき。故、教の如く爲しに、其の身、本の如し。此、稻羽の素菟ぞ。今には菟神と謂ふ。故、其の菟、大穴牟遲神に白ししく、「此の八十神は、

必ず八上比賣を得じ。袋を負へども、汝が命、獲む」とまをしき。

【주】

兄弟(하라카라) 원래 동복의 형제자매를 가리키나, 겸하여 이모(異母)의 경우도 의미한다.

八十神(야소가미) '야소'는 실수가 아니라 다수를 의미한다.

避(사루) 자기 몸에서 멀어지는 동작을 나타낸다. 여기서는 나라를 나의 몸에서 멀리하여, 그것을 오호아나무지노카미에게 맡기다. "양도한 원인은"을 받는 것은 직후의 문장만이 아니라, 후에 이어지는 "처음으로 나라를 만들었다."까지의 전체 문장이다.

稻羽(이나바) 因幡國(이나바노쿠니). 鳥取縣(토토리켄)의 동부.

八上比賣(야카미히매) 지명 八上(야카미)에 기인하는 이름. 서기에는 없다. 그 지명은 因幡國(이나바노쿠니) 八上郡(야카미군)(和名抄)으로 보이는데, 현재의 鳥取縣(토토리켄) 八頭郡(야즈군).

婚(아후) '요바후'로 읽는 설도 있으나, 기의 '婚'은 모두 '아후'로 읽는다. 구혼하다. 여자의 집을 찾아 방문하다.

欲(오모후) 원문 "欲婚……之心"은 '요바하무노코코로' 등이 통설이나, 그렇게 말하는 방법은 한문 훈독에서 사용할 수 없다. 또 기는 욕(欲)을 '오모후'로 읽는다.

袋(후쿠로) 외출이나 여행 시에 필요한 물건을 넣는 용구. 雄略紀(유우랴쿠키) 14년에 根使主(네노오미)는 그 자손을 茅淳縣主(찌누노아가타누시)에게 주어 자루를 지는 자로 한다. 그것은 귀인을 모시는 역직으로 신분이 낮은 자의 임무였다.

氣多前(케타노사키) 氣多(케타)는 因幡國(이나바노쿠니) 氣多郡(케타군)(『和名抄』). 鳥取市(톳토리시)의 白兎(하쿠토) 해안에 岬(미사키)라는 전설지가 있고, 그 뒤에 白兎(하쿠토) 신사가 있다.

^{아카하다}
裸 발가숭이.

^{우시호}
海鹽 해수.

^{모토모노찌}
最後 종래는 '이야하테니'로 읽었으나 시간적인 의미의 '後'는 '노찌'로, '最'는 '모토모'로 읽는 것이 보통이다.

^{오노헤}
尾上 尾는 산의 높은 곳. 꼭대기. 봉.

^{미노카와}
身皮 피부.

^{사카에키}
析 바람에 피부가 갈라졌다. 갈라진다는 '사쿠'의 미연형 '사카'에 피동의 조동사 '에', 과거조동사 '키'의 접속.

^{오키노시마} ^{톳토리 켄} ^{오키노시마}
淤岐島 **鳥取県** **隱岐島**. 단순히 먼 바다에 있는 섬이라면 오키는 오(奥)로 표기되게 마련이다. 백토해안에 동명의 소도가 있다.

^{우미}
海 이곳에 해(海)라고 있는 것은 육지에 속한 토끼가 바다를 건너려 했기 때문이다.

^{요시}
因 방법. 수단.

^{와 니}
和爾 일본에 파충류의 和爾(악어)는 없기 때문에 상어류로 추정되었다. 그러나 신화 전설류에서는 현실에 생식하고 있었는가 어떤가는 그리 중요한 문제가 아니므로, 파충류라는 것도 생각할 수 있다. 다만 ^{사히모찌노카미} 佐比持神의 이야기에 의하면 기가 말하는 和爾에는 등에 도검 모양의 것이 있었다고 생각되는 점에서, 그 특징을 가지고 있는 은상어[銀鮫]로 보는 설도 있다. 또 『^{이즈모후토기}出雲風土記』^{톳토리군}鳥取郡에는 ^{사메}沙魚와 ^{와니}和爾가 구별되어 있다. 이것은 『후한서』 동이전이 전하는 동명왕의 이야기와 비슷하다.

^{쿠라부}
競 비교하여 우열을 가리는 것. 경(競)은 '키호후'로도 읽으나 '키호후'는 '앞을 다투다·경쟁하다'의 뜻으로 여기에는 맞지 않는다.

^{우가라}
族 동족적 친족적 통합의 단위가 문제된 것은 어느 토끼와 어느 상어의

일족의 수이다. 일도(一島)의 토끼와 일해(一海)의 상어를 비교한다는
^{모토오리노리나가}
本居宣長의 주장은 불가하다.

^{요무}
讀 소리를 내어 수를 헤아리는 것.

^{코로모}
依服 의복은 코로모로 읽는다. 『萬葉集_{만요우 슈우}』는 服_{코로모}, 衣服_{코로모}로 읽는다. 토끼의 모피를 인간의 의복에 비유했다. 입는 것의 총칭.

^{미코토}
命 말씀.

^{미나토}
水門 물이 드나드는 입구. 여기서는 하구를 의미한다.

^{미즈}
水 담수. 해수에 대응하는 말.

^{카마노하나}
蒲黃 『本草和名_{혼조우와묘우}』에 蒲黃_{카마노하나}라고 있다. 현재의 '가마(부들꽃)'로 옛날에는 蒲_{카마}라는 청음. 줄기 끝에 원주형의 꽃 열매가 생기는데 상부에 황색의 수꽃, 하부에 녹갈색의 암꽃이 붙는다. 화분은 지혈·진통제로 사용되었다.

^{코이마로부}
輾轉 輾_{코유}는 길게 눕다. 轉_{마로부}는 뒹굴다.

^{모토}
本 기전에는 피부와 털의 원상복구라 했으나 피부로 해석해야 할 것 같다. 부들의 화분이 노랗기 때문에 백토의 연상은 부적당하다.

^{시로우사기}
素菟 '희다'에 '白'이 아닌 '素' 자를 사용한 것은 토끼의 모피를 사람의 의복에 비유했기 때문이다. '素' 자는 섬유의 흰색을 나타내는 경우가 많다. 이 토끼가 백색이라는 것은 전문에 없어 당돌한 것 같으나 '이나바의 흰 토끼'라는 명칭이 개념의 사실이라는 것을 의미한다.

^{이마}
今者 '지금은 어떠하다'라는 형식으로 찬록 당시에 신앙되었다는 것을 알 수 있으나 어떤 신인가는 미상. '者'는 조자로 의미는 없다. '昔者'·'頃者' 등의 '者'와 같다.

^{오후}
負 이런 어법은 자루를 메고 귀인을 따르는 것이 낮은 신분의 사람이 하는 일이라는 것에 기인한다.

【해석】

　그런데 이 오호쿠니누시노카미의 형제로 많은 신들이 계셨다. 그렇지만 모두 나라를 오호쿠니누시노카미에게 양보하였다. 양보한 이유라 하면, 그 형제신들이, 각각 이나바의 야가미히메에게 결혼하고 싶다는 마음을 가지고 함께 이나바에 갔을 때, 오호아나무지노카미에게 자루를 짊어지게 하여, 종자로 삼아 데리고 갔다.
　그리고 케타노사키에 도착하였을 때에, 벌거숭이의 토끼가 쓰러져 있었다. 그러자 형제신들은 그 토끼에게 "너는 이 바닷물로 씻고, 부는 바람을 맞으며, 높은 산꼭대기에 누워 있거라."라고 말했다. 그래서 그 토끼는 많은 신들의 가르침에 따라 산꼭대기에 누워 있었다. 그러자 그 바닷물이 마르는 것에 따라, 그 신체의 피부가 모두 바람을 맞아 갈라졌다.
　그래서 아프고 괴로워 엎어져 울고 있는 곳에, 맨 나중에 온 오호아나무지노카미가 그 토끼를 보고 "너는 어이하여 엎드려 울고 있느냐."라고 말했다. 토끼가 답하여 말하길 "저는 오키 섬에 있으며, 이쪽으로 건너려고 생각하였습니다만 건널 방법이 없었습니다. 그래서 바다에 있는 상어를 속여서 '나와 네가 비교하여 일족의 많고 적음을 세어 보고 싶다고 생각한다. 그러니 너는 너의 종족을 있는 대로 모두 데리고 와서, 이 섬에서 케타노사키까지 나란히 줄지어 엎어지게 하라. 그러면 내가 그 위를 밟고 달리면서 큰 소리를 세면서 건너겠다. 그렇게 하면 나의 일족과 어느 쪽이 많은가를 알 것이다.'라고 말했습니다.
　그렇게 말하자 상어들이 속아 줄지어 엎드렸기 때문에, 나는 그 위를 밟고, 소리 내어 세면서 건너와서, 이제 막 지면에 내리려 할 때, 내가 '너희들은 나에게 속은 것이다.'라고 말하였더니 말이 끝나자마자 가장

끝에 엎드려 있던 상어가 나를 붙잡아서 나의 옷을 모두 벗겨 버렸습니다. 이 때문에 울며 어려워하고 있을 때에, 먼저 간 많은 신들이 나에게 일러 주며 '바닷물로 씻고 바람을 맞으며 누워 있거라.'라고 말씀하셨습니다. 그래서 가르쳐 준 대로 하였더니, 저의 온몸에 상처를 입은 것입니다."라고 말하는 것이었다.

그러자 오호아나무지노카미가 그 토끼에게 알려 주며 "지금 서둘러 이 하구에 가서, 담수로 너의 몸을 씻고, 즉시 그 하구의 부들꽃을 따서, 깔아 채우고 그 위에 누워서 뒹굴면, 너의 신체는 틀림없이 원래의 피부처럼 나을 것이다."라고 말씀하셨다.

그래서 가르침에 따랐더니 토끼의 몸은 원래대로 되었다. 이것이 이나바의 흰 토끼이다. 지금은 토끼신이라 한다. 그리고 이 토끼가 오호아나무지노카미에게 "그 많은 형제신들은, 틀림없이 야가미히메를 손에 넣을 수가 없을 것입니다. 자루를 짊어지고 있지만, 당신께서 손에 넣게 될 것입니다."라고 아뢰었다.

【해설】

전집 大國主神(오호쿠니누시노카미)는 氣多前(케타노사키)에서 상어에게 껍질이 벗겨진 흰 토끼에게 의술을 베풀어 구해 준다. 주인공이 오호쿠니누시노카미가 아니고, 그의 별명 大穴牟遲神(오호아나무지노카미)로 되어 있는 것은 이즈모 지방신 오호아나무지노카미가 이하의 사건이나 시련을 극복하며 오호쿠니누시노카미로 성장해 가는 과정을 나타내고 있다. 또 고대에 왕이 되려는 자에게는 주의의 자격이 필요하다는 것을 암시하고 있다. 이 이야기는 『因幡國風土記逸文(이나바노쿠니 후도키 이쯔분)』에도 있다.

집성 오호쿠니누시노카미의 신화는 (1) 因幡^(이나바)의 백토를 구하고 이뤄지는 八上比賣^(야가미히메)와의 결혼, (2) 八十神^(야소가미)의 박해에 의한 수난, (3) 根國^(네노쿠니) 방문과 시련을 거쳐 이뤄지는 須勢理毘賣^(스세리비메)와의 결혼, (4) 高志國^(코시노쿠니)의 沼河比賣^(누나카하히메)에 대한 구혼담, (5) 少名毘古那神^(스쿠나비코나카미)의 협력에 의한 나라 건설을 축으로 한다. 각각의 설화에 응하여 다섯 개의 이름이 등장하여 오호아나무지노카미가 여러 시련을 거쳐 업적을 쌓아 오호쿠니누시노카미로 성장해 가는 과정을 이야기하고 있다.

강담 지혜로운 육지의 동물이 모자라는 수중 동물을 속여 강을 건너는 데에 성공한다는 이야기는, 인도네시아나 동인도 제도에도 있다. 인도네시아의 이야기는, 홍수 때문에 강을 건널 수 없는 사슴이 악어를 모아, 악어 등을 밟고 건넌 후에, 악어를 비웃는다는 줄거리이다. 이나바의 흰 토끼 이야기도 죽림에 살고 있던 소토가 홍수 때문에 대의 뿌리를 탄 채로 오키 섬에 표착했기 때문에, 돌아가기 위하여 상어를 속였다는 줄거리였던 듯하다. 흰 토끼와 상어의 이야기가 인도네시아 쪽에서 전해 온 이야기인 것은 확실하다.

    오호아나무지노카미는 민간의 의료신으로 신앙되었기 때문에, 흰 토끼 설화에 등장시켜 오호아나무지노카미가 의료신이라는 것을 이야기한 것이다. 미개사회에서 의료 능력이 있는 자는, 민중에게 특별히 존경받았다. 주의가 추장이 되고 또 왕자가 되는 것은 토인 사회에서는 드문 일이 아니다.

    이 단부터 '네노쿠니 방문'에 걸쳐서 오호아나무지노카미가 오호쿠니누시노카미로 성장하는 과정이 이야기된다. 오호아나무지노카미가 의료신이었던 것은 오호쿠니누시노카미가 되기 위해서 필요했던 것이다.

또 오호아나무지노카미와 여러 형제신이 야가미히메에게 구혼하러 간
다는 것은 처 쟁탈설화의 형식에 의한 것이다. 흰 토끼의 예언이 아니더
라도 심술궂은 여러 형제신에 비하여 오호아나무지노카미는 자애가 넘
치는 처 쟁탈의 승리자로 어울리는 신으로 되어 있다.

신전집 오호아나무지노카미는 케타노사키에서 상어에게 털가죽이 벗겨
진 흰 토끼를 구한다. 형제의 많은 신들은 흰 토끼에게 잘못된 지시로
흰 토끼를 괴롭히지만, 이것은 그들의 무지를 나타내어, 왕이 될 자에게
는 지혜나 기술이 필요하다는 것을 이야기한다. 이 이야기의 주인공의
이름이 오호쿠니누시노카미가 아닌 오호아나무지노카미인 것은, 오호
아나무지노카미의 이름이 수많은 시련을 넘어서 오호쿠니누시노카미가
되기까지의 이름이라는 것을 나타낸다.

2. 네노카타스쿠니의 방문

　於是, 八上比賣, 答八十神言, 吾者, 不聞汝等之言. 將嫁大穴牟遲神. 故爾, 八十神, 忿欲殺大穴牟遲神, 共議而, 至伯岐國之手間山本云, 赤猪, 在此山. 故, 和礼此二字 共追下者, 汝, 待取. 若不待取者, 必將殺汝, 云而, 以火燒似猪大石而, 轉落. 爾, 追下, 取時, 卽於其石所燒著而死. 爾, 其御祖命, 哭患而, 參上于天請神產巢日之命時, 乃遣𧏛貝比賣與蛤貝比賣, 令作活. 爾, 𧏛貝比賣岐佐宜此三字 集而, 蛤貝比賣待承而, 塗母乳汁者, 成麗壯夫訓壯夫云 袁等古 而, 出遊行.

　於是, 八十神見, 且, 欺率入山而, 切伏大樹, 茹矢打立其木, 令入其中, 卽打離其氷目矢而, 拷殺也. 爾, 亦, 其御祖命, 哭乍求者, 得見, 卽析其木而取出活, 告其子言, 汝者, 有此間者, 遂爲八十神所滅, 乃違遣於木國之大屋毘古神之御所. 爾, 八十神覓追臻而, 矢刺乞時, 自木俣漏逃而云, 可參向須佐能男命所坐之根堅州國. 必其大神, 議也.

　故, 隨詔命而, 參到須佐之男命之御所者, 其女須勢理毘賣出見, 爲目合而, 相婚. 還入, 白其父言, 甚麗神, 來. 爾, 其大神, 出見而告, 此者, 謂之葦原色許男命, 卽喚入而, 令寢其蛇室. 於是, 其妻須勢理毘賣命, 以蛇比禮二字以音 授其夫云, 其蛇將咋, 以此比禮三擧打撥, 故, 如敎者, 蛇, 自靜. 故, 平寢出之. 亦, 來日夜者, 入吳公與蜂室. 亦, 授吳公蜂之此禮敎, 如先. 故, 平出之.

　亦, 鳴鏑射入大野之中, 令採其矢. 故, 入其野時, 卽以火廻燒其野. 於是, 不知所出之間, 鼠, 來云, 內者富良々々此四字以音 外者須々夫々此四字以音 如此言. 故, 蹈其處者, 落隱入之間, 火者燒過. 爾, 其鼠, 咋持其鳴鏑出來而, 奉也. 其矢羽者, 其鼠子等, 皆喫也.

於是、其妻須世理毘賣者、持喪具而哭來、其父大神者、思已死訖、出立其野. 爾、持其矢以奉之時、奉入家而、喚入八田問大室而、令取其頭之虱. 故爾、見其頭者、吳公、多在. 於是、其妻、取牟久木實與赤土、授其夫. 故、咋破其木實含赤土、唾出者、其大神、以爲咋破吳公唾出而、於心思愛而、寢. 爾、握其神之髮、其室每椽結著而、五百引石取塞其室戸、負其妻須世理毘賣、卽取持其大神之生大刀與生弓矢、及其天沼琴而、逃出之時、其天沼琴拂樹而、地、動鳴. 故、其所寢大神、聞驚而、引仆其室. 然、解結椽髮之間、遠逃.

故爾、追至黃泉比良坂、遙望、呼謂大穴牟遲神曰、其、汝所持之生大刀・生弓矢以而、汝庶兄弟者追伏坂之御尾、亦、追撥河之瀨而、意礼^{二字以音}爲大國主神、亦、爲宇都志國玉神而、其我之女須世理毘賣爲適妻而、於宇迦能山^{三字以音}之山本、於底津石根宮柱布刀斯理、^{此四字以音}於高天原氷椽多迦斯理^{此四字以音}而居. 是奴也. 故、持其大刀・弓、追避其八十神之時、每坂御尾追伏、每河瀨追撥而、始作國也.

故、其八上比賣者、如先期美刀阿多波志都.^{此七字以音}故、其八上比賣者、雖率來、畏其適妻須世理毘賣而、其所生子者刺挾木俣而返. 故、名其子云木俣神. 亦名、謂御井神也.

【훈】

是に、八上比賣、八十神に答へて言ひしく、「吾は、汝等の言を聞かじ。大穴牟遲神に嫁はむ」といひき。故爾くして、八十神、忿りて大穴牟遲神を殺さむと欲ひ、共に議りて、伯岐國の手間の山本に至りて云はく、「赤き猪、此の山に在り。故、われ、共に追ひ下らば、汝、待ち取

れ。若し待ち取らずは、必ず汝を殺さむ」と、云ひて、火を以て猪に似たる大き石を焼きて、転ばし落しき。爾くして、追ひ下り、取る時に、即ち其の石に焼き著けらえて死にき。爾くして、其の御祖の命、哭き患へて、天に参ゐ上り神産巣日之命に請しし時に、乃ち𧏛貝比賣と蛤貝比賣とを遣して、作り活けしめき。爾くして、𧏛貝比賣きさげ集めて蛤貝比賣待ち承けて、母の乳汁を塗りしかば、麗しき壯夫と成りて、出で遊び行きき。

是に、八十神見て、且、欺きて山に率て入りて、大き樹を切り伏せ、矢を茹めて其の木に打ち立て、其の中に入らしめて、即ち其の氷目矢を打ち離ちて、拷ち殺しき。爾くして、亦、其の御祖の命、哭きつつ求めしかば、見ること得て、即ち其の木を析きて取り出だして活け、其の子に告げて言はく、「汝は、此間に有らば、遂に八十神の滅す所と爲らむ」といひて、乃ち木國の大屋毘古神の御所に違へ遣りき。爾くして、八十神覓め追ひ臻りて、矢刺して乞ふ時に、木の俣より漏け逃して云ひしく、「須佐能男命の坐せる根堅州国に参ゐ向ふべし。必ず其の大神、議らむ」といひき。

故、詔命の随に、須佐之男命の御所に参ゐ至りしかば、其の女須勢理毘賣出で見て、目合爲て、相婚ひき。還り入りて、其の父に白して言ひしく、「甚麗しき神、来たり」といひき。爾くして、其の大神、出で見て告らししく、「此は、葦原色許男命と謂ふぞ」とのらして、即ち喚し入れて、其の蛇の室に寝ねしめき。是に其の妻須勢理毘賣命、蛇のひれを以て其の夫に授けて云ひしく、「其の蛇咋はむとせば、此のひれを以て三たび擧りて打ち撥へ」といひき。故、教の如くせしかば、蛇、自ら静まりき。故、平らけく寝ねて出でき。亦、来し日の夜は、吳公と蜂との

室に入れき。亦、吳公と蜂とのひれを授けて教ふること、先の如し。故、平らけく出でき。

亦、鳴鏑を大き野の中に射入れて、其の矢を探らしめき。故、其の野に入りし時に、卽ち火を以て其の野を廻り焼きき。是に、出でむ所を知らずありし間に、鼠、來て云ひしく、「內はほらほら、外はすぶすぶ」と、如此言ひき。故、其處を蹈みしかば、落ちて隱り入りし間に、火は燒え過ぎにき。爾くして、其の鼠、其の鳴鏑を咋ひ持ちて出で來て、奉りき。其の矢の羽は、其の鼠の子等、皆喫へり。

是に其の妻須世理毘賣は、喪の具を持ちて哭き來るに、其の父の大神は、已に死に訖りぬと思ひて、其の野に出で立ちき。爾くして、其の矢を持ちて奉りし時に、家に率て入りて、八田間の大室に喚し入れて、其の頭の虱を取らしめき。故爾くして、其の頭を見れば、吳公、多た在り。是に、其の妻、むくの木の實と赤き土とを取りて、其の夫に授けき。故、其の木の實を咋ひ破り赤き土を含み、唾き出ししかば、其の大神、吳公を咋ひ破り唾き出すと以爲ひて、心に愛しと思ひて、寢ねき。爾くして、其の神の髮を握り、其の室の椽ごとに結ひ著けて、五百引の石を其の室の戶に取り塞ぎ、其の妻須世理毘賣を負ひて、卽ち其の大神の生大刀と生弓矢と、其の天の沼琴とを取り持ちて、逃げ出でし時に、其の天の沼琴、樹に拂れて、地、動み鳴りき。故、其の寢ねたる大神、聞き驚きて、其の室を引き仆しき。然れども、椽に結へる髮を解く間に、遠く逃げき。

故爾くして、黃泉ひら坂に追ひ至りて、遙かに望みて、呼びて大穴牟遲神に謂ひて曰ひしく、「其の汝が持てる生太刀・生弓矢以て、汝が庶兄弟をば坂の御尾に追ひ伏せ、亦、河の瀬に追ひ撥ひて、おれ、大國主神と爲り、亦、宇都志國玉神と爲りて、其の我が女須世理毘賣を

適妻と爲て、宇迦能山の山本にして、底津石根に宮柱ふとしり、高天原に氷椽たかしりて居れ。是の奴や」といひき。故、其の大刀・弓を持ちて、其の八十神を追ひ避りし時に、坂の御尾ごとに追ひ伏せ、河の瀨ごとに追ひ撥ひて、始めて國を作りき。

故、其の八上比賣は、先の期の如くみとあたはしつ。故、其の八上比賣は、率て來つれども、其の適妻須世理毘賣を畏みて、其の生める子をば木の俣に刺し挾みて返りき。故、其の子を名づけて木俣神と云ふ。亦の名は、御井神と謂ふ。

【주】

嫁 기의 嫁는 3예 전부가 여성을 주격으로 하여 결혼을 뜻한다. 남성을 주격으로 하는 娶에 대응한다. '토쯔구'로 읽는 설도 있으나 '토쯔구'는 옛날에는 성교한다는 의미(주격은 남녀의 관계가 없다.)이므로, 어울리지 않는다. '아후'로 읽는다.

伯伎國 鳥取縣. 米子市의 남쪽으로 出雲와 경계하고 있다.

手間 伯耆國 會見郡 天万(『和名抄』)라고 보여, 鳥取縣 西伯郡 會見町 天万에 해당한다.

和禮 '아레'는 단수적, '와레'는 복수적이라는 점에서, 복수라는 것을 명시한 표기로 생각된다. 뒤의 '共'과 함께 '와레도모'로 읽는 설도 있으나, 상대어에 '와레도모'는 없다. 또 상대어에는 '와레라'・'와레와레'도 보이지 않는다.

赤猪 적색과 백색은 신성한 동물에 사용되었다. 백토도 그렇다.

共 共는 '아래로 몰다'라는 동작이 함께 이루어지는 것을 나타낸다.

^{이시}
石 '이시'라고도 '이하'라고도 읽으나, 여기서는 '이시'. 큰 바위라면 너무 커서 멧돼지의 형용으로 맞지 않는다.

^{오히쿠다리}
追下 80신이 아래로 몰고 오호아나무지노카미가 잡는 것. 전문에 "우리들이 함께 아래로 몰면 너는 기다렸다 잡거라."라고 있는 것과 문맥적으로 대응한다.

^{야키쯔케루}
燒著 데어서 찰싹 돌에 달라붙은 상태.

^{미오야}
御祖 어머니. 御(접두어)+祖(선조). 모친의 경어.

^{카무 무 스 히 노 카미} ^{타카 미 무 스 히 노 카미}
神産巣日之命 高御産巣日神에 대응하여 지상에 관여하는 최고신.

^{키사카히 히 메}
蚶貝比賣 이 조개를 의미하는 한자가 자서에 없다. 剞에 '虫'을 더하여 만든 글자라는 설에 따른다. 蚶는 『神撰字鏡』에 '키사쿠'로 읽는 자로 '긁어모으다'라는 뜻. '키사'는 빨간 조개이나, 오호아나무지노카미의 부활시, 돌에 달라붙어 있던 몸을 긁어모으는 역할을 한다. 『出雲風土^{이즈모노 후 도}記』에 '支佐加比賣^{키 사 카 히 메}'가 있다.

^{우무 카 히 히메}
蛤貝比賣 '우무키'는 대합의 고칭. '우무키카히히메'로도 읽으나, '宇武加比賣命^{우 무 카 히메노미코토}'(『出雲風土記^{이즈모노 후 도 키}』島根郡^{시마 네 군})라고 있는 것에서, '우무카히히메'로 읽히고 있다. 여기에 蛤貝比賣가 등장하는 것은 '우무키'를 나타내는 '蛤'자가 '合'을 포함하여, 大穴牟遲神^{오호 아 나 무 찌노 카미}의 너덜너덜해진 몸을 하나로 합한다는 역할에 적합하기 때문이다.

^{쯔쿠루}
作 치료하다. 수리하다.

^{이케}
活 동사 活는 4단 자동사, 하2단 타동사이나, 여기서는 후자. 살리다.

^{키 사 게}
岐佐宜 '키사구' 긁어모으다. 돌에 붙어 있는 오호아나무지노카미의 몸을 긁어모으는 것을 말한다.

^{아쯔무}
集 여기서 '아쯔무'라고 말하는 것은 大穴牟遲神^{오호아나무지노 카미}의 몸을 돌에서 긁어모을 때, 몸이 너덜너덜해져 버렸기 때문이다.

^{마찌우케테}
待承 조개가루를 받아 모아서.

^{하하} ^{사시쿠니 와카 히메} ^{우 무 카 히 히메} ^{오호아나무지노 카미}
母 刺國若比賣. 蛤貝比賣가 갈기갈기 갈라진 大穴牟遲神의 몸을 모신의 젖으로 유착시키는 것.

^찌
乳汁 종래 '찌시루'로 읽으나, 고대에는 유방과 유즙을 구별 없이 '찌'라 했다. '찌시루'는 후세의 언어. '汁'은 유방이 아니라 '젖'이라는 것을 의미한다는 것을 명시하는 문자.

^{아소 비}
遊行 『法華經』의 '遊行'이 원문. 신이 부활하여 나돌아 다니는 것.

^{하무}
茹 '茹'는 '食'과 동의로, '하무'로 읽는다. 다만 '食' 자는 4단동사로 물건을 먹는다는 의미로 사용되는데, 여기서는 하2단동사로, 넣어서 고정한다는 뜻을 나타낸다. '茹矢' 전체를 '히메야'로 읽는 설도 있으나, '히메야'는 후문에서 ^{히 메 야}氷目矢로 표기된다. 큰 나무를 벨 때 자른 부분에 끼우는 쐐기.

^{히 메 야}
氷目矢 ^히氷는 간격, ^메目는 틈새, ^야矢는 화살.

^{야 소 카미}
八十神 원문에 '八十神所滅'이라고 있어, "팔십 신 때문에 죽게 될 것이다(八十神の爲めに滅さえなむ)."로 읽을 가능성도 있으나, 기의 '爲'는 행위의 수익자 대상이나 목표를 나타낸다. 따라서 "팔십 신을 멸하게 될 것이다(八十神の滅す所と爲らむ)."로 읽는 것이 온당하다.

^{키노쿠니} ^{키 노 쿠니} ^{와 카 야 마 켄}
木國 紀伊國. 지금의 和歌山縣. 목재가 많다.

^{오호 야 비 코노 카미} ^{키노쿠니} ^야
大屋毘古神 木國와의 관계는 기록되어 있지 않다. 屋는 나무로 만든다는 연상에 의한 것인가. 신대기의 일서에 ^{스 사 노 오 노 미코토}須佐之男命의 아들 ^{이소타케루노카미}五十猛神가 있다.

^{모토메}
覓 종래는 '마구'로 읽혔으나, 상대어의 '마구'는 용법이 한정되어, '^{쿠니}國'를 구하여 찾는다는 문맥에 사용된다. '^{모토무}覓'로 읽는 것이 보통이다.

^{타가헤야루}
違遣 먼 길을 갈 때, 팔방을 운행하며 길흉화복을 맡은 ^{나 카 카미}天一神를 만나면

화를 당하므로, 그 순행하는 방향을 피하여, 전날 밤에 좋은 방향의
　　　집에서 머무는 것.

矢刺乞(야사시코우)　활에 화살을 메기는 것.

乞(코후)　大屋毘古神(오호야비코노 카미)에게 大穴牟遲神(오호아나무지노 카미)를 넘기라고 요구하는 것으로 보는 것이
통설. 그러나 직전의 '覓追'나 '矢刺'의 상대가 大穴牟遲神(오호아나무지노 카미)이므로 '乞'
의 상대를 오호야비메노카미로 하는 것은 좀 부자연스럽다. 本居宣長(모토오리노리나가)
는 '乞'을 '之'의 잘못이라며, '矢刺之時'라 했다. 오호나무지신의 인도
를 요구하다.

漏(쿠쿠)　'쿠쿠'는 4단 자동사로 하2단 타동사이나 여기서는 후자. 사이를 빠져
나가게 한다.

根堅州國(네노카타스 쿠니)　須佐之男命(스사노오노 미코토)가 주재하는 세계. 根는 땅 밑. 堅州(카타스)는 한쪽 구석을
뜻하나, 단단한 모래나 州(주)라는 설도 있다. 須佐之男命(스사노오노 미코토)가 根堅州國(네노카타스 쿠니)에
갔다는 기사는, 이전에는 없었다. 그래서 本居宣長(모토오리노리나가)는 기사의 탈루를
상정한다. 그러나 기는 葦原中國(아시하라나카쓰쿠니)를 중심으로 하여, 그것에 관계되는
경우에 한해서 타 세계를 이야기한다는 것이 원칙이므로, 이곳도 그
런 화법일 것이다.

詔命(미코토노리)　이 발언자를 本居宣長(모토오리노리나가)는 모신 刺國菩比賣(사시 쿠니 와카 히메)로, 통설은 大屋毘古神(오호야비코노 카미)로
하는데, '詔'도 '命'도 천신이거나 그에 준하는 신의 말을 의미하는 것
이 기의 원칙. 神産巣日神(카무무스히노 카미)가 적합하나, 본문으로는 그렇지 않은 것이
의문으로 남는다.

須勢理(스세리)　'스세리'는 '스사부' '스스무' 등과 동원으로, 위세를 타고 진행한다
는 의미의 동사 '스세루'에 의한다.

目合(메구하세)　눈을 깜박거리는 것으로 의사를 전하는 것. 후세에 '메쿠바세'로 된
다. 종래 '目合'을 '마구하히'로 읽어 왔으나, '마구하히'는 성교를 의

미하여, 이곳에는 어울리지 않는다.

^{아시하라시코오노미코토}
葦原色許男命 '시코'는 醜로 나타내는 경우가 많으나, 이는 모멸이 아니라, 葦原中國 를 짊어질 존재로, 그 신이 갖는 강력한 힘을 인정한 표현. 가나 표기도 그런 의미일 것이다.

^{헤미노무로}
蛇室 '헤미'는 뱀의 고어. '무로'는 출입구는 있어도 창이 없고, 빈틈없이 둘러싸여 있는 것 같은 집이나 방. 뱀이 많은 방.

^{히레}
比禮 領巾는 여자가 어깨에 걸치는 얇은 천. 단순한 장식용으로 사용된 것이 아니라 팔랑팔랑 흔드는 것으로, 주력을 발휘하는 것으로 생각하였다. '헤미노히레'는 뱀을 쫓기 위한 머플러.『令集解』(職員令・神祇官) 소인의 『고기』는 饒速日命 가 하늘에서 내려올 때, 천신이 하사한 10종의 보물 속에 蛇比禮를 기술하고 있다.

^{후루}
擧 보통 擧로 읽는데, 기는 擧로 읽는다. 다른 문헌에는 유례가 없는 용법이다.

^{코시 히}
來日 통설은 來日로 읽고, 다음날을 의미하는데, 그런 의미라면 明日로 표기하게 마련이다. 또다시 오호아나무지노카미가 온 날을 의미한다.

^{무카데}
吳公 蜈蚣의 생략문. 『本草和名』에 吳公라는 훈이 있다.

^{나리카부라}
鳴鏑 화살의 끝의 빈 깍지에 구멍을 내어, 날아갈 때 소리가 나게 만든 화살.

^{네즈미}
鼠 새끼 쥐가 화살의 깃을 먹었다는 이야기. 이 신화와는 무관한 민간전승에 의한 것 같다.

^{호라호라}
富良富良 '호라'는 洞. 掘와 동원. 구멍이 생겨 텅 빈 상태.

^{스부스부}
須夫須夫 '스부'는 오그라진 곳을 의미하는 동사의 명사형 같다. 동사 '스보무(오그라지다)'・'스보루(좁아지다)'나 형용사 '우그러져 좁다'와 동원.

^{코모리}
隱 '카쿠루'로 읽는 설도 있으나, '카쿠루'는 밖에서 보이지 않는 것에 중점이 있다. 여기서는 외계와의 접촉을 끊는 것에 중심이 있는 '코모루'로 읽는 것이 적절하다.

^{모에}
燒 '야케'로 읽는 것이 통설이나, 불을 주격으로 하므로 '모에'로 읽어야 한다.

^{모노소나헤} ^{하라헤쯔모노}
喪具 서기의 **拔具** 를 참고하여 '하부리쯔모노'로 읽는 것이 통설. 그러나 '喪' 자는 사람의 사후 매장까지의 근신 기간을 의미하여, '모'로 읽어야 한다. 또 '하부리'라면 '葬' 자로 장송이나 매장을 의미한다. '모노소나헤'로 읽어야 한다.

^{야 타 마}
八田間 많은 논이라는 의미로, 큰 방의 광대함을 비유적으로 나타낸다. '마'는 그러한 상태로 있는 것을 나타내는 접미어. 또 기둥과 기둥의 간격으로 보는 설도 있다.

^{오호무로} ^{이 호 비 키}
大室 큰 건물이면서 五百引石 하나로 출입구를 막을 수가 있다는 것으로 보아, 문이 하나밖에 없고, 머리를 서까래에 묶었다는 발상으로 보면 벽이 없고 지붕이 낮은 구조이다. 즉 수혈식 주거를 상상한다는 설도 있다.

^{시라미} ^{스사노오노미코토}
虱 '이'가 '지네'라는 것은 須佐之男命의 거대함을 시사한다.

^{무쿠노 코}
牟久木 여기에 푸조나무 열매가 나오는 것은 열매가 검어, 적토와 섞으면 지네와 비슷하게 되는 것도 사실이나, '무쿠'가 '무카데'와 비슷한 음이라는 것도 작용했다. 느릅나무과의 낙엽고목.

^{아카쯔찌}
赤土 '하니'가 통설로, 점토를 의미한다. 기에는 카나로 표기된다. 그저 붉은 흙이다.

^{하쿠} ^{하쿠}
唾 '쯔하쿠'로도 읽으나, 이 '쯔'는 타액, 거기에 吐가 붙은 말.

^{우쯔 쿠시}
愛し 귀엽다. 사랑할 만하다.

^{타리키}
椽 '타루키'라고도 한다. 상량부터 처마에 걸치는 재목. 서까래.

^{이 호 비키}
五百引 오백 명이 끌어야 움직일 바위. 千引와 동형.

^{이쿠 타 찌　이쿠}
生大刀 生는 생생한 힘을 갖는다는 의미. 칼과 활을 양도한다는 것은 스사노오노미코토의 강한 힘을 받은 것으로, 그것에 의해 80신을 물리치고 나라를 만드는 일도 가능하게 된다.

^{아메노누코토}
天詔琴 '누'는 '玉'을 의미하는 瓊의 교체형으로, 구슬장식이 붙은 거문고. 단 이 거문고는 직후에 나오는 것 이외에 취급된 일이 없다. 琴에서 木音가 연상되어, 나무에 걸려서 대지가 명동하는 이야기와 결부되었을 것이다. 신의 의사를 듣기 위하여 신을 부르거나[神歸], 신이 꿈이나 매개물을 통하여 신의를 인간에 전하는 신탁을 받을 때에 사용되는 신성한 가야금. 종교적 권위를 상징한 보기로 왕자의 권위를 상징한다.

^{요 모쯔 히 라 사카}
黃泉比良坂 앞에서는 黃泉國와 葦原中國의 경계로 등장했다. 여기서는 根之堅州國와의 경계로 되어 있다. 이것 때문에 黃泉國와 根堅州國가 동일세계라는 설도 있으나, 기의 양자는 분명히 다른 세계로 그려져 있다. 그래서 다른 호칭도 갖는다. 이곳의 黃泉比良坂는 네노카타스쿠니와 葦原中國의 경계일 뿐이다.

^{노조미}
望 '미사쿠'로도 읽으나, 이 자의 훈주로는 '노조무'가 보통이다. 기의 '望'은 멀리 바라보는 것을 의미하는 것이 대부분으로, 높은 곳에서 멀리 보는 예가 많다. 이곳에서도 스사노오노미코토는 언덕에 서서, 수평적으로 널리 열린 葦原中國를 보고 있는 것이다.

^{미 오}
御尾 '오'는 산이나 언덕에 붙어서 뻗어난 자락.

^{오 레}
意禮 이인칭 비칭대명사. 애정을 담은 호칭. 大國主神의 이름을 須佐之男命가 명명한 것이다.

^{오호쿠니누시노카미} ^{아시하라나카쯔쿠니}
大國主神 葦原中國를 통치할 지배자라는 의미.

^{우쯔시쿠니}
宇都志國 인간이 사는 현실의 세계. 그 국토를 지배하는 國魂^{쿠니타마}라는 것을 시사하는 신명.

^{마마하라카라}
庶兄弟 이복형제.

^{무카히메}
適妻 제본은 '適'으로 기술했는데, '適'은 '嫡'과 통한다. '適妻'는 정처. 妾(소바메)에 대응하는 말.

^{우카노야마}
宇迦能山 『出雲風土記^{이즈모후도키}』에 '出雲國 宇賀鄕^{이즈모노쿠니}'이 있다. 현재의 시마네켄 平田市^{히라타시}의 일부. 여기서는 넓은 지역을 의미한다.

^{소코쯔이와네}
底津石根 이 구부터 氷椽多迦斯理^{히기타카시리}까지는『延喜式^{엔기시키}』祝詞^{노리토}(祭式에서 사람이 신에게 올리는 말과 신이 인간에게 하는 말)에도 있는 관용어구. 땅 밑 암석에 닿을 정도로 튼튼한 기둥을 세우다.

^{미야바시라후토시리후토}
宮柱布刀斯理 太는 장대하고 당당하다는 의미, '시루'는 영유한다는 의미로, 이 경우에는 궁의 기둥을 세우는 것. 이하의 구는 아시하라노나카쯔쿠니의 지배자로서의 궁전을 세워, 평안을 확립하는 것을 의미한다.

^{히기찌키}
氷椽 千木로도 읽는다. 지붕의 양끝에 목재가 교차하여 용마루보다 높이 튀어나온 부분. 'X'자 모양으로 교차시킨 긴 목재. 신사 건축에 보인다.

^{타카시리}
多迦斯理 '타카^{타카}'는 高, '시루'는 서까래를 올리는 것. 高天原^{타카마노하라} 이하의 구는, 타카아마하라의 세계에 대응하는 형태로, 아시하라노나카쯔쿠니의 세계를 지배하고 궁전을 세운다는 의미이다.

^{얏코}
奴 사람의 천칭. 오호쿠니누시노카미에 대한 자애와 질타를 포함한다. 오호아나무지노카미는 많은 이복형제의 박해와 스사노오노미코토가 과한 시련을 극복하고 위대한 왕자로 성장했다.

^{하지메}
始 오호쿠니누시노카미의 나라 만들기가 이야기되는데, 그것의 처음이

라는 것이다.

美刀阿多波志(미토아타하시) '미토'는 침소로, '미토노마구하히'의 '미토'와 같다. '아타하시'는 '아타후(與)'에 존경의 '스', 완료의 '시'가 접속한 것. 또 '아타후'는 4단동사. 여성이 주격으로, 통래하는 남성 신에게 동침을 허가하는 것을 나타낸다.

木俣神(키마타노카미) 나무줄기가 두 개로 갈라지는 곳의 신. 이렇게 두 갈래로 갈라지는 곳에 신이 강림한다는 신앙이 있었던 것 같다.

御井神(미이노카미) 『延喜式』(엔기시키) 신명장에 의하면 御井神社(미이진자)가 각 곳에 있다. 木俣神(키마타노카미)의 별명으로 御井神이 있는 것은, 股木(마타기)를 우물이나 연못 근처에 많이 심은 것에 의한다는 설이 있다.

【해석】

그런데 야가미히메는 여러 형제신들에게 답하여 "나는 당신들이 말하는 것은 들을 수가 없습니다. 오호아나무지노카미와 결혼하겠습니다."라고 말했다. 그러자 형제신들은 화가 나서 오호아나무지노카미를 죽이려고 생각하고, 같이 상의하여, 하하키국 테마 산의 기슭에 다다랐을 때, 오호아나무지노카미에게 "빨간 멧돼지가 이 산에 있다. 그래서 우리들이 함께 밑으로 내려 몰 것이니, 너는 기다렸다 잡거라. 만일 기다렸다가 잡지 못하면 틀림없이 너를 죽이겠다."라고 말하고, 멧돼지와 비슷한 큰 돌을 불에 달구어서 굴려 떨어뜨렸다.

그리하고 신들이 뒤쫓아 내려와, 오호아나무지노카미가 그것을 붙잡았을 때, 즉시 그 돌에 달라붙어서 죽고 말았다. 그러자 그 어머니 신이 슬피 울며 하늘로 올라가, 카무무스히노미코토에게 말씀드렸더니, 즉시

키사카히히메와 우무카히히메를 보내서 치료하여 살리게 하였다. 그래서 키사카히히메가 돌에 들러붙어 있던 오호아나무지노카미의 신체를 긁어모아, 우무카히히메가 기다리고 있다가 받아, 모친의 젖을 발랐더니, 훌륭한 청년이 되어 나돌아 다닌 것이다.

이것을 여러 형제신들이 보고, 또 오호아나무지노카미를 속여서 산으로 데리고 들어가, 큰 나무를 잘라 넘어뜨리고, 갈라진 틈새에 끼우는 쐐기를 그 나무에 끼워 넣고, 그 갈라진 사이의 틈에 오호아나무지노카미를 들어가게 하고, 즉시 그 쐐기를 빼내어 죽였다. 그러자 또 그 어머니 신이 울며 찾아다니다가, 찾아내자, 즉시 그 나무를 자르고 꺼내어 살리고, 그 아들에게 말하길 "네가 여기에 있으면 결국에는 형제신들에게 죽게 되겠다."라고 말하고, 즉시 키노쿠니의 오호야비코노카미가 있는 곳으로 사람 눈을 피해 보냈다.

그러자 여러 형제신들은 찾아내고 뒤쫓아 가서, 활에 화살을 메기고 오호아나무지노카미를 양도할 것을 요구했을 때, 오호야비코노카미는 오호아나무지노카미를 나무의 가지 사이로 빠져 도망가게 하며 "스사노오노미코토가 계시는 네노카타스쿠니로 찾아 가십시오. 틀림없이 그 대신이 조치하여 주실 것입니다."라고 말했다.

그래서 조명에 따라 스사노오노미코토가 계시는 곳을 찾아 도착하였더니, 그 딸 스세리비메가 나와서 오호아나무지노카미를 보고, 서로 눈길을 주고받고 결혼했다. 스세리비메는 집안으로 들어가서, 그 아버지에게 "아주 훌륭한 신이 왔습니다."라고 아뢰었다. 그러자 그 대신이 나와서 오호아나무지노카미를 보고 "이는 아시하라시코오노미코토라는 자다."라고 말씀하시고, 즉시 불러들여, 뱀이 있는 방에 재웠다.

그러자 그 처 스세리비메노미코토가, 뱀의 수건을 남편에게 주며 "뱀이 물려고 하면 이 수건을 세 번 흔들어서 쫓으세요."라고 말했다. 그래서 일러준 대로 했더니 뱀은 자연히 얌전해졌다. 그리하여 오호아나무지노카미는 무사히 자고 나왔다. 다시 오호아나무지노카미가 온 날 밤에는, 스사노오노미코토가 오호아나무지노카미를 지네와 벌의 방에 넣었다. 스세리비메가 전날처럼 지네와 벌 수건을 주며 일러주었다. 그래서 오호아나무지노카미는 무사히 나왔다.

또 스사노오노오호카미는 소리를 내는 화살을 넓은 들에 쏘고, 그 화살을 오호아나무지노카미에게 찾게 했다. 그리고 그 들에 오호아나무지노카미가 들어가자, 즉시 불로 그 주위를 태웠다. 그리하여 오호아나무지노카미가 빠져나갈 곳을 모르고 있을 때, 쥐가 와서 "속은 텅 비고 밖은 오그라져 있다."라고 말했다. 그래서 그곳을 밟았더니, 구멍에 빠져 그 속에 들어앉아 있는 사이에, 불은 그 위를 태우며 지나갔다. 그리고 그 쥐가 그 화살을 물고 나와서 내밀었다. 그 화살의 깃털은 그 쥐의 새끼들이 먹어 버렸다.

그런데 오호아나무지노카미의 처 스세리비메가 장례 용구를 들고 울면서 왔기 때문에, 그 아버지 대신은 오호아나무지노카미가 이미 죽어버린 것으로 생각하고, 그 들에 나와 섰다. 그곳에 오호아나무지노카미가 그 화살을 가져다 바치자, 스사노오노오호카미는 오호아나무지노카미를 집안으로 데리고 들어가, 많은 논만큼 넓은 방안으로 불러들여 머리의 이를 잡게 하였다. 그래서 오호아나무지노카미가 스사노오노오호카미의 머리를 보았더니, 지네가 많이 있었다.

그곳에 그의 처가 푸조나무 열매와 붉은 흙을 가져다 남편에게 주었다. 그래서 그 나무 열매를 깨물어 으깨고 붉은 흙을 입에 품었다가 내뱉었더니, 대신은 지네를 씹어뱉는 것으로 생각하고, 마음속으로 귀엽다고 생각하며 잤다.

그러자 오호아나무지노카미는 그 대신의 머리채를 손에 잡아, 그 방의 모든 서까래에 묶고, 오백 인이 겨우 끌 수 있는 거대한 바위로 그 방의 입구를 틀어막고, 그 처 스세리비메를 업고, 즉시 그 대신의 칼 이쿠타찌와 활과 화살 이쿠타유미야, 거문고 아메노누코토를 가지고 도망쳐 나왔을 때, 그 아메노누코토가 나무에 걸려 대지를 울리며 퍼져 나갔다. 그래서 자고 있던 그 스사노오노오호카미가 그것을 듣고 놀라서, 그 방을 잡아끌어 무너뜨렸다. 그러나 서까래마다 묶여 있는 머리를 풀고 있는 사이에, 오호아나무지노카미는 멀리 도망쳤다.

그리하여 대신은 뒤쫓아서 요모쯔히라사카까지 도착하여, 멀리 바라보며, 오호아나무지노카미를 불러 "네가 가지고 있는 그 칼 이쿠타찌·궁시 이쿠타유미야로, 너의 이복형제들을, 언덕의 기슭까지 몰아 엎드리게 하고, 또 강의 여울에 몰아내고, 너는 오호쿠니누시노카미가 되고, 또 우쯔시쿠니타마노카미가 되어, 그 나의 딸 스세리비메를 정처로 삼아, 우카 산의 기슭에서, 대반석 위에 궁의 기둥을 굵게 세우고, 타카아마노하라에 닿을 만큼 지붕을 높이 세우고 살아라. 이 녀석아."라고 말했다. 그래서 오호아나무지노카미는 그 칼·활을 가지고 여러 형제신들을 물리쳤을 때, 모든 언덕의 기슭에 내몰아 항복시키고, 모든 강의 여울에서 몰아내고 비로소 나라를 만들었다.

그런데 그 야가미히메는, 지난날의 약속대로 오호쿠니누시노카미와 결혼하셨다. 그래서 그 야가미히메를 데려왔으나, 정처 스세리비메를 두려워하여, 자기가 낳은 아이를 나뭇가지 사이에 끼워 놓고 돌아갔다. 그래서 그 아이를 이름하여 키마타노카미라 한다. 다른 이름은 미이노카미라 한다.

【해설】

전집 오호쿠니누시노카미는 伯耆國(호우키노쿠니)(鳥取縣(동토리켄))의 산간에서 형제신들의 간계에 걸려, 달군 바위를 만지고 죽으나, 어머니 刺國若比賣(사시쿠니와카히메)의 부탁으로, 천상의 神産巢日神(카무무스히노카미)가 붉은 조개와 대합신을 파견하여 치료한 결과, 오호쿠니누시노카미는 부활한다. 이 出雲(이즈모)계의 신화에 神産巢日神(카무무스히노카미)가 사자를 소생시키는 생성신으로 나타난 것은 주의할 만하다. 또 화상의 치료에 붉은 조개나 대합을 이용한 것은 고대 민간요법으로 주목된다.

형제들의 박해를 피하여 紀伊國(키노쿠니)로 피한 오호쿠니누시노카미는 그곳까지 박해가 미쳤기 때문에, 大屋毘古神(오호야비코노카미)의 권유로 根國(네노쿠니)로 향한다. 여기서 須佐之男命(스사노오노미코토)의 딸 須勢理毘賣(스세리비메)와 결혼하나, 스사노오노미코토한테 뱀과 지네와 벌들이 있는 방에서 지내는 시련과 들판에서 화살을 찾는 등의 시련을 부과 받으나, 그 시련을 이기고 드디어 왕자의 상징인 주물을 손에 넣고, 스사노오노미코토한테 "오호쿠니누시노카미를 칭하라."라는 축복을 받는다. 수난이 있을 때마다 오호쿠니누시노카미는 죽음에서 되살아나 새로운 위령을 얻고, 결국에는 이즈모의 일개의 지방신에서 葦原中國(아시하라노나카쯔쿠니)의 주재신으로 성장한 것이다. 이 수난의 이야기는 고대인들 특히 왕자의 성인식을 설화화한 것이다.

집성 오호아나무지노카미는 이곳에서 葦原(아시하라)의 醜男(시코오)라는 이름으로 등장한다. 뱀, 지네, 벌이 있는 방, 화살 찾기 등의 시련을 하나씩 극복해 간다. 고대의 성년식을 배경으로 한 것으로, 스릴 넘치면서도 불안한 극을 보고 있는 것 같다. 아시하라의 시코오는 아시하라노나카쯔쿠니의 왕자가 되기 위한 많은 시련을 겪고, 죽음과 부활을 거듭하여 결국은 왕자로서의 주기를 획득한다. 스사노오노미코토가 지배하는 根國^{네노쿠니}에서 소생한 젊은이는 새로운 위령을 지닌, 현세국의 주재신 "오호쿠니누시노카미가 되라."는 축복을 받고, 나라 건설을 완성하는 업적을 이룬다.

강담 오호아나무지노카미가 여러 형제신의 박해를 받아 두 번이나 죽는 이야기는, 부인 쟁취의 비극으로 엮어져 있다. 위에서 모는 붉은 멧돼지를 밑에서 기다렸다 잡으라는 이야기에는, 고대 수렵생활이 반영되어 있고, 커다란 나무를 자른 틈에 끼워 죽이는 이야기에는 고대 산림 벌채와 제재 작업이 반영되어 있다. 蚶貝比賣^{키사카히히메}와 蛤貝比賣^{우무카히히메}가 오호아나무지노카미의 화상을 치료하여 소생·부활시키는 이야기는 오호아나무지노카미가 의료신으로 모셔진 것과 유관할 것이다.

오호아나무지노카미가 紀伊國^{키노쿠니}에 보내진 것은, 스사노오노미코토가 지배하는 根之堅州國^{네노카타스쿠니}에 가기 위함이며, 木國^{키노쿠니}가 根國^{네노쿠니}와 직결되는 나라, 또는 根國^{네노쿠니}라는 사상이 있었던 것을 시사한다.

그런데 오호아나무지노카미가 여러 형제신의 박해에 굴하지 않고, 죽음의 고난을 극복하여 늠름하게 소생·부활하는 이야기에는, 고대 미개사회에서 행해진 성년식 의례로서의 죽음과 부활의 의례가 반영되어 있다고 볼 수 있다. 이렇게 하여 오호아나무지노카미는 위대한 왕자로서의 오호쿠니누시노카미로 성장하게 되는 것이다.

오호아나무지노카미가 위대한 수장, 오호쿠니누시노카미로 성장할 때까지의 많은 고난이 이야기되어 있다. 네노쿠니는 아래의 세계임과 동시에 한편으로는 신들의 본관지로서의 영지이기도 하였다. 네노쿠니를 방문한 오호아나무지노카미가 뱀, 지네, 벌 등의 방에서 지내고, 또 들불을 만나는 이야기는 성년의례로 젊은이에게 부과되는 여러 고난과 시련을 신화적으로 이야기한 것이다. 고대사회에서는 성년의례를 마쳐야만 결혼이 허가되고, 한 사람의 사회인으로, 성인으로 인정되었다. 스세리비메를 정처로 맞이하는 것이 허가된 것은 오호아나무지노카미가 성년의례를 마쳤다는 것을 의미한다.

　스사노오노미코토가 머리의 지네를 잡게 하는 장면에서는, 나무열매와 적토가 사용되었다. 이것은 수건과 마찬가지로 사령을 쫓는 주물로 사용된 것이다. 오호아나무지노카미는 의료신임과 동시에 주술신이기도 하다. 오호아나무지노카미가 네노쿠니에서 돌아올 때에 스사노오노미코토의 신보 生大刀・生弓矢・天詔琴를 들고 도망쳐 오는데, 이것은 이러한 신보를 손에 넣는 것으로 주술사 제사왕의 자격을 갖추었음을 뜻한다. 오호아나무지노카미는 네노쿠니의 스사노오노미코토 아래서 성인식을 마치고, 그 위에 주술사・제사왕의 자격을 받아 아시하라노나카쯔쿠니의 수장으로서의 오호쿠니누시노카미로 신생한 것이다. 또 오호아나무지노카미가 신보를 손에 넣고 오호쿠니누시노카미가 되는 이야기는, 천손 邇邇藝命가 天照大御神로부터 삼종의 신보를 받고, 아시하라노나카쯔쿠니의 통치자로 하계하는 이야기와 좋은 쌍을 이룬다.

신전집 오호아나무지노카미의 죽음과 부활의 이야기. 八上姬가 오호아나무지노카미를 선택하자, 80명의 형제신들은 이것을 원망하고, 여러 계략을 사용하여, 두 번에 걸쳐 오호아나무지노카미를 죽이지만, 그는 모신의 도움을 받아서, 그때마다 부활한다.

　大屋毘古神의 지시로 根之堅州國로 간 오호아나무지노카미는 스세리비메와 결혼하나, 그 부신에 의해, 많은 시련을 받는다. 그리고 그런 오호아나무지노카미를 도와준 것이 스세리비메이다. 須勢理란 말은 기세대로 나간다는 뜻으로, 그 이름은 그녀의 적극적인 성격에 어울린다. 그 성격은 오호아나무지노카미를 만나자마자 아버지의 승낙도 없이 결혼하고, 남편을 고난에서 구하고, 게다가 다른 여성을 심하게 질투하는 등의 행동에 나타난다. 또 스세리비메의 須勢理는 스사노오노미코토의 須佐와도 관계가 있고, 오호아나무지노카미는 그녀와의 결혼으로, 스사노오노미코토의 강대한 힘과 기세를 취득하여 오호쿠니누시노카미가 된다.

　이하에 묘사된 것은 스사노오노미코토의 보통 이상의 거대함이다. 八田間라는 큰 방에 사는 것도 그렇고, 머리의 이가 사실은 지네라고 하는 점, 누워 있는 스사노오노미코토의 머리카락을 서까래 하나하나에 묶었다는 점, 눈을 뜬 스사노오노미코토가 그 큰 방을 무너뜨려 버렸다는 점 등, 모든 것이 스사노오노미코토의 거대함·강렬함을 나타내고 있다. 많은 시련을 극복한 오호아나무지노카미에 대해 스사노오노미코토는 아시하라노나카쯔쿠니의 지배자 즉 오호쿠니누시노카미로 인정하는 발언을 하고, 앞길을 축복한다. 오호아나무지노카미가 스사노오노미코토가 소유한 칼·궁시를 받은 것도, 그 강대한 힘을 계승한 것을 의미한다.

3. 야찌호노카미

此八千矛神, 將婚高志國之沼河比賣幸行之時, 到其沼河比賣之家, 歌曰,
    夜知富許能 迦微能美許登波 夜斯麻久爾 都麻々岐迦泥弖 故志能久邇々 佐加
    志賣袁 阿理登岐 迦志弖 久波志賣遠 阿理登伎許志弖 佐用婆比邇 阿理多々
    斯 用婆比邇 阿理迦用婆勢 多知賀遠母 伊麻陀登加受弖 淤須比遠母 伊麻陀
    登加泥婆 遠登賣能 那須夜伊多斗遠 淤曾夫良比 和何多々勢禮婆 比許豆良比
    和何多々勢禮婆 阿遠夜麻邇 奴延波那伎奴 佐怒都登理 岐藝斯波登與牟 爾波
    都登理 迦祁波那久 宇禮多久母 那久那留登理加 許能登理母 宇知夜米許世泥
    伊斯多布夜 阿麻波勢豆加比 許登能 加多理其登母 許遠婆

爾, 其沼河日賣, 未開戸, 自內歌曰,
    夜知富許能 迦微能美許等 奴廷久佐能 賣邇志阿禮婆 和何許々呂 宇良須能登
    理叙 伊麻許曾婆 和杼理邇阿良米 能知波 那杼理爾阿良牟遠 伊能知波 那志
    勢多麻比曾 伊斯多布夜 阿麻波世豆迦比 許登能 加多理碁登母 許遠婆
    阿遠夜麻邇 比賀加久良婆 奴婆多麻能 用波伊傳那牟 阿佐比能 惠美佐加延岐
    弖 多久豆怒能 斯路岐多陀牟岐 阿和由岐能 和加夜流牟泥遠 曾陀多岐 多々岐
    麻那賀理 麻多麻傳 多麻傳佐斯麻岐 毛々那賀爾 伊波那佐牟遠 阿夜爾 那古斐
    岐許志 夜知富許能 迦微能美許登 許登能 迦多理碁登母 許遠婆

故, 其夜者不合而, 明日夜爲御合也.

又, 其神之適后須勢理毘賣命, 甚爲嫉妬. 故, 其日子遲神, 和備弖,^{三字}
自出雲將上坐倭國而, 束裝立時, 片御手者繋御馬之橤, 片御足蹈入其御鐙
而, 歌曰,
    奴婆多麻能 久路岐美祁斯遠 麻都夫佐爾 登理與曾比 淤岐都登理 牟那美流登
    岐 波多々藝母 許礼婆布佐波受 弊都美 曾邇奴岐宇弖 蘇邇杼理能 阿遠岐

美祁斯遠　麻都夫佐邇　登理與曾比　淤岐都登理　牟那美流登岐　波多々藝母　許母
　　布佐波受　弊都那美　曾邇奴棄宇弖　夜麻賀多爾麻岐斯　阿多尼都岐　曾米紀賀斯
　　流邇　斯米許呂母遠　麻都夫佐邇　登理與曾比　淤岐都登理　牟那美流登岐　波
　　多々藝母　許斯與呂志　伊刀古夜能　伊毛能美許等　牟良登理能　和賀牟禮伊那婆
　　比氣登理能　和賀比氣伊那婆　那迦士登波　那波伊布登母　夜麻登能　比登母登
　　須々岐　宇那加夫斯　那賀那加佐麻久　阿佐阿米能　疑理邇多々牟叙　和加久佐能
　　都麻能美許登　許登能　加多理碁登母　許遠婆

　爾, 其后, 取大御酒坏, 立依指舉而, 歌曰,

　　夜知富許能　加微能美許登夜　阿賀淤富久邇奴斯　那許曾波　遠邇伊麻世婆　宇知
　　微流　斯麻能佐岐耶岐　加岐微流　伊蘇能佐岐淤知受　和加久佐能　都麻母多勢良
　　米　阿波母與　賣邇斯阿禮婆　那遠岐弖　遠波那志　那遠岐弖　都麻波那斯　阿夜加
　　岐能　布波夜賀斯多爾　牟斯夫須麻　爾古夜賀斯多爾　多久夫須麻　佐夜具賀斯多
　　爾　阿和由岐能　和加夜流牟泥遠　多久豆怒能　斯路岐多陀牟岐　曾陀多岐　多々岐
　　麻那賀理　麻多麻傳多麻傳佐斯麻岐　毛々那賀邇　伊遠斯那世　登與美岐　多弖麻
　　都良世

　如此歌, 即爲宇伎由比^{四字
以音} 而, 宇那賀氣理天^{六字
以音} 至今鎭坐也. 此謂之神
語也.

【훈】

　此の八千矛神、高志國の沼河比賣に婚はむとして幸行しし時に、其の沼
河比賣の家に到りて、歌ひて曰はく、
　2 八千矛の　神の命は　八島國　妻娶きかねて　遠々し　高志の國に　賢し女を　有
　　りと聞かして　麗し女を　有りと聞こして　さ呼ばひに　有り立たし　呼ばひに

有り通はせ 大刀が緒も 未だ解かずて 襲衣をも 未だ解かねば 孃子の 寢す
や板戸を 押そぶらひ 我が立たせれば 引こづらひ 我が立たせれば 青山に
鵼は鳴きぬ さ野つ鳥 雉は響む 庭つ鳥 鷄は鳴く 心通くも 鳴くなる鳥か
此の鳥も 打ち止めこせね いしたふや 天馳使 事の 語り言も 此をば

爾くして、其の沼河比賣、未だ戸を開かずして、內より歌ひて曰はく、

3 八千矛の 神の命 萎え草の 女にしあれば 我が心 浦渚の鳥ぞ 今こそば
我鳥にあらめ 後は 汝鳥にあらむを 命は な殺せたまひそ いしたふや
天馳使 事の 語り言も 此をば 青山に 日が隱らば ぬばたまの 夜は出でなむ
朝日の 笑み榮え來て 栲網の 白き腕 沫雪の 若やる胸を そ叩き 叩き愛が
り 真玉手 玉手差し枕き 股長に 寢は寢さむを あやに な戀ひ聞こし
八千矛の 神の命 事の 語り言も 此をば

故、其の夜は合はずして、明くる日の夜に御合爲き。
又、其の神の適后須勢理毘賣命、甚だ嫉妬爲き。故、其の日子遲の
神、わびて、出雲より倭国に上り坐さむとして、束裝ひ立ちし時に、片
つ御手は御馬の鞍に繫け、片つ御足は其の御鐙に踏み入れて、歌ひて曰
はく、

4 ぬばたまの 黑き御衣を まつぶさに 取り裝ひ 沖つ鳥 胸見る時 はたたぎも
是は適はず 辺つ波 そに脱き棄て 鵼鳥の 靑き御衣を まつぶさに 取り裝ひ
沖つ鳥 胸見る時 はたたぎも 是は適はず 辺つ波 そに脱き棄て 山方に 蒔き
し 茜舂き 染め木が汁に 染め衣を まつぶさに 取り裝ひ 沖つ鳥 胸見る時 は
たたぎも 是し宜し 愛子やの 妹の命 群鳥の 我が群れ去なば 引け鳥の 我
が引け去なば 泣かじとは 汝は言ふとも やまとの 一本薄 項傾し 汝が泣か
さまく 朝天の 霧に立たむぞ 若草の 妻の命 事の 語り言も 此をば

爾くして、其の后、大御酒坏を取り、立ち依り指し擧げて、歌ひて曰

오호쿠니누시노카미 217

はく、

5 八千矛の 神の命や 我が大國主 汝こそは 男にいませば 打ち廻る 島の
崎々 搔き廻る 磯の崎落ちず 若草の 妻持たせらめ 我はもよ 女にしあれば
汝を除て 夫は無し 汝を除て 夫は無し 綾垣の ふはやが下に 蠶衾 和やが
下に 栲衾 騷ぐが下に 沫雪の 若やる胸を 栲網の 白き 腕 そ叩き叩き愛
がり 眞玉手 玉手差し枕き 股長に 寢をし寢せ 豐御酒 奉らせ

如此歌ひて、卽ちうきゆひ爲て、うながけりて、今に至るまで鎭まり
坐す。此を神語と謂ふ。

【주】

八千矛神 大國主神의 별명. 矛는 무력의 상징으로, 이 신의 왕성한 무위를 칭송하는 이름.

高志國 越國. 北陸지방의 총칭. 이하의 가요에서 '멀고 먼'이라는 말이 수식되는 것은 그곳이 大八島國의 변경지라는 것을 나타낸다. 그곳에 가는 것은, 이 신이 大國主라는 사실의 증거다.

沼河比賣 越後國 沼川鄕의 지명에 의한 여신. '누'는 구슬. 구슬을 생산하는 강이라는 의미가 있다. 가까운 青海町에서는 繩文期의 비취 공방지가 발견되었다. 비취옥의 제작 집단과 유관하다.

幸行 '幸'은 천황에 한해서 사용하는 것이 원칙. 八千矛神는 이미 葦原中国의 지배자여서, '천하'의 지배자 천황과 똑같이 대우받고 있다.

八島國 大八島國와 마찬가지로, 일본 전체를 신화적으로 표현하는 말. 八島國 외에 高志國가 있는 것이 아니라, 八島國에서 구하기 어려웠던 처를 겨우 高志國에서 발견했다는 정도의 의미이다.

枕(마키·마쿠) 娶는 여성과 동침한다는 뜻. 베개로 한다는 의미의 枕에서 전환. 求와는 다르다. 동침하는 것.

賢女(사카시메) 영리하고 뛰어난 여자.

有(아리) 동사에 상접하는 '아리'는 계속해서 그 동작을 행한다는 것을 나타낸다.

有通(아리카요와세) 여기까지는 3인칭으로 노래되고, 다음의 '타찌' 이하는 1인칭으로 노래된다. 이 노래는 본래 신을 가장하여 불린 것이라, 먼저 3자적으로 상황을 설명하여 노래하는 입장을 확보하고, 그 위에 스스로 신이 되어 노래하는 스타일이다.

麗女(쿠하시메) 용모가 아름다운 여자.

佐婚(사요바히테) 佐는 접두어. 用婆比(요바히)는 구혼.

阿理(아리) 동작의 반복.

多多斯(타타시) 외출하는 것. 자주 납시어.

通(카요하세) 왕래하시어.

緒(오) 끈.

襲衣(오스히) 상의의 일종. 머리 위로 뒤집어쓰는 의복. 남여 공용.

寢(나스) '나'는 하2단동사 '이누'에서 '이'가 탈락된 것. '주무시는'.

淤曾夫良比(오소부라히) '오소부라후'는 押振(오시부루)가 변한 '오소부루'에 계속·반복의 '후'가 붙은 것. 몇 번이고 계속 밀어 흔들다.

和何多多勢禮婆(와가타타세레바) 내가 서 있는 데. 이 노래는 삼인칭으로 시작되어, 여기부터 일인칭으로 변한다.

比許豆良比引(히코즈라히) '히키즈라후'의 전. '쯔라후'는 '아게쯔라후'·'이히즈라후' 등과 마찬가지로 '이것저것~하다'라는 뜻. 連(쯔라나후)의 '쯔라'와도 관계있는 것일까. '계속해서 잡아당기며'.

鵼(누에) 호랑지빠귀의 고명. 밤중부터 이른 아침까지 애조 띤 소리로 우는 새.

오호쿠니누시노카미 219

또는 상상의 새로, 머리는 원숭이, 몸은 너구리, 손발은 호랑이, 꼬리
는 뱀, 소리는 호랑지빠귀를 닮았다. 후출하는 꿩이나 닭이 새벽을
알리는 것에 대해, 이것은 심야에 걱정을 가져다주는 새이다.

稚(키기시) 꿩의 고명.

庭鳥(니하쯔토리) 닭의 **枕詞**(마쿠라고토마). 뜰에 있는 새로 야조와 대비를 이룬다.

鶏(카케) 닭의 고명. 닭의 울음소리에 연유하는 이름.

心痛(우레타쿠) 원망스럽게도. 분하게도.

那留(나루) 전문추정의 조동사 '나리'의 연체형. 울고 있는 것이 들리는 것을 의미한다.

許世泥(코세네) '코세'는 '해 주다'를 의미하는 조동사 '코스'의 미연형 '코세'에 타인에 대한 요구를 나타내는 조사 '네'가 접속된 것. 때려서 새가 울지 않도록 해 주었으면 하는 의미로, 부탁을 하는 상대는 **沼河比賣**(누나카하히메)이다.

登理加(토리카) 새여. 加는 감동의 조사.

伊斯多布夜(이시타후야) '이'는 강의의 접두사. 慕는 뒤를 쫓는다는 의미. '야'는 영탄을 나타내는 간투조사. **八千矛神**(야찌호코노카미)의 뒤를 쫓아, 그를 추종하고 있다는 뜻으로 **天馳使**(아마하세쯔카히)를 수식한다.

天馳使(아마하세즈카히) **天馳**(아마하세) + **使**(쯔카히) 구성으로, 천공을 달리게 하는 사자. 어떤 새를 사자로 간주한 것. 새를 향하여 누나카하히메에게 자기의 기분을 전해 달라고 말하는 것이나, 문을 사이에 둔 상대를 앞에 두고, 새에게 전언을 부탁한다는 것은 과장된 이야기로 해학적인 표현이다.

阿麻波勢豆加比(아마하세즈카히) 하늘을 나는 심부름꾼. 새가 하늘을 날며 소식을 전달한다는 것에서 온 말 같다. 기전은 "멀리 떨어진 곳에 소식을 전하는 심부름꾼을 허공을 나는 새(**虛空飛鳥**)에 비교해서 말한다."라고 했다.

事語言許遠婆(코토노카타리코토모코오바) '코오바'의 **此**(코)는 처를 원하여 구하는 것을 가리키며, 사실

을 전하는 이야기에도, 이것을 노래와 마찬가지로 전하고 있다는 의미. 노래한 내용이 오랜 전승을 포함하고 있는 것을 말하여, 그 진실성을 보장하는 말.

萎草(누에쿠사) '누에'는 萎(나에)의 모음 교체형. 나긋나긋한 풀과 같다는 의미로 女(메)에 걸리는 비유적 枕詞(마쿠라코토바).

浦渚鳥(우라스노토리) 갯벌의 물새처럼 언제나 임을 그리워한다는 표현. '우라'는 마음, '스'는 형용사 酸(스시)의 어간으로, 마음이 즐겁지 않다는 뜻을 포함한다.

命(이노찌) 새벽을 알리는 새의 목숨을 가리킨다.

我鳥(와도리) 자기 뜻대로 행동하는 새. 자유로운 몸.

汝鳥(나도리) 당신 뜻대로 되는 새. 자신을 새에 비유한 표현.

那志勢多麻比曾(나시세타마히소) '제발 죽이지 마요.' '나~소'는 금지를 의미하는 고어의 용법. '시세'는 하2단동사 '시즈(코로스)'의 연용형. '타마히'는 야찌호노카미에 대한 경의의 표현. 새를 죽이지 말아 달라고 간청하고 있는 것이다.

奴婆多麻能(누바타마노) 누바타마는 나무의 열매로, 색이 검기 때문에 검다[黑]·저녁[夜] 등의 마쿠라코토바로 쓰인다.

用波(요하) 밤에는, 밤에.

伊傳那牟(이데나무) 出의 주격은 夜(요)로, '밤이 꼭 올 것이다'로 하는 설에 따른다. 주격을 누나카하히메나, 야찌호코노카미로 보는 설도 있다. 그러나 여성이 남성을 집안으로 맞아들이려는 장면이므로 전자는 생각하기 어렵다. 후자라면 '이루(入)'가 사용되었을 것이다. '와주세요'.

栲網(타쿠즈노) '타쿠'는 楮를 말하고, '쯔노'는 網(쯔나)의 모음 교체형. 색이 흰 것을 말한다. 닥나무 섬유로 만든 흰 끈. 백(白)의 마쿠라코토바.

腕(타다무키) 팔꿈치에서 손목까지의 부분.

沫雪 (아와유키) 거품과 같이 녹기 쉬운 눈.

和加夜流 (와카야루) '젊어지다'라는 뜻의 하2단 '와카유'에서 파생된 동사.

曾陀陀岐 (소다타키) '소'는 '슬쩍'이라는 의미. '소다타키 타타키'는, '신이 모이고 모여서' 등과 마찬가지로, '슬쩍 때린다고 하는 방법으로 두드린다'는 의미. 가볍게 어루만져 애무하는 것.

麻那賀理 (마나가리) '마나'는 愛子(마나고)와 마찬가지로, 사랑스럽다는 의미. '카루'는 憚(하바가루), 肯(아야카루) 등처럼 동사를 만드는 접미어 '카루'와 같다. '눈을 맞추다.'

毛毛那賀爾 (모모나가니) 허벅지를 쭉 펴고.

伊 (이) 수면. 寢(이).

寢す (나스) 주무시다.

阿夜爾 (아야니) 부사로 함부로, 마음대로라는 의미. 형용사 怪(아야시)의 동원.

那古斐支許志 (나코히키코시) '나'는 용언의 어두에 붙어 금지의 뜻을 나타낸다. '키코시'는 '해주세요'라는 의미의 보조동사. '그리워하지 마세요.'

適后 (오호키사키) 황태후. 이곳에서는 후세의 황후에 해당하는 정처.

嫉妬 (우하나리테타미) 정처가 후처나 첩을 시샘하는 것. '우하나리'는 본처에 대하여 첩이나 애인을 말하는 말.

日子遲 (히코지) 남편. '히코'도 '지'도 남성을 존경하는 말. 夫(오)와는 다르다. '찌'는 父(찌찌)와 동원일까.

和備弖 (와비테) 괴로워하다. 당황하다.

上 (노보루) 大和國(야마토노쿠니)를 중심으로 하는 어법. 소위 出雲(이즈모) 신화에도 좌표의 중심은 大和(야마토)에 있다는 것이, 이 표현으로도 알 수 있다.

出雲 (이즈모) 일본 신화에는 大和系(야마토 계)와 高天原系(타카아마노하라 계), 出雲系(이즈모 계)와 根國系(네노쿠니 계)가 표리 관계를 이룬다는 설이 있다.

束裝 (요소히) 치장하여 꾸미다.

^{카타미 테}
片御手 한쪽 손. 이하는 말을 탈 때의 동작.

^{미 케시}
御衣 '미'는 접두어. '케시'는 입으시다.

^{마 쯔부사 니}
麻都夫佐邇 '마'는 접두어. '쯔부사'는 '충분히'라는 의미의 부사.

^{오키쯔토리 카모}
沖 鳥 鴨의 마쿠라코토바로, 오리를 가리킨다.

^{무나미루}
胸見 물새가 고개를 돌려 가슴 등의 깃털을 정리하는 것을 여장하는 모습에 비유한 것.

^{하 타 타 기 모}
波多多藝母 계속 날개를 치는 것. 옷매무새를 다듬는 행위를 새가 날개치는 것에 비유했다. '藝'는 탁음 '기'를 나타낸다.

^{헤쯔나미}
邊波 파도가 살짝 밀려오듯이. 입었다 벗는 행위를 파도에 비유하였다. 물총새(소니)를 이끌어 낸다.

^소   ^{이소}
背 살짝. '소'를 磯로 보는 설도 있으나, '이소'의 '소'는 상대 카나사용(上代假名遣)에서 갑류이고, 원문의 '僧'은 을류. 또 '其'의 의미로 보아, '그 장소에서 벗어 던지고'라고 해석하는 설도 있으나, 그렇게 하면 邊波^{헤쯔나미}와의 관계가 불명확해진다. 옷을 등 뒤로 벗어 던지는 것.

^{소니도리} ^{아오}   ^{물총새}
鴗鳥 靑에 걸린다. 翡翠의 이명. 머리 부분은 암갈색, 배면은 아름다운 하늘색. 날개가 파랗다.

^{야마가타}   ^{야마아가타}
山縣 산 방면을 의미. 山 縣의 전이가 통설이나, '아가타'는 행정상의 단위로 이 문맥에는 맞지 않는다. '山方'도 맞지 않는다.

^{아타네쯔키}   ^{아카네}   ^{아 타 타 네}
茜 春 '아타네'는 茜의 전환. 저본에는 阿多多尼로 되어 있으나, 타본의
^{아 타 네}
阿多尼에 따른다.

^{소메키}
染木 염료의 원료가 되는 초목.

^{이 토 코 야}
伊刀古夜 이토코는 귀여운 사람의 호칭. '야'는 간투조사.

^{히케토리}   ^{히쿠}
引鳥 '히케'는 하2단동사 引의 연용형으로, 끌린다는 의미. 한 마리가 날면 다른 새들도 같이 날아가는 것.

^{야 마 토 노} ^{야마토}
夜麻登能 倭로 하면, 出雲에 머무르는 須勢理毘賣를 '한 그루의 갈대'에
비유하는 것이 되어 이상하다. 남편을 잃은 여성을 '야모메' '야무메'
'야마메'라 하나, '야마토'를 배우자를 잃은 사람으로 보는 것도 일안
이다. 그렇다면 '一本薄'에 걸리는 이유를 알기 쉽게 된다.

^{히토모토스스키}
一本薄 한 그루의 갈대. 홀로 남은 처의 고독한 모습의 비유.

^{우나카부시}
項傾 고개를 숙이다. 고개를 떨어뜨리다.

^나
汝 '당신이 우신다 하면, 그 탄식은'이라는 의미로, 안개의 주어.

^{아사아메}
朝雨 '아침의 비'의 뜻으로, '안개'에 걸리는 연체수식어. '아침 비의'가 통
설이나 '朝雨의 霧'로는 의미가 성립되지 않는다. 또 그런 의미라면
^{하루사메}
春雨 등의 예를 생각하면 '아사사메'의 꼴이 되게 마련이다.

^{키리}
霧 원문은 '疑理'이나, '疑'는 탁음 '기'를 나타내기 때문에 이상하다. 기의
오사로 보는 설도 있다. 고대인은 한숨이 안개로 변한다고 믿었다.

^{와카쿠사}
若草 처의 마쿠라코토바. 막 솟아난 풀은 젊고 나긋나긋한 처에 비유된다.

^{오호쿠니누시}
大國主 고유명사로 보기보다는, 위대한 나라의 주인으로 해석할 수도 있다.

^{우 찌 미 루} ^{우찌} ^{미루}
宇知微流 打는 접두어. 廻는 돌다, 순회하다.

^{오 찌 즈}
淤知受 빠짐없이. 가는 곳마다.

^{모 타 세 라 메}
母多勢良米 '거느리고 계시겠지요.' '세'는 존경의 조동사 '스'의 이연형.
'라'는 완료의 조동사 '리'의 미연형. '메'는 추량의 조동사 '무'의 이
연형.

^{모 요}
母與 계조사 '모'+간투조사 '요'로, 감동을 나타낸다.

^{키테} ^{오키테}
除 措의 '오'가 탈락된 것. 너를 빼고는.

^{아야카키}
綾垣 사선 무늬의 비단으로 만든 칸막이. 垣는 사이를 막는 것.

^{후 하 야 가}
布波夜賀 가볍게 떠돌거나 흔들거리는 모양. 비단장막 아래서.

^{무시부스마}
苧衾 '무시'는 누에, '카라무시(모시풀), 삶다. '후스마'는 이불. 누에의 의미

를 취하면 비단이불을 의미한다.

^{니코야가}
爾古夜賀　부드러운 감촉.

^{타쿠부스마}
栲衾　닥나무 섬유로 만든 흰 이불.

^{사야구가}
佐夜具賀　살랑살랑 소리가 나는.

^{토요미키}
豊禦酒　'토요'와 '미'는 미칭. '술을 드세요.'

^{타테마쯔루}
奉　음식을 드신다. 이 구의 뒤에 '코토노 카타리모 코레오바'의 구가 없는 것은 앞의 노래에 비하여 안정감이 없다. 탈락으로 보는 설도 있다.

^{우키유히}
宇伎由比　'우키'는 술잔(杯). '유히'는 맺는다(結)로, 술잔을 주고받으며 부부의 정의를 두텁게 한다는 것이 통설. 단 상대어의 結는 끈(紐)과 같은 구체물을 대상으로 하는 것이 보통이라, 그러한 추상적 용법이 있었는가는 의심이 남는다.

^{우나가케리}
宇那賀氣理　상대의 목에 손을 걸친다. 項의 '우나'에 하2단동사 掛를 재활용한 '카케루'가 붙은 것.

^{시즈마루　야찌호코노카미　야마토}
鎭　八千矛神가 大和에 가려는 생각을 버리고, 두 신이 화합하여 진좌한 것을 말한다.

^{이마니이타루}
今至　지금까지. 둘이 같은 신사에 모셔진 유래의 설명 같으나, 남녀가 껴안고 있는 조각상이 모셔지고 있는 것에 대한 설명 같다. 이즈모 대사에 있다.

^{카무가타리　야찌호코노카미　누나카하히메　스세리비메}
神語　八千矛神가 沼河比賣・須勢理毘賣와 노래를 교환한다는 노래를 중심으로 하는 이야기 전체를 가리키는 말. 통설에는 상기의 4수의 노래의 가곡명으로 하는데, 가곡명은 一振・一歌처럼 기록되는 것이 기의 원칙이라는 점에서 보아, 가곡명으로 생각하기는 어렵다.

【해석】

　이 야찌호코노카미(오호아나무지노카미)가 코시국의 누나카하히메와 결혼하려고 나들이하셨을 때, 그 누나카하히메의 집에 도착하여, 노래하여 말하기를,

　　2 야찌호코의 신께서는 야시마쿠니 안에서 처를 구하지 못하고 있었는데, 멀고 먼 코시국에, 현명한 여인이 있다는 소리를 들으시고, 아름다운 여인이 있다는 소리를 들으시고, 구혼하러 자주 자주 나들이하시어, 구혼하러 계속 다니시며, 칼의 끈도 아직 풀지 않고, 웃옷도 아직 벗지 않고 있는데, 낭자가 자고 계시는 집의 널문을 몇 번이고 밀어 흔들며 내가 서 있으니, 몇 번이고 잡아당기며 내가 서 있으니, 청산에서는 호랑지빠귀가 울어 버렸다. '들녘의 새' 꿩도 울어대며 떠들어 대고, '집안의 새' 닭은 울고 있다. 원망스럽게도 우는 소리가 들리는 새라는 놈들. 이런 새는 쳐 죽여서 우는 것을 그치게 해주세요. 그렇게 전해 다오, 따라 모시고 있는 하늘을 나는 새의 사자여. 사건을 이야기하여 전하는 것에도 이처럼 전하고 있는 것입니다요, 이 일을.

　이에 대해, 그 누나카하히메가 아직 문을 열지 않고, 집안에서 노래하여 말하기를,

　　3 야찌호코노카미시여, '연약한 풀의' 여자이므로, 저의 마음은 이리에 강 가운데에 있는 모래밭의 물새입니다. 지금은 저의 것이겠습니다만, 후에는 당신의 것이 될 터이니, 그 새의 목숨은 죽이지 마세요. 따라 모시고 있는 하늘을 나는 새의 사자여. 그렇게 전해 다오. 사건을 이야기로 전하는 것에도 이처럼 전하고 있는 것입니다. 이 일을.

　　녹음이 짙은 산에 해가 숨었다면 '누바타마노' 밤이 되겠지요. 아침 해처럼 만면에 상냥한 웃음을 띠고 오셔서, '닥나무 섬유처럼' 새하얀 팔을 '가랑눈

처럼' 싱싱하고 부드러운 가슴을 살짝 만지시고, 애무하시고, 옥과 같은 팔을 서로 바꾸어 베개로 하고, 다리를 길게 쭉 펴고, 쉬시게 되실 것이오니, 너무 그렇게 애타게 그리워하지 마세요. 야찌호코의 신이시여. 사건을 이야기로 전하는 것에도 이처럼 전하고 있는 것입니다. 이 일을.

그래서 그 밤에는 결혼하지 않고, 다음날 밤에 결혼하셨다.

또, 이 신의 정처 스세리비메노미코토는 심하게 질투하였다. 그래서 부군의 신은 아주 곤란해서, 이즈모에서 야마토노쿠니로 올라가시려고, 준비를 하고 출발하려 했을 때, 한쪽의 손은 말안장에 걸치시고 한쪽의 발은 발걸이에 넣고, 노래하여 말하기를,

4 '누바타마노' 검은 의상을 단정히 몸에 걸치고, 먼 바다의 물새가 하듯이 가슴 언저리를 볼 때, 날개 치듯이 소매를 움직여 보아도, 이것은 어울리지 않는다. 그래서 물가에 밀려오는 파도처럼 살짝 벗어 던지고, '물총새의' 파란 의상을 단정히 몸에 걸치고, 먼 바다의 오리가 하듯이 가슴 언저리를 볼 때, 날개 치듯이 소매를 움직여 보아도, 이것도 어울리지 않도다. 물가에 밀려오는 파도처럼 살짝 벗어 던지고, 산 쪽에 뿌린 꼭두서니를 찧어, 그 염색하는 풀의 즙으로 물들인 옷을 단정히 몸에 걸치고, 먼 바다의 오리가 하듯이 가슴 언저리를 볼 때, 날개 치듯이 움직여 보았더니, 이것은 좋다. 사랑스런 아내시여, '군조처럼' 우리들이 모두 함께 가 버리면 '날아가는 새처럼' 내가 끌려서 가 버린다면, 결코 울지 않겠다고 당신은 말해도, 외로운 한 그루의 갈대처럼, 쓸쓸하게 고개를 떨어뜨리고, 당신은 울 것이지만, 그 탄식은 아침 하늘에 흐르는 짙은 안개가 되어 피어오르겠지요. '어린 풀 같은' 마누라님이시여, 사건을 이야기로 전하는 것에도 이처럼 전하고 있는 것입니다요. 이 일을요.

이에 대해, 그 부인이 큰 술잔을 들고, 남편 신의 옆에 다가가서 술잔

을 올리고, 노래하여 말하기를,

5 야찌호코노카미시여, 저의 큰 나라의 주인이시여. 당신은 남자이시기에, 순례하시는 섬의 포구마다, 순례하시는 바닷가의 포구마다 빠지는 곳 없이 어디라도 '풋풋한 풀 같은' 처를 두고 계시겠지만, 그러나 저는 여자이기에, 당신 이외에 남자는 없습니다. 당신 이외의 남편은 없습니다. 줄무늬 비단의 칸막이가 살랑살랑 흔들거리는 아래에서, 비단이불의 부드러운 아래에서, 닥나무이불이 바스락거리는 아래에서, '가랑눈같이' 싱싱하고 부드러운 저의 가슴을, '닥나무 섬유처럼' 흰 팔을 살짝 두드리고, 옥 같은 팔을 서로 베개로 하고, 다리를 길게 쭉 펴고 쉬시지요. 자아 이 술을 드시옵소서.

이렇게 노래하고, 즉시 술잔을 주고받으며 약속을 하고, 서로 목에 손을 걸고, 오늘에 이르기까지 진좌하고 계신다. 이상의 이야기를 카무가타리라 한다.

【해설】

전집 오호쿠니누시노카미는 越國(코시노쿠니)의 沼河比賣(누나카하히메)에게 구혼한다. 내용은 (구혼하는 내용은) 양자가 노래를 증답한 가요(歌物語)로 구성되어 있다. 주인공 오호쿠니누시노카미가 八千矛神(야찌호코노카미)로 바뀐 것은, 앞의 이야기와는 별계통의 것이 통합된 것으로 생각된다. 또 노래의 첫 부분이 야찌호코노카미를 객관적인 3인칭으로 노래하다가, 도중에서 1인칭으로 전환하여 주관적으로 노래하고 있는 것은, 극적인 구성을 갖는 것이라 말할 수 있다. 八島國妻枕(야시마쿠니쯔마마키)의 가사는 청혼가요의 유형으로, 繼體紀(케이타이키) 7년의 勾大兄(마가리노오호에) 황자가 春日(카스가) 황녀에게 청혼하는 노래에도 보인다.

4, 5가는 오호쿠니누시노카미의 구혼담으로, 상대는 스세리비메이다.

이 황후는 매우 질투가 심한 여자로, 이것을 견디지 못하여 이즈모에서 야마토로 떠나려는 오호쿠니누시노카미의 노래와 남편의 여행을 그만두게 하려는 황후의 노래로 구성되어 있다. 이것은 설화 형식의 질투담으로, 仁德(닌토쿠) 천황의 황후 石之日賣(이하노히메) 이야기와 동류이다. 또 이 양가는 전단의 2수와 함께 神語(카무카타리)라는 가곡명으로 야찌호코노카미의 진혼 행사에서 불린 것으로 추측된다.

집성 현세국의 왕자가 된 오호쿠니누시노카미는, 무인적 영웅신으로서의 이름 야찌호코노카미라는 이름으로, 北陸(호쿠리쿠)의 무녀 沼河比賣(누나카하히메)(命이 없다)에게 구혼한다. 구애의 말은 비유・대구・반복 등의 기교를 구사하고 있다. 동작을 주로 하는 연기의 어투이다.

야찌호코노카미의 무뚝뚝하고 자포자기적인 문장에 대한 누나카하히메의 답가다. 누나카하히메의 노래는 전후 2단으로 나누어져, 전단에서는 전가의 새를 인용하는 비유로 남자를 거부한다. 여자가 처음에 남자를 거부하는 것은 옛날의 혼속이었다.

남자의 구애 편력에 비례하여, 여자의 질투는 증가한다. 질투는 독점적인 여자의 사랑의 표시이다. 야찌호코노카미가 바람을 고압적으로 정당화하는 것에 대해, 스세리비메의 답가는 자신의 고독을 섬세하게 호소하고, 성애의 즐거움으로 남편을 잡아 두려고 술을 권하는 내용이다. 이렇게 하여 부부는 화합한다.

강담 神語歌(카무카타리우타)는 야찌호코노카미를 주인공으로 하는 청혼담을 5수의 가요로 전한 것이다. 이 카무카타리우타를 오호쿠니누시노카미와 관계지을 때 누나카하히메나 스세리비메가 도입되어 극적으로 구성된 것이다. 카무카타리우타가 본래는 궁정의 향연석에서 불린 가곡이었다는 것은 최후의 "豊御酒(토요미키)를 드세요."라는 구로 알 수 있다.

5수의 카무카타리우타는 기기가요 중에서는 특히 긴 노래로, 가사나 표현법에서도 새로운 시대의 작품이라는 것을 엿볼 수 있다. 枕詞(마쿠라코토바)에 奴婆多麻能(누바타마노)나 若草(와카쿠사)가 이용되고 있는 것도 萬葉(만요우) 시대의 것이라는 것을 시사하고 있다. 또 남신이 성장하고 외출한 후에 슬퍼할 처의 모습을 아침 이슬비에 젖은 한 그루의 축 처진 갈대에 비유한 것은, 아름다운 상징적 표현이라 할 서정적 표현이다. 이러한 표현도 이 노래의 성립이 새로움을 의미한다.

카무카타리우타에는 海人(아마) 집단의 생활이나 체험에 관계 깊은 어구가 많이 있다. 예를 들면, '해변의 새' '먼 바다의 새' '물가의 파도' '섬의 포구마다' 등이 그렇다. 또 새가 많이 노래된 것도 주목된다. 이러한 특징을 갖는 카무카타리우타는, 원래 아마 집단에서 나온 語部(카타리베)(상고시대에 조정에서 전설이나 고사를 외워 이야기하는 임무를 맡은 씨족)가, 조정의 新嘗祭(니히나메사이)(천황이 햇곡식을 천지신에게 바치고 친히 먹기도 하는 궁중제의)의 豊 明(토요노아카리)(천황이 니이나메사이 후에 군신에게 요리를 대접하는 연회) 등의 자리에서 불렀던 가요라 생각된다. 멀고먼 高志國(코시노쿠니)에 구혼하러 갔다는 것도 야마토 조정이 北陸(호쿠리쿠) 지방의 지배권을 확립한 7세기 반경의 정치정세와 유관한 것 같다.

"栲網(타쿠즈노) 같은 흰 팔"로 시작되는 10구의 관능적 묘사의 어구는 누나카하히메의 노래와 스세리비메의 노래에 공통적이다. 카무카타리우타가 오호쿠니누시노카미의 청혼가로 개작되었기에 이렇게 동일어구가 2수에 나타나게 된 것일 것이다.

신전집 오호쿠니누시노카미는, 이 이야기에서는 야찌호코노카미라는 이름으로 나타나, 먼 高志國(코시노쿠니)의 누나카하히메에게 구혼한다. 변경의 여성과의 결혼담에 의해, 이 신이 大八島國(오호야시마노쿠니)의 구석까지 지배력을 장악한 것을 이야기하는 것이다. 야찌호코노카미는 오호쿠니누시노카미를 무력적인 면에서 부르는 이름이다. 그러나 소녀 한 사람을 다루기 어려워하는 듯한 자세는, 그 호칭과 낙차가 있다. 강력한 무력을 가지면서 억압적이 아닌 것에 주의된다.(야찌호코노카미가 강력한 무력은 가지고 있지만 억압적이 아니라는 점에 주의된다.)

야찌호코노카미는 목표로 하는 누나카하히메의 집 앞에 오지만, 안으로 들어가는 것을 허락받지 못하고 새벽을 알리는 새에게 화를 내고, 새를 쳐 죽여 울지 못하게 해 달라고 부탁한다. 그런데도 그 말을 하늘을 나는 새를 사자로 하여, 문 하나 사이의 누나카하히메에게 전하도록 시키려 한다. 이것은 현실적인 의뢰가 아니라 과장을 포함한 해학적 표현이다.

야찌호코노카미의 조금도 공손하지 않은 구애의 노래에 대한 누나카하히메의 답가는 전후 두 단으로 되어, 전단에서는 남신이 새를 죽여 버리고 싶다고 말한 것을 받아, 여신은 자신을 새에 비유하여 그 새는 죽이지 말도록 응수한다. 상대의 말을 비켜 받으면서 과장적인 남신의 말에 대해 유머를 담아 반격했다. 후단에서는 다음 밤은 반드시라고 남신의 구혼을 받아들일 것을 약속한다. 관능적인 표현에 의해, 남신의 기대를 고양시키는 방법으로 되어 있다.

야찌호코노카미는 스세리비메의 심한 질투를 곤혹스러워 하며 야마토에 가겠다는 노래를 불렀다. 남신은 자신이 가 버리면 쓸쓸한 생각을 하는 것은 당신이 아닌가 하고, 과장된 표현을 사용하면서, 여신에게 화해를 설득하는 것이다. 새에 관계되는 표현들은 앞의 노래를 전승한 것이다.

앞의 야찌호코노카미의 노래에 대한 스세리비메의 답가. 자신은 여성이기 때문에 남편은 당신 이외에는 없다고 말하고, 노골적으로 동침의 뜻을 서술하고, 화해의 권유를 받아들인다. 이리하여 파탄을 피하고 두 신의 화합이 이뤄졌다. 여성과의 관계를 파탄 없이 하는 것이 오호쿠니누시노카미의 덕이다.

이상 두 조의 창화(唱和)는 본처 스세리비메에 그치지 않고, 다채로운 연애 관계를 가지는 야찌호코노카미를 이야기한다. 호색은 왕이 갖추어야 할 덕으로, 풍부한 연애 생활을 파탄 없이 유지하는 신이었기에, 오호쿠니누시노카미라고 부르기에 어울리는 것이다. 또 이상의 두 조의 가요에는 최초의 노래의 의 구를 시작으로, 전체에 연극과 같은 행동을 떠올리게 하는 표현이 많다. 그 배후에 가요극의 존재를 상정하는 설도 있지만, 중요한 것은 그 과장된 몸짓을 나타내는 표현에 있어, 과장과 해학을 간파하는 일이다.

4. 오호쿠니누시노카미의 계보

　故, 此大國主神, 娶坐胸形奧津宮神, 多紀理毘賣命, 生子, 阿遲²字以音 鉏高日子根神. 次, 妹高比賣命. 亦名, 下光比賣命. 此之阿遲鉏高日子神者, 今謂迦毛大御神者也. 大國主神, 亦, 娶神屋楯比賣命, 生子, 事代主神. 亦, 娶八島牟遲能神自牟下三字以音 之女, 鳥取神, 生子, 鳥鳴海神.訓鳴云那留 此神, 娶日名照額田毘道男伊許知邇神田下毘, 又自伊下, 至邇皆以音 生子, 國忍富神. 此神, 娶葦那陀迦神自那下三字以音 亦名八河江比賣, 生子, 速甕之多氣佐波夜遲奴美神.自多下八字以音 此神, 娶天之甕主神之女, 前玉比賣, 生子, 甕主日子神. 此神, 娶淤加美神之女, 比那良志毘賣,此神名以音 生子, 多比理岐志麻流美神此神名以音 此神, 娶比々羅木之其花麻豆美神木上三字音, 花下三字以音 之女, 活玉前玉比賣神, 生子, 美呂浪神.美呂二字以音 此神, 娶敷山主神之女, 靑沼馬沼押比賣, 生子, 布忍富鳥鳴海神. 此神, 娶若盡女神, 生子, 天日腹大科度美神.度美二字以音 此神, 娶天狹霧神之女, 遠津待根神, 生子, 遠津山岬多良斯神.

　右件, 自八島士奴美神以下, 遠津山岬帶神以前, 稱十七世神.

【훈】

　故、此の大國主神、胸形の奧津宮に坐す神、多紀理毘賣命を娶りて、生みし子は、阿遲鉏高日子根神。次に妹高比賣命。亦の名は、下光比賣命。此の阿遲鉏高日子神は、今、迦毛大御神と謂ふぞ。大國主神、亦、神屋楯比賣命を娶りて、生みし子は、事代主神。亦、八島牟遲能神の女、鳥取神を娶りて生みし子は、鳥鳴海神。此の神、日名照額田毘道男伊許知邇神を娶りて、生みし子は、国忍富神。此の神、葦那陀迦神、亦の名は

八河江比売を娶りて生みし子は、速甕之多気佐波夜遅奴美神。此の神、
天之甕主神の女、前玉比売を娶りて生みし子は、甕主日子神。此の神、
淤加美神の女、比那良志毘賣を娶りて生みし子は、多比理岐志麻流美神。
此の神、比比羅木之其花麻豆美神の女、活玉前玉比賣神を娶りて、生みし
子は、美呂浪神。此の神、敷山主神の女、靑沼馬沼押比賣を娶りて生みし
子は、布忍富鳥鳴海神。此の神、若盡女神を娶りて生みし子は、天日腹
大科度美神。此の神、天狹霧神の女、遠津待根神を娶りて生みし子は、遠
津山岬多良斯神。

　　　右の件の、八島士奴美神より以下、遠津山岬帶神より以前は、
　　　十七世の神と稱ふ。

【주】

胸形 福岡縣 宗像군에 있는 宗像 신사. 이 신사에는 沖 宮・中 宮・邊宮
가 있다. 玄海灘의 가운데에 있는 沖島는 항해자의 성지로 많은 제사
유적이 남아 있다.

阿遲鉏高日子根神 阿遲鉏는 많은 농경구의 뜻으로 농경의 신 같다. 이것
에는 뇌신의 이미지도 있다. '아지'는 많은 것이 무리를 짓는 것을 말
한다. 鉏는 농구.

高比賣命 高日子에 대응하는 누이신. 天若日子의 처가 된다. 오빠 高日子根神
에 대응하는 여신.

下光比賣命 下는 차자로, '시타'는 빛[光]이 나타나, 밝게 빛난다는 의미의
동사 '시타후'와 동원. 빛날 정도로 아름답다는 것을 이름으로 한다.

迦毛大御神 '카모'는 지명이나 씨명의 鴨. 大御神는 최고의 경칭으로, 이를

모시는 鴨씨의 강대함을 반영한다. 大和國 葛城의 鴨에 진좌하는 신.

神屋楯比賣命 神屋楯는 신전과 같은 방패라는 뜻으로, 수호하는 힘의 강함을 비유한 것 같다.

事代主神 후에 八重言代主神라는 신명으로 나온다. 代는 '무언가를 위한 것'이라는 의미. 신의 말이 전해지기 위한 신. 탁선을 하는 신이 내려앉는 물체가 된 신. 요리시로(신령이 나타날 때 머문다고 생각하는 수목이나 암석 등)의 역할을 하는 신. '코토시로'는 言知.

八島牟遲能身 八島는 많은 섬이라는 의미. 牟遲는 '무찌'와 마찬가지로 귀인을 의미한다.

鳥取神 鳥取는 새를 잡는 것. 鳥取部와 유관한 것 같다.

鳥鳴海神 새가 건너가는, 울려 퍼지는 바다를 관장하는 신. 鳴라는 훈주는 '나쿠'로 읽는 것을 방지하기 위한 것.

日名照額田毘道男伊許知邇神 日名照額田毘道男 까지는 부신으로 추정된다. 額田部와 유관할지도 모른다.

國忍富神 忍는 크다는 의미의 형용사를 의미하는 차자.

葦那陀迦神 미상.

八河江比賣 많은 강의 후미진 곳을 관장하는 여신.

速甕之多氣佐波夜遲奴美神 速는 위세 있다는 의미. 甕는 '미이카'의 전으로 뇌(雷)와 유관하다.

天之甕主身 미상.

前玉比賣 前玉는 幸魂(幸玉)로 행운이 많은 혼이라는 의미.

甕主日子神 조부 天之甕主神의 이름과 유관하다.

淤加美神 눈비를 다스리는 신으로, 용사의 형체를 한 수신.

比那良志毘賣 영력(히)으로 해면을 지배하는 여신으로 추정된다.

　　　　타 히 리 키 시 마 루 미 노 카 미
　　多比理岐志麻流美神　　미상.
　　　　히 히 라 키 노 소 노 하 나 마 즈 미 노 카 미
　　比比羅木之其花麻豆美神　'히히라키'는 호랑가시나무. 이하는 불명.
　　　　이 쿠 타 마 사 키 타 마 히 메 노 카 미
　　活玉前玉比賣神　'이쿠타마'는 싱싱한 혼.
　　　　미 로 나 미 노 카 미
　　美呂浪神　미상.
　　　　시 키 야 마 누 시 노 카 미　시 키
　　敷山主神　敷는 동사 '시쿠(초목이 우거지다)'의 연용형. 산을 다스리는 신으
　　　로 보인다.
　　　　아 오 누 마 누 오 시 히 메　우 마　　　　 우 마 시　　오 시　　오 시
　　靑沼馬沼押比賣　馬는 형용사 美의 어간. 押는 형용사 大를 나타내는 차자.
　　　　누 노 오 시 토 미 토 리 나 루 미 노 카 미
　　布忍富鳥鳴海神　미상.
　　　　와 카 쯔 쿠 시 메 노 카 미
　　若盡女神　미상.
　　　　아 메 노 히 바 라 오 호 시 나 도 미 노 카 미　시 나　토 미　　　바 람
　　天日腹大科度美神　科度美의 '시'는 風, '나'는 노(의), '도'는 處 , '미'는
　　　　　　　　　　　　　　　　　　　　　　　　　　　　　　　　토 코 로
　　　신령. 바람의 신일 것이다.
　　　　아 메 노 사 기 리 노 카 미
　　天狹霧神　안개의 신.
　　　　토 오 쯔 마 찌 네 노 카 미
　　遠津待根神　미상.
　　　　토　호 쯔 야　마 사　키 타 라 시 노 카 미　　야 마 사 키
　　遠津山岬多良斯神　山岬는 평지로 뻗어 있는 산. '타라시'는 충분히 차 있
　　　는 상태.
　　　　야 시 마 지 누 미 노 카 미　　스 사 노 오 노 미 코 토　　　　　　　　야 시 마 지 누 미 노 카 미
　　八島士奴美神　須佐之男命의 아들. 계수를 八島士奴美神부터 시작하는 것
　　　　　　　　　　오 호 쿠 니 누 시 노 카 미
　　　은, 大國主神 이후의 계보가 스사노오노미코토의 계보와 같은 줄
　　　기라는 것을 독자에게 알려 주는 것이다.
　　　　토 오 요 아 마 리 나 나 요　　　　　야　시 마　지 누　미 노 카 미　　　　　　　토 호 쯔 야 마 사 키　타　라 시 노 카 미
　　十七世　제1대 八島士奴美神부터 제15대 遠津山岬多良斯神까지만 있
　　　　　　　　　　　　　　　　　　　　　　　　토 리 나 루 미 노 카 미　　　　　　　 아 지 스 키 타 카
　　　어, 17세로 하는 것은 이상하다. 제7대 鳥鳴海神의 이복형 阿遲鉏高
　　　　히 코 네 노 카 미　　코 토 시 로 누 시 노 카 미
　　　日子根神・事代主神를 더하여 17세로 하는 설도 있으나, 특별한 언
　　　급이 없는 이상, 부자 관계 이외의 것을 수에 넣는다는 것은 생각하
　　　기 어렵다.

【해석】

　그런데 이 오호쿠니누시노카미가 무나카타의 오키쯔미야에 진좌해 계시는 신, 타키리비메노미코토를 얻어서 낳은 자식은 아지스키타카히코네노카미. 다음에 여동생 타카히메노미코토. 다른 이름은 시타테루비메노미코토. 이 아지스키타카히코네노카미는 지금은 카모노오호미카미라 한다.

　오호쿠니누시노카미가 또 카무야타테히메노미코토를 얻어서 낳은 자식은 코토시로누시노카미. 또 야시마무지노카미의 딸 토토리노카미를 얻어서 낳은 자식은 토리나루미노카미. 이 신이 히나테리누카타비찌오이코찌니노카미를 얻어서 낳은 자식은 쿠니오시토미노카미. 이 신이 아시나다카노카미, 다른 이름은 야가하에히메를 얻어서 낳은 자식은 하야미카노타케사하야지누미노카미. 이 신이 아메노미카누시노카미의 딸 사키타마히메를 얻어서 낳은 자식은 미카누시히코노카미. 이 신이 오카미노카미의 딸 히나라시비메를 얻어서 낳은 자식은 타히리키시마루미노카미. 이 신이 히히라기노소노하나마즈미노카미의 딸 이쿠타마사키타마히메노카미를 얻어서 낳은 자식은 미로나미노카미. 이 신이 시키야마누시노카미의 딸 아오누우마누오시히메를 얻어서 낳은 자식은 누노오시토미토리나루미노카미. 이 신이 와카쯔쿠시메노카미를 얻어서 낳은 자식은 아메노히하라오호시나도미노카미. 이 신이 아메노사기리노카미의 딸 토오쯔마찌네노카미를 얻어서 낳은 자식은 토오쯔야마사키타라시노카미.

　이상 야시마지누미노카미부터 토오쯔야마사키타라시노카미까지는, 17세의 신이라 한다.

【해설】

전집 오호쿠니누시노카미의 계보를 이야기하고 있다. 스사노오노미코토의 계보에 계속될 성질의 것이다. 이 계보의 최초에 北九州(키타큐우슈우)의 宗像(무나카타)씨의 제신이나 야마토 賀茂(카모)씨의 제신의 이름이 보이는 것은, 고대의 出雲(이즈모)가 양씨와 밀접한 관계였다는 것을 시사한다. 또 의미가 불명인 신명이 많아, 여기서는 후출하는 신화와 유관한 것만 주로 기술하였다.

집성 오호쿠니누시노카미 계보에 보이는 신의 이름에는, 의미 불명인 것이 많다. 옛날부터의 토속신앙의 표상에 의한 명명이라 그러할 것이다.

강담 이 계보의 최후에 '우의 八島士奴美神(야시마지누미노카미)부터'라고 되어 있다. 야시마지누미노카미는 스사노오노미코토의 후예를 설명한 계보에, 스사노오노미코토와 櫛名田比賣(쿠시나다히메)와의 사이에서 태어난 신으로 되어 있다. 이에 의하면 이곳의 오호쿠니누시노카미의 후예를 말한 계보는, 원래 스사노오노미코토의 후예를 설명한 것과 동일 계보였던 것이 분단된 것이라는 것을 알 수 있다.

　오호쿠니누시노카미의 자손으로 이야기된 신들 중에는 명의 미상인 것이 많은데, 이런 신들 중에서 특히 중요성을 가지는 것은 오호쿠니누시노카미의 아들로 되어 있는 阿遅鉏高日子根神(아지스키타카히코네노카미)와 事代主神(코토시로누시노카미)이다. 아지스키타카히코네노카미는, 天若日子(아메노와카히코)신화에 등장하는 신이고, 코토시로누시노카미는 오호쿠니누시노카미의 국가양도 신화에서 중요한 역할을 한다. 원래 아지스키타카히코네노카미는 코토시로누시노카미와 함께 야마토 葛城의 賀茂神로 믿어졌으며, 大穴牟遲神와는 무관했을 것이다. 아지스키타카히코네노카미가 수신으로서의 농경신이고, 코토시로누시노카미가 신의 계시를 관장하는 신으로 신앙되었다는 것은 전술한 대로이다.

신전집 전단에서 오호쿠니누시노카미의 다채로운 여성관계가 이야기된 것에 이어, 다른 아내와의 사이에서 얻은 자식 이름, 그리고 그 자손의 이름이 나타난다.

5. 나라의 완성

故, 大國主神, 坐出雲之御大之御前時, 自波穗, 乘天之羅摩船而, 內剝鵝皮剝, 爲衣服, 有歸來神. 爾, 雖問其名, 不答. 且, 雖問所從之諸神, 皆, 白不知. 爾, 多邇具久白言.^{自多下四字以音} 此者, 久延毘古, 必知之, 卽召久延毘古問時, 答白, 此者, 神産巢日神之御子, 少名毘古那神^{自毘下三字以音} 故爾, 白上於神産巢日御祖命者, 答告, 此者, 實我子也. 於子之中, 自我手俣久岐斯子也.^{自久下三字以音} 故, 與汝葦原色許男命爲兄弟而, 作堅其國. 故自爾, 大穴牟遲與少名毘古那二柱神, 相並作堅此國. 然後者, 其少名毘古那神者, 度于常世國也. 故, 顯白其少名毘古那神所謂久延毘古者, 於今者山田之曾富騰者也. 此神者, 足雖不行, 盡知天下之事神也.

於是, 大國主神愁而告, 吾獨何能得作此國. 孰神與吾能相作此國耶. 是時, 有光海依來之神. 其神言, 能治我前者, 吾, 能共與相作成. 若不然者, 國, 難成. 爾, 大國主神曰, 然者, 治奉之狀, 奈何, 答言, 吾者, 伊都岐奉于倭之靑垣東山上. 此者, 坐御諸山上神也.

【훈】

故、大國主神、出雲の御大の御前に坐す時に、波の穗より天の羅摩の船に乘りて、鵝の皮を內剝ぎに剝ぎて、衣服と爲て、歸り來る神有り。爾くして、其の名を問へども、答へず。且、從へる諸の神に問へども、皆、「知らず」と白しき。爾くして、たにぐくが白して言はく、「此は久延毘古、必ず知りたらむ」といふに、卽ち久延毘古を召して問ひし時に、答へて白ししく、「此は、神産巢日神の御子、少名毘古那神ぞ」とま

をしき。故爾くして、神産巣日御祖命に白し上げしかば、答へて告らしく、「此は實に我が子ぞ。子の中に、我が手俣よりくきし子ぞ。故、汝葦原色許男命と兄弟と爲りて、其の國を作り堅めむ」とのらしき。故爾より、大穴牟遲と少名毘古那と二柱の神、相並に此の國を作り堅めき。然くして後は、其の少名毘古那神は、常世國に度りき。故、其の少名毘古那神を顯し白しし所謂る久延毘古は、今には山田のそほどぞ。此の神は、足は行かねども、盡く天の下の事を知れる神ぞ。

是に、大国主神の愁へて告らししく、「吾獨りして何にか能く此の國を作ること得む。孰れの神か吾と能く此の國を相作らむ」とのらしき。是の時に、海を光して依り來る神有り。其の神の言ひしく、「能く我が前を治めば、吾、能く共與に相作り成さむ。若し然らずは、國、成ること難けむ」といひき。爾くして大國主神の曰ひしく、「然らば、治め奉る狀は、奈何に」といひしに、答へて言ひしく、「吾をば、倭の靑垣の東の山の上にいつき奉れ」といひき。此は、御諸山の上に坐す神ぞ。

【주】

大國主神 _{오호쿠니누시노카미} 별명 葦原色許男神_{아사하라시코오노카미}, 大穴牟遲神_{오호아나무지노카미}도 보여 통일되어 있지 않으나, 『出雲國風土記』_{이즈모쿠니후도키}에는 大穴牟遲神_{오호아나무지노카미}와 少名毘古那神_{스쿠나비코나노카미}는 대소의 쌍을 이룬다. 여기서도 大穴牟遲神_{오호아나무지노카미}로 하는 것이 원형일 것이다.

御大 _{미호} 『出雲國風土記』_{이즈모쿠니후도키} 島根郡_{시마네군}에 美保埼_{미호사키}라고 보인다. 시마네 반도의 동단의 곳.

天 _{아메} 신성한 의미의 미칭.

羅摩船 _{카가미노후네} '카가미'는 '가가이모'의 고명으로, 다년생의 덩굴풀. 가늘고 긴 열

매를 쪼개면 배를 닮은 모양이 된다.

^{카리}
鵝　鵝는 ^{거위}雁를 ^{기러기}가축화한 것.『^{메이기쇼}名義抄』는 '카리'로 읽는다. 통설은 ^{나방}蛾의 오사, 혹은 ^{나방}蛾을 새로 보고 '히무시'로 읽으나, 그러면 아래의 ^{카하}皮와 어울리지 않는다. ^{인덕조}仁德條에는 蛾를 ^아飛^{토투리}鳥라 했다.

^{우쯔하기　우찌}
內剝　內는 완전히, 모두를 뜻하는 '우쯔'의 차자.

^{미토모　오호쿠니누시노카미}
所從　大國主神의 종자.

^{타니구쿠}
多邇具久　계곡의 두꺼비. ^{타니}谷+^{쿠쿠}潛인가. 潛는 ^{개구리}蛙의 고명.

^{쿠에비코　쿠에비코　허수아비}
久延毘古　崩彦로 案山子-카카시의 신명. 비바람에 흐트러진 모습에 근거한다.

^{스쿠나비코나노카미　스쿠나}
少名毘古那神　小名는 형용사 '스쿠나시'의 어간으로, 적다는 의미와 작다는 의미가 있으나, 여기서는 후자. 신의 단소한 신체를 의미한다. ^{오호아나무지노카미}大穴牟遲神의 대칭. 작은 모습으로 ^{토코요노쿠니}常世國에서 온 신.

^{타나마타}
手股　손가락 사이.

^{마오시　오호쿠니누시노카미　카무무스히노카미　아게　오호쿠니누시노카미}
白　大國主神가 상기의 사정을 神産巢日神에게 아뢴 일. 上는 大國主神가 ^{스쿠나비코나노카미　카무무스히노카미　타카아마노하라}少名毘古那神를 神産巢日神가 있는 高天原에 데리고 간 것을 의미한다.

^{쿠키시　쿠쿠}
久岐斯　潛는 의식적으로 빠져나간다는 뜻. '모루'가 저절로 빠져나가는 것과는 다르다. 이곳에서는 ^{스쿠나비코나노카미}少名毘古那神의 신체의 왜소함과 한곳에 있지 못하는 성격을 보이고 있다.

^{아시하라시코오노마코토}
葦原色許男命　여기서 이 이름이 사용된 것은 ^{아시하라나카쯔쿠니}葦原中國라는 나라를 만드는 문맥이기 때문이다.

^{쯔쿠리카타메}
作　堅　앞(46쪽)의 '이 둥둥 떠다니는 나라'와 조응한다. 종래에는 '쯔쿠리카타메무'로 읽고, ^{아시하라시코오노마코토}葦原色許男命에 대한 명령으로 해석했다. 그러나 이것은 ^{아시하라시코오노마코토}葦原色許男命에 대한 호소로, ^{스쿠나비코나}少名毘古那가 나라 만들기에 같이 참가할 것이라는 의미에서 '쯔쿠리카타메루'로 읽는다.

오호아나무찌
大穴牟遲　이렇게 바꾸어 부른 것은 少名毘古那와 병칭되기 때문이다.
스쿠나비코나

토코요노쿠니
常世國　바다 저쪽에 있다고 믿어진 이상향. '요'는 원래 '연령' '수명'의 뜻
으로, '토코요'는 영생을 의미한다.

와타리
渡　바다를 건넌다는 의미.

소호도
曾富騰　허수아비를 의미하는 고명. 헤이안 이후 '소호쯔' '소우즈'라 한다.
'소호'는 '소호쯔' '소호후루'와 마찬가지로 젖은 상태를 나타내고, '도'
는 사람의 의미. 이하는 허수아비를 논의 신으로 보았던 민간신앙을
반영한다.

마헤
前　신에 경의를 표해, 직접 가리키는 것을 피하는 표현.

오사무
治　정상적인 상태로 안정시키는 것으로, 여기서는 신을 모시어 그 혼을
진정시킨다는 의미. 신령을 모시고 제사를 지내다.

나스
成　완성하다. 御諸山의 신을 제사할 것을 약속하고, 그 신의 협력으로 나
미모로야마
라 만들기를 완성한다.

히무가시노야마　아스카
東　山　飛鳥 근처를 중심으로 하는 표현. '히무카시'를 옛날에는 청음 '히
무카시'라 했다.

이쯔키　이쯔쿠
伊都岐　齊+付로, 신성한 것으로 제사한다.

미모로노야마　미모로　미무로
御諸山　御諸는 御室와 동원으로, 신이 진좌하는 장소를 말한다. 신이 내
미와야마
린다는 三輪山.

카미　미모로야마　오호모노누시노카미
神　'御諸山 위에 계시는 신'이란 大物主神.

【해석】

　그런데 오호쿠니누시노카미가 이즈모 미호의 곶에 계실 때, 파도 위를 따라, 아메노가가이모라는 덩굴 열매로 만든 배를 타고, 오리의 가죽

을 통째로 벗기고 벗겨서 옷으로 하고, 다가오는 신이 있었다. 그래서 그 이름을 물었으나 답하지 않는다. 또 오호쿠니누시노카미를 따르는 여러 신들에게 물었으나, 모두가 '모른다'고 아뢰었다. 그런데 두꺼비가 아뢰길 "이것은 쿠에비코가 틀림없이 알고 있을 것입니다."라고 말하기에, 즉시 쿠에비코를 불러서 물었을 때, 쿠에비코가 답하여 "이것은 카무무스히노카미의 아드님 스쿠나비코나노카미입니다."라고 아뢰었다.

그래서 오호쿠니누시노카미가 타카아마노하라의 카무무스히노미오야노미코토에게 아뢰고 천상으로 데리고 갔더니, 카무무스히노카미는 답하여 "이것은 틀림없는 나의 아들이다. 아들 중에 나의 손가락 사이로 빠져나간 아들이다. 이 아이는 당신 아시하라시코오노미코토와 형제가 되어 그 나라를 만들어 굳힐 것이다."라고 말씀하셨다. 그래서 이때부터 오호아나무지와 스쿠나비코나 두 주의 신은 함께 이 나라를 만들어 굳혔다. 그러한 후에 이 스쿠나비코나노카미는 토코요노쿠니로 건너갔다.

그런데 이 스쿠나비코나노카미의 정체를 밝혀 아뢴, 위에서 이야기한 쿠에비코는 지금 말하는 산에 있는 논의 허수아비다. 이 신은 발로 걷지는 않지만 천하의 일은 무엇이든 알고 있는 신이다.

그러자 오호쿠니누시노카미는 한탄하며 "나 혼자서 어떻게 해서 이 나라를 잘 만들 수 있겠는가. 어느 신이 나와 함께 이 나라를 잘 만들 것인가."라고 말씀하셨다. 이때 해면을 밝히며 다가오는 신이 있었다. 그 신이 "나를 잘 제사 지내면 내가 당신과 함께 나라를 잘 만들어 완성시키겠다. 만일 그렇게 하지 않으면 나라를 완성하는 것은 어려울 것이다."라고 말하였다. 그래서 오호쿠니누시노카미가 "그렇다면 당신을 제사 지내고 영혼을 모실 방법은 어떻게 하면 될까요."라고 물었더니, 답하여 "나를 야마토의 푸른 담처럼 둘러싸는 동쪽 산 위에 제사하고 모셔라."라고 말씀하셨다. 이는 미모로산 위에 진좌해 계시는 신이다.

【해설】

전집 이곳에서는 계통이 다른 두 개의 설화가 합해져 있다. 처음 설화는 大穴牟遲神(오호아나무지노카미)가 少名毘古那神(스쿠나비코나카미)와 함께 나라를 만드는 이야기이고, 다음 설화는 오호아나무지노카미가 야마토 三輪山(미와야마)의 大物主神(오호모노누시노카미)의 조력을 얻어 나라 만들기를 한 이야기이다. 전자는 『出雲國風土記(이즈모쿠니노후도키)』를 비롯한 많은 고전에 보이는 이즈모의 풍토색이 짙은 고전승인 것에 비해, 후자는 풍토기에는 없고 야마토의 대신사의 鎭座緣起(진좌연기)를 이야기하는 것으로 이즈모계의 大三輪(오호미와)씨의 전승에 의한 것 같다.

집성 오호아나무지노카미가 스쿠나비코나노카미의 협력을 얻어 아시하라노나카쯔쿠니의 건설에 노력하고, 그 후에 미모로카미를 제사 지내는 것으로, 신의 도움을 청하는 일을 기록하고 있다. 大國(오호쿠니)의 주인이 大和國(야마토노쿠니)의 미와노카미의 제사를 약속하고 있는 것이다.

강담 오호아나무지노카미와 협력하여 나라를 만들었다고 전하는 스쿠나비코나노카미는 난쟁이 신이었다. 카무무스히노카미의 손가락 사이로 새어나간 신으로 전해지는 것으로도, 난쟁이 신으로 여겨졌다는 것을 알 수 있다. 『伯耆風土記(호하키노후도키)』나 서기에는 스쿠나비코나노카미가 조를 심고 조의 줄기가 튕기는 힘으로 常世國(토코요노쿠니)로 건너갔다는 설화가 전해진다.

바다 저쪽에서 다가오거나, 바다 저쪽의 토코요노쿠니로 건너간 신이라는 것은 바다 쪽의 니라이카나이라는 곳에서 풍요를 가져온다는 오키나와의 곡령신앙과 상통하는 점이 있다. 이 신의 정체를 분명히 한 것이 두꺼비나 허수아비였다는 것도, 스쿠나비코노가 생산이나 농경과 유관한 신이라는 것을 시사한다. 허수아비도 옛날에는 신이 내리는 곳에 세워진 것으로, 논을 지키는 신이었다. 스쿠나비코나노카미의 협력을 얻어 나라를 만들었다는 오호아나무지노카미의 나라 건설은 농경이나 토지 개간에 관한 것으로 생각해도 좋을 것이다. 두 신의 농경생활에 관한 설화는 『播磨風土記(하리마노후도키)』에도 있다.

스쿠나비코나노카미가 떠난 뒤 오호쿠니누시노카미에게 제사를 요구했다는 三諸山神(미모로야마노카미)의 이야기는, 三輪山(미와야마)를 신체로 하는 大神(오호미와)신사의 진좌 연기이다. 三輪神(미와노카미)도 농경에 관계가 깊은, 물을 지배하는 신으로, 옛날부터 야마토에서 모시는 신이다. 서기는 미와야마의 신은 오호아나무지노카미의 幸魂(사키미타마)·奇魂(쿠시미타마)라고 전하며, 오호아나무지노카미와 같은 신으로 여겼으나 본래는 별신이었다. 또 미와야마노카미에 관한 유명한 미와야마 설화는 중권의 崇神(스진) 천황조에 있다.

신전집 오호쿠니누시노카미의 나라 만들기는 카무무스히노카미의 아들 스쿠나비코나노카미의 협력을 얻어 진행되었다. 원래 나라 만들기는 카무무스히노카미를 포함한 천신들의 명을 받은 이자나키·이자나미의 두 신에 의해 시작된 일로, 産巢日(무스히)의 에너지에 이끌려 완성으로 향하는 것이다.

스쿠나비코나노카미가 常世國(토코요노쿠니)로 건너가 버리고, 협력자를 잃은 오호쿠니누시노카미 앞에, 바다를 비추며 다가오는 신이 나타났다. 그리고 그 신을 御諸山(미모로야마)에 제사 지내는 것으로 아시하라노나카쯔쿠니를 질서 있는 신의 세계로서 완성한다. 이 나라 만들기에 야마토의 신이 관계되는 것은, 신화적 세계인 아시하라노나카쯔쿠니가, 현실의 야마토를 중심으로 하는 천황의 세계와 서로 중복되기 때문이다.

6. 오호토시노카미의 계보

　故, 其大年神, 娶神活須毘神之女, 伊怒比賣, 生子, 大國御魂神. 次, 韓神. 次, 曾富理神. 次, 白日神. 次, 聖神.^{五神} 又, 娶香用比賣,^{此神名以音} 生子, 大香山戶臣神. 次, 御年神.^{二柱} 又, 娶天知迦流美豆比賣,^{訓天如天. 亦自知下六字以音} 生子, 奧津日子神. 次, 奧津比賣命, 亦名, 大戶比賣神. 此者, 諸人以拜竈神者也. 次, 大山咋神, 亦名, 山末之大主神. 此神者, 坐近淡海國之日枝山, 亦, 坐葛野之松尾, 用鳴鏑神者也. 次, 庭津日神. 次, 阿須波神.^{此神名以音} 次, 波比岐神.^{此神名以音} 次, 香山戶臣神. 次, 羽山戶神. 次, 庭高津日神. 次, 大土神, 亦名, 土之御祖神. 九神.

　上件, 大年神之子, 自大國御魂神以下, 大土神以前, 并十六神.

　羽山戶神, 娶大氣都比賣^{下四字以音} 神, 生子, 若山咋神. 次, 若年神. 次, 妹若沙那賣神.^{自沙下三字以音} 次, 弥豆麻岐神.^{自弥下四字以音} 次, 夏高津日神, 亦名, 夏之賣神. 次, 秋毘賣神. 次, 久々年神.^{久々二字以音} 次, 久々紀若室葛根神^{久々紀三字以音}

　上件, 羽山之子以下, 若室葛根以前, 并八神.

【훈】

　故、其の大年神、神活須毘神の女、伊怒比賣を娶りて生みし子は、大國御魂神。次に、韓神。次に曾富理神。次に、白日神。次に、聖神<五はしらの神>。又、香用比賣を娶りて生みし子は、大香山戶臣神。次に、御年神<二柱>。又、天知迦流美豆比賣を娶りて生みし子は、奧津日子神。次に、奧津比賣命、亦の名は、大戶比賣神。此は、諸人が以ち拜む竈の神ぞ。次に大山咋神、亦の名は、山末之大主神。此の神は、近淡海國の

日枝山に坐し、亦、葛野の松尾に坐して、鳴鏑を用ゐる神ぞ。次に、
庭津日神。次に、阿須波神。次に、波比岐神。次に、香山戸臣神。次に、
羽山戸神。次に、庭高津日神。次に、大土神、亦の名は、土之御祖神。
九はしらの神。
　上の件の、大年神の子、大國御魂神より以下、大土神より以前は、并
せて十六はしらの神ぞ。
　羽山戸神、大氣都比賣神を娶りて、生みし子は、若山咋神。次に、
若年神。次に、妹若沙那売神。次に彌豆麻岐神。次に、夏高津日神、亦の名
は、夏之賣神。次に、秋毘賣神。次に久々年神。次に、久々紀若室葛根神。
　上の件の羽山の子より以下、若室葛根より以前は、并せて八はしら
の神ぞ。

【주】

其 其가 있는 것은 기출한 부분을 받아서 말하는 것.

大年神 역법의 신. '토시'는 연곡·곡물의 의미. 須佐之男命가 神大市比賣를 얻어서 낳았다.

神活須毘神 미상.

伊怒比賣 伊怒鄕(出雲風土記)가 있고, 伊怒神(『延喜式』神名帳, 出雲國 出雲郡)가 있다. 그것과 유관할 것이다.

大國御魂神 위대한 국토의 신령이라는 뜻. 『출운풍토기』 意宇郡에는 大國魂神가 하늘에서 내려와 식사를 했다는 기사가 보인다. 奈良市 岸田町의 야마토 신사는 동명의 신을 모신다.

韓神 표기대로 조선의 신일까. 『延喜式』 신명장에는 '宮內省三座'로

園神社와 韓神社를 들고 있다. '카라'는 조선의 국명으로 조선과 중국
을 의미한다. 이즈모계의 신은 조선과 관계가 깊다. 조선계의 도래민
족이 신앙했던 신 같다.

소호리노카미
曾富理神 '소'는 조선어 '쇠', '호리'는 촌락에 해당하여, '소호리'는 왕도를
의미한다.

시라히노카미   쯔쿠시노쿠니   시라히와케노미코토
白日神 筑紫國에 白日別命를 제사 지내는 신사가 있다. '시라히'는 밝은
태양이라는 뜻.

히지리노카미 히지리   히지리   엔기시키
聖 神 聖는 日知로 농사에 중요한 시기(曆日)를 아는 신. 『延喜式』 신명
       이즈미노쿠니 이즈미군   히지리
장에 和泉國 和泉郡 聖 신사가 있다.

카구요히메   카구   빛나다 요 유
香用比賣 香는 輝. 用는 齋의 전으로 신성을 의미하는 것으로 추정된다.

오호카구야마토오미노카미 야마토
大香山戸臣神 山戸는 산의 입구로 추정된다.

미토시노카미 오호토시노카미   와카토시노카미   연 곡   코 고 슈 우 이
御年神 大 年 神・若 年 神와 마찬가지로 年穀의 신. 『古語拾遺』에 이
                                          미   토시
신의 기록이 있다. 御는 경칭, 年는 오곡. 특히 벼 이삭을 의미한다.

아 마 노 쩨카루미즈 히 메   찌가루   미즈
天知迦流美豆比賣 知迦流는 접근하다. 美豆는 싱싱하다. '訓天如天'는
                                  아 마 노 쩨가루 미즈 히메
'天'을 '아마'로 읽게 하여 '天知迦流=美豆比賣'의 구성이라는 것을 나
타낸다.

오 쿠 쯔 히 카 미   오쿠쯔미토시   노리토 토시코히노마쯔리
奧津日子神 奧津御年(祝詞 祈年祭)는 '오쿠테의 곡물', 즉 벼를 의미하므
로 벼에 관계하는 신일 것이다.

오키쯔히메노미코토   오호헤히메노카미
奧津比賣命 부엌 신. '미코토'가 붙은 것은 이상하다. 大戸比賣神의 '헤'는
부엌을 의미한다.

오호야마쿠히노카미 쿠히   야마스에노오호누시노카미
大山咋神 咋는 신령이 내리는 말뚝으로 추정된다. 별명 '山末之大主神의
       야마스에   오호야마 쿠히   오호 야마쿠히
山末에'는 정상. '大山-咋'가 아니라, '大-山咋'의 구성.

야마스에노오호누시노카미
山末之大主神 산정의 위대한 주인으로서의 신.

찌카쯔아후미노쿠니 아후미노쿠니   시 가 켄
近 淡 海 國 近江國. 지금의 滋賀縣.

^{히에노야마} ^{히에이잔} ^{엔기시키} ^{히 에} ^{시 가 켄} ^{오호쯔시} ^{사카모토} ^{혼쬬우} ^{히 에}
日枝山 比叡山.『延喜式』의 日吉 신사. 滋賀縣 大津市 坂本 本町의 日吉 신사.

^{카즈노마쯔노오} ^{야마시로노쿠니} ^{카즈노} ^{쿄 우 토 시} ^{마 쯔 오 진 쟈} ^{하타씨}
葛野松尾 山城國 葛野. 현재의 京都市(西京都)의 松尾神社. 秦氏가 모셨다.

^{나리카부라}
鳴 鏑 위협하거나 주의를 환기시키기 위하여 쏘는 소리 나는 화살.『本朝月令』소인의『秦氏 本系帳』^{하타씨}에는 松尾大明神^{마쯔오다이묘우진}이 화살이 되어 秦氏^{하타씨}의 여성에게 남아를 낳게 했다는 기사가 있다.

^{니하쯔히노카미} ^{니하} ^즈 ^히
庭津日神 庭는 가옥 앞에 있는 농사의 작업장, 津는 '의', 日는 신령. 정원을 비추는 해신.

^{아스하노카미} ^{노리토} ^{토시고히노마쯔리}
阿須波神『祝詞』祈年祭에 의하면, 부지·택지의 신.

^{하히키노카미} ^{노리토} ^{토시고히노마쯔리} ^{아스하노카미}
波比岐神 미상.『祝詞』祈年祭도 阿須波神와 같이 등장한다.

^{카구야마토오미노카미} ^{오호카구야마토오미노카미}
香山戸臣神 앞의 大香山戸臣神와 유관할 것이다.

^{하야마토노카미} ^{하야마} ^토
羽山戸神 '하야마'는 端山로 촌락에 가까운 산, 戸는 입구. 산을 다스리는 신. 端山處^{하야마토}.

^{니하타카쯔히노카미} ^{니하쯔히노카미}
庭高津日神 앞의 庭津日神와 동류의 신. 뜰을 비추는 신.

^{오호쯔찌노카미} ^{전 지}
大土神 위대한 田地의 신이라는 의미.

^{쯔찌노미오야노카미}
土之御祖神 전지의 모신.

^{코코노하시라} ^{오쿠쯔히코노카미} ^{오쿠쯔히메노미코토}
九 神 10신인데, 奧津日子神·奧津比賣命를 1신으로 센 것 같다.

^{오 호 케 쯔 히 메 노카미}
大氣都比賣神 앞에 이자나키·이자나미가 낳은 신으로 되어 있으나, 동신인지는 불명. 먹이를 다스리는 여신.

^{와카야마쿠히노카미} ^{오호야마쿠히노카미} ^{와카} ^{오호}
若山咋神 大山咋神와 같다. 若는 大의 대응어.

^{와카토시노미카미} ^{오호토시노카미}
若年神 大年神와 같다.

^{이모와카사나메노카미} ^{사나} ^{사네}
妹若沙那賣神 沙那는 實의 교체형으로, 과실의 씨앗을 의미하는 것 같다. 妹^{이모}는 여자라는 의미. '사나메'는 早苗女^{사나메}로 모내기하는 처녀라는 설도

있다.

<ruby>彌豆麻岐神<rt>미즈마키노카미</rt></ruby> <ruby>彌豆<rt>미즈</rt></ruby>는 싱싱하다는 의미. <ruby>麻岐<rt>마키</rt></ruby>는 씨를 뿌리는 것을 의미한다.

<ruby>夏高津日神<rt>나쯔타카즈히노카미</rt></ruby> 여름에 하늘 높이 빛나는 해.

<ruby>夏之賣神<rt>나쯔노메노카미</rt></ruby> 생육의 여름을 관장하는 여신.

<ruby>秋毘賣神<rt>아키비메노카미</rt></ruby> 수확의 가을을 관장하는 여신.

<ruby>久久年神<rt>쿠쿠토시노카미</rt></ruby> 벼 줄기의 성장을 맡은 신. '쿠쿠'는 '<ruby>木木<rt>키키</rt></ruby>'의 교체형. 줄기가 반듯한 벼의 신.

<ruby>久久紀若室葛根神<rt>쿠쿠키와카무로쯔나네노카미</rt></ruby> 벼의 수확이 끝나고 <ruby>新甞祭<rt>니하나메사이</rt></ruby>를 지내기 위해 세우는 <ruby>新室<rt>니히무로</rt></ruby>를 신격화한 것 같다. <ruby>莖木<rt>쿠쿠기</rt></ruby>는 집을 짓는 재목. '와카무로'는 신축한 집. '쯔나네'는 목재를 엮어서 묶은 망.

【해석】

그런데 그 오호토시노카미가 카무이쿠스비노카미의 딸 이노히메를 얻어서 낳은 자식은 오호쿠니미타마노카미. 다음에 카라노카미, 다음에 소호리노카미. 다음에 시라히노카미. 다음에 히지리노카미(5주의 신). 또 카구요히메를 얻어서 낳은 자식은 오호카구야마토오미노카미, 다음에 미토시노카미(2주). 또 아마찌카루미즈히메를 얻어서 낳은 자식은 오쿠쯔히코노카미. 다음에 오쿠쯔히메노미코토. 다른 이름은 오호헤히메노카미. 이는 많은 사람들이 받들어 모시는 부엌 신이다.

다음에 오호야마쿠히노카미, 다른 이름은 야마스에노오호누시노카미. 이 신은 아후미노쿠니의 히에노야마에 진좌되고, 또 카즈노의 마쯔노오에 진좌되어, 우는 화살을 사용하는 신이다. 다음에 니하쯔히노카미. 다음에 아스하노카미. 다음에 하히키노카미. 다음에 카구야마토오미노카미. 다음에 하야마토노카미. 다음에 니하타카쯔히노카미. 다음에 오호쯔찌노카미, 다른 이름은 쯔찌노미오야노카미. 9주의 신.

이상의 오호토시노카미의 자식, 오호쿠니미타마노카미부터 오호쯔찌노카미까지는, 합하여 16주의 신이다.

하야마토노카미가 오호케쯔히메노카미를 얻어서 낳은 자식은, 와카야마쿠히노카미. 다음에 와카토시노카미. 다음에 여동생 와카사나메노카미. 다음에 미즈마키노카미. 다음에 나쯔타카쯔히노카미, 다른 이름은 나쯔노메노카미. 다음에 아키비메노카미. 다음에 쿠쿠토시노카미. 다음에 쿠쿠키와카무로쯔나네노카미.

이상의 하야마의 자식부터 와카무로쯔나네까지는 합하여 8주의 신이다.

【해설】

전집 스사노오노미코토와 大山津見神(오호야마쯔미노카미)의 딸 神大市比賣(카무오호이찌히메)의 사이에 태어난 大年神(오호토시노카미)의 계보를 설명하고 있다. 설화의 흐름에서 본다면 여기에 끼일 필연성은 없다. 그러나 여기에 나타나는 신에는 조선의 신이나 귀화인 秦(하타)씨가 모시는 신, 年穀(연곡)의 신, 기타 유명신사의 제신이 보여 주목된다.

집성 오호토시노카미의 계보는 오호쿠니누시노카미의 설화의 흐름에서는 필연성이 없다 하나, 그렇게 생각할 것은 아니다. 스사노오노미코토의 자손은,

1. 櫛名田比賣(쿠시나다히메)와의 사이에서 태어난 八島士奴美神(야시마지누미노카미) 이하 오호쿠니누

시노카미를 거쳐 遠津山岬帶神(토호쯔야마사키타라시노카미)까지의 17대신,

2. 神大市比賣(카무오호이찌히메)와의 사이에서 태어난 오호토시노카미 이하의 24신의 두 계통이 있다(略).

1은 나라 완성에 참여하고 계획한 토속신의 계보화이고, 2는 도래인이 봉제하는 신을 비롯한 유명신사의 제신 및 농경문화의 표상에 의한 신들을 계보화한 것이다.

강담 오호토시노카미의 후예를 이야기한 이 전승은 앞의 스사노오노미코토의 신예의 계보를 이어서 기록되어 있다. 오호토시노카미의 신예에 나타난 신 중에서 주목되는 것은 히에이 신사의 제신 大山咋神(오호야마쿠히노카미)와 松尾神社(마쯔오진자)의 제신이다. 松尾神社(마쯔오진자)는 大寶(다이호우) 원년에 秦忌寸都理(하타노이미카쯔리)에 의해 創祀(창사)된 것으로 전한다. 도래씨족인 秦(하타)씨는 전부터 씨신으로 신봉하고 있던 比睿山(히에이산)의 大山咋神(오호야마쿠히노카미)를 하타씨의 본거지인 葛野(가쯔노)의 마쯔오 신사에 모신 것 같다. 이외에 카라신·소보리신·히지리신 등도 秦(하타)씨 또는 조선계 도래인이 신앙했던 신일 것이다.

마쯔오 신사의 鳴鏑(카부라)를 依代(요리시로)로 하는 신은, 下賀茂神社(시모카모신사)의 제신과 같은 뇌신으로, 뇌신은 농경에 관계 깊은 수신으로 믿어졌다. 오호토시노카미의 신예에 농경이나 곡물, 부뚜막 등에 관한 신들이 나타나는 것은 당연하다고 말할 수 있을 것이다. 羽山戸神(하야마토노카미)부터 若室葛根神(와카무로프나네노카미)까지의 계보는 처녀가 모내기를 하고, 물을 대고, 한여름의 해가 쪼이고, 가을에는 벼가 열매를 맺어, 수확제로서의 新嘗祭(니히나메사이)를 행하기 위하여 집을 신축한다는 것까지를 이야기하였다. 系圖形(계도형)의 신화로서 흥미 깊은 점이 있다.

신전집 스사노오노미코토의 자손에는 두 계열이 있어, 節名田比賣(쿠시나다히메)와의

사이에 태어난 八鳥士奴美神(야토리지누미노카미) 이하, 오호쿠니누시노카미를 거쳐 遠津山(토호쯔야마)岬帶神(사키타라시노카미)에 이르는 계보가 있다. 여기서는 神大市比賣(카무오호이찌히메)와의 사이에서 태어난 오호토시노카미 이하 24신의 계보가 기록되어 있다.

5
오시호미미와 니니기노미코토

1. 아시하라노나카쯔쿠니의 평정
2. 2차 파견
3. 3차 파견
4. 나라 양도
5. 천손 강림
6. 사루메노키미
7. 천지신의 신혼

1. 아시하라노나카쯔쿠니의 평정

天照大御神之命以, 豊葦原之千秋長五百秋之水穗國者, 我御子, 正勝吾勝々速日天忍穗耳命之所知國, 言因賜而, 天降也. 於是, 天忍穗耳命, 於天浮橋多々志^{此三字以音} 而, 詔之, 豊葦原之千秋長五百秋之水穗國者, 伊多久佐夜藝弖^{此七字以音} 有那理,^{此二字以音, 下效此} 告而, 更還上, 請于天照大神. 爾, 高御産巣日神・天照大御神之命以, 於天安河之河原神集八百萬神集而, 思金神令思而, 詔, 此葦原中國者, 我御子之所知國, 言依所賜之國也. 故, 以爲於此國道速振荒振國神等之多在, 是, 使何神而將言趣. 爾, 思金神及八百萬神, 議白之, 天菩比神, 是可遣. 故, 遣天菩比神者, 及媚附大國主神, 至于三年不復奏.

【훈】

天照大御神の命以て、「豊葦原千秋長五百秋水穗國は、我が御子、正勝吾勝勝速日天忍穗耳命の知らさむ國ぞ」と、言因し賜ひて、天降しき。是に、天忍穗耳命、天の浮橋にたたして詔らく、「豊葦原千秋長五百秋水穗國は、いたくさやぎて有りなり」と、告らして、更に還り上りて、天照大神に請しき。爾くして、高御産巣日神・天照大御神の命以て、天の安の河の河原に、八百萬の神を神集へ集へて、思金神に思はしめて、詔ひしく、「此の葦原中國は、我が御子の知らさむ国と言依して賜へる國ぞ。故、此の国に道速振る荒振る国つ神等が多た在るを以爲ふに、是、何れの神を使はしてか言趣けむ」とのりたまひき。爾くして、思金神と八百萬の神と、議りて白ししく、「天菩比神、是遣すべし」とま

をしき。故、天菩比神を遣せば、乃ち大國主神に媚び附きて、三年に至るまで復奏さず。

【주】

命(미코토) 말씀. 명령.

豊葦原之千秋長五百秋之水穗國(토요아시하라노찌아키나가이호아키노미즈호노쿠니) 葦原中國(아시하라나카쯔쿠니)를 언제까지고 풍성한 수확이 계속되어, 싱싱한 벼 이삭이 열리는 나라라고 축복하는 호칭. '토요아시하라'는 아시하라노나카쯔쿠니를 가리킴과 동시에, 그 국토가 갖는 왕성한 생명력을 상징한다. 豊(토요)는 미칭. 千秋長五百秋(찌아키나가노이호아키)는 천 년이고 오백 년이고 벼의 수확에는 많은 시간이 소요된다는 의미. 秋(아기)는 수확의 계절. 水穗國(미즈호노쿠니)는 싱싱한 벼 이삭을 맺는 나라. 갈대가 우거진 벌판에 풍부한 수확이 영원한 나라. 벼를 주식으로 하는 고대 일본을 축복하고 기원하는 말.

正勝吾勝勝速日天忍穗耳命(마사카쯔아카쯔카찌하야히아메노오시호미미노미코토) 天照大御神(아마테라스오오호카미)가 스시노오노미코토와 誓約(우케히)하여 낳은 장남. 황계의 조상신. 正勝(마사카쯔)는 정당하게 이겼다. 吾勝(아카쯔)는 내가 이겼다. 勝速日(카찌하야히)는 신속하게 이긴 신령. 忍穗(오시호)는 풍요로운 벼 이삭. 耳(미미)는 벼의 풍요령을 지닌 신이라는 의미의 존칭. 이 신의 아들 番能邇邇藝命(호노니니기노미코토) 등의 황조신의 이름에는 벼 이삭을 의미하는 穗(호)가 공용되고 있다.

知國(시라스쿠니) 다스리는 나라. 치국.

言因(코토요사스) 위임하시다.

天浮橋(아메노우키하시) 하늘과 땅 사이에 걸린 다리. 高天原(타카마노하라)에서 지상세계로 특별한 신이 내려올 때 서는 장소로 알려져 있다. 통로는 아니다.

伊多久(이타쿠) 매우. 굉장히. 정도가 강한 것만이 아니라, 부정의 인상도 갖는 신.

^{사야기}
佐夜藝   떠들다. 소란하다.

^{오호카미}   ^{오호카미}   ^{오호미카미}
大神   제본이 大神로 한다. 大御神가 아닌 이유는 불명.

^{타카미무스히노카미}   ^{아마테라스오호미카미}   ^{타카마노하라}   ^{카무무스히노카미}
高御産巣日神   天照大御神와 더불어 高天原를 주재하는 최고신. 神産巣日神
와 대응한다.

^{아마노야스카하}   ^{타카마노하라}
天安河   高天原에 있는 천으로, 회의 장소.

^{오모히카네노카미}
思金神   예견의 신. 이 신의 사려에 따라 신들이 행동한다.

^{아시하라노나카쯔쿠니}   ^{타카마노하라}
葦原中國   高天原에 대응하는 지상의 중심국.

^{찌하야부루}   ^{이찌하야부}   ^{미찌}
道速振   동사 甚速의 연체형 '이찌하야부루'의 전. 힘차고 거칠다. 道나
^{후루}
振는 차자.

^{아라부루}
荒振   동사 '아라부'의 연체형. 거칠게 날뛰다.

^{쿠니쯔카미}
國神   지상신. 국토신.

^{고토무쿠}
言趣   말을 향하여 하게 하는 것. 즉 상대가 복속의 서약을 이쪽을 향해서
하게 하여, 복종시키는 것을 말한다. 복속하는 쪽의 능동적 행위에
의한 복종이라는 것이 중요하다.

^{아메노호히노카미}
天菩比神   아마테라스오호미카미의 둘째아들. 아마테라스오호미카미의
오른쪽 머리를 장식한 구슬이 화생한 신으로 벼의 신령.

^{코부}   ^{아메노호히노카미}   ^{이즈모노쿠니노미얏코}   ^{호쿠누시노카미}
媚   빌붙다. 天菩比神는 出雲國造의 시조에 해당하므로 大國主神에 아부
하는 것이 당연하다.

^{카에리고토마오스}
復奏   신이나 천황에 대한 보고. 복명.

【해석】

아마테라스오호미카미의 명으로 "토요아시하라노찌아키노나가이호
아키미즈호노쿠니는, 나의 아들, 마사카쯔아카쯔카찌하야히아메노오시

호미미노미코토가 통치할 나라이다."라고 위임하시고, 하늘에서 내려 보냈다. 그러자 아메노오시호미미노미코토는, 하늘의 우키하시 위에 서서 "토요아시하라노찌아키노나가이호아키미즈호노쿠니는, 아주 소란스러운 상태다."라고 말씀하시고, 다시 하늘로 돌아 올라가서, 아마테라스오호미카미에게 아뢰었다.

그러자 타카미무스히노카미・아마테라스오호미카미의 명으로, 아메노야스노카하의 강변의 들에 모든 신들을 모으고 모아, 오모히카네노카미에게 생각하게 하여 "이 아시하라노나카쯔쿠니는, 나의 아들이 통치할 나라로 위임해서 하사한 나라다. 그런데 이 나라에, 기가 드세게, 날뛰는 국신들이 많이 있는 것을 생각하면, 이것은 어느 신을 보내서 복속하는 것이 좋겠는가."라고 말씀하셨다.

이에 오모히카네노카미와 많은 신들이 상담하여 "아메노호히노카미, 이를 보냅시다."라고 아뢰었다. 그래서 아메노호히노카미를 파견했더니, 즉시 오호쿠니누시노카미에게 아첨하여, 3년이 될 때까지 복명하지 않았다.

【해설】

전집 大國主神가 건국하고 통치자가 된 葦原中國를 高天原 측이 묵인할 리 없다. 타카아마노하라의 주재자 아마테라스오호미카미는 그 나라의 통치를 아들 天之忍穗耳命에게 명한다. 그러나 하강하다 돌아왔기 때문에, 타카아마노하라에서는 상의하여 天菩比神를 교섭 특사로 보냈으나 그는 오호쿠니누시노카미에 넘어가 복명하지 않았다.

집성 아시하라노나카쯔쿠니는 大國主神^{오호쿠니누시노카미}에 의하여 만들어졌다. 그 공적으로 '위대한 나라의 주인'이라는 찬사를 듣는다. 그것은 국토의 군주를 의미하는 것이다. 그런데 타카아마노하라의 주재신 아마테라스오호미카미는 돌연, 나의 아들이야말로 아시하라노나카쯔쿠니를 영유하는 지배자라고, 이미 정해져 있는 일로 선언하고 아들을 하강시킨다. 사건은 하계가 매우 소란스러운 것 같다는 아들의 보고에서 시작된다. 그래서 타카아마노하라에는 난폭한 신의 정복이라는 새로운 정치 문제가 발생하여, 그것을 위한 특사로 天之菩卑能命^{아메노호히노미코토}가 오호쿠니누시노카미에게 파견된다.

강담 기에서는 高御産巢日神^{타카미무스히노카미}와 아마테라스오호미카미를 타카아마노하라의 최고신으로 하고 있으나, 서기의 본문은 타카미무스히노카미를 타카아마노하라의 주재신으로 하고, 또 황조 타카미무스히노카미라고 기록하였다. 타카미무스히노카미를 황조신으로 하는 서기의 본문 전승 쪽이 오래된 것으로 생각된다. 또 서기 본문에는 지상의 국토를 아시하라노나카쯔쿠니로 기록하고 있으나, 기에서는 豊葦原之千秋長五百秋之水穗國^{토요아시하라노찌아키나가이오아키노미즈호노쿠니}로 기록하여, 벼가 풍요로운 나라로 칭송하고 있다. 그리고 타카아마노하라에서 이 나라에 파견한 신들에게는 天之菩卑能命^{아메노호히노미코토}·天若日子^{아메노와카히코}·天之忍穗耳命^{아메노오시호미미노미코토}처럼 벼 이삭에 연유하는 신이 많다.

　아시하라노나카쯔쿠니에 거칠고 난폭한 국신이 많다는 것은, 타카아마노하라에서 본 아시하라노나카쯔쿠니의 상태이다. 아시하라노나카쯔쿠니의 관념은 구체적으로는 야마토에 대한 이즈모지방을 중심으로 해서 설명되어 있어, 오호쿠니누시노카미의 나라 양도에 의해 아시하라노나카쯔쿠니의 평정은 끝난다. 당연히 이 이야기의 성립 배후에는 야마토 조정의 세력이 이즈모를 중심으로 하는 山陰(산인) 지방에 침투해 가는 역사가 담겨 있다고 생각해도 좋을 것이다.

신전집 그 이상적인 모습으로 정돈되어 완성된 아시하라노나카쯔쿠니는 타카아마노하라에서 내려오는 신에 의해 영유되는 순서가 된다. 양 세계를 관통하는 질서의 원리인 아마테라스오호미카미에 의해, 그의 아들인 天之忍穗耳命(아메노오시호미미노미코토)가 정통의 통치자로 인정되었기 때문이다. 그러나 지금 아시하라노나카쯔쿠니는 거친 신들에 의해 혼란한 상태이다. 그래서 이것을 '평정시키는' 일이 필요하게 된다. 이하는 평정시키는 이야기이다. 처음에 天菩比神(아메노호히노카미)를 파견했지만, 그 신은 상대측에 붙어, 복명하지 않는 사태가 발생한다.

2. 2차 파견

是以, 高御産巣日神・天照大御神, 亦, 問諸神等, 所遣葦原中国之天菩比神, 久不復奏. 亦, 使何神之吉. 爾, 思金神答白, 可遣天津国玉神之子, 天若日子. 故爾, 以天之麻迦古弓^{自麻下三字以音}・天之波々^{此二字以音}矢賜天若日子而, 遣. 於是, 天若日子, 降到其国, 即娶大国主神之女, 下照比売, 亦, 慮獲其国, 至于八年不復奏.

故爾, 天照大御神・高御産巣日神, 亦, 問諸神等, 天若日子, 久不復奏. 又, 遣曷神以問天若日子之淹留所由. 於是, 諸神及思金神, 答白, 可遣雉, 名鳴女時, 詔之, 汝, 行, 問天若日子狀者, 汝所以使葦原中國者, 言趣和其国之荒振神等之者也. 何至于八年不復奏.

故爾, 鳴女, 自天降到, 居天若日子之門湯津楓上而, 言委曲, 如天神之詔命, 爾, 天佐具売,^{此三字以音}聞此鳥言而, 語天若日子言, 此鳥者, 其鳴音甚悪. 故, 可射殺, 云進, 即天若日子, 持天神所賜天之波士弓・天之加久矢, 射殺其雉. 爾, 其矢, 自雉胸通而, 逆射上, 逮坐天安河之河原天照大御神・高木神之御所. 是高木神者, 高御産巣日神之別名. 故, 高木神, 取其矢見者, 血, 著其矢羽. 於是, 高木神告之, 此矢者, 所賜天若日子之矢, 即示諸神等詔者, 或天若日子, 不誤命, 爲射悪神之矢之至者, 不中天若日子. 或有邪心者, 天若日子, 於此矢麻賀禮,^{此三字以音}云而, 取其矢, 自其矢穴衝返下者, 中天若日子寝朝床之高胸坂以, 死. 此還矢之本也. 亦, 其雉, 不還. 故, 於今, 諺曰雉之頓使本, 是也.

故, 天若日子之妻, 下照比売之哭声, 与風響到天. 於是, 在天, 天若日子之父天津国玉神及其妻子, 聞而, 降来, 哭悲, 及於其処作喪屋而, 河鴈爲岐佐理持,^{自岐下三字以音}鷺爲掃持, 翠鳥爲御食人, 雀爲碓女, 雉爲哭女, 如此

行定而, 日八日夜八夜以, 遊也.

此時, 阿遲志貴高日子根神$^{自阿下四}_{字以音}$ 到而, 弔天若日子之喪時, 自天降到, 天若日子之父, 亦, 其妻, 皆哭云, 我子者, 不死有祁理.$^{此二字以}_{音, 下効此}$ 我君者, 不死坐祁理, 云, 取懸手足而哭悲也. 其過所以者, 此二柱神之容姿, 甚能相似. 故是以, 過也. 於是, 阿遲志貴高日子根神, 大怒曰, 我者, 有愛友故, 弔来耳. 何吾比穢死人, 云而, 拔所御佩之十掬劍, 切伏其喪屋, 以足蹶離遣. 此者, 在美濃国藍見河之河上喪山之者也. 其, 持所切大刀名, 謂大量, 亦名, 謂神度劍.$^{度字}_{以音}$

故, 阿治志貴高日子根神者, 忿而飛去之時, 其伊呂妹高比売命, 思顯其御名. 故, 歌曰,

　　阿米那流夜　登多那婆多能　宇那賀世流　多麻能美須麻流　美須麻流爾　阿那陀麻　波夜　美多邇　布多和多良須　阿治志貴多迦比古泥能　迦徹曾.

也. 此歌者, 夷振也.

【훈】

　是を以て、高御産巣日神・天照大御神、亦、諸の神等を問ひしく、「葦原中國に遣せる天菩比神、久しく復奏さず。亦、何れの神を使はさば、吉けむ」ととひき。爾くして思金神が答へて白ししく、「天津國玉神の子、天若日子を遣すべし」とまをしき。故爾くして天のまかこ弓・天のはは矢を以て天若日子に賜ひて、遣しき。是に、天若日子、其の國に降り到りて、卽ち大國主神の女、下照比賣を娶り、亦、其の國を獲むと慮りて、八年に至るまで復奏さず。

　故爾くして天照大御神・高御産巣日神、亦、諸の神等を問ひしく、

「天若日子、久しく復奏さず。又、曷れの神を遣してか天若日子が淹しく留まれる所由を問はむ」ととひき。是に、諸の神と思金の神と、答へて白さく、「雉、名は鳴女を遣すべし」とまをす時に、詔ひしく、「汝、行きて、天若日子を問はむ狀は、『汝を葦原中國に使はせる所以は、其の國の荒振る神等を、言趣け和せとぞ。何とかも八年に至るまで復奏さぬ』ととへ」とのりたまひき。

故爾くして、鳴女、天より降り到りて、天若日子が門の湯津楓の上に居て言の委曲けきこと、天つ神の詔命の如し。爾くして、天佐具賣、此の鳥の言を聞きて、天若日子に語りて言はく、「此の鳥は、其の鳴く音甚惡し。故、射殺すべし」と、云ひ進むるに、即ち天若日子、天つ神の賜へる天のはじ弓・天のかく矢を持ちて、其の雉を射殺しき。爾くして、其の矢、雉の胸より通りて、逆まに射上がりて、天の安の河の河原に坐す天照大御神・高木神の御所に逮りき。是の高木神は、高御産巣日神の別名ぞ。故、高木神、其の矢を取りて見れば、血、其の矢の羽に著けり。是に、高木神の告らさく「此の矢は、天若日子に賜へる矢ぞ」とのらして、即ち諸の神等に示して詔はく、「或し天若日子が命を誤たず、惡しき神を射むと爲る矢の至らば、天若日子に中らずあれ。或し邪しき心有らば、天若日子、此の矢にまがれ」と、云ひて、其の矢を取りて、其の矢の穴より衝き返し下ししかば、天若日子が朝床に寢ねたる高胸坂に中りて、死にき<此れ、還り矢の本ぞ>亦、其の雉、還らず。故、今に、諺に、「雉の頓使」と曰ふ本は、是ぞ。

故、天若日子が妻、下照比賣が哭く聲、風と響きて天に到りき。是に、天に在る、天若日子が父天津國玉神と其の妻子と、聞きて、降り來て、哭き悲しびて、乃ち其處に喪屋を作りて、河鴈をきさり持と爲、鷺

を掃(ははきもち)持と爲、翠鳥(そにどり)を御食人(みけびと)と爲、雀(すずめ)を碓女(うすめ)と爲、雉(きぎし)を哭女(なきめ)と爲、如此行(かくおこな)ひ定めて、日八日(ひやうか)夜八夜(よやよもち)以て、遊(あそ)びき。

此の時(とき)に、阿遲志貴高日子根神(あぢしきたかひこねのかみ)到(いた)りて、天若日子(あめわかひこ)が喪(も)を弔(とぶら)ひし時に、天(あめ)より降(くだ)り到(いた)れる、天若日子が父(ちち)、亦(また)、其の妻(そめ)、皆(みなな)哭(い)きて云はく、「我が子は、死なず有りけり。我が君は、死なず坐(あ)しけり」と云ひて、手足(てあし)に取(と)り懸(かか)りて哭(な)き悲(かな)しびき。其の過(あやま)ちし所以(ゆゑ)は、此の二柱(ふたはしら)の神の容姿(かたち)、甚能(いとよ)く相似(あひに)たり。故是(かれここ)を以(もち)て、過(あやま)ちしぞ。是(ここ)に阿遲志貴高日子根神、大(おほ)きに怒(いか)りて曰はく、「我(あれ)は、愛(うるは)しき友に有るが故に、弔(とぶら)ひ來(き)つらくのみ。何(なに)とかも吾(あれ)を穢(きたな)し死人(にひと)に比(なそ)ふる」と、云ひて、御佩(みは)かしせる十掬(とつか)の劒(つるぎ)を拔(そ)き、其の喪屋(もや)を切り伏せ、足(あし)を以て蹶(く)ゑ離(はな)ち遣(これ)りき。此は、美濃國(みのくに)の藍見河(あゐみのかは)の河上(かはかみ)に在(あ)る喪山(もやま)ぞ。其の、持ちて切れる大刀(たち)の名は、大量(おほはかり)と謂(い)ひ、亦の名は、神度劒(かむどのつるぎ)と謂ふ。

故(かれ)、阿治志貴高日子根神(あぢしきたかひこねのかみ)は、忿(いか)りて飛(と)び去(さ)りし時に、其のいろ妹高比賣命(もたかひめのみこと)、其の御名(そみな)を顯(あら)はさむと思(おも)ひき。故、歌(うた)ひて曰はく、

6 天(あめ)なるや 弟棚機(おとたなばた)の 項(うな)がせる 玉(たま)の御統(みすまる) 御統(みすまる)に 足玉(あなだま)はやみ谷 二渡(ふたわた)らす 阿治志貴高日子根(あぢしきたかひこね)の 神(かみ)そ

此(こ)の歌(うた)は、夷振(ひなぶり)ぞ。

【주】

天津國玉神(아마쯔쿠니타마노카미) 타카아마노하라라는 세계의 국혼(國魂)의 신. 지상신과 대칭하는 신.

天若日子(아메와카히코) 천상계의 젊은 남자라는 의미. '아메노와카히코'라는 설도 있으나 '天之(아메노)'라는 표기가 1례도 없으므로, '아메와카히코'라고 읽는다. 본래는 보통명사였을 것이다. 그래서 神나 命라는 경칭이 없다.

天之麻迦古弓 (아메노마카코유미) '마'는 眞, '카코'는 輝의 '카고'와 동원. 빛난다는 의미.

天之波波矢 (아메노하하야) 날개가 넓고 큰 화살이라고 설명하고 있으나 분명하지 않다.

下照比賣 (시타테루히메) 전술한 高比賣命 (타카히메노미코토). 별명이 下光比賣命 (시타테루히메노미코토)와 같다. 별명을 소개한 것은 미녀라는 것을 인상 지우려 한 것이다. 빛난다는 의미.

曷 (이즈레) 부정칭 지시대명사. 何 (이즈레)와 동의. 어느.

雉 (키기시) 꿩의 고명. 새를 전언의 사자로 하는 예는 많으나, 왜 꿩이 선발되었는가는 의문이다.

鳴女 (나키메) 꿩의 이름이 鳴女 (나키메)인 것은 뒤에 나오는 "꿩을 哭女 (나키메)로 하다."와 관계있는지도 모른다.

湯津楓 (유쯔카쯔라) 湯津 (유쯔)는 차자로 신성하다는 의미. 楓 (카쯔라)는 낙엽고목. 단풍나무와는 다르다. 『万葉集』(만요우 슈우)에도 楓 (카쯔라)로 읽은 예가 있다.

委曲 (쯔바히라) 자세하게. 있는 대로 전부. 완전히.

音 (오토) 기는 원칙적으로 音 (오토)와 聲 (코에)로 구별한다. 상대어에서는 생물의 소리라 해도, 단순히 무의미한 음향으로 들을 때는 '오토'라 한다.

天佐具賣 (아메노사구메) 佐具賣 (사구메)는 探女 (사구리메)의 전으로, 탐정 역할을 하는 여자라는 의미. 은밀하게 물건을 찾아내는 능력을 지닌 여자. 여기서는 새소리를 듣고 길흉을 판단하였다.

惡 (아시) 不吉·不祥으로 해석하는 것이 보통이나, 마음에 들지 않는다는 뜻으로도 본다.

天之波士弓 (아메노하지유미) '하지'는 梔 (하니시)의 전으로, '하제노키(거망옻나무)'. 거망옻나무[櫨]로 만든 활. 天之麻迦古弓 (아메노마카코유미)의 별명.

天之加久矢 (아메노카쿠야) '카쿠'는 빛난다는 의미.

高木神 (타카기노카미) 앞의 활과 화살의 이름이 바뀌어 있듯이 高御産巣日神 (타카미무스히노카미)가 高木神 (타카키노카미)

로 개명되어 있다. 이것은 전후의 자료가 다르거나, 이전을 접합시킨 결과일 것이다. 높은 수목에 강림하는 신이라는 의미. 직후에 기술된 것처럼 타카미무스히노카미의 별명으로, 이후에는 이 이름으로 등장한다. 産巢日(무스히)가 생성의 영력을 의미하므로, 타카무스히노카미가 타카키노카미로 변환된 것은, 아시하라노나카쯔쿠니의 나라 만들기가 완성되고, 새로운 단계에 이른 것과 관계가 있는 듯하다.

麻賀禮(마가레) '마가루'는 禍(마가)·曲(마가루)와 동원으로, 재앙을 받는다는 의미.

穴(아나) 화살이 뚫어 놓은 구멍.

朝床(아사토코) 아침 잠자리. 아침이 되어도 자고 있는 그 잠자리. 胡床(아구라)라는 설도 있으나, '아구라'를 기는 吳床로 표기한다.

高胸坂(타카무나사카) 가슴. 누워 있을 때의 가슴을 언덕에 비유한 표현.

還矢(카헤리야) 소위 '니므롯의 화살'로, 신을 쏜 화살은 오히려 사수를 향한다 한다. 서기의 일서에는 "이것이 세상 사람이 말하는 '返矢(카헤리야)를 두려워해야 한다.'라는 말의 연원이다."라고 되어 있다. 상대방이 쏜 화살을 되돌려 쏘면 틀림없이 맞는다는 믿음.

頓使(히타쯔카히) 한번 떠난 심부름꾼이 돌아오지 않는 것. 함흥차사.

喪屋(모야) 죽은 후부터 매장할 때까지의 사이, 사체를 안치하는 건물. 殯宮(아라키노미야)의 전신.

河雁(카하카리) '천변에서 노는 오리'라는 설도 있으나, 이 문맥과는 맞지 않는다. 기러기.

岐佐理持(키사리모찌) '키사리'는 미상. 장송시에 사자의 음식물을 담은 그릇을 들고 따라가는 사람이라는 설도 있으나, 여기는 장송의 장면이 아니다. 河鴈(카하카리)와의 관계도 불명.

掃持(하하키모찌) 초상집을 쓸 비를 가지는 역할. 새의 머리에 있는 관모(冠毛)에 의한 연상.

翠鳥(소니도리) 물총새의 이명.

御食人(미케비토) '미'는 미칭. 食는 음식물. 사자를 위한 조리인.

碓女(우스메) 절구질을 하는 여자. '스즈메'로 한 것은 '우스메'와의 음적 연상에 의한 것 같다.

哭女(나키메) 큰소리로 우는 역. 조선과 중국에 같은 관습이 있었다. 새들이 장송의 역할을 맡은 것은, 동물의 춤을 반영했다는 설, 영혼의 부활을 비는 주술이라는 설이 있다. 꿩의 우는 소리가 슬퍼서 뽑힌 것일까.

日八日夜八夜(히야우카요야요) 여덟 낮 여덟 밤.

遊(아소비) 가무음곡을 올리는 것. 사자의 진혼을 목적으로 한다. 석실에 들어간 아마테라스오호미카미에 대한 天宇受賣命(아메노우즈메노미코토)의 가무음곡은 '樂'으로 표기되었는데, 이곳이 '遊'인 것은, 즐겁다는 의미를 갖는 '락'을 사용하기 어려운 장면이기 때문이다.

阿遲志貴高日子根神(아지시키타카히코네노카미) 오호쿠니누시노카미의 아들. 阿遲鋤高日子根神(아지시키타카히코네노카미)의 鋤가 志貴로 바뀐 것은 자료의 상위일 것이다. 사자 天若日子(아메와카히코)와 닮아 있어 가족들이 그가 재생한 것으로 알고 기뻐했는데, 이는 사자가 초혼제로 재생한다는 신앙을 배경으로 한다.

十掬劍(토쯔카쯔루기) 장검.

美濃(미노) 岐阜縣(키후켄).

籃見河(아이미카하) 長良川(나가라가하)의 상류.

喪山(모야마) 나가라가하 중류 지역의 산인가.

大量(오호하카리) '하'는 '인(刃)', '카리'는 刈·切·樵와 동원의 동사의 연용형 같다. 鉞(마사카리)의 '카리'도 같은 것일까.

神度劍(카무도노쯔루기) '度'는 형용사 銳의 어간의 탁음화.

^{이카리}
忿　여기에 "화내고 날아가 버리다."라고 있는 것은, 이 신이 뇌신적 성격을 가지기 때문일까.

^{이 로 모}
伊呂妹　동모매.

^{아라하스}
顯　오빠의 이름을 확실히 알리려고.

^{오토타나바타} ^{오토}　　　　　　　　　　　　　　　^에
弟棚機　弟는 '젊고 아름답다'로 兄에 대응하는 말. '타나바타'는 베틀에 앉은 여자 棚機女^{타나바타쯔메}의 약으로, 베 짜는 여자.

^{우나}
項　목에 두른다는 '우나구'에 존경의 '스'와 존속의 '리'가 접속된 형.

^{미스마루}
御統　하나로 정리된다는 의미의 統^{스마루}가 그대로 명사화된 말. 구슬을 끈으로 이어 둥글게 맺은 것.

^니
邇　'니'는 '아나니야시' '마코코니'의 '니'와 같은 간투조사. 격조사로는 보지 않는다. 한 줄의 구슬이여.

^{아나다마}　　　　^{아나다마}　　　　　^{아나다마}
足玉　통설은 穴玉로 하는데, 足玉로 하는 설이 좋다. 베 짜는 여성은 다리구슬[足玉] 손구슬[水玉]을 장신구로 하는 것이 보통이어서 "다리구슬도 손구슬도 딸랑거릴 정도로 짜고 있는 베틀"(『万葉集』2065) 등이 있다.

^{미 타 니}
美多邇　구슬의 밝게 빛나는 빛이 두 계곡을 비춘다는 의미의 아지시키타카히코네노카미. 이 형용으로 동신을 뇌신과 결부시키는 설도 있다. 장대한 뱀이나 번개빛[雷光]이 두 계곡에 걸쳐 있다는 상황을 연상하는 것으로 해석할 수도 있다.

^{히나부리}
夷振　아악료(雅樂寮)에서는 이러한 가곡을 '무슨 후리(振)' '무슨 노래(歌)'로 불렀다. 이 노래를 夷振^{히나부리}로 칭하는 것은, 서기의 일서에 이 노래와 함께 '天 離^{아마사카루} 夷^{히나}의 여자'로 시작되는 노래가 있어서이다.

【해석】

　이 때문에, 타카미무스히노카미・아마테라스오호미카미는, 다시 여러 신들에게 "아시하라노나카쯔쿠니에 보낸 아메노호히노카미는, 오랫동안 복명해 오지 않는다. 또 어느 신을 보내면 좋겠는가."라고 물었다. 그러자 오모히카네노카미가 답하여 "아마쯔쿠니타마노카미의 아들, 아메와카히코를 보내는 것이 좋을 듯합니다."라고 아뢰었다.
　그래서 아메노마카코라는 활과 아메노하하라는 화살을 아메와카히코에게 내려, 아시하라노나카쯔쿠니에 보냈다. 그러자 아메와카히코는, 그 나라에 내려가 도착하자, 즉시 오호쿠니누시노카미의 딸, 시타테루히메를 얻고, 또 그 나라를 손에 넣으려 계획하고, 8년이 될 때까지 복명하지 않았다.
　그래서 아마테라스오호미카미・타카미무스히노카미는, 다시 여러 신들에게 "아메와카히코는 오랫동안 복명해 오지 않는다. 또 어느 신을 보내, 아메와카히코가 오랫동안 아시하라나카쯔쿠니에 머물고 있는 이유를 추궁할 것인가."라고 물었다. 이에 대해, 여러 신들과 오모히카네노카미가 답하여 "꿩으로, 이름은 나키메라고 하는 자를 보내는 것이 좋을 것입니다."라고 아뢰었다.
　그래서 아마테라스오호미카미・타카미무스히노카미는 "너는 아시하라노나카쯔쿠니에 가서 아메와카히코에게 '너를 아시하라노나카쯔쿠니에 보낸 것은, 그 나라의 난폭한 신들에게 복속한다는 말을 하게 하여 귀순시키기 위해서다. 도대체 어이하여 8년이 될 때까지 복명하지 않는가.'라고 따지거라."라고 말씀하셨다.
　그래서 나키메는 하늘에서 아시하라노나카쯔쿠니에 내려가 도착하여, 아메와카히코가 사는 집의 문 앞의 신성한 계수나무 위에 앉아서, 천신의 조명대로 자세하게 빠뜨리지 않고 말을 전하였다. 그러자 아메노사구메가 그 새의 말을 듣고, 아메와카히코에게 말을 걸어 "이 새는 우는 소리가 아주 나쁘다. 그러니 쏘아 죽여 버리세요."라고 진언했더니, 아메와카히코는 즉시, 천신이 하사하신 아메노하지유미라는 활과 아메노카쿠야라는 화살을 가지고, 그 꿩을 쏘아 죽여 버렸다. 그리하여 그 화살은, 꿩의 가슴을 관통하고 거꾸로 하늘로 날아 올라가, 아메노야스노카하의 강변의 들판에 계시는 아마테라스오호미카미・타카기노카미가 있는 곳에 이르렀다. 이 타카기노카미는, 타카미무스히노카미의 다른 이름이다.

그러자 타카기노카미가 그 화살을 집어 보았더니, 피가 그 화살의 깃에 묻어 있었다. 그래서 타카기노카미는 "이 화살은 아메와카히코에게 준 화살이다."라고 말씀하시고, 즉시 여러 신들에게 보이시고 말씀하시길 "만일 아메와카히코가 명령을 어기지 않고, 나쁜 신을 쏘려고 한 화살이 여기에 도착한 것이라면, 아메와카히코에게 맞지 말거라. 만일 사심이 있다면, 아메와카히코는 이 화살에 의해 재앙을 입어라."라고 말하고, 그 화살을 집어서, 그 화살이 연 구멍을 통해 아래로 되돌려 던지셨더니, 아메와카히코가 아침이 되어도 아직 자고 있는 그 높은 가슴을 맞아 죽었다. (이것이 '되돌아온 화살'의 기원이다.) 또 그 꿩은 돌아오지 않았다. 지금의 속담에 '돌아오지 않는 꿩 사자'라고 말하는 것의 시작이 이것이다.

그런데 아메와카히코의 처, 시타데루히메의 우는 소리가 바람을 타고 울려 퍼져, 하늘까지 이르렀다. 그것을, 하늘에 있는 아메와카히코의 아버지, 아마쯔쿠니타마노카미와, 아메와카히코의 처자가 듣고, 아시하라노나카쯔쿠니에 내려와, 울며 슬퍼하며, 즉시 그곳에 빈소를 차리고,

기러기에게 음식을 나르는 역할을, 백로에게는 청소하는 역할을, 물총새에게는 사자를 위한 조리인으로 하고, 참새에게는 절구로 쌀을 찧는 여자로 하고, 꿩에게는 우는 여자로 하여, 이처럼 역할을 나누어 정하고, 여덟 낮 여덟 밤에 걸쳐, 가무음곡을 올렸다.

이때에 아지시키타카히코네노카미가 와서 아메와카히코의 죽음을 조문하였는데, 하늘에서 내려온 아메와카히코의 아버지, 또 처가, 모두 울면서 "나의 아들이 죽지 않고 있었다. 나의 남편은 죽지 않고 계셨다." 라고 말하며, 손발을 붙잡고 매달려 울며 슬퍼했다. 그렇게 착각한 것은, 이 두 신의 용모가 서로 닮아 있었기 때문이었다. 그래서 혼동하고 만 것이다.

이에 대해 아지시키타카히코네노카미는 매우 화를 내며 "나는 친한 친구이기 때문에 조문하러 온 것뿐이다. 도대체 어떤 이유로 나를 부정한 사자로 보는 것인가."라고 말하고, 허리에 차신 장검을 뽑아, 그 빈소를 베어 넘어뜨리고, 발로 차서 날려 버렸다. 이것이 미노노쿠니의 아이미라는 강의 상류에 있는 모야마라는 산이다. 그 아지시키타카히코네노카미가 빈소를 베었던 칼의 이름은 오호하카리라 하고, 다른 이름은, 카무도노쯔루기라 한다.

그리고 아지시키타카히코네노카미가 화를 내고 돌아가 버렸을 때, 그 동모의 여동생 타카히메노미코토는, 그 이름을 밝히려고 생각했다. 그래서 노래하여 말하기를,

> 6 천상의 베를 짜는 여자가 목에 두르고 계시는 끈으로 꿴 구슬, 그 연결한 구슬이여, 구멍 난 구슬이여, 그 구슬처럼, 계곡을 둘이나 비추며 건너는, 아지시키타카히코네노카미이다.

이 노래는 히나부리이다.

【해설】

전집 제2의 사자로 파견된 天若日子(아메와카히코)가 大國主神(오호쿠니누시노카미)의 딸을 처로 맞고 돌아오지 않자, 타카아마노하라에서는 그를 문책하기 위하여 꿩을 파견하였으나 오히려 사살 당한다. 그 화살이 타카아마노하라까지 날아왔기 때문에 高御産巣日神(타카미무스히노카미)가 되던져 자고 있던 아메와카히코는 그 화살에 맞아 죽고 만다. 되돌아온 화살에 맞아 본인이 죽는 이야기는 외국에도 동형의 것이 많은데, 『구약성서』 창세기에 있는 니므롯의 화살 이야기는 유명하다. 그리고 아메와카히코를 위하여 빈소를 만들고 조류들이 장송에 봉사하는 역할을 각각 분담하고 있는 곳에 高日子根神(타카히코네노카미)가 조문 왔으나 유족이 죽은 아메와카히코로 잘못 알고 오해하자, 화가 나서 빈소를 부수고 만다. 이 후반 이야기는 고대의 장례가 사자의 부활을 주도(呪禱)하는 의례라는 것을 의미한다. 新嘗日(니히나메노히)의 곡령의 부활의례를 새에 의탁하여 설화화한 것이라는 설도 있다.

집성 지금까지는 高御産巣日神(타카미무스히노카미)·天照大御神(아마테라스오호미카미)의 순서였던 것이, 여기서는 병렬 순이 바뀐다. 아마테라스오호미카미·타카미무스히노카미로 바뀐다. 이것은 다른 원 자료를 함부로 접합한 것에 의한 착란이 아니고, 최초 타카미무스히노카미·아마테라스오호미카미의 순서인 것은 원래 사자 파견의 사령자가 타카미무스히노카미였고, 아마테라스오호미카미는 곡령으로서의 기능으로 옆에 있었기 때문이다. 여기서 아마테라스오호미카미·타카미무스히노카미로 순서가 역전하는 것은 아메와카히코의 반역을 예견하고 역전시킨 것이라 말할 수 있다. 즉 반역은 최대의 정치적 사건이었기에, 이 제정(裁定)은 정치적 최고의 절대신 아마테라스오호미카미에 의해 이뤄져야 한다고 생각되었기에 아마테라스오호미카미를 앞에 위치시킨 것이다.

왜 이름을 바꾸었을까. 타카미무스히노카미는 그 이름대로 계속 생성되는 일신이다. 그렇다면 일신의 신격을 갖는 아마테라스오호미카미와 이미지가 겹친다. 그래서 별명인 高木神(타카기노카미)로 바꾼 것이다. 타카키노카미는 문자 그대로 높은 나무 신으로 신화학에서의 우주수에 해당한다. 구체적으로는 신상제 때 히모로키(깨끗한 곳을 골라 주위에 사철나무를 심어 신이 내리게 하는 곳)에 타카미무스히노카미를 강림시킨 것에서 이 신을 타카키노카미라 하게 되었다.

阿遲志貴高日子根神(아지시키타카히코네노카미)의 정체는 이하의 세 가지로 사신이라고 말할 수 있다. 첫째, '棚機(타나바타). 機織女(하타오리메)'가 소재인 점. 이 여자는 물가에 자리를 준비하고 내방하는 신을 위하여 베를 짜는 무녀로, 사신으로 여겨졌다. 둘째, 구멍 뚫린 穴玉(구슬)의 구멍과 연관되었고, 두 계곡에 걸칠 수 있었다는 것은 장대한 사신이기 때문이다. 셋째, 화가 나서 가 버리는 것은 뇌신의 표상이다. 결국 독립된 노래로서는 직녀와 통한 사신(뇌신)의 정체가 탄로되어 화내고 승천하는 신혼설화로 생각된다.

강담 하늘에서 내려온 아메와카히코는 葦原中國(아시하라나카쯔쿠니)를 지배하려는 야심을 품으나, 되돌려 쏜 화살에 맞아 죽는다. 천신을 배반하였기에 되돌려 쏜 화살[返矢]에 맞아 죽는다는 이야기는 니므롯 설화와 동형이다. 『구약성서』 창세기에 의하면, '신을 믿지 않는 니므롯은 신을 겨누고 하늘을 향해 활을 쏘아, 신이 되돌려 보낸 화살에 가슴을 맞는다.'라고 되어 있다. 이 니므롯 설화가 인도로 전해지고 또 고대 중국이나 동남아시아에도 전해져, 우리나라에 전해졌을 것으로 추정된다(金關丈夫博士說). 아시하라노나카쯔쿠니는 본래 이즈모계신으로 농경에 관계 깊은 뇌사신이며 수신이고, 동시에 검신이기도 했던 것 같다.

아메와카히코의 장의에 기러기·백로·물총새·참새·꿩 등의 조류가 활동하는 것은, 사후의 영혼이 새가 되어 하늘에 올라간다고 하는, 또는 새에 의해 피안으로 옮겨진다고 하는, 고대민족에 공통되는 신앙에 의한 것이라 한다(松本信廣博士·松村武雄博士說). 아메와카히코의 장의에 조문 온 아지시키타카히코네노카미가 사자 아메와카히코로 오해받는 이야기는 해마다 곡신이 죽고 부활한다고 하는 곡신의 죽음과 부활 신앙을 중심으로 하는 농경의례에서 유래한 것이다(土居光知·松前健博士說). "나의 자식이 죽지 않고 살아 있었다."는 이러한 곡신의 죽음과 부활 신앙의 흔적을 나타내는 것일 것이다. 이 신앙이 변형되어 아메와카히코와 모습이 닮은 신으로 阿遲志貴高日子根神를 관련시켜 등장시키게 되었을 것이다. 아메와카히코와 아지시키타카히코네노카미는 원래 별신이나, 곡물에 관계하는 이즈모계신으로서 공통성을 가지고 있었다.

<u>신전집</u> 최초에 파견한 아메노호히노카미가 상대측에 붙어 버렸기 때문에, 두 번째의 사자로 아메와카히코를 보낸다. 그러나 아메와카히코는 오호쿠니누시노카미의 사위가 되어 아시하라노나카쯔쿠니를 자기 것으로 하려고 생각하여 8년이 지나도 복명하지 않는다. 그래서 꿩 나키메를 보내어 아메와카히코의 진의를 물어보려 한다. 즉, 아시하라노나카쯔쿠니의 '평정'은 결코 간단히 이루어지는 것이 아니라, 거기에 이르기까지 수많은 장애가 있었던 것으로, 그것이 얼마나 곤란한 사업이었는가가 이야기되고 있다.

파견된 꿩, 나키메는 천신의 말을 아메와카히코에게 전했지만, 아메

와카히코는 이를 쏘아 죽인다. 꿩의 가슴을 뚫은 화살은 타카아마노하라까지 올라가는데, 타카키노카미가 이것을 지상으로 되돌려 보냈기 때문에, 그 화살에 맞아 아메와카히코는 죽어 버린다. 그 죽음은 아메와카히코가 천신에게 대해 반역심을 품은 것에 의해 초래된 재앙이라고 이야기된다.

아메와카히코가 죽었기 때문에 빈소가 만들어져, 하늘에서 내려온 친족에 의해 장례의 가무가 행해진다. 이것은 아메와카히코의 재생을 기대하는 것이 아니라 그 진혼을 목적으로 한다. 사자의 영혼은 죽음 직후에 매우 거친 영위를 발휘한다고 믿어져, 그것을 가라앉혀 진정시킬 필요가 있었다. 그 점이 아마테라스오호미카미가 석실에 숨었을 때에 행해진 天宇受賣命(아메노우주메노미코토)의 가무와는 다르다.

오호쿠니누시노카미의 아들이고 아메와카히코의 의형에 해당하는 아지시키타카히코네노카미는 죽은 아메와카히코의 조문을 왔지만, 두 사람이 매우 닮았기 때문에 하늘로부터 내려온 친족들은 아메와카히코가 살아 온 것이라고 오인한다. 아지시키타카히코네노카미는 부정한 사자로 오인된 것에 몹시 화를 내고, 그 빈소를 쓰러뜨리고 차 버린다.

아지시키타카히코네노카미는 화를 내고 이름도 밝히지 않고 날아가 버렸다. 그래서 누이인 高比賣命(타카히메노미코토)(下照比賣命)(시타테루히메노미코토)가 노래로 그 신의 이름을 나타낸다. 사자로 착각된 이 신은 오인된 채로 있어서는 안 되기 때문에, 여기서 필히 정체를 명확히 할 필요가 있었다.

3. 3차 파견

　於是, 天照大御神詔之, 亦, 遣曷神者, 吉. 爾, 思金神及諸神白之, 坐天安河々上之天石屋, 名伊都之尾羽張神, 是可遣.伊都二字以音 若亦, 非此神者, 其神之子, 建御雷之男神, 此応遣. 且, 其天尾羽張神者, 逆塞上天安河之水而, 塞道居故, 他神, 不得行. 故, 別遣天迦久神可問. 故爾, 使天迦久神問天尾羽張神之時, 答白, 恐之. 仕奉. 然, 於此道者, 僕子, 建御雷神可遣, 乃貢進. 爾, 天鳥船神副建御雷神而遣.

　是以, 此二神, 降到出雲國伊耶佐之小浜而,伊耶佐三字以音 拔十掬劍, 逆刺立于浪穗, 跌坐其劍前, 問其大國主神言, 天照大御神・高木神之命以, 問使之. 汝之宇志波祁流.此五字以音 葦原中國者, 我御子之所知國言依賜. 故, 汝心, 奈何. 爾, 答白之, 僕者, 不得白. 我子八重言代主神, 是可白. 然, 爲鳥遊・取魚而, 往御大之前, 未還來. 故爾, 遣天鳥船神, 徵來八重事代主神而, 問賜之時, 語其父大神言, 恐之. 此國者, 立奉天神之御子, 卽蹈傾其船而, 天逆手矣於青柴垣打成而隱也.訓柴云布斯

　故爾, 問其大國主神, 今, 汝子事代主神, 如此白訖. 亦, 有可白子乎. 於是亦, 白之, 亦, 我子有建御名方神. 除此者無也, 如此白之間, 其建御名方神, 千引石擎手末而來, 言, 誰來我國而, 忍々如此物言. 然, 欲爲力競. 故, 我, 先欲取其御手. 故, 令取其御手者, 卽取成立氷, 亦, 取成劍刃. 故爾, 懼而退居. 爾, 欲取其建御名方神之手, 乞歸而取者, 如取若葦搹批而投離者, 卽逃去. 故, 追往而, 迫到科野國之州羽海, 將殺時, 建御名方神白, 恐. 莫殺我. 除此地者, 不行他處. 亦, 不違我父大國主神之命. 不違八重事代主神之言. 此葦原中國者, 隨天神御子之命獻.

【훈】

　是に、天照大御神の詔ひしく、「亦、曷れの神を遣さば、吉けむ」とのりたまひき。爾くして、思金神と諸の神と白ししく、「天の安の河の河上の天の石屋に坐す、名は伊都之尾羽張神、是、遣すべし。若し亦、此の神に非ずは、其の神の子、建御雷之男神、此れ遣すべし。且、其の天尾羽張神は、逆まに天の安の河の水を塞き上げて、道を塞ぎ居るが故に、他し神は、行くこと得じ。故、別に天迦久神を遣して問ふべし」とまをしき。故爾くして、天迦久神を使はして天尾羽張神を問ひし時に、答へて白さく、「恐し。仕へ奉らむ。然れども、此の道には、僕が子、建御雷神を遣すべし」とまをして、乃ち貢進りき。爾くして、天鳥船神を建御雷神に副へて遣しき。

　是を以て、此の二はしらの神、出雲國の伊耶佐の小濱に降り到りて、十掬の劍を抜き、逆まに浪の穗に刺し立て、其の劍の前に趺み坐て、其の大國主神を問ひて言ひしく、「天照大御神・高木神の命以て、問ひに使はせり。汝が宇志波祁流葦原中國は、我が御子の知らさむ國と言依し賜ひき。故、汝が心は、奈何に」といひき。爾くして、答へて白ししく、「僕は、白すこと得ず。我が子八重言代主神、是白すべし。然れども、鳥の遊・取魚の爲に、御大之前に往きて、未だ還り来ず」とまをしき。故爾くして、天鳥船神を遣して、八重事代主神を徴し來て、問ひ賜ひし時に、其の父の大神に語りて言はく「恐し。此の國は、天つ神の御子に立て奉らむ」といひて、卽ち其の船を蹈み傾けて、天の逆手を青柴垣に打ち成して隱りき。

　故爾くして、其の大國主神を問ひしく、「今、汝が子事代主神、如

此白し訖りぬ。亦、白すべき子有りや」ととひき。是に亦、白さく、「亦、我が子に建御名方神有り。此を除きては無し」と、如此白す間に、其の建御名方神、千引の石を手末に擎げて來て、言ひしく、「誰ぞ我が國に來て、忍ぶ忍ぶ如此物言ふ。然らば、力競べを爲むと欲ふ。故、我、先づ其の御手を取らむと欲ふ」といひき。故、其の御手を取らしむれば、卽ち立氷に取り成し、亦、劍の刃に取り成しき。故爾くして、懼ぢて退き居りき。爾くして、其の建御名方神の手を取らむと欲ひて、乞ひ歸せて取れば、若葦を取るが如く、搤り批きて投げ離てば、卽ち逃げ去りき。故、追ひ往きて、科野國の州羽海に迫め到りて、殺さむとせし時に、建御名方神の白ししく、「恐し。我を殺すこと莫れ。此地を除きては、他し處に行かじ。亦、我が父大國主神の命に違はじ。八重事代主神の言に違はじ。此の葦原中國は、天つ神御子の命の隨に獻らむ」とまをしき。

【주】

아메노이하야 타카아마노하라
天石屋　高海女野原에 있다는 암굴.

이쯔노오하바리노카미　이자나기미코토　　　카구쯔찌노카미
伊都之尾羽張神　伊耶那岐命가 화신 迦具土神를 베었을 때 휘두른 칼의
　　　　　　　　이쯔노오하바리　　　　　　　　　　유쯔이하무라
　　　이름이 伊都之尾羽張로, 그 칼에 묻은 피가 湯津石村에 튀어서 생긴
　　　　　　타케미카즈찌노오노카미　　　　　아메노이하야
　　　신 속에 建御雷之男神가 있다. 직전에 "天石屋에 있습니다."라고 있
　　　　　　　　　　유쯔이하무라　　　　　　　　　　　　　　하바리
　　　는 것은, 그 湯津石村와 유관한 것인가. 羽張는 칼끝이 날카롭게 젖
　　　혀진 것.

타케미카즈찌노오노카미
建御雷之男神　뇌신. 검신. 부자가 검신의 속성을 갖추고 있다. 후에
　　타케미카즈찌노카미
　　建御雷神로 나온다.

아메노오하바리노카미
天尾羽張神　伊都之尾羽張神의 별명. '이쯔노'는 미칭.

세키
塞　강물을 막아서 지나가지 못하게 하고 있다. 물을 댐에 담아 두고 있는 상태. 이 물은 도검 제작에 사용한다. 달군 쇠를 강하게 하기 위하여 물에 넣어 벼르는 것과 유관하다.

아메노카쿠노카미　　카　쿠
天迦久神　迦久는 船頭를 의미하는 水手와 유관하다는 설이 있다. 강의 물을 막아 거슬러 올리는 방법으로, 강물을 막은 길을 통과해야 하는 사자로 지명한 이유가 거기에 있다.

아메노토리후네노카미
天鳥船神　새는 천공이나 해상에도 갈 수 있어, 鳥를 수식한 것이다. 상대의 배는 번개와 밀접한 관계였다. 번개는 배를 타고 천공과 지상을 왕래한나는 사고가 있다. 『靈異記』상・3화에도, 지상에 떨어진 번개가 녹나무[楠] 배를 타고 승천했다는 이야기가 있다. 建御雷之男神에게 토리후네노카미
鳥船神를 딸려 보낸 것도 그런 신앙의 반영이다.

이자사　　　　이타사　　　이사사　　　　　이즈모노후도키　이즈모군
伊耶佐　서기에는 五十田狹・五十狹々가 있고, 『出雲風土記』出雲郡조에
이나사　　　　　　　　　　　　　　　이즈모다이샤　　　　시마네켄
는 伊奈佐가 보여, 어형이 복잡하다. 出雲大社의 서쪽 해안. 島根縣
히카하군　　이나사하마
簸川郡의 稻佐浜.

사카시마
逆　칼끝을 위로 하고 칼자루를 파도 위에 꽂아 세우는 것.

아구미
跌　발을 개고 앉다. 검신이기 때문에 검의 끝에 모습을 나타냈다.

소노　　아시하라노나카쯔쿠니
其　葦原中國를 뜻함.

우시하케루　　우시하쿠　우시　하쿠
宇志波祁流　主着는 主+着로, 그것의 주인으로서 몸에 걸친다는 의미. 여기서는 오호쿠니누시노카미가 지상세계의 제 영역을 영유하는 것을 말한다.

시루　　　　　　　　　　　　　　　　　　　　　　　우시하쿠
知　고도의 정치적 종교적 지배를 나타내며, 主着와는 구별된다.

야헤코토시로누시노카미　　　　　　　　　　　　　　　　　　　　　　　야　헤
八重言代主神　어떤 사항을 미리 계시하는 신. 탁선신. 八重는 계속되는 번영을 의미한다. 오호쿠니누시노카미가 답하지 못한 것은, 코토시

로누시노카미가 신탁을 전하는 역을 담당하는 신으로, 그가 하는 말이 결정적이기 때문이다. 코토시로누시노카미가 여기서 ^{코토}글로 변한 것은 언어의 작용이 중시된 발언 때문이었다.

^{토리노아소비}
鳥遊 활로 새를 잡는 오락. 매사냥. ^{아소비}遊는 비일상의 세계에 들어가 심신을 해방하는 행위를 가리킨다.

^{스나토리}
魚取 낚시, 또는 물새 등을 이용하여 물고기를 잡는 오락. '스'는 ^{이소}磯의 교체형 磯의 전, '^{이스}나'는 ^나魚, '토리'는 '잡다'를 의미하는 것 같다.

^{미호노사키} ^{미호노사키} ^{시 마 네 켄}
御大前 美保岬. 島根縣 八束郡 美保關町.

^{후네} ^{코토시로누시노카미}
船 事代主神는 배를 타고 나갔다가, 다시 배를 타고 돌아왔다. 이 배를 ^{아메노토리후네노카미}天鳥船神로 보는 설도 있으나 맞지 않는다.

^{아메노사카테}
天逆手 보통과 반대로 박수치는 방법으로 주술적인 동작. 보통은 좌우의 손바닥을 합치는데, 이것은 손등을 합치는 것일까. 그 방법은 확실하지 않다.

^{아오후시카키} ^시
靑柴垣 柴를 '후시'로 읽으라는 훈주는 '시바'로 읽히는 것을 방지하기 위한 것. ^{후시카키}柴垣는 고대의 고기잡이[漁法]에 사용하는 장치의 하나로, 수중에 관목을 치고, 입구에서 고기를 유인하여 잡는 것이라는 설이 있다. '시바카키'는 단순히 관목을 엮은 울타리를 의미한다. 파란 잎이 달린 나무로 만든 울타리. 신이 강림하는 곳. ^{미 호 진 쟈}美保神社는 지금도 ^{코토시로누시노카미}事代主神를 모시는 ^{아오후시카키}靑柴垣의 ^{신 사}神事를 행한다.

^{우찌나스} ^{아메노사카테} ^{아오후시카키}
打成 天逆手를 쳐서, 배를 靑柴垣로 바꾸는 것.

^{카쿠리} ^{코토시로누시노카미}
隱 파란 울타리 안에 숨었다는 뜻. 事代主神의 복종과 은퇴는 이즈모의 종교적 지배를 천신의 자손에게 양보하고 복종한 것을 의미한다.

^{타케미나카타노카미} ^{큐 우 지 혼 키} ^{스 와 다 이 샤} ^{엔기시키}
建御名方神 『舊事本紀』에는 諏訪大社의 제신으로 되어 있고, 『延喜式』 신명장에는 ^{시나노쿠니}信濃國 ^{스 와 군}諏訪郡에 ^{미 나 카 타 미}南方刀美신사가 있다. ^{타케}建는 용맹의 의

미. 御名方는 水+나(의)+方로, 스와 호반을 가리키는 것 같다. 전기한 오호쿠니누시노카미의 계보에 보이지 않는 이유는 불명이다.

千引 (찌비키) 천 명이 들어야 할 만한 큰 바위.

手末 (타나스에) 손의 끝. '나'는 '노'와 동의의 소유격조사.

忍忍 (시노부시노부) 소곤소곤 이야기하는 것.

力競 (찌카라쿠라베) 완력을 겨루는 것.

御手 (미테) 단순히 손이 아닌 어수로 말한 것은 무의식적으로 천신의 권위를 인정한 것일 것이다.

立氷 (타찌히) 우뚝 선 얼음기둥. 잡으니, 얼음기둥 칼날로 변했다. 도검신을 상징하는 수술. 고드름을 의미하는 垂氷(타루히)에 대한 말.

取 (토루) 建御名方神(타케미나카타노카미)의 손을 잡아 얼음기둥[立氷]으로 변화시킨 것.

乞歸 (코히카헤시) 상대가 어떤 행동을 하고 싶다고 소망하는 것.

若葦 (와카아시) 어린 갈대 잎처럼 가볍게 잡아 비트는 것.

搤批 (토리히다키) 搤(토리)는 '착(捉)'과 같은 의미. 비(批)의 자의는 '치다'이나 문맥에 맞지 않는다. 눌러 으깬다는 의미로 보고, '히타쿠'로 읽는다.

科野國 (시나노쿠니) 信農國(시나노쿠니). 諏訪湖(스와호).

此地 (코코) 科野國(시나노쿠니)의 州羽(스하)를 가리킨다.

州羽 (스하) 스와. 스와 대사는 상사(上社)와 하사로 나뉘고, 다시 상사는 본궁과 전궁으로 나누어진다. 본궁에는 建御名方神(타케미나카타노카미), 전궁에는 妃神八坂刀賣神(히메카미야사카토메노카미)를 모신다. 하사는 춘추의 2궁으로 되어 있다.

命 (미코토) 말씀. 아버지에게는 命, 事代主神(코토시로누시노카미)에게는 言(코토)로 구별했다.

天神御子 (아마쯔카미미코) 천신의 혈통을 계승한 자가 지상의 일에 관여할 때 사용되는 말. 천신을 부모로 하는 신.

隨 (마니마니) 뜻대로. 建御名方神(타케미나카타노카미)의 복종은 出雲(이즈모)의 무력적(정치적) 지배력을 천신

에게 양도하고 복종했다는 것을 의미한다.

【해석】

그래서 아마테라스오오호미카미는 "또, 어느 신을 보내면 좋겠는가."라고 말씀하셨다. 이에 대해, 오모히카네노카미와 여러 신들이 "아메노야스노카하의 상류의 아메노이하야에 계시는, 이름은 이쯔노오하바리노카미라는 자, 이를 보내는 것이 좋겠습니다. 만일 또 이 신이 아니라면, 그 신의 아들 타케미카즈찌노오노카미, 이를 보내는 것이 좋을 것입니다. 또 그 아메노오하바리노카미는, 아메노야스노카하의 물을 거꾸로 막아 올려서 길을 막고 있기 때문에, 다른 신은 그곳에 갈 수가 없습니다. 그러니까 특별히 아메노카쿠노카미를 보내서, 갈 것인가 어쩔 것인가를 물어보는 것이 좋을 것입니다."라고 아뢰었다.

그래서 아메노카쿠노카미를 보내, 아메노오하바리노카미에게 물었더니 답하여 "황송한 일입니다. 받들어 모시겠습니다. 그러나 이 사자의 임무에는, 저의 자식, 타케미카즈찌노카미를 보내는 것이 좋겠습니다."라고 아뢰고, 즉시 타케미카즈찌노카미를 바쳤다. 그래서 아메노토리후네노카미를 타케미카즈찌노카미에 딸려서 아시하라나카쯔쿠니에 파견했다.

이리하여 이 두 주의 신은, 이즈모노쿠니의 이자사의 오바마에 내려가서, 토쯔카쯔루기를 뽑아, 파도 위에 거꾸로 꽂아 세우고, 그 검의 맨 끝에 발을 개고 앉아서, 아시하라나카쯔쿠니의 오호쿠니누시노카미에게 물으며 "아마테라스오오호미카미·타카기노카미의 명으로, 당신에게 묻게 하기 위해 우리를 보냈다. 네가 영유하는 아시하라노나카쯔쿠니는,

나의 아들이 다스릴 나라라고 위임하셨다. 그런데 당신의 의향은 어떠한가."라고 말했다.

이에 대하여 오호쿠니누시노카미는 답하여 "나로서는 말씀드릴 수가 없습니다. 나의 아들 야헤코토시로누시노카미가 답할 것입니다. 그런데 새 사냥, 고기잡이를 하러 미호곶에 가서, 아직 돌아오지 않았습니다."라고 아뢰었다. 그래서 아메노토리후네노카미를 보내서, 야헤코토시로누시노카미를 불러와서 물으셨더니, 야헤코토시로누시노카미는 그의 아버지 오호카미에게 말하길 "황송한 일입니다. 이 나라는, 천신의 아들에게 바칩시다."라고 말하고, 즉시 타고 온 배를 밟아 엎고, 아마노사카테라는 주술의 박수를 쳐서 그 배를 새파란 섶나무 울타리로 변하게 하고 숨었다.

그런데 그렇게 하여, 타케미카즈찌노카미는 오호쿠니누시노카미에게 "지금 당신의 자식 코토시로누시노카미는, 이렇게 아뢰었다. 또 달리 말할 만한 자식이 있는가."라고 물었다. 그러자 오호쿠니누시노카미는 또 "또 한 사람, 나의 아들로 타케미나카타노카미가 있습니다. 이 아들을 제외하고는 달리 없습니다."라고 아뢰었다.

이렇게 말하고 있는 사이에, 그 타케미나카타노카미가, 천 명이 끌어야 겨우 끌 수 있는 거대한 바위를 손끝으로 치켜들고 와서 "누구냐, 우리나라에 와서 이렇게 소근소근 이야기하고 있는 녀석은. 그렇다면, 힘겨루기를 하려고 생각한다. 그래서 내가 먼저 그쪽의 어수를 잡으려고 생각한다."라고 말하였다. 그래서 타케미카즈찌노카미가 그 어수를 잡게 하였을 때, 즉시 손을 얼음기둥으로 변화시키고, 또 칼의 날로 바꾸었다. 그러자 타케미나카타노카미는 두려워 뒤로 물러섰다. 그리하여 이번에는 타케미카즈찌노카미가 타케미나카타노카미의 손을 잡으려 생각하고, 요구하여 받아 손을 잡았을 때, 어린 갈대를 뜯듯이 간단히 비틀어 눌러 부수어 내던져 버렸기 때문에, 타케미나카타노카미는 즉시 도망쳐 달아났다.

그러자 타케미카즈찌노카미는 쫓아가서, 시나노노쿠니의 스하호까지 뒤쫓아 가서 죽이려 했을 때, 타케미나카타노카미는 "황송한 일입니다. 저를 죽이지 말아 주세요. 이 장소 이외, 다른 곳에는 가지 않겠습니다. 또 저의 아버지 오호쿠니누시노카미의 말씀을 어기지 않겠습니다. 야헤코토시로누시노카미의 말을 어기지 않겠습니다. 이 아시하라노나카쯔쿠니는, 천신인 어자의 말씀대로 바치겠습니다."라고 아뢰었다.

【해설】

전집 세 번째 사자로 建御雷神(타케미카즈찌노카미)가 파견된다. 처음에 사자로 뽑힌 伊都之尾羽張神(이쯔노오하바리노카미)가 자기의 아들을 추천했기 때문인데, 이것은 천손 강림의 이야기와 마찬가지로 강림하는 신은 신생의 젊은 아들 신이 적합하다는 종교 관념의 표출로 생각된다. 서기는 이 사자에 經津主神(후쯔누시노카미)를 주로 하고 타케미카즈찌노카미를 종으로 하였다. 기가 타케미카즈찌노카미를 중시한 것은 이 신을 씨신(鹿島神宮(카지마진구우). 春日神社(카스가진쟈))으로 숭경하는 中臣(나카토미)씨의 전승에 의한 것이라고 생각된다.

타케미카즈찌노카미와 天鳥船神(아메노토리후네노카미)가 伊耶佐(이자사)의 小濱(오하마)에서 大國主神(오호쿠니시노카미)와 그 아들 事代主神(코토시로누시노카미)와 나라 양도의 담판을 벌인 결과, 코토시로누시노카미는 수락하고 푸른 나무 울타리 안으로 은퇴한다. 코토시로누시노카미의 은퇴 장면은 신비적이고 종교적인 의례를 시사한다.

타케미카즈찌노카미는 오호쿠니누시노카미의 또 다른 아들 建御名方神(타케미나카타노카미)

에게도 나라 양도를 강요하여, 결국은 양웅의 호쾌한 힘겨루기가 된다. 그 결과 타케미나카타노카미는 패하여 이즈모에서 科野國(시나노쿠니)로 패주했으나, 타케미카즈찌노카미는 그곳까지 추적하여 그를 귀순시킨다. 이 설화의 배경으로, 천손계와 이즈모계 사이에 어떤 항쟁이 있었는가는 불분명하다.

집성 세 번째로 타케미카즈찌노카미가 파견된다. 사자로 정해진 伊都之尾羽張神(이쯔노오하바리노카미)는 아들 타케미카즈찌노카미를 추천한다. 타케미카즈찌노카미는 천상계의 鳥船神(토리후네노카미)를 데리고 파견된다.『維摩經(유마경)』에 병을 위문하기 위하여 부처가 열 사람의 사자를 차례차례로 파견하는 이야기가 있는데 반복되는 이야기체가 유사하다.

강담 天菩比神(아메노호히노카미)에 이어 天若日子(아메노와카히코)를 葦原中國(아시하라노나카쯔쿠니)에 파견했으나 성공하지 못했기에 최후로 타케미카즈찌노카미를 교섭하러 보냈다. 이 신의 아버지인 天尾羽張神(아메노오하바리노카미)는 검의 신령이다. 타케미카즈찌노카미도 "장검을 뽑아서 파도 위에 거꾸로 세우고, 그 칼의 끝에 발을 개고 앉아서"라고 되어 있는 것으로, 검의 신령인 것이 확실하다. 검의 위력, 즉 무력을 배경으로 하여 오호쿠니누시노카미에게 나라 양도를 강요하는데 타케미카즈찌노카미는 鹿島神宮(카지마진구우)의 제신으로, 中臣(나카토미)씨의 존숭을 받았다. 따라서 타케미카즈찌노카미가 활약하는 이야기의 배후에는 야마토조정에 있어서의 나카토미씨의 세력이 관계된 것으로 생각된다.

그런데 事代主神(코토시로누시노카미)는 원래는 이즈모의 신이 아니라 탁선의 신으로 야마토에 모셔졌고, 궁정 안에도 모셔졌다. 大國主神(오호쿠니누시노카미)가 대답을 못하고 코토시로누시노카미가 대답한 것은 고대 군주의 주적 종교적 지배력을 대표하는 신이 코토시로누시노카미였기 때문이라고 설명했다(倉野憲司).

建御雷神・建御名方神의 힘겨루기 이야기는, (약) 참으로 극적으로 표현되어 재미있다. 그러나 타케미나카타노카미의 이야기는 서기에는 없고 기의 大國主神의 계보에도 타케미나카타노카미의 이름은 없다. 이것으로 보면 타케미나카타노카미 이야기는 후에 추가된 것이라고 생각된다.

두 신의 힘겨루기 이야기의 원형에 대하여, 松前建 박사는 州羽大社에 전해지는 神事의 씨름(풍작을 예축하고, 또는 점치기 위한 신사 의례)이 모태를 이루었을 것이라고 말했다. 이 신사의 씨름 기원으로 이야기된 스와의 전승이 중앙신화에 취해질 때 建御名方는 패자가 되고, 中臣씨의 씨신인 타케미카즈찌노카미가 승자로 된 것으로 추정된다.

신전집 세 번째 사자로 伊都之尾羽張神, 또는 그 아들 타케미카즈찌노카미 어느 쪽이든 적당하다는 것이다. 그러나 오하바리노카미가 타케미카즈찌노카미를 추천했기 때문에 타케미카즈찌노카미가 天鳥船神와 같이 파견된다. 오하바리노카미의 친자가 뽑힌 것은, 두 신 모두 무력을 상징하는 도검신이기 때문이지만, 建御雷之男神는 도검신인 동시에 뇌전신이어서 하늘에서 지상으로 하강하는 신으로서는 잘 어울린다고 생각된다.

타케미카즈찌노카미와 天鳥船神는 出雲國의 이자사의 오하마로 내려와 오호쿠니누시노카미에게 나라의 양도를 요구한다. 이에 대해 오호쿠니누시노카미는 자기는 대답하지 않고 아들 코토시로누시노카미에게 대답하게 한다. 코토시로누시노카미는 수락의 말을 한 뒤 푸른 울타리 속으로 은퇴한다. 코토시로누시노카미는 신탁을 전하는 신이어서 나라 양도 수락의 결정적인 말은, 이 신에게 위임할 수밖에 없었다. 그렇게 복속의 말을 올리는 코토무케(복속 시키는 것)에 의해 나라 양도가 끝난다.

코토시로누시노카미한테서 수락의 말을 받아 낸 타케미카즈찌노카미는 이번에는 오호쿠니누시노카미의 다른 아들 타케미나카타노카미와 힘겨루기를 전개한다. 타케미카즈찌노카미의 영위와 괴력에 진 타케미나카타노카미는 科野國(시나노쿠니)의 諏訪湖(스와코)까지 도망가지만, 타케미카즈찌노카미는 이를 추격하여, 나라 양도의 서약을 받는다. 여기에 묘사되어 있는 것은 高天原(타카아마노하라) 측이 무력적으로도 오호쿠니누시노카미 측을 압도한다는 것이다.

4. 나라 양도

故, 更且還來, 問其大國主神, 汝子等, 事代主神・建御名方神二神者, 隨天神御子之命勿違白訖. 故, 汝心, 奈何. 爾, 答白之, 僕子等二神隨白, 僕之, 不違. 此葦原中國者, 隨命既獻也. 唯僕住所者, 如天神御子之天津日繼所知之登陀流_{此三字以音. 下效此}天之御巢而, 於底津石根宮柱布斗斯理,_{此四字以音} 於高天原氷木多迦斯理_{多藝斯理四字以音}而, 治賜者, 僕者, 於百不足八十坰手隱而侍. 亦, 僕子等百八十神者, 卽八重事代主神, 爲神之御尾前而仕奉者, 違神者非也, 如此之白而, 於出雲國之多藝志之小浜, 造天之御舍_{多藝志三字以音}而, 水戶神之孫櫛八玉神爲膳夫, 獻天御饗之時, 禱白而, 櫛八玉神, 化鵜, 入海底, 咋出底之波邇_{此二字以音}作天八十毘良迦_{此三字以音}而, 鎌海布之柄作燧臼, 以海蓴之柄作燧杵而, 鑽出火云,

　　是, 我所燧火者, 於高天原者, 神産巢日御祖命之, 登陀流天之新巢之凝烟_{訓凝烟云州須}之, 八拳垂麻弖燒擧,_{麻弖二字以音}地下者, 於底津石根燒凝而, 栲繩之千尋繩打延, 爲釣海人之, 口大之尾翼鱸_{訓鱸云須受岐}佐和佐和邇_{此五字以音}控依騰而, 打竹之登遠々登遠々邇,_{此七字以音}獻天之眞魚咋也.

故, 建御雷神, 返參上, 復奏言向和平葦原中國之狀.

【훈】

故, 更に且還り來て, 其の大國主神を問ひしく, 「汝が子等, 事代主神・建御名方神の二はしらの神は, 天つ神の御子の命の隨に違ふこと勿けむと白し訖りぬ。故, 汝が心は奈何に」ととひき。爾くして答へて白ししく, 「僕が子等二はしらの神が白す隨に, 僕は, 違はじ。此の葦原

中國は、命の隨に旣に獻らむ。唯に僕が住所のみは、天つ神御子の
天津日繼知らすとだる天の御巢の如くして、底津石根に宮柱ふとしり、
高天原に氷木たかしりて、治め賜はば、僕は、百足らず八十坰手に隱りて
侍らむ。亦、僕が子等百八十の神は、卽ち八重事代主神、神の御尾前と爲
て仕へ奉らば、違ふ神は非じ」と、如此白して、出雲國の多藝志の小浜
に、天の御舍を造りて、水戶神の孫櫛八玉神を膳夫と爲て、天の御饗を
獻りし時に、禱き白して、櫛八玉神、鵜と化り、海の底に入り、底のは
にを咋ひ出だし、天の八十びらかを作りて、海布の柄を鎌りて、燧臼を
作り、海蓴の柄を以て燧杵を作りて、火を鑽り出だして云はく、
　是の、我が燧れる火は、高天原には、神產巢日御祖命の、とだる天の新巢
　の凝烟の、八拳垂るまで燒き擧げ、地の下は、底津石根に燒き凝らして、
　栲繩の千尋繩打ち延へ、釣爲る海人が、口大の尾翼鱸、さわさわに控き依
　せ騰げて、打竹のとををとををに天の眞魚咋を獻る。
故、建御雷神、返り參ゐ上り、葦原中國を言向け和し平げつる狀を
復奏しき。

【주】

僕 (야쯔카레) 원문에 '僕之'라고 있는데, '之'는 '者'와 동의로 사용되는 일이 있으므로, '야쯔카레하'로 읽는다.

旣 (스데니) 완전히. 전부.

住所 (스미카) 여기서 말하는 大國主神(오호쿠니누시노카미)를 위한 住所(스미카)는 지금까지 소위 杵築大社(키즈키다이샤) (出雲大社(이즈모타이샤))의 기원을 이야기하는 것으로 이해해 왔으나, 기의 어느 곳에도 그것을 확인시켜 줄 기술은 없다. 기 그 자체를 읽는다면 "그것

이 현실의 어디에 있는가를 기는 말하지 않았다."라고 말할 수밖에 없다.

<ruby>天津日繼<rt>아마쯔히쯔기</rt></ruby> <ruby>日繼<rt>히쯔기</rt></ruby>는 태양의 아들로서의 혈통을 계승한 것을 나타낸다. 황통의 정통성을 확인하는 말.

<ruby>登陀流<rt>토다루</rt></ruby> 十+足로, 충분히 차 있다는 것. 기전은 <ruby>富足<rt>토다루</rt></ruby>라 했으나 상대의 용자법상 성립하기 어렵다.

<ruby>天御巢<rt>아메노미소</rt></ruby> '아메'는 미칭. '소'는 주거. 궁전을 뜻한다.

<ruby>布斗斯理<rt>후토시리</rt></ruby> 굵은 기둥을 튼튼히 세우다. 궁전을 지을 때의 전형적 표현.

<ruby>氷木<rt>히기</rt></ruby> 지붕 양단의 나무가 교차하여 용마루 위로 솟아난 부분.

<ruby>多迦斯理<rt>타카시리</rt></ruby> 궁전 등을 훌륭하게 세우는 것. <ruby>千木<rt>찌기</rt></ruby>를 높이 세우는 것.

<ruby>治<rt>오사메</rt></ruby> 모든 형식을 갖추고, 모든 것이 놓일 곳에 놓인 상태.

<ruby>百足<rt>모모타라즈</rt></ruby> 80, 50 등에 걸리는 <ruby>枕詞<rt>마쿠라코토바</rt></ruby>. 100이 되지 않는다는 의미.

<ruby>八十坰手<rt>야소쿠마데</rt></ruby> <ruby>八十<rt>야소</rt></ruby>는 다수. <ruby>坰<rt>쿠마</rt></ruby>는 구석[隅]. <ruby>手<rt>데</rt></ruby>는 장소를 나타내는 명사에 붙는 접미어. 유계에 들어가는 것을 말한다. 굽어진 많은 길을 거쳐서 간 곳이라는 의미로, 현재 자신이 있는 이즈모를 벽원(僻遠)의 땅으로 여기는 표현.

<ruby>百八十神<rt>모모야소가미</rt></ruby> 서기의 일서는 <ruby>大國主神<rt>오호쿠니누시노카미</rt></ruby>의 자식을 '대개 181명'이라 했다. 실수로 해석하기도 하나 역시 다수라는 의미.

<ruby>神御尾前<rt>카미노미오사키</rt></ruby> 여러 신의 선두에 서고 또 후미에 서서, 천신인 어자를 모신다면.

<ruby>多藝志<rt>타기시</rt></ruby> 소재 미상. 이즈모타이샤보다 북방이라는 설이 있다.

<ruby>御舍<rt>미아라카</rt></ruby> <ruby>大國主神<rt>오호쿠니누시노카미</rt></ruby>가 천신 측의 여러 신들을 위하여 세운 전사(殿舍). 이 전사는 소위 <ruby>杵築大社<rt>키즈키다이샤</rt></ruby>로 여겨졌으나, 복속의례를 위하여 <ruby>大國主神<rt>오호쿠니누시노카미</rt></ruby>가 상대방의 신들을 위해 세운 것으로 보는 설을 취해야 할 것이다. 다만 이 전사를 단순히 복속의례를 행하기 위하여 일시적으로 준비한 것

인가 아닌가에 대해서는 '舍'의 용례에 비추어 의문이 남는다. 在處는
在+處로, 일반적으로 신이나 천황의 주거를 가리킨다. 서기의 일서
는 高天原(타카아마노하라) 측이 大國主神(오호쿠니누시노카미)를 위해 天日隅宮(아마노히스미노미야)를 만들었다 한다.

水戶神(미나토노카미) 하구의 신. 速秋津日子神(하야아키쯔히코노카미)·速秋津比賣神(하야아키쯔히메노카미)를 가리키는 것 같다.

櫛八玉神(쿠시야타마노카미) 櫛(쿠시)는 奇(쿠시)의 차자. 八(야)는 다수, 玉(타마)는 진주의 의미로, 바다의 영력을
가진 신으로 생각된다. 종래는 이 신을 주어로 하여 "櫛八玉神(쿠시야타마노카미)가
膳夫(카시하테)가 되어"라고 읽었으나, 주어는 大國主神(오호쿠니누시노카미)로 "櫛八玉神(쿠시야타마노카미)를 膳夫(카시하테)로
하여"로 읽는 설이 좋다. 신비한 해저의 구슬을 신격화한 것.

膳夫(카시하테) 식탁을 담당하는 자. 조리인.

御饗(미아헤) 진수성찬. 大國主神(오호쿠니누시노카미)가 복속의 증거로 바치는 신성한 음식.

祷(호구) 주어는 大國主神(오호쿠니누시노카미). 다음의 "櫛八玉神(쿠시야타마노카미), 가마우지가 되어" 이하에서는,
櫛八玉神(쿠시야타마노카미)의 동작이 이야기되는데, 뒤에 "불을 비벼 일으켜 말하길"
에서, 이 신을 통하여 大國主神(오호쿠니누시노카미)의 '호키'의 언어가 실현된 것이 이야
기된다. 행복을 불러들이는 말. 축복하는 내용의 말.

波邇(하니) 적황색의 점토. 토기의 재료가 되는 점토.

毘良迦(히라카) 넓적한 토기. '카'는 용기의 총칭.

海布(메) 海布(메)는 若布(와카메)(미역), 荒布(아라메)(대황), '니키메(부드러운 해초)' '히로메(다시마의
古稱)' 같은 해초. 미역 등의 해초.

柄(카라) 초목의 줄기. 바닷말[海藻]로 발화 도구를 만드는 것은, 현실적인 일이
아니라, 바다의 영력에 기반하는 신화적 발상이다.

燧臼(히키리우스) 발화 도구로 사용되는 구멍 난 판자. 이 구멍의 앞에 뾰족한 봉을
넣어서 비비는 것으로 발화시킨다. 절구처럼 생긴 나무.

海蓴(코모) 바닷말[海藻]의 이름. 神馬藻(혼다와라)(모자반)를 말하는 것일까. 石蓴(아오사)(파래)를
가리킨다는 설도 있으나, 石蓴(아오사)는 옛날에는 '아하사'라 했다.

^{히키리키네}
燧杵 비벼 불을 일으키는 데 쓰이는 나무공이.

^{카무무스히노미오야노미코토}
神産巢日御祖命 여기에 이 신명이 나타나는 것은 ^{타카미무스히노카미}高御産巢日神가 항상 천 측에 작용하는 것에 대해, 이 신이 葦原 中 國 ^{아시하라노카쯔쿠니} 측에 작용하는 원동력이라는 것에 연유한다.

^{니히소}
新巢 새로운 궁전. 새로운 주거에는 그을음[煤]이 없으나, 그곳에 그을음이 길게 늘어질 정도로 왕성하게 불을 때는 것을 나타낸다. 훈주 '스스'는 '凝烟'의 2자를 하나로 정리하여 읽으라는 지시이다.

^{야쯔카} ^{쯔카}
八拳 拳는 주먹의 폭. 길다는 형용.

^{타쿠나하}
楮繩 닥나무 섬유로 짠 새끼.

^{우찌하헤} ^{하헤}
打莚 打는 새끼줄을 치다, 莚는 늘리다로, 새끼줄을 쳐서 고기를 잡는 어법 ^{하헤나와}莚繩를 말한다.

^{오하타스즈키} ^{스즈키}
尾翼鱸 꼬리지느러미가 빳빳하게 뻗어 있는 훌륭한 농어. 鱸라는 훈주는, 자의에 따라 '이사자^{문절망둑}'로도 읽을 수 있기 때문이다.

^{사 와 사 와 니}
佐和佐和邇 많은 고기가 퍼덕거리며 끌려오는 상황의 의성어. 줄을 여럿이서 요란스럽게 당길 때 나는 소리.

^{우찌타케}
打竹 물건을 때리는 봉을 의미하는 것 같다.

^{토 오 오 토 오 오 니}
登遠遠登遠遠邇 헌상하는 음식물을 차린 상다리가 휠 정도라는 의미. 요리가 많다는 것을 나타낸다.

^{마 나 구 히} ^마 ^{나구히}
眞魚咋 眞는 미칭. 魚咋는 생선요리.

【해석】

그래서 타케미카즈찌노카미는 다시 돌아와서, 오호쿠니누시노카미에게 "당신의 아들 코토시로누시노카미・타케미나카타노카미 두 주의 신은, 천신의 어자의 말씀에 따르며 어기지 않겠다고 아뢰었다. 그런데 당신의 뜻은 어떠한가."라고 물었다.

이에 대해 오호쿠니누시노카미는 답하여 "나의 아들 두 주의 신이 아뢴 것에 따라 나는 거역하지 않겠습니다. 이 아시하라노나카쯔쿠니는 말씀하신 대로 모두 헌상하겠습니다. 다만 저의 거처만은 천신의 어자가 신성한 황위를 계속 이어가는 (토다루) 하늘의 주거처럼 대반석 위에 궁의 기둥을 굵게 세워 타카아마노하라에 용마루가 치솟아 닿을 정도로 높이 세우고 제사 지내 주시면, 나는 '아주 많은' 많은 길이 굽어진 모퉁이를 지나 걸어간 끝에 있는 이 이즈모에 은퇴하여 있겠습니다.

또 나의 자식들인 많은 신은, 야헤코토시로누시노카미가, 여러 신의 선두에 서고 또 뒤에 서서 모신다면 거역하는 신은 없을 것입니다."라고 아뢰고, 이즈모노쿠니의 타기시의 오하마에 천신을 위한 전사를 세우고, 수문신의 자손, 쿠시야타마노카미를 조리인으로 하여 천신에게 음식을 올렸을 때, 축복의 말을 외치며, 쿠시야타마노카미는 가마우지가 되어 바다 밑에 들어가, 바다 밑의 점토를 물고 나와, 천신을 위한 평평한 용기를 많이 만들고, 해초의 줄기를 따다 불을 일으키기 위한 절구를 만들고, 또 해초의 줄기로는 불을 일으키기 위한 공이를 만들어, 불을 일으키고 말하기를,

이, 내가 일으킨 불은, 타카아마노하라를 향해서는, 카무무스히노미오야노미코토의, 모든 것이 완비된 훌륭한 하늘의 새로운 주거에, 그을음이 길게 늘어질 정도로 태워 올리고, 땅의 아래를 향해서는, 지저의 대반석에 이르도록 태워 굳혀서, 닥나무 새끼줄의, 천 발이나 되는 긴 새끼줄을 길게 치고, 낚시를 하는 어부가, 입이 크고 꼬리지느러미가 뻣뻣하게 선 훌륭한 농어를, 팔딱팔딱 소리를 내며 끌어올려, '대로 만든' 그릇이 휘청 휘청거릴 정도로, 하늘의

생선요리를 올립니다.

그리고 타케미카즈찌노카미는 타카아마노하라에 다시 올라가서, 아시하라노나카쯔쿠니를 복속시켜, 귀순시켜 평정한 일을 복명했다.

【해설】

전집 科野國의 스와에서 이즈모로 돌아온 建御雷神는 大國主神에게 그의 본심을 묻는다. 오호쿠니누시노카미는 두 아들과 마찬가지로 나라 양도를 수락하고 은퇴하는데, 그 조건으로 자기의 주거를 천신의 자손이 사는 곳만큼 장대한 신전으로 지어 달라고 요구한다. 高天原 측은 이 요구에 응하여 多藝志의 小浜에 신전을 지어, 음식을 바치고 예축하는 제문을 외워 정중하게 오호쿠니누시노카미를 모신다. 오호쿠니누시노카미의 조건은 영토권은 양도하나 제사권은 보유한다는 것으로, 崇神紀나 垂仁紀에 이즈모의 제사권을 야마토조정이 관장하려고 하는 이야기가 있는데, 이 나라 양도는 그러한 역사적 이야기를 배경으로 하고 있다고 생각된다. 이와 함께 오호쿠니누시노카미의 현실상인 出雲國造의 제사권이 얼마나 뿌리 깊은 것인가를 엿볼 수 있다.

집성 오호쿠니누시노카미를 모시는 出雲大社의 연기담이나, 이것에는 이즈모의 造가 그 제사권을 완강하게 지킨 것에 사실적 배경이 있었다고 생각된다. 崇神조에는 이즈모타이샤의 수복을 요구하는 기사가 있다.

강담 천신에 나라 양도를 결의한 오호쿠니누시노카미가 장대한 신전을 요구하고 그곳으로 은퇴하는 것을 이야기한 부분은, 이즈모타이샤

진좌의 유래로 볼 수 있다.

　櫛八玉神(쿠시야타마노카미)가 가마우지로 변하여 바다에 들어가 점토를 채취하고 해초를 따는 것은 이즈모노쿠니의 연안에서 활동하고 있던 海人族(아마족)의 생활을 반영한 것으로, 延繩漁法(연승어법)으로 농어를 낚는 것을 설명한 부분과 함께, 고대 어민의 왕성한 활동을 나타내는 전승으로 주목된다.

　나무판에 공이를 비벼 불을 일으키는 방법은 이세 신궁을 비롯하여 제사에 전하고 있으나, 그중에서도 이즈모노쿠니의 國造家(쿠니노미얏코케)에는 신화 상속의 의례로 중히 여겨지고 있다. 새로 出雲國造(이즈모노쿠니노미얏코)를 상속할 때에는 熊野神社(쿠마노신사)에 참배하여 불을 일으켜, 이 불을 가지고 돌아와 소중하게 보존하고, 음식의 조리에도 사용한다. 불을 비벼 일으키는 이야기에는 그러한 이즈모타이샤의 발화의 신사가 반영되어 있다. 장대한 표현과 아름다운 문사로 되어 있다.

　신전집 이즈모로 돌아온 建御雷神(타케미카즈찌노카미)는 다시 오호쿠니누시노카미의 의향을 묻는다. 오호쿠니누시노카미는 정식으로 귀순의 뜻을 나타내지만, 그 대신 천신인 어자가 사는 궁전처럼 장대한 집을 자신을 위해 지어줄 것을 요구한다. 이 요구가 어떻게 되었는지 명기되어 있지는 않지만, 그 후의 전개에 비추어 당연히 받아들여졌을 것이다.

　오호쿠니누시노카미는 복속의 뜻을 표하기 위하여, 이즈모의 타기시의 小濱(오하마)에 주거를 세우고, 그곳에 타케미카즈찌노카미를 맞이하여 공헌의 의식을 행한다. 그렇게 해서 오호쿠니누시노카미의 복속은 완전히 확인되고, 타케미카즈찌노카미는 타카아마노하라로 돌아가 복명을 완수한다.

5. 천손 강림

爾, 天照大御神・高木神之命以, 詔太子正勝吾勝々速日天忍穗耳命, 今, 平訖葦原中國之白. 故, 隨言依賜, 降坐而知者. 爾, 其太子正勝吾勝々速日天忍穗耳命答白, 僕者將降裝束之間, 子, 生出. 名天邇岐志國邇岐志^{自邇至}_{志以音} 天津日高日子番能邇々藝命, 此子應降也. 此御子者, 御合高木神之女, 萬幡豊秋津師比賣命, 生子, 天火明命, 次, 日子番能邇々藝命, 二柱也. 是以, 隨白之, 科詔日子番能邇々藝命, 此豊葦原水穗國者, 汝將知國言依賜. 故, 隨命以可天降.

爾, 日子番能邇々藝命將天降之時, 居天之八衢而, 上光高天原, 下光葦原中國之神, 於是有. 故爾, 天照大御神・高木神之命以, 詔天宇受賣神, 汝者, 雖有手弱女人, 與伊牟迦布神_{布以音}^{自伊至} 面勝神. 故, 專汝往將問者, 吾御子爲天降之道, 誰如此而居. 故, 問賜之時, 答白, 僕者, 國神, 名猿田毘古神也. 所以出居者, 聞天神御子天降坐故, 仕奉御前而, 參向之侍.

爾, 天兒屋命・布刀玉命・天宇受賣命・伊斯許理度賣命・玉祖命, 并五伴緒矣支加而天降也. 於是, 副賜其遠岐斯_{以音}^{此三字} 八尺勾瓊・鏡及草那藝劍, 亦, 常世思金神・手力男神・天石門別神而, 詔者, 此之鏡者, 專爲我御魂而, 如拜吾前, 伊都岐奉, 次, 思金神者, 取持前事爲政. 此二柱神者, 拜祭佐久々斯侶伊須受能宮_{能以音}^{自佐至} 次, 登由宇氣神, 此者, 坐外宮之度相神者也. 次, 天石戸別神, 亦名, 謂櫛石窓神, 亦名, 謂豊石窓神. 此神者, 御門之神也. 次, 手力男神者, 坐佐那々縣也. 故, 其天兒屋命者,_{等之祖}^{中臣連} 布刀玉命者,_{等之祖}^{忌部首} 天宇受賣命者,_{等之祖}^{猿女君} 伊斯許理度賣命者,_{等之祖}^{作鏡連} 玉祖命者_{等之祖}^{玉祖連}

故爾, 詔天津日子番能邇々藝命而, 離天之石位, 押分天之八重多那^{此二字}_{以音} 雲而, 伊都能知和岐知和岐弖,^{自伊以下}_{十字以音} 於天浮橋, 宇岐士摩理, 蘇理

多々斯弓,自字以下十一字以音　天降坐于竺紫日向之高千穂之久士布流多氣,自久下六字以音-　故爾, 天忍日命・天津久米命二人, 取負天之石靫, 取佩頭椎之大刀, 取持天之波士弓, 手挾天之眞鹿兒矢, 立御前而仕奉. 故, 其天忍日命,此者大伴連等之祖. 天津久米命,此者久米直等之祖也

於是, 詔之, 此地者, 向韓國, 眞來通笠沙之御前而, 朝日之直刺國, 夕日之日照國也. 故, 此地, 甚吉地, 詔而, 於底津石根宮柱布斗斯理, 於高天原氷椽多迦斯理而坐也.

【훈】

爾くして、天照大御神・高木神の命以て、太子正勝吾勝々速日天忍穂耳命に詔ひしく、「今、葦原中國を平げ訖りぬと白す. 故, 言依し賜ひし隨に、降り坐して知らせ」とのりたまひき. 爾くして、其の太子正勝吾勝々速日天忍穂耳命の答へて白ししく、「僕が降らむとして裝束へる間に、子、生れ出ぬ. 名は天邇岐志國邇岐志天津日高日子番能邇々藝命、此の子を降すべし」とまをしき. 此の御子の、高木神の女、萬幡豊秋津師比賣命に御合して、生みし子、天火明命、次に、日子番能邇邇藝命、二柱ぞ. 是を以て白しし隨に、日子番能邇邇藝命に科せて詔ひしく、「此の豊葦原水穗國は、汝が知らさむ國ぞと言依し賜ふ. 故, 命の隨に天降るべし」とのりたまひき.

爾くして、日子番能邇々藝命の天降らむとする時に、天の八衢に居て、上は高天原を光し、下は葦原中國を光す神、是に有り. 故爾くして天照大御神・高木神の命以て、天宇受賣神に詔ひしく、「汝は、手弱女人に有れども、いむかふ神と面勝つ神ぞ. 故, 專ら汝往きて問はまくは、

『吾が御子の天降らむと爲る道に、誰ぞ如此して居る』ととへ」とのり
たまひき。故、問ひ賜ひし時に、答へて白ししく、「僕は、國つ神、名
は猿田毘古神ぞ。出で居る所以は、天つ神御子天降り坐すと聞きつるが故
に、御前に仕へ奉らむとして、參ゐ向へて侍り」とまをしき。
　爾くして、天兒屋命・布刀玉命・天宇受賣命・伊斯許理度賣命・玉祖命、
并せて五りの伴緒を支ち加へて天降しき。是に、其のをきし八尺の
勾璁・鏡と草那藝劍と、亦、常世思金神・手力男神・天石門別神を副へ賜
ひて、詔ひしく、「此の鏡は、專ら我が御魂と爲て、吾が前を拜むが如
く、いつき奉れ」とのりたまひ、次に、「思金神は、前の事を取り持ち
て政を爲よ」とのりたまひき。此の二柱神はさくくしろ伊須受能宮を拜
み祭りき。次に、登由宇氣神、此は、外宮の度相に坐す神ぞ。次に、天
石戸別神、亦の名は、櫛石窓神と謂ひ、亦の名は、豊石窓神と謂ふ。此の
神は、御門の神ぞ。次に、手力男神は、佐那々縣に坐す。故、其の
天兒屋命は、<中臣連等が祖ぞ>。布刀玉命は、<忌部首等が祖ぞ>。天宇受賣命
は、<猿女君等が祖ぞ>。伊斯許理度賣命は、<作鏡連等が祖ぞ>。玉祖命は、
<玉祖連等が祖ぞ>。
　故爾くして天津日子番能邇々藝命に詔ひて、天の石位を離れ、天の八重
のたな雲を押し分けて、いつのちわきちわきて、天の浮橋に、うきじま
り、そりたたして、筑紫の日向の高千穗の久士布流多氣に天降り坐しき。
故爾くして、天忍日命・天津久米命の二人、天の石靫を取り負ひ、頭椎の
大刀を取り佩け、天のはじ弓を取り持ち、天の眞鹿兒矢を手挾み、御前に
立ちて仕へ奉りき。故、其の天忍日命、<此は、大伴連等が祖ぞ>。
天津久米命、<此は、久米直等が祖ぞ>。
　是に、詔はく、「此地は、韓國に向ひ、笠沙の御前を真来通りて、朝

日の直刺す國、夕日の日照る國ぞ。故、此地は、甚吉き地」と詔ひて、
　　　ただ さ　くに　　　ゆふひ　　　ひで　　　　　かれ ここ　　　いと よ ところ　　のりたま
底津石根に宮柱ふとしり、高天原に氷橡たかしりて坐しき。
そこついはね　みやばしら　　　　　　たかあまのはら ひぎ　　　　　　　いま

【주】

　　오호미코
太子　일반적으로 '히쯔키노미코토'로 읽으나, 이 말의 확실한 예는 平安
　　　　　　　　　　　　　　　　　　　　　　　　　　　　　　　　헤이안
말기 이후로, 후세의 조어 같다. 기의 '太'・'大'는 '오호'로 읽는 원칙
　　　　　　　　오호미코
에 따라서, 太子로 읽는다.

마사카쯔아카쯔카쩨하야히아메노오시호미미노미코토
正勝吾勝勝速日天之忍穗耳命　황통의 조상신. 正勝는 바르게 이겼다. 분명
　　　　　　　　　　　　　　　　　　　　　　　　　　　마사카쯔
히 이겼다. 吾勝는 내가 이겼다. 勝速日는 재빨리 이긴 신령. 之忍穗는
　　　　　　　　　아 카쯔　　　　　　　　　　　카찌하야히　　　　　　　오 시 호
풍부하고 많이 열린 벼. 耳는 존칭으로 벼의 풍요령. 이 신의 아들
　　　　　　　　　　　　　　미미
　호 노 니 니 기노 미코토　　　　　호 오 테 미 노 미코토
番能邇邇藝命나 그 아들 穗穗手見命 등의 이름에는 벼 이삭을 의미하
　　　　　　　호
는 穗가 공통적으로 사용되고 있다.

아시하라노나카쯔쿠니
葦原中國　천상에 대응하는 지상국.

코토요사스
言依　위임하시다. 명을 내리시다.

요소 히
裝束　준비.

아메 니 기 시 쿠니 니 기 시 아마 쯔 히 타카 히 코 호 노 니 니 기노 미코토　아메 니 기 시 쿠니 니 기 시　　　타카아마노하라
天邇岐志國邇岐志天津日高日子番能邇邇藝命　天邇岐志國邇岐志는 高天原
　　　　　　　　　　　　　　아시하라노나카쯔쿠니　　　　아메 쯔 히 타카
에도 葦原中國에도 친하다는 의미. 天津日高는 하늘의 해를 높이 올
　　　　　　　　　　　　　　　　　　호　　　　　　　노　　　　　　　니 니 기
려다본다는 존경의 의미. 番는 이삭(穗), 能는 연체조사(의), 邇邇藝는
　　　　　니 기
丹+賑의 의미로, 벼 이삭이 붉고 풍부하게 열매 맺는 것을 나타낸다.
　　　　　　　　아메 쯔 히 타카　　　타카　　온 카 나 코　　　　　　아마 쯔 히코
또 통설에는 天津日高의 高를 音假名 高로 하여 天津日高로 읽으나,
　　　　　　　　　　　　　　　　　　　　　　　　　　　　　　훈 자
이는 서기의 天津彦에 맞춘 것에 지나지 않아, 기에서 訓字의 연속 중
　　　　　　　　　　　　　　　　　온 카 나 코
에 특별한 배려도 없이, 音假名 高를 끼운다는 것은 생각하기 어렵다.

요로쯔하타토요아키쯔시히메노미코토　　쯔　　　　　　　　　　시　시
萬幡豊秋津師比賣命　津는 연체조사 '노(의)', 師는 風로, 많은 기가 풍부한

가을바람에 휘날리는 모양을 표상하여, 풍양을 나타내는 이름 같다.

萬幡(요로즈하타)는 많은 베틀. 豊秋(토요 아키)는 많은 벼의 수확. 베 짜기가 성행하고 벼가 풍작인 가을을 초래하는 낭자를 의미하는 것 같다.

天火明命(아메노호아카리노미코토) 火(호)(穗(호))는 벼 이삭을 의미함과 동시에 불타오르듯이 벼 이삭이 열매 맺는 것을 의미한다. 明는 밝아진다(아카라무(아카리))는 의미.

科(오호스) 명령하다의 존경어. 주어는 天照大御神(아마테라스오호미카미)와 高木神(타카키노카미).

豊葦原水穗國(토요아시하라노미즈호노쿠니) 일본의 미칭. 水穗國(미즈호노쿠니)는 좋은 벼가 생산되는 나라. 갈대가 무성하게 자라는 나라로, 풍부한 수확이 영원히 계속되며, 벼가 잘 자라는 나라라는 의미로, 쌀을 주식으로 하는 고대 일본을 축복한 말.

葦原中國(아시하라노나카쯔쿠니)에 水穗(미즈호)가 삽입된 것이 주목된다.

天八衢(아메노야찌마타) 하강하는 길의 분기점. 八衢(야찌마타)는 여러 갈래.

天宇受賣神(아메노우즈메카미) 무녀 신으로 진혼제를 주재하는 猿女君(사루메키미)의 조상신. 命(미코토)가 아닌 神(카미)로 한 것은 종교적 신화이기 때문이다. 『古語拾遺(코고슈우이)』는 '오스메'라 했다. 강하고 용맹한 여자.

手弱女人(타와야메) 가냘픈 여인. 手弱女人(타오야메)와 동의.

伊牟迦布(이무카우 이) 伊는 강의의 접두어. 牟迦布(무카후)는 대항한다. 적대한다.

面勝(오모카쯔) 마주 노려보아 이기다. 주눅 들지 않는다.

國神(쿠니쯔카미) 葦原中國(아시하라노나카쯔쿠니)의 신이 天神(아마쯔카미)를 대했을 때, 스스로를 규정하는 표현.

猿田毘古神(사루타비코노 카미) 猿(사루)는 戱(사루)인가. 田는 數多(아마)·暫(시마타)·顯(아라타) 등의 '타'로, 상태화의 접미어인가. '사'는 早乙女(사오토메), 五月(사쯔키)와 같은 '사', '루'는 소유격조사. 田(타)는 논. 신성한 벼를 재배하는 논의 신이라는 의미. 이세의 海人(아마)계가 믿은 신. 원래 사루는 태양신으로 여겨졌으나, 태양신은 稲田神(이나타노카미)로도 여겨져 猿田毘古(사루타비코)라고 불린 것 같다(松前健(송전건) 著『일본신화의 신연구』). 또 태양신의 사자 원숭이가 지키는 신전이라고도 한다.

^{아마쯔카미} ^{타카아마노하라} ^{아마테라스오호미카미}
天 神 高天原의 신. 天照大御神.

^{아메노코야노미코토} ^{나카토미}
天兒屋命 中臣씨의 조상신.

^{후토타마노미코토} ^{인 베}
布刀玉命 忌部씨의 조상신.

^{이시코리도메노미코토}
伊斯許理度賣命 응결시키는 노녀라는 의미. 거울을 주조하는 노녀를 의미하는 신으로 생각된다.

^{타지카라오노카미}
手力男神 팔의 힘이 강한 남성신.

^{이토리노토모노오} ^{이토리}
五 伴緖 五는 다섯 사람. 伴는 동일 직업에 종사하는 부곡. ^{토모}緖는 부곡을 통솔하는 족장.

^{와카쩌쿠하헤테}
支 加 각자 분담하여 천손을 모시게 하다.

^{오 키 시} ^{오호 미 카미} ^{디미}
遠岐斯 大御神를 동굴에서 불러낸 것. 璁와 거울을 수식한다.

^{아메노이하토와케노카미} ^{아메노이하야}
天石門別神 갑자기 나오는 신인데, 天石屋의 이야기에 연관지어 등장한 것. 문을 지키는 암석신.

^{마헤}
前 신이나 천황의 면전. 전하여 신이나 천황을 뜻하기도 한다.

^{오로가무} ^{오로가무}
拜 이 拜는 '이쯔쿠'로 읽는 것이 통설인데, 기는 일관하여 '오로가무'로 한다. '이쯔쿠'는 직후에 있듯이 카나로 표기된다. 심신을 정결히 하고 정성껏 모신다.

^{마에노코토}
前事 앞에서 말한 것이라는 의미로 "이 거울은……."이라고 말한 내용을 가리킨다. ^{아마테라스오호미카미}天照大御神의 제사.

^{마쯔리고토} ^{니니기노미코토}
政 제사 지내는 것. 이세신궁에 관한 정무. 주체가 邇邇藝命라는 설도 있으나 문맥상으로는 思金神^{오모히카네노카미}가 타당하다.

^{후타하시라} ^{니니기노미코토} ^{오모히카네노카미}
二柱 邇邇藝命와 思金神를 가리킨다.

^{사 쿠 쿠 시 로} ^{이 스 즈}
佐久久斯侶 입이 갈라진 구슬이 달린 팔찌. 五十鈴에 걸리는 마쿠라노코토바. 榮+釧^{사쿠 쿠시로}로, 아름다운 팔찌[腕輪]에 많은 구슬을 달기 때문에 하는 말.

伊須受能宮^{이 스 즈 노 미야}　후의 이세 신궁의 내궁.

登由宇氣神^{토 유 우 케 노 카미}　豊由宇氣毘賣神^{토요우케비메노카미}와 동일신. 豊由^{토 유}는 미칭. 宇氣^{우 케}는 음식물. 이세 외궁의 제신.

外宮^{토쯔 미야}　离宮^{토쯔미야}. 이세 신궁의 외궁.

櫛石窓神^{쿠시이하마토노카미}　櫛^{쿠시}는 奇^{쿠시}. 石窓^{이하마토}는 石眞門^{이하 마 도}로 궁성의 문을 지키는 신. 豊石窓神^{토요이하마도노카미}와 동의.

佐那那縣^{사 나 나 아가타}　佐那^{사 나}의 縣^{아가타}. 『延喜式^{엔 기 시키}』에 佐那神社^{사 나 진쟈} 2좌라고 있다. 手力男神^{타지카라오노카미}와 曙立王^{아케타쯔노미코}를 모신다.

中臣^{나카 토미}　궁정의 신사를 맡은 고대의 명문씨족.

忌部^{이미 베}　中臣^{나카 토미}와 더불어 궁중의 신사를 맡은 씨족.

猿女君^{사루메노키미}　궁정의 제사 특히 진혼의례의 무악을 담당하는 여성을 세습적으로 바치는 씨족.

作鏡連^{카가미쯔쿠리노무라지}　궁정의 제사에 사용하는 거울 제작에 종사하는 부를 통솔하는 씨족.

玉祖命^{타마노오야노미코토}　玉造部^{타마쯔쿠리노베}(궁정의 제사에 사용하는 옥류 제작에 종사하는 집단)를 통솔하는 씨족.

天石位^{아메노이하쿠라}　高天原^{타카아마노하라}에 있는 견고한 신좌. 石位^{이하 쿠라}는 신령이 내려와 앉는 좌석으로 많은 암석이 이용되었다. 여기부터는 邇邇藝命^{니니기노미코토}가 주어.

多那^{타 나}　온통, 충분한.

伊都能知和岐^{이 쯔 노 찌 와 키}　伊都^{이 쯔}는 장엄한, 知和岐^{찌 와 키}는 道+分^{찌 와키}로, 길을 구별하여 고르는 것. 길을 좌우로 밀어 헤치는 것.

天浮橋^{아메노우키바시}　천계와 하계의 사이에 걸린 다리.

宇岐斯摩理^{우 키 지 마 리}　물 위에 섬이 떠 있다. 浮島有^{우키지 마리}.

蘇理^{소 리}　'소루'는 우뚝 높이 서는 것인가. 『新譯華嚴經音義私記^{신 역 화 엄 경 음 의 사 기}』에 蜂起^{소리노보레구}라는

훈이 있다. 몸을 뒤로 젖히고 위세 있게 가슴을 펴는 것.

筑紫(쯔쿠시) 九州 전체를 가리킨다.

日向(히무카) 南九州를 가리키는 것 같으나, 현실의 지명이라기보다는, 해를 향하는 땅이라는 명칭 그것이 중요하다. 南九州(미나미큐우슈우)로 하면, 후출의 '韓國(카라쿠니)를 향하여'라는 표현과 모순되는 것이 문제이다.

高千穗(타카찌호) 높게 쌓아 올린 볏가리. 현재 어디에 비정할지에 대해서는 의견이 분분하다. 현실의 지명일 필요는 없다. 니니기노미코토를 벼의 풍요령의 화신으로 보면, 타카찌호의 원의는 수확제의 마당에 볏가리를 산처럼 높이 쌓아 놓고 신사를 행한 것에서 연유한다. 전설지로는 宮崎縣(미야기켄) 西臼杵郡(니시우스키군)과 鹿兒島縣(카고시마켄)의 경계의 高千穗峰(타카찌호노미네)가 유명하다.

久士布流多氣(쿠지후루타케) 多氣는 岳(타케). 久士布流는 奇(쿠시)+舊(후루)로 영묘한 돌이 세월이 지나 된 산이라는 의미인가. 현실의 산명이 아닐 가능성이 있다.

天忍日命(아메노오시히노미코토) 忍(오시)는 형용사 大의 종지형, 日는 靈力(히). 大伴(오호토모)의 조상.

天津久米命(아마쯔쿠메노미코토) 久米部(쿠메베). 후의 久米直(쿠메노아타히)는 大和(야마토) 조정의 군단의 핵심적인 부족 가운데 하나. 여기서는 양신이 동등하게 선도하였으나, 서기와 『古語拾遺(코고슈우이)』에는 天忍日命(아메노오시히노미코토)가 天津久米命(아메쯔쿠메노미코토)를 거느린다.

天石靫(아메노이하유키) 石는 견고하다. 靫(유키)는 전통. 돌처럼 단단한 화살을 넣는 통.

頭椎大刀(카부쯔찌노타찌) 손잡이의 상부가 망치처럼 둥글게 덩어리진 칼.

天波士弓(아메노하지유미) 거양옻나무로 만든 활.

天之眞鹿兒矢(아메노마카코야) 鹿兒는 '빛나다'라는 '카코'를 의미하는 차자.

大伴(오호토모) 物部(모노베)씨와 더불어 大和(야마토)정권의 군사를 담당한 유력씨족.

久米直(쿠메노아타히) 군사에 종사하는 쿠메베를 통솔하는 씨족.

韓國(카라쿠니) 고대의 조선. 지배가 언젠가는 조선에 이른다는 것은 시야에 넣었다는 것을 의미한다. 기전은 한국을 空虛國(카라노쿠니)로, 서기의 空國(카라쿠니)로 추정했다.

笠沙御前(카사사노미사키) 후출하는 이야기의 복선으로, 여기서 언급한 것. 서기에는 "吾田(아타)의 長屋(나가야)의 笠(카사사)의 碕(키사키)"라고 있고, 吾田(아타)는 薩摩國(사쯔마노쿠니) 阿多郡(아타군)(和名抄(와묘우쇼))에 있는 것으로 되어 있다. 그러나 현실과 엄밀히 대응하는 것은 문제다. 또 서기와는 문맥도 다르다. 鹿兒島縣(카고시마켄) 川邊郡(카와베군) 笠沙町(카사사쵸우)의 野間半島(노마반도).

眞來通(마키토오리) 똑바로 통하여 왔다는 의미. 통설은 "笠沙(카사사)의 御前(미사키)에 똑바로 통해 와서"라고 읽으나, 此地(이곳)(久土布流多氣(쿠지후루타케))가 중심인 이상, 笠沙(카사사)의 御前(미사키)에 가는 것을 來(키)라고는 표현할 수 없다. "카사사의 미사키를"이라고 읽는 설을 취한다. 다만 어느 생각이라 해도, 眞來通(마키토오리)라는 표현이 존재했는지 아닌지는 의문이 남는다. '眞'은 '直'의 오사로, '곧장 와서 지나서'의 가능성도 있다.

直刺(타다 사스) 밝은 나라. 아침 해가 정면으로 비치는 나라.

底石根(소코쯔이하네) 신전이나 황거를 세운다는 의미의 전형적 표현.

【해석】

이리하여 아마테라스오호미카미・타카기노카미의 명으로, 태자 마사카쯔아카쯔카찌하야히아메노오시호미미노미코토에게 "이제는 아시하라나카쯔쿠니를 다 평정했습니다. 그러니 위임에 따라, 내려가셔서 통치하세요."라고 말씀하셨다.

이에 대해, 그 태자 마사카쯔아카쯔카찌하야히아메노오시호미미노미코토가 답하여 "제가 내려가려고 준비하고 있는 사이에, 아이가 태어났습니다. 이름은 아메니기시쿠니니기시아마쯔히타카히코호노니니기노미코토, 이 아이를 내려 보내는 것이 좋겠습니다."라고 아뢰었다. 이 어자는, 타카기노카미의 딸, 요로즈하타토요아키쯔시히메노미코토와 결혼하셔서 낳은 아이로, 그 어자는, 아메노호아카리노미코토, 다음에 히코호노니니기노미코토, 2주이다. 그래서 마사카쯔아카쯔카찌하야히아메노오시호미미노미코토가 말한 대로, 히코호노니니기노미코토에게 명하여 "이 토요아시하라노미즈호노쿠니는, 네가 통치할 나라라고 위임하셨다. 그러니, 말씀에 따라 하강하거라."라고 말씀하셨다.

이리하여 히코호노니니기노미코토가 하늘에서 내려가려고 할 때에, 하늘의 갈림길에 있으며, 위로는 타카아마노하라를 비추고, 아래로는 아시하라노나카쯔쿠니를 비추는 신이 있었다. 그래서 아마테라스오호미카미·타카기노카의 명으로, 아메노우즈메노카미에게 "너는 가냘픈 여자라고는 하지만, 적대하는 신과 마주 노려보아서 이기는 신이다. 그러니 너 혼자 가서, 상대에게 '나의 어자가 천강하려는 길에, 누가 이렇게 하고 있는 것인가.'라고 묻거라."라고 말씀하셨다.

그래서 아메노우즈메노카미가 가서 물으셨더니, 답하여 "저는 국신으로, 이름은 사루타비코노카미입니다. 나와 있는 것은, 천신이신 어자가 천강하신다고 들었기 때문에, 선두에 서서 모시려고 생각하고, 마중하러 올라와서 기다리고 있는 것입니다."라고 아뢰었다.

그래서 아메노코야노미코토·후토타마노미코토·아메노우즈메노미코토·이시코리도메노미코토·타마노오야노미코토, 합하여 다섯 명의 부족장 신을, 나누어 대동하고 천강했다. 그리고 그 하늘의 동굴 아메노이하야에서 아마테라스오호미카미를 나오게 한 구슬 야사카노마가타마와 거울, 그리고 쿠사나기노쯔루기, 또 토코요노오모히카네노카미·타지카라오노카미·아메노이하토와케노카미를 대동시키고, 말씀하시길 "이 거울을 언제나 나의 혼으로 하여, 나를 모시듯이 제사하거라." 그리고 계속하여 "오모히카네노카미는 지금 말한 것을 맡아, 나에 대한 여러 가지 일을 집행하세요."라고 말씀하셨다.

그래서 이 두 주의 신은 '사쿠쿠시로' 이스즈노미야를 받들어 모셨다. 다음에 토유우케노카미, 이는 외궁의 와타라히에 진좌해 계시는 신이다. 다음에 아메노이하토와케노카미는 다른 이름을 쿠시이하마도노카미라 하고, 또 다른 이름을 '토요이하마토노카미'라 한다. 이 신은 미카도의 신이다. 다음에 타지카라오신은 사나노아가타에 진좌하여 계신다.

그런데 아메노코야노미코토는(나카토미노무라지의 선조이다.) 후토타마노미코토는(이미베노오비토의 선조이다.) 아메노우즈메노미코토는(사루메노키미의 선조이다.) 이시코리도메노미코토는(카가미쯔쿠리노무라지의 선조이다.) 타마노오야노미코토는(타마노오야노무라지의 선조이다.)

그래서 아마테라스오호미카미·타카기노카미는 아마쯔히코호노니니기노미코토에게 명을 내려, 니니기노미코토는 타카아마노하라의 견고한 신좌를 떠나, 천공에 여러 겹으로 깔려 있는 구름을 밀어 헤치고, 위풍당당하게 길을 골라, 도중에, 하늘에 걸려 있는 다리 아메노우키하시에 우뚝 서셔서, 그곳에서 쯔쿠시의 히무카의 타카찌호의 영봉으로 천강하셨다.

그래서 아메노오시히노미코토와 아마쯔쿠메노미코토 두 사람이, 견고한 전통을 메고, 카부쯔찌노타찌라는 검을 허리에 차고, 아메노하지유미라는 활을 손에 쥐고, 아메노마카코야라는 화살을 손으로 집어 들고, 천손의 앞에 서서 선도하여 드렸다. 그런데 그 아메노오시히노미코토는(이는 오호토모노무라지의 선조이다.) 아메쯔쿠메노미코토는(이는 쿠메노아타히의 선조이다.)

그리하여 니니기노미코토는 "여기는 조선을 상대하고, 가사사노미사키를 똑바로 통해 와서, 아침 해가 바로 비치는 나라, 저녁 해가 비치는 나라이다. 그런 까닭에, 이곳은 참으로 좋은 땅이다."라고 말씀하시고, 대반석 위에 기둥을 굵게 세우고, 타카아마노하라에 이르게 용마루를 높이 세우고 사셨다.

【해설】

전집 大國主神의(오호쿠니누시노카미) 나라 양도가 끝나자, 다음에 葦原中國의(아시하라노나카쯔쿠니) 통치가 문제이다. 天照大御神와(아마테라스오호미카미) 高御産巣日神의(타카미무스히노카미) 명으로 태자 天忍穗耳命가(아메노오시호미미노미코토) 통치자가 되어 천강하게 되었으나 준비하는 사이에 니니기노미코토가 태어났기 때문에, 아버지 대신에 니니기노미코토가 강림하라는 신칙이 내린다. 아버지를 아들이 대신하는 것은 천강하는 신은 신생되어 조령을 계승한다는 종교관의 표현이다. 특히 이 부자신은 벼의 영[稻靈]으로서의 신격을 갖고 있기 때문에, 여기에는 묵은 벼의 영이 새로운 생명력을 가진 영으로 다시 태어난다는 관념이 나타나 있다.

니니기노미코토는 강림 도중에 천지를 비추는 이상한 신을 보고, 天宇受賣命에게(아메노우즈메노미코토) 명하여 물어보게 시켰더니, 그는 猿田毘古神로(사루타비코노카미) 천강의 선도자라 하였다. 사루비코노카미는 이세의 宇治土公가(우지쯔찌기미) 모시는 신으로, 신대기의 일서에는 '그의 코의 길이는 7咫(찌) 정도'라 했다. 또 衢(찌마타)신이라 하였다. 지금도 여러 신사의 제사에서 天狗의(텐구) 모습으로 선도역을 한다.

기신화 체계의 중추를 이루는 부분으로 천지 창성 이래 차례로 준비해 온 황통에 의한 신권통치의 사상을 집약적으로 나타내고 있다. 니니기노미코토는 유력씨족의 신들을 거느리고 황위의 상징인 삼종의 신기와 아마테라스오호미카미의 신칙을 받아, 위풍당당하게 日向의(히무카) 高千穗로(타카찌호) 내려온다. 황통의 番能邇邇藝命가(호노니니기노미코토) 水穗國의(미즈호노쿠니) 통치자로 타카찌호 영봉에 내려오는 벼농사 문화의 사상이다.

집성 오호쿠니누시노카미의 나라 양도가 완전히 끝났다. 이것은 아시하라노나카쯔쿠니의 소란을 진정시킨 것이 된다. 그래서 아마테라스오호미카미의 아들 오시호미미노미코토가 안심하고 예정대로 천강할 준비 조건이 완비되었다. 그런데 이번에는 천강을 준비하는 사이에 니니기노미코토가 탄생하여 아버지 대신에 강림하라는 신칙을 받는다. 이것은 천강하는 신은 신생의 어린아이여야 된다는 관념에 의한다. 특히 오시호미미노미코토와 日子^{히코니니기노미코토}番能邇邇藝命 부자는 모두 벼 이삭을 의미하는 '호'를 그 이름의 중심으로 하고 있다. 이는 낡은 벼의 영이 새로운 영으로 태어나는 것의 표상이다.

天津日高日子番能邇邇藝命^{아마쯔히코히코호노니니기노미코토}의 이름이 여기서는 日子番能邇邇藝命^{히코호노니니기노미코토}로 되어 있다. 또 뒤에는 天津日高^{아마쯔히코}, 虛空津日高^{소라쯔히코}가 있다. 그래서 '天津日高^{아마쯔히코}, 日子番能邇邇藝命^{히코호노니니기노미코토}'로 나누어 생각할 수 있다. 日高는 '히다카^{히코}'가 아니고 '히코(남성)'라는 의미. 日子番는 태양의 아들 벼 이삭이라는 의미.

아마테라스오호미카미와 高木神^{타카키노카미}는 천손 니니기노미코토에게 5부신을 딸려 내려 보낸다. 또 大御神^{오호미카미}는 삼종의 신기를 주고 특히 거울에 대해서는 思金神^{오모히카네노카미}에게 받들어 모시게 한다. 5부신은 天石屋^{아메노이하야}의 神事^{시사}에서 활약한 신들이다. 이렇게 천손은 두 무신을 거느리고 위풍당당하게 日向^{히무카}의 高千穗峰^{타카찌호노미네}에 강림한다. 아메노이하야는 동지의 진혼제, 곡령의 죽음과 부활이 소재였으나, 여기서는 황위 계승의 사상과 정치성에 중점을 둔다. 이것은 '천황이란 무엇인가'를 신화적으로 표상한 것으로『고사기』신화 체계의 중추부이다.

강담 아마테라스오호미카미의 명을 받고 아시하라노나카쯔쿠니로 천강하는 신이 天之忍穗耳命(아메노오시호미미노미코토), 日子番能邇邇藝命(히코호노니니기노미코토)로 불리는 등 모두 곡령의 풍요를 의미하고 있는 것은, 고대의 천황이 천강하는 곡신으로 여겨지고 있었다는 것을 나타내고 있다. 탄생한 신생의 니니기노미코토가 천강한다는 것은 천황의 즉위의례를 천신의 어자로 새롭게 탄생하는 것으로 여긴 고대신앙의 반영이다. 오시호미미노미코토가 '태자'로 불린 것은 황태자에 비유된 것으로, 이 신화의 배경에 천황의 즉위의례가 고려되었다는 것을 알 수 있다.

오시호미미노미코토가 천강을 준비하는 사이에 태어난 니니기노미코토가 아시하라노나카쯔쿠니의 통치자가 되어 천강하는 것에 대해, 上山春平(카미야마하루히라)는 다음과 같이 말하였다. 아마테라스오호미카미에게는 持統(지토우) 천황의 투영이 보인다. 지토우 천황은 天武(텐무) 천황의 황자 草壁(쿠사카베) 황자의 즉위를 생각하였으나, 쿠사카베 황자가 요절했기 때문에 그의 어자 輕(카루) 황자가 즉위하였고, 그 文武(분무) 천황의 후견역이 지토우 천황이라고 주장하여, 사실과 신화와의 관계를 지적하였다(『속·신들의 체계』). 이 설은 부정하기 어렵다고 생각한다. 따라서 이 신화의 성립은 문무 천황 이후일 것이다.

猿田毘古神(사루타비코노카미)는 앞에서 말한 대로 국신이며 이세의 海人系(아마계) 씨족이 믿은 태양신이었던 것 같다. 사루타비코노카미를 "위로는 타카아마노하라를 비추고 아래로는 아시하라노나카쯔쿠니를 비추는 신"이라고 설명하고 있는 것도 이 신의 태양신적 성격을 나타내는 말로 주목된다.

니니기노미코토가 천강할 때에 사루타비코노카미가 선도역을 맡기 위하여 마중 나왔다는 것은 아마테라스오호미카미가 이세 신궁에 모셔진 것과 무관하지 않을 것이다. 또 이세의 아마계 여러 씨족이 야마토

조정에 귀속하고 조정에 해산물을 바친 것과도 관련이 있을 것이다. 또 사루타비코노카미는 서기에는 衢(찌마타) 신으로 되어 있으며 이 신은 道祖神(도조신)의 신앙과도 관계있다.

천손강림의 신화는 아메노이하야 신화와 더불어 기기신화의 정점을 이루는 아주 중요한 이야기이다. 이 신화의 골자를 이루는 것은 아시하라노나카쯔쿠니를 통치하기 위하여 타카아마노하라에서 니니기노미코토가 高千穗峰(타카찌호노미네)로 내려왔다는 부분이다. 니니기노미코토는 곡령으로 생각되며 타카찌호는 수확제장에 쌓아 올린 벼로, 그 위에 곡령이 하강한다는 신앙의 표현이다.

또 곡령의 성격을 갖는 시조왕이 천상에서 지상의 산 위로 강림한다는 식의 전승은 우리나라뿐 아니라, 신라의 시조 혁거세신화나 가라국의 시조 수로왕의 신화에도 있어, 같은 모티프라는 것이 三品彰英(미시나 쇼우 에이) 박사 등에 의해 상론되었다.

또 岡正雄(오카 마사 오) 씨는, 신이 천상에서 산정이나 나무 위에 강림한다고 하는 수직적 출현 형태는 조선, 만주 등의 대륙의 신화에 넓게 분포되어 있는 것을 지적하였다. 또 천손 강림에 다섯 신이 수반했다는 것도 조선 반도 및 만주 방면 민족의 사회조직과 관련이 있다고 말하였다. 그렇다면 기기의 천손강림신화는 조선 만주 방면의 북방 대륙계 문화의 영향을 받아서 발달한 것이라는 것을 부정하기는 어렵다고 생각한다.

신전집 아시하라노나카쯔쿠니는 완전히 평정되어, 아마테라스오호미카미의 아들 天之忍穗耳命(아메노오시호미미노미코토)가 하강할 준비를 하였다. 그런데 아메노오시호미미노미코토가 준비하고 있는 사이에, 그 아들 니니기노미코토가 태어났기 때문에, 아버지를 대신하여 하강하라는 지령을 받게 된다. 여기서 강림의 주체가 바뀌는 것의 의미에 대해서는 많은 학설이 있지만, 그 교체에 의해 아시하라노나카쯔쿠니의 지배자는, 어디까지나 '천신의 혈통을 잇는 자'라는 것이 우선적으로 보장되었다고 하는 점을 중시하고 싶다.

니니기노미코토가 하늘에서 하강하려 할 때 천상의 갈림길에서 천지를 비추는 신이 있었다. 아메노우즈메노카미에게 묻게 하자, 사루타비코노카미라고 이름을 밝히고 니니기노미코토의 선도를 위해 마중 나왔다고 한다. 아시하라노나카쯔쿠니 측의 신이 스스로 천신 어자를 마중 나왔다는 것을 이야기한다.

아마테라스오호미카미와 타카키노카미는 니니기노미코토에게 아메노이하야에서 활약한 신들을 딸려서 하강시켰다. 여기서 아메노이하야의 이야기와 결부해서 제시되는 것은, 그 이야기에 있어서의 아마테라스오호미카미가 타카아마노하라 · 아시하라노나카쯔쿠니의 두 세계를 총괄하는 원리라는 것이 나타나 있어, 그 혈통을 계승한 자로서의 천신, 어자의 정통성이 보장되기 때문이다.

또 아마테라스오호미카미를 이끌어 낸 곡옥과 거울, 그 외에 검을 주지만, 특히 거울에 대해서는 자신의 영혼으로 모시라고 명한다. 그리고 그것이 실제로 五十鈴宮(이 스즈 미야)에 모셔지고 있는 것은 현실의 천황세계가 아마테라스오호미카미에 의해 보장되고 있다는 것을 말하는 것이다. 더욱이 여기에 나오는 구옥, 거울, 검을 '삼종의 신기'라고 부르는 것이 보통인데, 기에서는(서기에서도), 진무 천황의 즉위에 즈음하여 이런 보물의 수수가 기록되어 있지 않은 것으로 알 수 있듯이, 즉위의 증표로서의, 소위 '삼종의 신기'의 기원을 말하고 있는 것은 아니다.

니니기노미코토는 타카아마노하라를 떠나, 여덟 겹으로 덮인 구름을 밀어 헤치고, 쯔쿠시 히무카의 타카찌호의 쿠지후루타케에 내려서서, 그 토지가 길하다며 궁전을 짓는다. 소위 '히무카 삼대'의 개시다. 천황의 시조신이 하늘에서 내려온 것을 구상적으로 이야기하려고 하는 『고사기』속의 하이라이트이다. 쿠지후루타케가 현실의 어디인가라는 것은, 이 경우에 그다지 의미가 없다.

6. 사루메노키미

　故爾, 詔天宇受賣命, 此, 立御前所仕奉猿田毗古大神者, 專所顯申之汝, 送奉. 亦, 其神御名者, 汝, 負仕奉. 是以, 猿女君等, 負其猿田毗古之男神名而, 女呼猿女君之事, 是也.

　故, 其猿田毗古神, 坐阿耶訶^{此三字以音. 地名} 時, 爲漁而, 於比良夫貝^{自此至夫以音} 其手見咋合而, 沈溺海鹽. 故, 其, 沈居底之時名, 謂底度久御魂,^{度久二字以音} 其, 海水之都夫多都時名, 謂都夫多都御魂,^{自都下四字以音} 其, 阿和佐久時名, 謂阿和佐久御魂.^{自佐至久以音}

　於是, 送猿田毗古神而還到, 乃悉追聚鰭廣物・鰭狹物以, 問言, 汝者, 天神御子仕奉耶之時, 諸魚皆, 仕奉白之中, 海鼠, 不白. 爾, 天宇受賣命, 謂海鼠云, 此口乎, 不答之口而, 以紐小刀析其口. 故, 於今海鼠口, 析也. 是以, 御世, 島之速贄獻之時, 給猿女君等也.

【훈】

　故かれしかくして、天宇受賣命あめのうずめのみことに詔のりたまひしく、「此この御前みさきに立ちて仕つかへ奉まつれる猿田毗古大神さるたびこのおほかみは、專もはら顯あらはし申せる汝なむち、送おくり奉まつれ。亦また、其その神の御名みなは、汝なむち、負ひて仕へ奉れ」とのりたまひき。是ここを以もちて、猿女君等さるめのきみら、其の猿田毗古さるたびこの男神をのかみの名を負ひて、女をみなを猿女君と呼よぶ事、是ぞ。

　故かれ、其の猿田毗古神さるたびこのかみ、阿耶訶あざかに坐しし時いまに、漁すなどり爲して、ひらぶ貝かひに其の手を咋くひ合さえて、海鹽うしほに沈しづみ溺おぼほれき。故、其の、底に沈み居る時の名は、底度久御魂そこどくみたまいと謂ひ、其の、海水うしほのつぶたつ時の名は、都夫多都御魂つぶたつみたまと謂ひ、其の、あわさく時の名は、阿和佐久御魂あわさくみたまいと謂ふ。

是に、猿田毘古神を送りて還り到りて、乃ち悉く鰭の廣物・鰭の狹物を追ひ聚めて、問ひて言はく、「汝は、天つ神御子に仕へ奉らむや」といふ時に、諸の魚皆「仕へ奉らむ」と白す中に、海鼠、白さず。爾くして、天宇受賣命、海鼠に謂ひて云はく、「此の口や、答へぬ口」といひて紐小刀を以て其の口を斥きき。故、今に海鼠の口は、析けたるぞ。是を以て、御世に、島の速贄を獻る時に、猿女君等に給ふぞ。

【주】

奉 (마쯔레루) 본거지에 모셔다 드리라는 의미. 본거지가 어디인가 기록되어 있지 않으나, 뒤에 阿耶訶가 나오는 것을 보아 이세로 생각하고 있었던 것 같다.

女 (오미나) 여자가 남신 사루타비코노카미의 이름을 이어받아, 猿女君로 이름하고 있는 것에 대한 설명. 사루메노키미라는 이름으로 궁정에 봉사하는 것은 여성이다.

男神 (오노가미) 여자가 남신의 이름을 사용한 것은, 아메노우즈메노미코토가 사루타비코노카미의 실체를 밝힌 것을 인연으로 결혼했기 때문이다. 천상의 여신이 지상의 남신의 이름을 사용하게 된 것이다.

猨女君 (사루메노키미) 궁정의 무악녀. '키미'를 붙인(여자가 君를 사용) 사정의 설명. 사루타비코라는 남신의 이름을 받았기 때문이다. 사루(猨)로 표기한 것은 원숭이(猿)의 울부짖는 성질 때문일 것이다.

阿邪訶 (아자카) 『延喜式』(엔기시키) 신명장에 의하면, 伊勢國(이세노쿠니) 壹志郡에 '아자카신사'가 있다. 三重縣(미에현) 松坂市(마쯔자카시)에 아자카 신사 3좌가 있다.

比羅夫貝 (히라부카이) 조개의 이름이나 현재의 무엇에 해당하는가는 미상.

^{우시호}
海鹽 해수.

^{소코도쿠미타마}　^{토쿠}　^{쯔쿠}
底度久御魂 度久는 着의 교체형이 연탁된 것.

^{쯔부타쯔}
都夫多都 물거품이 생겨나다. '쯔부'는 '방울진 모양', '타쯔'는 어떤 상태로 된다는 것을 나타내는 형으로, 명사형은 '쯔비'라 한다.

^{아와사쿠}
阿和佐久 '아와'는 거품(泡), '사쿠'는 타동사 裂의 ^{사쿠} 자동사적 용법으로, 물거품이 수면에서 터지는 것을 나타낸다. 익사하는 행위에서 세 영혼이 나타나는 것은 수중 진혼이거나 어로에 관한 주적 무기(舞妓)의 행사로, 이세의 아마족에 의하여 전승된 것 같다. 이자나키가 재계할 때에 3쌍의 해신이 수중에서 나타난 것과 동형이다.

^{카에리이타리}
還 到 히무카로 돌아가 도착했다는 의미. 이세에서 ^{가사사미사키}笠沙岬로 돌아갔다는 설, 본거인 이세로 돌아왔다는 설 등이 있다.

^{하타}
鰭 지느러미. 지느러미가 넓은 물고기와 좁은 물고기, 즉 모든 물고기.

^{쯔카에}
仕 천황의 식료로 봉사하다.

^{미케}
御饍 천황에게 올리는 식료.

^코
海鼠 해삼. 해삼이 특별 취급된 것은 기이한 형태에 대한 관심일 것이다. 『엔기시키』내선사(內膳司)에 볶은 해삼이나 해삼 창자의 공납 기록이 있다.

^{히모카타나}
紐小刀 끈이 달린 폭이 좁은 작은 칼. 비수.

^{미요}
御世 천황의 영지를 가리킨다. 그 의미를 따서 '미요미요'라고 읽는다. 원문은 원래 '御々世々'였을까.

^{시마}
島 후의 ^{시마 노 쿠니}志摩國.

^{하야니헤}
速贄 '하야'는 이른 계절. '니헤'는 조정에 바치는 지방의 산물. 식료품. 초출의 해산물.

【해석】

그런데 이리하여, 니니기노미코토는 아메노우즈메노미코토에게 "이 선도를 자청하고 종사한 사루타비코노오호카미는, 그 정체를 완전히 밝히어 말해 올린 네가 보내드려라. 또 그 신의 이름은, 네가 물려받아서 봉사하라."라고 말씀하셨다. 그래서 사루메노키미들이, 그 사루타비코라는 남신의 이름을 이어받아서, 여자를 사루메노키미라고 부르게 되었다는 것이다.

그런데 그 사루타비코노카미가 아자카에 계실 때, 고기잡이를 하다가 히라부라는 조개에게 손을 물려, 바닷물에 빠져 익사했다. 그래서 그 바닥에 가라앉아 있었을 때의 이름은 '소코도쿠미타마'라 하고, 그 해수에 보글보글 거품이 생겼을 때의 이름은 '쯔부타쯔미타마'라 하고, 그 물거품이 터졌을 때의 이름은 '아와사쿠미타마'라 한다.

그리하여 아메노우즈메노미코토가 사루타비코노카미를 보내고, 다시 히무카로 돌아와 도착하여, 즉시 모든 크고 작은 모든 물고기들을 모아 놓고 묻기를 "너희들은 천신인 여자를 받들어 모시겠는가."라고 말했을 때, 모든 물고기들은 모두 "모시겠습니다."라고 답하는 가운데, 해삼은 말하지 않았다.

그러자 아메노우즈메노미코토는 해삼을 향해 "이 입은, 대답을 하지 않는 입이란 말인가."라고 말하고, 끈 달린 비수로 그 입을 찢었다. 그래서 지금도 해삼의 입은 찢어져 있는 것이다. 이로 인해, 대대로 시마에서 신선한 해산물을 헌상했을 때는, 사루메노키미들에게 내려 주시게 되는 것이다.

【해설】

전집 아메노우즈메노미코토는 사루타비코노카미를 진좌할 곳에 보내고 사루타비코노카미의 이름을 물려받을 것을 명 받고, 그 인연으로 아메노우즈메노미코토의 여자 후손을 猨女君(사루메노키미)라고 부르게 된다. 기의 송습자 稗田阿禮(히에다노아레)는 이 사루메노키미의 일족이다. 다음에 사루타비코노카미가 조개에 손을 물려 익사하는 이야기가 있고, 또 아메노우즈메노미코토가 물고기들에게 봉사를 약속하게 하는 이야기가 있는데, 그것이 시마노쿠니에서 조정에 헌상되는 공물을 사루메노키미에게 나누어 주는 계기가 되었다. 전체로는 사루메노키미의 유래담이라고 할 수 있는 것으로, 그 사이에 사루타비코노카미가 익사한 이야기가 삽입된 구성이다.

집성 니니기노미코토는 아메노우즈메노미코토에게 사루타비코노카미를 진좌시킬 곳까지 전송할 것, 또 그의 이름을 사용할 것을 명하여, 이후에는 그 자손을 사루메노키미(여기부터 猨이 猿 자로 변한다.)로 부르게 된다. 다음에 사루타비코노카미가 익사하는 이야기를 삽입하고 최후로 아메노우즈메노미코토가 고기들에게 천손의 식료로 봉사할 것을 명령하고, 그 인연으로 시마국의 헌상물을 사루메노키미에게 나누어 주게 된다.

강담 아메노우즈메노미코토는 사루메노키미의 조상신으로 되어 있다. 우즈메노미코토는 사루타비코노카미와 대립하여, 그 신에 관한 일을 "분명히 했다."라고 되어 있어, '사루타비코의 이름을 계승하여 사루메노키미로 불리게 되었다.'고 하고 있으므로, 우즈메노미코토는 사루타비코노카미의 신처(神妻)인 무녀이고 사령자였다고 생각된다.

우즈메노미코토가 어족을 소집하여 "천신인 여자의 식료로 봉사하겠는가."라고 물었다는 것은, 이 여신이 이세의 어부들이 신앙하는 신이고, 또 고래 이세의 시마 지방의 아마 집단이 야마토 조정에 복속해 있던 것을 나타내고 있다. 궁정에서 주의(呪儀)를 행한 사루메노키미도 원래는 이세 시마 지방의 阿曇(아즈미)계의 집단에서 나온 무녀일 것이다.

사루타비코노카미가 바다에 익사하는 이야기는, 원숭이에 관한 동물설화로 재미있게 이야기되어 있다. 원숭이가 굴이나 그 외의 조개류의 살을 빼먹을 때 잘못하여 조개에 손을 물려 고생하는 이야기는 외국에도 전하고 있다(南方雄楠 著 『十二支考』를 참조). 기의 사루타비코노카미의 이야기도 민간전승일 것이다. 또 사루타비코노카미가 익사했을 때 세 혼이 생긴 것은 이자나키노카미가 재계할 때에 3명의 와타쯔미노카미와 3명의 쯔쯔노오노미코토가 생겼다는 신화와 동형이다. 이런 전승은 海人(아마)의 종교생활과 유관한 주의일 것이다.

신전집 니니기노미코토는 아메노우즈메노미코토에게, 사루타비코노카미를 그 본거지까지 보내야 한다는 것, 또 그 신의 이름을 계승할 것을 명한다. 이후 그 자손은 사루메노키미라고 불리게 된다. 또 아메노우즈메노미코토가 크고 작은 고기에게 니니기노미코토에게 봉사할 것을 서약시키는 이야기가 있고, 그것을 기연으로 하여 시마노쿠니가 조정에 헌상하는 해산물을 사루메노키미에게 내린다고 하는 사루메노키미의 유래담이다.

7. 천지신의 신혼

　於是, 天津日高日子番能邇々藝能命, 於笠沙御前, 遇麗美人. 爾, 問, 誰女, 答白之, 大山津見神之女, 名神阿多都比賣,^(此神名以音) 亦名謂木花之佐久夜毘賣.^(此五字以音) 又, 問, 有汝之兄弟呼, 答白, 我姉, 石長比賣在也. 爾, 詔, 吾, 欲目合汝. 奈何, 答白, 僕, 不得白. 僕父大山津見神, 將白. 故, 乞遺基父大山津見神之時, 大歡喜而, 副其姉石長比賣, 令持百取机代之物, 奉出. 故爾, 其姉者, 因甚凶醜, 見畏而返送, 唯留其弟木花之佐久夜毘賣以, 一宿, 爲婚.

　爾大山津見神, 因返石長比賣而, 大恥, 白送言, 我之女二並立奉由者, 使石長比賣者, 天神御子之命, 雖雪零風吹, 恒如石而, 常堅不動坐, 亦, 使木花之佐久夜比賣者, 如木花之榮々坐宇氣比弖,^(自字下四字以音) 貢進. 此, 令返石長比賣而, 獨留木花之佐久夜毘賣故, 天神御子之御壽者, 木花之阿摩比能微^(此五字以音) 坐. 故是以, 至于今, 天皇命等之御命, 不長也.

　故, 後木花之佐久夜毘賣, 參出白, 妾, 妊身. 今, 臨産時, 是天神之御子, 私不可産故, 請. 爾, 詔, 佐久夜毘賣, 一宿哉妊. 是, 非我子. 必國神之子. 爾, 答白, 吾妊之子, 若國神之子者, 産時不幸. 若天神之御子者, 幸, 卽作無戶八尋殿, 入其殿內, 以土塗塞而, 方産時, 以火著其殿而産也. 故, 其火盛燒時所生之子名, 火照命^(此者隼人阿多君之祖) 次, 生子名, 火須勢理命.^(須勢理三字以音) 次, 生子御名, 火遠理命, 亦名, 天津日高日子穗穗手見命.^(三柱)

【훈】

　是に、天津日高日子番能邇邇藝能命、笠沙の御前にして、麗しき美人

に遇ひき。爾くして、問ひしく、「誰が女ぞ」ととひしに、答へて白ししく、「大山津見神の女、名は神阿多都比賣、亦の名は、木花之佐久夜毘賣と謂ふ」とまをしき。又、問ひしく、「汝が兄弟有りや」ととひしに、答へて白ししく、「我が姉、石長比賣在り」とまをしき。爾くして詔ひしく、「吾、汝と目合はむと欲ふ。奈何に」とのりたまひしに、答へて白ししく、「僕は、白すこと得ず。僕が父大山津見神、白さむ」とまをしき。故、其の父大山津見神に、乞ひに遣りし時に、大きに歡喜びて、其の姉石長比賣を副へ、百取の机代の物を持たしめて、奉り出だしき。故爾くして其の姉は、甚凶醜きに因りて、見畏みて返し送り、唯に其の弟木花之佐久夜毘賣のみを留めて、一宿婚を爲き。

爾くして大山津見神、石長比賣を返ししに因りて、大きに恥ぢ、白し送りて言ひしく、「我が女二並に立て奉りし由は、石長比賣を使はば、天つ神の御子の命は、雪零り風吹くとも、恒に石の如くして、常に堅に動かず坐さむ、亦、木花之佐久夜毘賣を使はば、木の花の榮ゆるが如く榮え坐さむとうけひて、貢進りき。此く、岩長比賣を返らしめて、獨り木花之佐久夜毘賣のみを留むるが故に、天つ神御子の御壽は、木の花のあまひのみ坐さむ」といひき。故是を以て、今に至るまで、天皇命等の御命は、長くあらぬぞ。

故、後に木花之佐久夜毘賣、參ゐ出でて白ししく、「妾は、妊身みぬ。今、産む時に臨みて、是の天つ神の御子は、私に産むべくあらぬ故に、請す」とまをしき。爾くして、詔ひしく、「佐久夜毘賣、一宿にや妊みぬる。是は、我が子に非じ。必ず國つ神の子ならむ」とのりたまひき。爾くして、答へて白さく、「吾が妊める子、若し國つ神の子ならば、産む時に幸くあらじ。若し天つ神の御子ならば、幸くあらむ」とま

をして、即ち戸無き八尋殿を作り、其の殿の内に入り、土を以て塗り塞
ぎて、方に産まむとする時に、火を以て其の殿に著けて産みき。故、其の
火の盛りに燒ゆる時に生める子の名は、火照命<此は隼人の阿多君が祖ぞ>。
次に、生みし子の名は、火須勢理命。次に、生みし子の御名は、火遠理
命、亦の名は天津日高日子穗々手見命<三柱>。

【주】

大山津見神^{오호야마쯔미노카미} 산신. 고유명사라기보다는 보통명사로 볼 수 있다. 鹿兒島縣^{카고시마켄}의 산간부에 있는 신사는 거의가 이 신을 모신다.

神阿多都比賣^{카무 아 타쯔히메} 阿多^{아타}를 서기는 薩摩國^{사쯔마노쿠니}의 지명으로 하는데, 기에는 명기되어 있지 않다. '카무'는 미칭. 아다하야토족의 본거지. 니니기노미코토는 隼人^{하야토}의 여신과 결혼했다.

木花之佐久夜毘賣^{코노하나노사쿠야비메} 木花^{코노하나}는 특히 벚꽃을 의미한다. 佐久夜^{사쿠야}는 咲^{사쿠}에 상태화의 접미사 '야'가 붙은 것. 벚꽃이 피듯이 아름다운 여신.

石長比賣^{이하나가히메} 돌처럼 변함이 없는 낭자라는 의미. 사쿠야비메에 대칭하는 이름으로, 꽃과 돌에 대한 고대인의 신앙에 의거한 명명.

目合^{아히아후} '目'을 '相'의 생략문 또는 오자로 보고, '目合'을 '아히아후'로 읽는다. 통설은 '마구하히'이나, '마구하히'는 남녀의 성적 결합을 나타내는 말로 이 문맥에 맞지 않는다.

百取^{모모토리} 百^{모모}는 다수, 取^{토리}는 손으로 쥐는 것을 세는 조수사.

机代^{쯔쿠에시로} 상에 올리기 위한 것. '쯔쿠에'의 '에'는 '야행'의 枝^에로 다리가 달린 상을 의미하는 것 같다. 사위를 맞이할 때 여자 쪽이 남자에게 보내는 많은 혼수품.

^{미카시코미}
見畏 보고 무서워서.

^{히토요}
一宿 하룻밤의 정사.

^{토키하}
常 ^{토코이하}常磐의 약. 변하지 않는 바위.

^{카찌하}
堅石 ^{카타이하}堅磐의 약. 견고하고 불변하는 바위처럼 영원히 변하지 않는 것의 비유.

^{우케히}
宇氣比 미리 어떤 결과를 정해 놓고 그대로의 효과가 나타나는가, 어떤가로 신의 뜻을 아는 복점. 기원이나 약속의 의미로 사용되기도 한다.

^코
木 벚꽃처럼.

^{아마히노미}
阿摩比能微 그저 약하고 덧없다. ^{아마히}雨間는 벚꽃이 비가 내리지 않는 기간에 잠깐 피었다 진다는 의미. ^{노미}能微는 짧은 시간을 한정하는 조사. 역대 천황이 단명한 것은 오호야마쯔미노카미의 주언에 의한 것으로, 천황의 수명에 대한 설명으로 신대와 인대의 전환을 암시한다. ^{아마아히}雨間의 약이라는 설도 있으나, 그렇다면 '아마마'로 했을 것이다.

^{마이데}
參出 니니기노미코토가 있는 곳으로 찾아가서.

^{아마쯔카미노미코}
天神之御子 천신을 아버지로 하는 아들.

^{와타쿠시}
私 개인적으로, 조용히.

^{마오스}
請 사정을 말씀드린다.

^{사키쿠아라지}
不幸 무사하지는 않을 것이다. 불행.

^{토나키}
戶無 문이 없는 산실.

^{야히로도노}
八尋殿 높고 신성한 건물.

^{호데리노미코토}
火照命 불빛이 환하게 비칠 때 태어난 아들. 서기는 ^{호아카리노미코토}火明命라 했다. 호데리의 ^호火는 호아카리노미코토의 ^호穗와 같은 '호'로, 호노니니기노미코토가 벼의 영격이었던 것처럼 세 신의 '호'도 벼를 의미한다.

^{하야토}
隼人 '하야히토'라고도 한다. 남구주의 부족으로, ^{아타}阿多·^{히무카}日向·^{오호쿠마}大隅·

薩摩(사쓰마) 하야토 등이 있다. 야마토 조정이 이민족 취급을 했다. '하야'는 남구주의 지명이라는 설과 위세가 강하다는 의미의 형용사 '하야시'의 어간으로 보는 설이 있으나, 전자가 좋은 것 같다.

阿多君(아타노키미) 뒤의 사쓰마노쿠니(阿多郡(아타군) 鹿兒島縣(가고시마켄))를 본거로 하는 호족.

火須勢理命(호스세리노미코토) 불이 계속 타오를 때 태어난 것에 연유하는 이름. 벼 이삭이 한창 여무는 것을 의미한다. '스세리'는 기세 좋게 나간다는 의미.

火遠理命(호오리노미코토) 불이 타며 번질 때 태어난 것을 연유로 하는 이름. '오리'는 휘어져 굽는다는 의미의 동사 '오오루'와 관계가 있을 것이다. 가지가 휘청할 정도로 꽃이 피는 것을 '花咲(하나사카) 오오루'라 한다. 통설은 '오리'를 折(오리)로 보고, 화세가 약해졌을 때 태어난 것이라 하나, 세 아들은 모두 "그 불이 세게 타오를 때에" 태어난 것으로 기술되어 있어, 문맥과 맞지 않는다. 또 가장 귀한 자식이 화력이 약해졌을 때 출생했다는 것도 부자연스럽다. 벼가 휘어질 정도로 여문다는 의미.

穗々手見命(호호데노미코토) 穗々(호호)는 많은 벼 이삭. 手(테)는 出(데), 見(미)는 靈(미)를 나타낸다. 벼 이삭을 나오게 하는 영.

【해석】

그런데 아마쯔히타카히코호노니니기노미코토는, 가사사곶에서 아름다운 여인을 만났다. 그래서 "너는 누구의 딸인가."라고 물었더니, 답하여 "오호야마쯔미노카미의 딸, 이름은 카무아타쯔히메, 다른 이름은 코노하나노사쿠야비메라고 합니다."라고 아뢰었다.

또 니니기노미코토가 "너에게는 형제가 있는가."라고 물었더니, 답하여 "저의 언니 이하나가히메가 있습니다."라고 아뢰었다. 그리하여 니니기노미코토가 "나는 너와 결혼하려고 생각한다. 어떠한가."라고 말씀하셨더니 답하여 "저는 아뢸 수 없습니다. 저의 아버지, 오호야마쯔미노카미가 아뢸 것입니다."라고 아뢰었다.

그래서 그 아버지 오호야마쯔미노카미에게 딸을 원하는 사자를 보냈더니, 오호야마쯔미노카미는 매우 기뻐하며, 그 언니 이하나가히메를 딸려서, 많은 혼수품을 실은 상에 쌓아서 들게 하여, 바쳤다. 그리하였으나 그 언니는 매우 추했기 때문에, 니니기노미코토는 보기 싫어져서 되돌려 보내고, 단지 그 동생 코노하나노사쿠야비메만을 머물게 하여, 하룻밤의 교접을 가졌다.

이에 대해 오호야마쯔미노카미는, 이하나가히메가 되돌아오게 된 것을 매우 부끄럽게 생각하고 전하여 아뢰길 "저의 딸 둘을 함께 올린 이유는, 이하나가히메를 부리시면, 천신이신 어자의 수명은, 눈이 내리고 바람이 불어도, 항상 바위처럼, 언제까지나 끄떡하지 않고 계실 것이고, 또 코노하나노사쿠야비메를 부리시면, 나무의 꽃이 피듯이 번영하게 될 것이라고 우케히를 하고, 올렸던 것입니다. 이렇게 이하나가히메를 돌려보내시고, 코노하나노사쿠야비메 한 사람만을 머물게 했기 때문에, 천신이신 어자의 수명은, 벚꽃처럼 짧을 것입니다."라고 말했다. 이 때문에, 오늘에 이르도록 천황들의 수명은 길지 않은 것이다.

그런데 이후에, 코노하나노사쿠야비메가 니니기노미코토가 있는 곳에 찾아가서 "저는 임신했습니다. 지금 낳으려고 할 때가 되어, 이 천신의 어자는 몰래 낳을 수 없어서 말씀드립니다."라고 아뢰었다. 이에 대해 니니기노미코토는 "사쿠야비메여, 하룻밤으로 회임했다는 것인가. 이는 나의 아이가 아닐 것이다. 틀림없이 국신의 아이일 것이다."라고 말씀하셨다. 이에 대해 코노하나노사쿠야비메는 답하여 "제가 임신한 아이가 혹시 국신의 아이라면, 낳을 때 무사하지 못할 것이오. 만일 천신의 아이라면, 무사할 것이오."라고 아뢰고, 즉시 입구가 없는 높고 신성한 건물을 짓고, 그 건물 안에 들어가, 흙으로 발라서 막고, 이제 막 낳으려고 할 때 그 건물에 불을 붙이고 출산했다.

그리하여 그 불이 왕성하게 타오를 때 낳은 자식의 이름은, 호데리노미코토(이는 하야토의 아타노키미의 선조이다.) 다음에 낳은 자식의 이름은 호스세리노미코토. 다음에 낳은 자식의 이름은 호오리노미코토, 다른 이름은 아마쯔히타카히코호호노데미노미코토이다(3주).

【해설】

전집 니니기노미코토는 오호야마쯔미노카미가 헌상한 두 딸 중에서 동생 사쿠야비메와 하룻밤의 정을 나눈다. 그래서 아이를 가졌으나 니니기노미코토가 의심하기 때문에, 우케히를 하고 산실에 불을 지르고 그 속에서 3명의 아이를 무사히 낳는다. 천신의 풍요령인 니니기노미코토가 국신의 딸과 결혼하여 히무카 제2대의 태자를 낳는다는 것이 이 성혼의 주제이나, 여기에는 태자가 나라의 주인으로서 즉위할 때의 일야처의 성혼의례를 반영한 것이다. 그와 함께 니니기노미코토로 상징되는 야마토 조정의 주권이 최변방 사쯔난까지 미쳐, 토호 하야토의 딸과의 결혼으로 그 변경을 복속시키고 싶다고 하는 국가적 정치적인 규모로 구성을 꾀하였다. 또 니니기노미코토, 호호데미노미코토, 우카야후키아에즈노미코토에 관련된 이야기를 히무카 3대라 한다.

집성 산상에 강림한 니니기노미코토는 순행 중에 산신의 딸을 만나고 산신은 두 딸을 헌상한다. 그러나 언니 이하나가히메는 돌려보내고 동생 코노하나사쿠야비메와 성혼을 한다. 사쿠야비메는 임신을 하는데 니니기노미코토의 의심을 사, 그 의심을 풀기 위하여 산실에 불을 지르고 그 안에서 3신을 예언한 대로 출산한다. 이 말자가 히무카 3대의 제2대 아마쯔히타카히코호호데미노미코토이다.

이 신화의 하나의 의도는, 벼 이삭의 영격을 지닌 니니기노미코토와 산신의 딸이 결혼하고, 또 벼 이삭의 영격을 지닌 호호데미노미코토를 낳는 것이 日繼御子(히쯔기미코)의 본질이라는 것을 나타내려는 데 있다. 천황 즉위에는 무녀의 성격을 지닌 여성과 거행하는, '일야처'라는 성혼의례가 있었다. 그리고 이 신화의 또 다른 의도는 사쯔난까지 뻗친 판도 확대를 나타내는 것에 있다. 카사사키나 아타는 카고시마현 加世田市(카세다시)로 하야토족의 근거지이며, 성혼은 변경을 복속시킨 것의 표시라 할 수 있다.

강담 니니기노미코토가 카무아타쯔히메를 만난 장소는 아타의 하야토의 본거지인 카사사자키로 되어 있다. 니니기노미코토의 처가 된 카무아타쯔히메는 아타 하야토의 여신이며, 이 여성은 히코호호데미노미코토와 하야토의 조상신 호데리노미코토 형제를 낳았다고 전한다. 천손강림 이후 신화의 무대가 구주 남부로 옮겨져 이렇게 조정과 하야토와의 긴밀한 관계가 이야기되는 것은, 야마토 조정의 하야토 정책의 중요성에 의한 것이다.

다음에 사쿠야히메가 "나의 아이가 아닐 것이다."라고 의심을 받자, 천신의 자손임을 증명하기 위하여 산실에 불을 지르고 불 속에서 무사히 출산한다는 이야기는 신념으로 살려는 여성의 한결같은 정열을 나타낸 이야기다. 종교적으로는 마음의 결백을 증명하기 위한 서약으로 쿠카타찌사상과 동류의 주의로 볼 수 있다.

카무아타쯔히메의 다른 이름이 코노하나노사쿠야비메로 되어 있는 것은 별개였던 두 개의 이야기를 결합했기 때문이다. 사쿠야히메와 이하나가히메의 이야기는 천황의 수명이 영원하지 않은 이유를 이야기한다. 고대에는 이처럼 둘 혹은 세 명의 자매가 황후 또는 비로 같은 천황과 결혼하는 자매 연대혼이 행해졌던 것 같다.

신전집 산상에 내려선 니니기노미코토가 산신의 딸과의 결혼을 통해 산에 연관되는 주력을 손에 넣는 이야기이다. 니니기노미코토는 오호야마쯔미노카미가 바친 두 명의 딸 중, 추한 언니 이하나가히메를 돌려보내고 아름다운 동생 코노하나노사쿠야비메만을 남겨 하룻밤의 관계를 맺는다. 그러나 언니는 영원을, 동생은 번영을 약속하는 것이었기 때문에 번영은 가져왔지만 수명이 유한하게 된 것은 이것 때문이었다 한다. '히토쿠사(人草)'의 수명이 유한한 이유는, 이미 '코토도와타시(事戶度)'(이자나키와 이자나미가 결별할 때 주고받은 말) 조에서 이야기하였다. 여기서는 천황의 수명이 영원하지 않은 이유를 그것과 구별하여 천황의 설명으로 이야기하는 것이다.

코노하나노사쿠야비메는 회임하지만 하룻밤의 관계였기 때문에 니니기노미코토는 국신의 아이라고 의심한다. 이 의심을 풀기 위해 사쿠야비메는 문이 없는 산실에 들어가 불을 지르고 불 속에서 3명의 신을 출산한다. 그 마지막 아이가 소위 '히무카 3대'의 제2대 아마쯔히타카히코호호데미노미코토이다. 이리하여 천신의 혈통이 산신의 힘을 더하면서 지상에 정착해 나간다.

6 해신국 방문과 신혼

1. 해신국 방문
2. 후키아헤즈의 탄생
3. 후키아헤즈의 계보

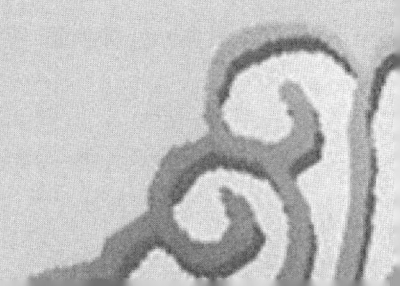

1. 해신국 방문

　　故, 火照命者, 爲海佐知毘古^{此四字以音.下效此也} 而, 取鰭廣物・鰭狹物, 火遠理命者, 爲山佐知毘古而, 取毛麁物・毛柔物. 爾, 火遠理命, 謂其兄火照命, 各相易佐知欲用, 三度雖乞, 不許. 然, 遂纔得相易. 爾, 火遠理命, 以海佐知釣魚, 都不得一魚. 亦, 其鉤失海. 於是, 其兄火照命, 乞其鉤曰, 山佐知母, 己之佐知佐知, 海佐知母, 己之佐知佐知. 今各謂返佐知之時,^{佐知二字以音} 其弟火袁理命答曰, 汝鉤者, 釣魚, 不得一魚, 遂失海. 然, 其兄, 强乞徵. 故, 其弟, 破御佩之十拳劒, 作五百鉤, 雖償, 不取. 亦, 作一千鉤, 雖償, 不受, 云, 猶欲得其正本鉤.

　　於是, 其弟, 泣患, 居海邊之時, 鹽椎神, 來, 問曰, 何, 虛空津日高之泣患所由. 答言, 我, 與兄易鉤而, 失其鉤. 是, 乞其鉤故, 雖償多鉤, 不受, 云, 猶欲得其本鉤. 故, 泣患之. 爾, 鹽椎神云, 我, 爲汝命作善議, 卽造無間勝間之小船, 載其船以, 敎曰, 我押流其船者, 差暫往. 將有味御路. 乃乘其道往者, 如魚鱗所造之宮室, 其綿津見神之宮者也. 到其神御門者, 傍之井上有湯津香木. 故, 坐其木上者, 其海神之女, 見相議者也.^{訓香木云加都良木}

　　故, 隨敎少行, 備如其言. 卽, 登其香木以坐. 爾, 海神之女豊玉毘賣之從婢, 持玉器將酌水之時, 於井有光. 仰見者, 有麗壯夫^{訓壯夫云袁登古. 下效此} 以爲甚異奇. 爾, 火遠理命, 見其婢, 乞欲得水. 婢, 乃酌水, 入玉器貢進. 爾, 不飮水, 解御頸之璵, 含口唾入其玉器. 於是, 其璵, 著器, 婢, 不得離璵. 故, 璵任著以, 進豊玉毘賣命.

　　爾, 見其璵, 問婢曰, 若, 人, 有門外哉. 答曰, 有人, 坐我井上香木之上. 甚麗壯夫也. 益我王而甚貴. 故, 其人乞水故, 奉水者, 不飮水, 唾入此璵. 是, 不得離. 故, 任入, 將來而獻. 爾, 豊玉毘賣命, 思奇, 出見, 乃

見感, 目合而, 白其父曰, 吾門有麗人. 爾, 海神, 自出見, 云, 此人者, 天津日高之御子, 虛空津日高矣, 卽於內率入而, 美知皮之疊敷八重, 亦, 絁疊八重敷其上, 坐其上而, 具百取机代物, 爲御饗, 卽令婚其女豊玉毘賣. 故, 至三年住其國.

於是, 火遠理命, 思其初事而, 大一歎. 故, 豊玉毘賣命, 聞其歎以, 白其父言, 三年雖住, 恒無歎, 今夜爲大一歎. 若有何由. 故, 其父大神, 問其聟夫曰, 今旦, 聞我女之語, 云, 三年雖坐, 恒無歎, 今夜爲大歎. 若有由哉. 亦, 到此間之由, 奈何. 爾, 語其大神, 備如其兄罰失鉤之狀.

是以, 海神, 悉召集海之大小魚, 問曰, 若有取此鉤魚乎. 故, 諸魚白之, 頃者, 赤海鯽魚, 於喉鯁, 物不得食愁言. 故, 必是取. 於是, 探赤海鯽魚之喉者, 有鉤. 卽, 取出而淸洗, 奉火遠理命之時, 其綿津見大神誨曰之, 以此鉤給其兄時, 言狀者, 此鉤者, 淤煩鉤・須々鉤・貧鉤・宇流鉤, 云而, 於後手賜. _{淤煩及須々亦宇流六字, 以音} 然而, 其兄作高田者, 汝命, 營下田. 其兄作下田者, 汝命, 營高田. 爲然者, 吾掌水故, 三年之間, 必, 其兄, 貧窮. 若悵怨其爲然之事而, 攻戰者, 出鹽盈珠而溺. 若其愁請者, 出鹽乾珠而活. 如此令惚苦, 云, 授鹽盈珠・鹽乾珠幷兩箇, 卽悉召集和邇魚, 問曰, 今, 天津日高之御子, 虛空津日高, 爲將出幸上國. 誰者幾日送奉而覆奏. 故, 各隨己身之尋長, 限日而白之中, 一尋和邇白, 僕者, 一日送卽還來. 故爾, 告其一尋和邇, 然者, 汝, 送奉. 若度海中時, 無令惶畏, 卽載其和邇之頸送出. 故, 如期, 一日之內送奉也. 其和邇將返之時, 解所佩之紐小刀, 著其頸而返. 故, 其一尋和邇者, 於今謂佐比持神也.

是以, 備如海神之敎言, 與其鉤. 故, 自爾以後, 稍愈貧, 更起荒心迫來. 將攻之時, 出鹽盈珠而令溺. 其愁請者, 出鹽乾珠而救. 如此令惚苦之時, 稽首白, 僕者, 自今以後, 爲汝命之晝夜守護人而仕奉. 故, 至今其溺時之

種々之態不絕, 仕奉也.

【훈】

　　故、火照命は、海佐知毘古と爲て、鰭の廣物・鰭の狹物を取り、火遠理命は、山佐知毘古と爲て、毛の麁物・毛の柔物を取りき。爾くして、火遠理命、其の兄火照命に謂はく、「各佐知を相易へて用ゐむと欲ふ」といひて、三度乞へども、許さず。然れども、遂に纔かに相易ふることを得たり。爾くして、火遠理命、海佐知を以ちて魚を釣るに、都て一つの魚も得ず。亦、其の鉤を海に失ひき。是に、其の兄火照命、其の鉤を乞ひて曰ひしく、「山佐知も、己が佐知佐知、海佐知も、己が佐知佐知。今は各佐知を返さむと謂ふ」といひし時に、其の弟火遠理命の答へて曰ひしく、「汝が鉤は、魚を釣りしに、一つの魚も得ずして、遂に海に失ひき」といひき。然れども、其の兄、強ちに乞ひ徵りき。故、其の弟、御佩かしせる十拳の劒を破り、五百の鉤を作り、償へども、取らず。亦、一千の鉤を作り、償へども、受けずして、云ひしく、「猶其の正しき本の鉤を得むと欲ふ」といひき。

　　是に、其の弟、泣き患へて、海邊に居りし時に、鹽椎神、來て、問ひて曰ひしく、「何ぞ、虛空津日高の泣き患ふる所由は」といひき。答へて言ひしく、「我、兄と鉤を易へて、其の鉤を失ひき。是に其の鉤を乞ふが故に、多たの鉤を償へども、受けずして、云ひつらく、『猶其の本の鉤を得むと欲ふ』といひつ。故、泣き患ふるぞ」といひき。爾くして、鹽椎神の云はく、「我、汝命の爲に善き議を作さむ」といひて、卽ち無間勝間の小船を造り、其の船に載せて、敎へて曰ひしく、「我其の

船を押し流さば、着暫らく往け。味し御路有らむ。乃ち其の道に乗りて往かば、魚鱗の如く造れる宮室、其綿津見神の宮ぞ。其の神の御門に到らば、傍の井上に湯津香木有らむ。故、其の木の上に坐さば、其の海の神の女、見て相議らむぞ」といひき。

故、教の隨に少し行くに、備さに其の言の如し。即ち、其の香木に登りて坐しき。爾くして、海の神の女豊玉毘賣の從婢、玉器を持ちて水を酌まむとする時に、井に光有り。仰ぎ見れば、麗しき壯夫有り。甚異奇しと以爲ひき。爾くして、火遠理命、其の婢を見て、「水を得むと欲ふ」と乞ひき。婢、乃ち水を酌み、玉器に入れて貢進りき。爾くして、水を飲まずして、御頸の璵を解き、口に含みて、其の玉器に唾き入れき。是に其の璵、器に著きて、婢、璵を離つこと得ず。故、璵を著け任ら、豊玉毘賣命に進りき。

爾くして、其の璵を見て、婢を問ひて曰ひしく、「若し、人、門の外に有りや」といひき。答へて曰ひしく、「人有りて、我が井上の香木の上に坐す。甚麗しき壯夫ぞ。我が王に益して甚貴し。故、其の人水を乞ひつるが故に、水を奉れば、水を飲まずして、此の璵を唾き入れつ。是、離つこと得ず。故、入れ任ら、將ち來て獻りつ」といひき。爾くして、豊玉毘売命、奇しと思ひ、出で見て、乃ち見感でて、目合して、其の父に白して、曰ひしく、「吾が門に麗しき人有り」といひき。爾くして、海の神、自ら出で見て、云はく、「此の人は天津日高の御子、虛空津日高ぞ」といひて、即ち内に率て入りて、みちの皮の疊を八重に敷き、亦、絁疊を八重に其の上に敷き、其の上に坐せて、百取の机代の物を具へ、御饗を爲て、即ち其の女豊玉毘賣に婚はしめき。故、三年に至るまで其の國に住みき。

해신국 방문과 신혼 335

是に、火袁理命、其の初めの事を思ひて、大きに一たび歎きき。故、豊玉毘賣命、其の歎きを聞きて、其の父に白して言ひしく、「三年住めども、恒は歎くこと無きに、今夜大き一つの歎きを爲つ。若し何の由か有る」といひき。故、其の父の大神、其の聟夫を問ひて曰ひしく、「今旦、我が女が語るを聞くに、云ひしく、『三年坐せども、恒は歎くこと無きに、今夜大き歎きを爲つ』といひき。若し由有りや。亦、此間に到れる由は、奈何に」といひき。爾くして、其の大神に語ること、備さに其の兄の失せたる鉤を罰りし狀の如し。

是を以ちて、海の神、悉く海の大き小さき魚を召し集め、問ひて曰ひしく、「若し此の鉤を取れる魚有りや」といひき。故、諸の魚が白ししく、「頃は、赤海鯽魚、『喉に鯁ちて、物を食ふこと得ず』と愁へ言へり。故、必ず是を取りつらむ」とまをしき。是に、赤海鯽魚の喉を探れば、鉤有り。即ち、取り出だして清め洗ひて、火遠理命に奉りし時に、其の綿津見大神の誨へて曰はく、「此の鉤を以て其の兄に給はむ時に、言はむ狀は、『此の鉤は、淤煩鉤・須須鉤・貧鉤・宇流鉤』と、云ひて、後手に賜へ。然くして、其の兄、高田を作らば、汝命は、下田を營れ。其の兄下田を作らば、汝命は、高田を營れ。然爲ば、吾水を掌るが故に、三年の間、必ず、其の兄、貧窮しくあらむ。若し其の然爲る事を恨怨みて、攻め戰はば、鹽盈珠を出だして溺せよ。若し其愁へ請はば、鹽乾珠を出だして活けよ。如此惚み苦しびしめよ」と、云ひて、鹽盈珠・鹽乾珠を并せて兩箇授けて、即ち悉く和邇を召し集め、問ひて曰ひしく、「今、天津日高の御子、虛空津日高、上つ國に出幸さむと爲。誰か幾日に送り奉りて復奏さむ」といひき。故、各己が身の尋長の隨に、日を限りて白す中に、一尋和邇が白ししく、「僕は、一日に送りて、即ち還り來む」とまをし

き。故爾くして、其の一尋和邇に告らさく、「然らば、汝、送り奉れ。若し海中を度らむ時には、惶り畏らしむること無かれ」とのらして、即ち其の和邇の頸に載せて、送り出だしき。故、期りしが如く、一日の內に送り奉りき。其の和邇返らむとせし時に、佩ける紐小刀を解きて、其の頸に著けて返しき。故、其の一尋和邇は、今に佐比持神と謂ふ。

是を以て備さに海の神の敎へし言の如く、其の鉤を與へき。故、爾より以後は、稍く兪よ貧しくして、更に荒き心を起して迫め來たり。攻めむとせし時には、鹽盈珠を出だして溺れしめき。其愁へ請へば、塩乾珠を出だして救ひき。如此惚み苦しびしめし時に、稽首きて白ししく、「僕は、今より以後、汝命の晝夜の守護人と爲て仕へ奉らむ」とまをしき。故、今に至るまで、其の溺れし時の種々の態絕えずして、仕へ奉るぞ。

【주】

^{우미사찌비코}
海佐知毘古　이곳의 '사찌'는 획득물. 海佐知毘古는 바다의 어물을 잡는 남자. 그것을 잡는 도구로, 낚시 바늘 궁시 등을 말하기도 한다.

^{하타}
鰭　지느러미가 넓은 것과 좁은 것. 대소의 물고기. 성구적 정형 표현.

^{야마사찌비코}
山佐知毘古　산의 획득물을 얻는 남자. 사냥꾼.

^{아라모노}
麤物　털이 거친 짐승.

^{니코모노}
柔物　털이 부드러운 짐승. 각종의 대소 짐승류를 말함.

^에
兄　동모형. '이로세'라는 설도 있다. '이로도'는 동모제. 이로는 동모(동복)의 혈연을 나타낸다. '마마'는 이복의 관계.

^{와즈카니}
纔　겨우, 간신히.

^{카쯔테}
不都 부정어와 호응하여, '전혀~아니다, 없다'를 의미한다. 이 기술은 육조의 속어문에 의한 것 같다.

^{오노가사찌사찌}
己佐知佐知 획물을 취하는 각자의 도구. '서로의 도구를 바꾸자'는 의미.

^찌
鉤 '쯔리바리'라는 설이 있으나 부적절하다. 뒤의 鉤도 '이 찌는 멍해지는 찌, 성나 날뛰는 찌, 가난한 찌, 쓸모없는 찌'를 비롯하여, 모두 鉤^찌로 읽어야 한다.

^{야 마 시 찌 모}
山佐知母 '5·7·5·7'의 율조. 속담 같은 것일까. 산의 획물도 바다의 획물도 역시 자기의 도구가 아니면 잘 잡을 수 없다는 뜻. 호테리노미코토도 제대로 하지 못했던 것이다.

^{하타루}
徵 무리하게 징수하다. 달라고 재촉하다.

^{토쯔카}
十拳 열 주먹의 길이. 장검을 의미하는 말.

^{이 호}
五百 오백·일천은 수가 많은 것. 실수가 아니다.

^{마사시키모노}
正 本 '모토'로 읽고, '正'자를 읽지 않는 의견이 많다. 여기서는 '正眞正銘'과 '근원'을 강조하는 것이기에, '正'을 '마사시키'로 읽는다. 鹽椎神^{시호쯔지노카미}에게 이야기할 때는 단순히 '모토노찌'이다.

^{오루}
居 '엉덩이를 붙이고 앉다'의 경어.

^{시호쯔지노카미}
鹽 椎 神 鹽^{시호}+쯔(의)^찌+靈^{시호}. 鹽^{시호}는 潮 즉 조류를 관장하는 신. 火遠理命^{호오리노미코토}에게 御路^{미 찌} 즉 潮路^{시호쯔지}를 가르쳐 준다.

^{소 라 쯔 히 타 카}
虛空津日高 해를 우러러 보듯이 귀한 공중의 신이라는 의미. '소라쯔히코'로 읽는 것이 통설이나 기전에 따라 虛空津日高^{소 라 쯔 히 타 카}로 읽는다. 火遠理命^{호오리노미코토}는 天津日高日子穗穗手見命^{아마쯔히타카히코호호데미노미코토}라고도 불린다. 日高^{히 타 카}는 천공의 해처럼 귀하다는 의미의 칭사. 天津日高^{아마쯔히타카}와 虛空津日高^{소 라 쯔 히 타 카}는 日高^{히 타 카}를 핵심으로 하여 '아메'·'소라'를 수식한 것. 하늘에 속한다는 정통성을 나타낼 때는 '아메'를 수식한다. '소라'는 지상세계와의 상호적인 관계에서 부

를 때 사용되는 것이다. 여기서 '소라'를 수식하는 것은 강림한 타카찌호에 궁을 짓고 있기 때문이다. 뒤에 "日子穗穗手見命高千穗宮^{히코호호테미노미코토타카찌호노미야}에 계시며……"라고 있는 대로이다. 이것을 육지에서 우러러 바라보며 '소라'라 한다.

無間勝間^{마나시카쯔마} 엮은 대와 대 사이가 촘촘하여 틈이 없는 바구니를 말한다. 이것을 배로 사용한 것이다. 배 모양으로 만든 것은 아니다. 이것을 조류에 띄운 것이지 저어 가는 것이 아니다. 서기는 이것을 바다에 가라앉히는 것으로 되어 있어, 기와는 다르다. 대바구니같이 짠 베트남의 배와 비교하여, 사이를 야자유나 소똥으로 때운 배라는 설, 죽제의 틈을 칠로 때운 배라는 설 등이 있다.

味御路^{우마시미찌} 御는 칭사. 기분 좋게 막힘없이 나가는 해로를 추어서 하는 말. 御路의 '미'는 火遠理命^{호오리노미코토}가 가는 길이기 때문에 존중하여 수식한 것이다. '미찌'는 한어로 생각되나, 한어로서는 천자에 한정되는 자로, 여기서도 火遠理命^{호오리노미코토}를 대우하여 의식적으로 사용된 것으로 보인다. 지상세계의 왕으로서, 천자와 대등한 대우를 받은 셈이다.

其^{소노} 조류의 흐름을 타고 그대로 간다. 해신의 궁은 바다의 저쪽에 있다고 보아야 한다.

魚鱗^{이로코} 우로코(비늘)의 고어. 비늘처럼 가옥이 늘어선 장대한 광경을 말한다. 『宇津保物語』^{우쯔호모노가타리} '후지하라의 키미'에도 건물이 늘어선 상태를 '비늘과 같이'로 표현한 예가 있다. 지금 해신의 궁을 비늘에 비유하여 연상하고 있다.

綿津見神^{와타쯔미노카미} 용궁에 있으며 바다를 지배하는 신. 바다를 의미하기도 한다.

湯津香木^{유쯔카쯔라} '유쯔'는 신성하다. 香木^{카쯔라}라는 훈주가 있다. 湯津香木^{유쯔카쯔라}가 '유쯔=카쯔라'의 구성이라는 것을 명시하여 오해를 풀기 위한 주. 香木^{카쯔라}는 계수나무. 신이 내리는 신성수. 이것은 신목이기 때문에 반드시 齋(유쯔)로 수식된다. 우물가에 성목이 있는 예는 많다. 이것을 오른다는 것은 오르는 주체가 신이라는 것을 의미한다.

豊玉毘賣(토요타마비메) '토요'는 미칭, '타마'는 혼. 신령이 내려앉는 여자라는 의미.

從婢(쯔카히메) 서기의 고훈에 從女가 있어 그렇게 읽는 것이 보통이나, 상대어로서의 존재여부는 불명. 從婢(쯔카히메)로 읽는다. 귀인을 모시는 여자.

玉器(타마모히) '타마'는 미칭. 器(모히)는 음료수. 여기서는 그것을 담는 그릇. 아름다운 그릇이므로, 그저 물을 뜨는 것이 아니라 물을 담는 그릇으로 알려져 있다. 이것을 豊玉毘賣(토요타마비메)에게 바쳤다는 것으로 확인된다.

光(히카리) 해신의 자손으로서, 빛나는 모습을 우물에 비추게 한 것.

麗(우루하시키) 균형이 잡히고 품위 있는 아름다움. 훈주는 '麗壯=夫'가 아니라, '麗=壯夫'의 구성이라는 것을 나타내기 위한 것이다.

瑛(타마) 음은 '요', 瑛璠(요한)은 고대 중국 노나라의 보옥의 이름이라 한다.

得(에) 여성의 손을 통하여 물을 받는 것은, 그 손을 통하여 수령(水靈)을 받는다는 사상이다.

唾(쯔바키) 타액의 주력으로 구슬을 그릇 바닥에 붙인 것이다. 구슬이 그릇에 붙어 떨어지지 않았다는 것은 火袁理命(호오리노미코토)의 영이 豊玉毘売(토요타마비메)의 영과 결합한 것을 상징적이고 신비적으로 이야기한 것이다.

我(와) 火袁理命(호오리노미코토)는 초월적 존재로 해신의 세계에 관여한다.

見感(미메데) 보고 반하여.

目合(메구하세) 目合(메구하세)는 눈을 깜박거려 상대에게 의사를 전하는 것. 후세에 '마구바세'로 된다. 종래의 '마구하히'는 성교를 의미하여, 이 문맥에는 부적절하다. 타계의 여인과의 결혼은 새로운 능력의 획득과 타계에서의 부활을 의미한다.

美智(미찌) 물개와 비슷하나 좀 더 크다. 그 모피를 진귀하게 여겼다.

疊(타타미) 아래에 까는 것.

八重(야헤) 몇 겹이고 겹치는 것. 八(야)는 많은 것을 말한다. 실수가 아니다.

絁疊(키누다타미) 絁(키누)는 거칠게 짠 견직물. 비단 방석. 여기서도 해신이 호오리노미코토를 자신들을 초월하는 존재로 맞이하여 대우하고 있다는 것을 알 수 있다.

百取(모모토리) 많은 혼수품.

御饗(미아헤) 대접하는 식사. 이것에는 복속을 확인한다는 의미가 있다.

三年(미토세) 오랫동안. 이즈모에 간 天菩比神(아메노호히노카미)도 3년이나 복명하지 않았다. 3년은 설화의 정형이다.

初(하지메) '본국을 그립게 생각하며'로 해석하는 설도 있으나, 역시 '잃어버린 낚시 바늘을 구하러 온 것을 생각하고'로 취하는 것이 온당할 것이다.

住(스미) 豊玉毘売(토요타마비메)와의 동거 생활.

歎(나게키) 長息(나가이키)의 생략. 탄식하며 한숨짓는 것.

今夜(코요히) 해신의 말 속에 今旦(케사)가 있으므로, 날이 밝은 후에, 그 전날의 밤을 今夜(코요히)라고 말하는 것이 된다. 昨夜(사쿠야)에 해당되는 것을 今夜(콘야)라고 말한 셈인데, 이러한 예는 이것 말고도 많다. 또 역으로 今夜(콘야)에 해당하는 것을 '明日(아스)노 夕(요히)'로 말하는 예도 있다(『万葉集』1762・2066 등). 고대에는 하루의 시작이 일몰이고, '밤→낮'이라는 것이 하루의 시간구조였던 것에 기인하는 표현이다.

此間(코코) 중국의 속어적 용자에 의한 표현.

魚(우호) 어류의 총칭.

大小(오호키찌히사키) '토호시로쿠찌히사키'로 읽는 설이 유력하나, 자의에 따라 '오호키찌이사키'로 읽는다.

^{코노코로}
頃 기전에 "이 말은 어떨까, 鉤^찌를 삼킨 것은 3년 전이 아닌가."라고 말한 것은 당연한 의문이다. 해신 세계의 시간의 흐름이 아시하라노나카쯔쿠니와는 다르다는 것을 의미하는 것일까.

^{타 히}
赤海鯽魚 4자를 '타히'로 읽는다. 鯽^{붕어}에 海^{우미}를 수식하면 '바다 붕어', 즉 黑鯛^{흑도미}가 되고, 이것에 또 赤^{아카}를 수식하면 흑도미에 대해 빨간 도미가 된다. 魚^어는 첨자.

^{노미토}
喉 물체를 삼키는 곳이라는 뜻. 목.

^{노기타찌}
鯁 鯁^{노기}는 목에 걸린 생선뼈. 문맥상 동사로 보아야 한다. '노미아리테'로 읽는 것이 유력하나, 문맥적으로는 하나의 동사로 읽고 싶은 곳. 임시로 '노기타찌'로 읽는다.

^{타마후}
給 형 火照命^{호데리노미코토}를 火遠理命^{호오리노미코토}의 하위에 두는 표현. 일관적으로 火遠理命^{호오리노미코토}를 지상의 지배자로 대우한다.

^{오 보 찌}
淤煩鉤 이것을 가지고 있으면 기분이 멍해지는 낚시 바늘이라는 주언.

^{스 스 찌}
須須鉤 '스스'는 '스사부'・'스스무'와 동원. 미쳐 날뛴다는 주언. 마음이 거칠어져 안절부절못하게 되는 낚시 바늘. '스스'는 당황하여 일이 잘 진행되지 않는다는 의미의 저주.

^{마즈찌}
貧鉤 '마즈'는 貧・惑^{마즈시 마도후}와 동근. '마지'로 읽는 것이 통설이나, '마지'(옛날에는 마찌)는 명사형으로 이곳에는 부적합하다. 가난한 낚시 바늘이라는 주언. 또 貧는 옛날에는 '마쯔시^{마즈시}'였을 가능성이 있다. 저절로 가난해지는 낚시 바늘.

^{우 루 찌}
宇流鉤 '우루'는 '오로카^{오로}'의 愚와 동근으로 우둔하다는 의미. 쓸모가 없는 鉤^찌라는 주언. 이상은 이 바늘을 가지는 자는 마음이 막히고 거칠어지고 가난해지고 멍청해진다는 저주.

^{시리헤데}
後手 이것도 주술의 행위. 주술이 자기에게 미치지 않게 하는 동작.

^{타카타}　^{타카타}　^{히키타}
高田　高田・下田는 '아게타'・'쿠보타'로 읽는 설이 유력하나, '高-下'의 대응은 자의에 따르면 '타카-히키'가 된다. '히키'는 '히쿠'의 고형. '^{타카타}高田'는 높은 곳에 있는 논.

^{히키타}
下田　일반적으로 서기의 ^{쿠보타}洿田와 같은 것이라며 '쿠보타'로 읽으나 '타카-히키'의 쌍으로 읽는다. 낮은 곳에 있는 논이라는 의미.

^{쯔카사도루}
掌　'시루'로 읽는 것이 일반적이나 기에서는 '시루'에는 '知'를 사용하는 것이 원칙. 그것과 구별하여 '쯔카사토루'로 읽는다. 해신은 물을 관장하여, 벼의 풍작에 대한 영향력은 절대적이다. 해신의 세계와의 관계는 이 점을 핵심으로 해서 보아야 한다.

^{카나라즈}　^{타카타}　^{히키타}
必　高田를 경작하면 물을 말리고 低田를 경작하면 침수시켜 버리겠다. 이렇게 하여 3년간 수확이 없으면 가난해진다는 의미.

^{시호미쯔노타마}　　　　　　　　　　　　　　　　^{호오리노미코토}
鹽 盈 珠　조류가 밀려오게 하는 구슬. 火遠理命가 이 구슬을 입수한 것은 이민족 ^{토요타마비메}豊玉毘売와 결혼한 결과이다. 이민족과의 결혼으로 여러 영능을 흡수하는 것이 신화의 일반형이다. 『^{니혼기시키}日本紀私記』에 의거하여 '시호미찌노타마'로 읽는다.

^{우레헤}
愁　한탄하다. 슬픔을 호소하다.

^{코후}
請　용서를 빌면.

^{시호히노타마}　^{염영주}　　　　　　　　　　　　　　　　^{카네나쯔혼}
鹽乾珠　鹽盈珠의 쌍으로, '시호히노타마'로 읽는다.(서기 兼夏本의 방훈에 의한다.) 불전에서 말하는 여의주를 닮았다는 설도 있으나, 이 두 구슬의 힘은 어디까지나 한정되어 있는 것으로, 물을 지배하는 해신의 주력을 상징한다. ^{시호히노타마}潮涸瓊. 조류를 빠지게 하는 구슬.

^{와 니}　　　　　^{와 니}
和邇　원문 和邇魚의 魚는 의미를 확인하는 첨자로 읽지 않는다. 상어라는 설도 있으나 악어.

^{우하쯔쿠니}
上 國　해신의 나라는 해저에 있는 것이 아니다. 바다의 저쪽에 있다. 상

국이라는 것은, 해신의 세계에서 火遠理命(호오리노미코토)가 돌아가는 나라가 위에 있기 때문이다. 火遠理命(호오리노미코토)가 虛空津日高(소라쯔히타카)로 불리듯이 높은 곳-공중에 있기 때문에 그렇게 말하는 것이다.

己身(오노가미) 각각 신장의 길이에 응하여 일수를 말한다. 5尋(히로)라면 5일, 1히로라면 하루를 말하는 것이다.

尋(히로) 양팔을 벌린 길이. 약 2미터. 1히로라 크지 않다. 작으니까 오히려 빠르다는 설도 있으나, 그처럼 사실적인 것이 아니라, '一尋·一日'이라는 것은 언어적 유희이다.

海中(우미나카) 수중이 아니다. 海原(우나바라)의 가운데. 河中(카하노나카)의 礒(이소)의 강 중간을 의미하는 河中(가하노나카) 등의 예를 보아도 수중이 아니라는 것은 확실하다.

紐小刀(히모카타나) 비수를 주었다는 것과 관련되기 때문에, 佐比(사히)는 칼을 의미한다. 종래 치아로 보아 왔으나, 등에 검 모양의 것을 가지고 있는 상어로 보는 것이 좋을 것 같다. 끈이 달린 칼날이 좁은 칼.

佐比持神(사히모찌노카미) 小刀(비수)를 주었다는 것과 관련되기 때문에, 佐比(사히)는 칼을 의미한다. 佐比持(사히모찌)는 칼을 가지고 있는 것을 의미한다.

備(쯔부사니) '오보 찌·스스 찌·마즈시 찌·우루 찌'라며, '後手(시리헤테)로 주라는 해신의 말대로'라는 의미.

稍俞(야오야쿠이요요) 2자를 '이요요', 또는 '야쿠야쿠'로 읽는 설이 있으나, 稍는 '야오야쿠(초점점)', 俞는 '이요요(유점점)'로 읽어야 한다. '야오야쿠'는 '야오라'와 동원의 말. '야쿠야쿠'로 읽는 것은 부적절하다.

硬(사라니) 전에 낚시 바늘을 강하게 요구한 것 이상으로 거친 마음.

稽首(누카쯔쿠) 불전어. 머리를 땅에 대고 경례하는 것. 부처에게 비는 경우에 사용된다. 닮은 의미로 사용되는 말에, 稽首(누카쯔쿠)와 더불어 '노무'가 있으나, 머리를 땅에 댄다고 하는 신체본위로 하는 표현. 稽首(누카쯔쿠)가 어울린다.

畫夜(히루요루) '주야를 불문하고 생각하다'(『万葉集』723) 등, '주야'라고 말하는 것이, 하루의 시간구조로 보아 원래의 형태인가. '주야'라는 한문의 표현에 따라 훈독어 '畫夜'(히루요루)가 생겨난 것일까.

守護人(마모리비토) 앞에 火照命(호데리노미코토)를 "隼人(하야토) 阿多君의 조상이다."라고 하는 것과 함께 생각하면, 隼人(하야토)가 주야로 궁문을 수호하는 역에 해당한다는 기원을 이야기하는 것으로 인정된다.

其(소노) (하야토)의 가무에 관한 것은 직원령 등에 보인다. 서기의 일서에는, 물에 빠졌을 때의 상황을 어떻게 연기할 것인가가 자세히 설명되어 있다.

種種(쿠사구사) 여러 가지.

態(와자) 서기의 일서는, 형이 물에 빠져 괴로워하며 동생에게 도움을 청하고, 영구히 '와자오키(배우)'가 되어 봉사할 것을 맹서하고, 물에 빠져 괴로워하는 여러 동작을 보였다 한다. 이것은 신곡제일에 연기하는 하야토 춤의 유래를 이야기한 것이다.

【해석】

그런데 호데리노미코토는, 바다의 고기를 잡는 남자로서 큰 고기·작은 고기를 잡고, 호오리노미코토는 산의 짐승을 잡는 남자로서 털이 거친 짐승·털이 부드러운 짐승을 잡고 있었다. 그리하여 호오리노미코토가 형 호데리노미코토에게 대하여 "각각의 도구를 바꾸어서 사용해 보고 싶다."라고 말하며, 세 번이나 간절히 부탁했으나, 호데리노미코토는 승낙하지 않았다. 그렇지만 결국에는 겨우 바꿀 수 있었다.

그러자 호오리노미코토는 바다의 고기를 잡는 도구를 사용하여 고기를 낚아 보았으나, 전혀 한 마리의 고기도 낚지 못했다. 또 도구인 낚시 바늘을 바다 속에 잃어버리고 말았다. 그러자 형 호데리노미코토가 그 낚시 바늘을 요구하며 "산의 짐승도, 바다의 고기도, 역시 자기의 도구가 아니면 잘 얻을 수 없다. 이제는 각각 도구를 돌려주려고 생각한다."라고 말했을 때, 동생 호오리노미코토는 답하여 "당신의 낚시 바늘은 물고기를 낚았을 때 한 마리의 고기도 잡지 못하고 결국에는 바다 속에 잃어버리고 말았습니다."라고 말하였다.

그러자 형은 무리하게 요구하였다. 그래서 동생은 허리에 차고 있던 장검을 잘라 오백 개의 낚시 바늘을 만들어 변상했으나, 형은 그것을 받지 않았다. 동생은 다시 또 천 개의 낚시 바늘을 만들어 보상했으나 형은 받지 않으며 "역시 원래의 낚시 바늘을 손에 넣고 싶다."라고 말했다.

그래서 이 동생이 울며 한탄하며 해변에 있을 때, 시호쯔찌노카미가 와서 호오리노미코토에게 물으며 "어떤 이유로, 소라쯔히타카가 울며 한탄하고 있는 것인가."라고 말했다. 호오리노미코토가 답하여 "나는 형과 낚시 바늘을 바꾸었는데 그 낚시 바늘을 잃어버렸습니다. 그리고 형이 그 낚시 바늘을 요구하기에 많은 낚시 바늘을 배상하였으나, 형은 그것을 받지 않으며 '역시 원래의 낚시 바늘을 다오.'라고 말했습니다. 그래서 곤란하여 울고 있는 것입니다."라고 말했다.

그러자 시호쯔찌노카미는 "내가 당신을 위해 좋은 방법을 생각하겠습니다."라고 말하고, 그 자리에서 틈이 없는 대바구니를 만들어 작은 배로 하여, 그 배에 호오리노미코토를 태우고 알려 주기를 "내가 이 배를 밀어 흘려보내면 잠시 동안 그대로 가세요. 좋은 조류가 있을 것입니다. 즉시 그 조류를 타고 가면 물고기의 비늘처럼 가옥이 죽 늘어서 있는 궁전이 있는데 그것이 와타쯔미노카미의 궁입니다. 그 신의 궁 입구에 도착하면 옆에 있는 우물 근처에 신성한 계수나무가 있을 것입니다. 그 나무 위에 계시면 그 해신의 딸이, 당신을 발견하고 상담해 줄 것입니다."라고 말했다.

그래서 일러 준 대로 갔더니 모든 것이 말 그대로였다. 그래서 그 계수나무에 올라가 계셨다. 그러자 해신의 딸 토요타마비메의 하녀가 아름다운 그릇을 가지고 물을 뜨려고 했을 때, 우물 속에 빛이 보였다. 하녀가 위를 올려다보았더니 훌륭한 청년이 있었다. 하녀는 매우 이상한 일이라고 생각했다. 그러자 호오리노미코토는 그 하녀를 보고 "물을 마시고 싶다."라고 요구했다.

하녀는 즉시 물을 떠서 그릇에 담아서 바쳤다. 이에 대해 호오리노미코토는 그 물을 마시지 않고 목에 건 구슬목걸이를 풀어서 입에 넣어 그 그릇에 뱉어 넣었다. 그러자 그 구슬은 그릇에 붙어 버려 하녀는 구슬을 뗄 수 없었다. 그래서 구슬을 붙인 채로 토요타마비메노미코토에게 바쳤다.

그러자 토요타마비메노미코토는 그 구슬을 보고 하녀에게 묻기를 "혹시 누군가 사람이 문밖에 있는 것입니까."라고 말했다. 하녀는 답하여 "사람이 있는데, 우리들 우물 근처의 계수나무 위에 계십니다. 매우 훌륭한 청년입니다. 우리들의 왕보다 낫고, 아주 고귀한 모습입니다. 그런데 그 사람이 물을 요구했기에 물을 드렸더니, 그 물을 마시지 않고 이 구슬을 그 그릇에 뱉어 넣은 것입니다. 이것은 뗄 수가 없습니다. 그래서 들어간 그대로 가지고 와서 바친 것입니다."라고 말했다.

그러자 토요타마비메노미코토는 이상한 일이라고 생각하고, 밖에 나가 호오리노미코토를 보고, 즉시 그 모습에 반하여 눈길을 주고받고, 그 아버지에게 아뢰어 "우리 집 입구에 훌륭한 사람이 있습니다."라고 말했다. 그래서 해신이 몸소 밖에 나가 호오리노미코토를 보고 "이 사람은 아마쯔히타카의 어자, 소라쯔히타카이다."라고 말하고 즉시 집 안으로 데리고 들어가 아시카의 가죽으로 만든 방석을 몇 겹이고 깔고, 또 그 위에 비단 방석을 몇 겹이고 겹쳐 깔고, 그 위에 앉게 하고, 많은 상에 올릴 것을 준비하여 대접하고, 즉시 그 딸 토요타마비메와 결혼시켰다. 그리하여 호오리노미코토는 3년이 지날 때까지 그 나라에서 살았다.

그런데 호오리노미코토는 처음에 그 나라에 왔을 때의 목적을 생각해 내고 큰 한숨을 한 번 쉬었다. 그러자 토요타마비메노미코토가 이 한숨 소리를 듣고 아버지에게 말씀드리길 "호오리노미코토는 이 나라에 산 것이 3년이 됩니다만, 그동안 보통 때는 한숨을 쉬는 일이 없었는데, 어젯밤에는 큰 한숨을 한 번 쉬었습니다. 어쩌면 어떤 사정이 있는 것일까요."라고 말했다.

그래서 그 아버지 대신이 사위에게 묻기를 "오늘 아침 나의 딸의 말을 들으니 '3년이나 계시며 보통 때는 한숨을 쉬는 일이 없었는데, 어젯밤에는 큰 한숨을 쉬었습니다.'라고 말했습니다. 혹시 어떤 사정이 있는 것이 아닙니까. 또 당신이 이 나라에 온 것은 어떤 이유가 있었기 때문입니까."라고 말했다. 이에 대해 호오리노미코토는 그 대신에게 잃어버린 낚시 바늘을 형이 돌려 달라고 추궁한 사실을 그대로 빠지지 않고 자세히 이야기했다.

그러자 해신은 바다에 있는 크고 작은 고기 모두를 소집하여 묻기를 "혹시 이 낚시 바늘을 취한 고기가 있느냐."라고 말했다. 이에 대해 여러 고기들은 "최근에 도미가 '목에 뼈가 박혀서 먹이를 먹을 수가 없다.'라고 탄식하고 있었습니다. 그러므로 틀림없이 그 낚시 바늘을 취했을 것입니다."라고 아뢰었다.

그래서 도미의 목을 찾아보니 낚시 바늘이 있었다. 즉시 꺼내어서 깨끗이 씻어 호오리노미코토에게 내밀었을 때, 와타쯔미노오호미카미가 호오리노미코토에게 가르쳐 주며 "이 낚시 바늘을 형에게 주실 때 '이 낚시 바늘은 멍해지는 낚시 바늘·미쳐 날뛰는 낚시 바늘·가난해지는 낚시 바늘·쓸모 없는 낚시 바늘'이라고 말하고 뒷손으로 주세요.

그리하고 그 형이 고지에 논을 만들면 당신은 저지에 논을 만드세요. 그 형이 저지에 논을 만들면 당신은 고지에 논을 만드세요. 그렇게 하면 저는 물을 지배하니까, 3년 안에 틀림없이 그 형 쪽은 수확이 없어 가난해질 것입니다. 만일 그러한 일을 원망하여 전쟁을 걸어오면 조류가 흘러나오는 구슬을 꺼내어 물에 빠뜨리세요. 그리하여 혹시 한탄하며 용서를 구해 오거든 조류를 빨아들이는 구슬을 꺼내서 살려주세요. 이렇게 곤란하게 하여 괴롭히세요."라고 말하고 시호미찌노타마·시호히노타마, 합하여 두 개를 내려 주고, 즉시 모든 악어를 불러 모아 묻기를 "지금 아마쯔히타카의 어자 소라쯔히타카가 상국에 가시려고 하고 계신다. 누가 며칠에 모셔다 드리고 복명하겠는가."라고 말했다.

그러자 각자가 각각의 신장에 따라서 일수를 아뢰는 중에, 한 팔 길이의 악어가 "저는 하루에 보내드리고 바로 돌아오겠습니다."라고 아뢰었다. 그래서 그 한 팔 길이의 악어에게 "그렇다면, 네가 보내 드려라. 혹시 바다 한가운데를 건널 때에는 무서운 생각을 하게 해 드려서는 안 된다."라고 말씀하고, 즉시 그 악어의 등에 호오리노미코토를 태워서 내보냈다. 그리하여 약속대로 하루 안에 보내 드렸다. 그 악어가 돌아가려고 했을 때, 호오리노미코토는 몸에 차고 있던 끈이 달린 비수를 풀어서, 악어 등에 매어 주고 돌려보냈다. 그래서 그 한 발의 악어는, 지금 사히모찌노카미라고 말하는 것이다.

이렇게 하여 호오리노미코토는 무엇이든지 해신이 일러준 말대로 하며, 그 낚시 바늘을 호데리노미코토에게 주었다. 그러자 그 이후로 호데리노미코토는 점점 더욱 가난해져, 전보다 더 마음이 거친 마음을 일으켜 공격해 왔다. 호데리노미코토가 공격하려 했을 때에는, 호오리노미코토는 조류를 흐르게 하는 구슬을 꺼내서 물에 빠뜨렸다. 그리고 호데리노미코토가 한탄하며 용서를 구하자, 조류를 빨아들이는 구슬을 꺼내서 구했다.

이렇게 곤란을 주며 괴롭혔더니 호데리노미코토는 땅에 엎드려서 "저는 지금 이후로는 당신을 밤낮으로 수호하는 자로서 받들어 모시겠습니다."라고 아뢰었다. 그래서 지금에 이를 때까지, 그 물에 빠졌을 때의 여러 동작을 끊임없이 전하며 받들어 모시고 있는 것이다.

【해설】

전집 火袁理命(호오리노미코토)는 형 火照命(호데리노미코토)와 서로 도구를 교환하는데, 빌린 낚시 바늘을 잃어버려 형한테 반납을 재촉 받는다. 이하 전개되는 히무카 제2대의 황태자 호오리노미코토의 이야기는 海幸(우미노사찌)·山幸(야마노사찌)의 이야기로 유명하나, 거기에는 이중성의 주제가 포함되어 있다. 하나는 역사적 관점에서 야마토 조정(호오리노미코토)이 阿多隼人(아타하야토)를 복속시킨 것이고, 또 하나는 신앙적 관점에서 부 瓊々杵命(니니기노미코토)가 산신의 딸과 결혼한 것에 대하여, 아들 호오리노미코토가 해신의 딸과 결혼한 것으로, 풍작에 필요한 물을 제어하는 능력을 획득하여, 이 국토의 지배자로서의 위령을 충실하게 했다는 것이다.

낚시 바늘을 잃어버린 호오리노미코토는 鹽椎神(시호쯔지노카미)가 알려 준 대로 해신궁에 가, 그곳의 신성한 계수나무 위에 올라가 있다가, 시녀 눈에 띄어 해신의 딸 豊玉毘売(토요타마비메)를 만난다. 해신은 천손의 아들인 것을 알고 호오리노미코토를 정중하게 환대하고, 딸 豊玉毘売(토요타마비메)를 헌상한다. 그래서 호오리노미코토는 낚시 바늘의 일도 잊어버리고 3년이나 해신궁에 살게 된다. 이 해궁 방문형의 이야기는 浦島伝說(우라시마전설)과 흡사하나 가깝게는 남서제도·조선, 멀리는 중국의 동남부, 인도네시아에 걸쳐 분포되어 있다. 남방의 해양성 색채 향기가 짙은 설화이다. 호오리노미코토가 해신한테 물의 지배력을 물려받아, 그 힘으로 하야토족의 시조 호데리노미코토를 굴복시킨 일과, 주력에 의해 물에 빠진 호데리노미코토의 몸짓이 궁정에 대한 복속의례라는 隼人舞(하야토마이)의 기원을 설명하고 있다.

집성 히무카 3대의 제2대 天津日高彦穂々手見命(아마쯔히타카히코호호데미노미코토)는 지금부터 호오리노미코토로 등장하게 된다. 그리고 무대는 지금까지의 육지에서 광대한 바다로 또 바다 속으로 전개된다. 유명한 海 幸(우미노사찌)·山 幸(야마노사찌) 이야기이다. 호오리노미코토는 山幸彦(야마사찌히코), 형인 火照命(호데리노미코토)는 海幸彦(우미노사찌히코)로, 궁시의 사냥, 낚시의 어로가 전업이었는데, 서로가 사용하는 도구를 바꾸어, 동생 호오리노미코토가 낚시 바늘을 잃어버리고, 형 호데리노미코토가 그것의 반납을 강요하자, 자기의 칼로 변상하였으나 받지 않는다는 것에서부터 이야기가 시작된다.

형의 낚시 바늘을 잃어버린 호오리노미코토는 울며 바닷가에 있었다. 그러다 鹽椎神(시호쯔지노카미)의 계시를 받고 해신궁에 가서 해신의 딸 豊玉毘売(토요타마비메)를 만난다. 해신은 호오리노미코토가 천손의 자식인 것을 알고 딸과 결혼시킨다. 낚시 바늘의 일도 잊어버리고 3년을 지냈다. 浦島伝說(우라시마전설)과 동형의 설화로, 넓게 태평양 지역에 분포되어 있다. 고대인이 관념한 상세국의 양상이 구체적으로 그려져 있으나, 그곳은 단순히 꿈 같은 나라가 아니고, 인간의 신생 부활을 다스린다는 의미로서의 이상향이었다.

鹽盈珠・鹽乾珠(시호미쯔노타마・시호히노타마) 이야기는 농경사회에 있어서 왕자에게는 치수의 능력도 필요했다는 일면을 이야기하고 있다.

타계의 여성과 결혼하여, 그 여자의 부한테 주력의 상징을 얻어 신생 부활하여, 현세에 돌아와 왕자가 되는 것은 이미 大国主神(오호쿠니누시노카미)가 根國(네노쿠니)에서 須勢理毘賣(스세리비메)와 결혼하여 부 須佐之男命(스사노오노미코토)한테 天沼琴・生太刀・生弓矢(아메노우고토・이쿠타 찌・이쿠유미야)를 얻어 현세에 돌아와 왕자가 된 것과 동형이다. 더욱이 말자가 승리한다는 점까지 일치하고 있다. 다른 것은 주력의 상징에서 호오리노미코토가 치수의 주구를 갖는 점은 도작문화의 기반을, 한편 오호쿠니누시노카미의 주구에는 수렵적 주술의 인상을 강하게 느낄 수 있다. 같은 왕자라도 오호쿠니누시노카미의 은거의 배경에는 수렵사회에서 농경사회로의 이행이라는 문화적 필연도 있었던 것일까.

강담 『常陸風土記』多珂郡(히타찌후도키 타카노코호리)에 (倭 建)(야마토타케루) 천황이 순행할 때, 천황과 황후가 각각 들과 바다로 갈라져 산과 바다의 수렵물의 다소를 경쟁하셨을 때, 들의 수렵에서는 하나의 수확도 없었으나, 바다의 어로에서는 많이 잡혀서 이것을 신의 음식물로 바친 것으로 되어 있다. 이것도 동류의 설화이다.

海幸彦・山幸彦(우미노사찌히코・야마노사찌히코)의 신화에는 鉤(찌)라는 말이 사용되고 있다. 찌는 신비적인 영역을 나타내는 말로, 고대에는 '낚시 바늘이나 활・화살에 깃들어 있는 영력에 의하여 먹이를 얻을 수 있다'고 믿고 있었음을 알 수 있다. 수렵에 총을 사용하는 시대가 되어서도 木曾(키소) 지방에서는 幸神(사찌신)을 신앙하여 탄환을 사찌타마라고 부르고 있다고 한다. 海幸彦(우미노사찌히코)・

山幸彦(야마노사찌히코) 이야기는 기 신화 중에서도 아주 아름다운 문학적인 시정이 풍부한 이야기이다. 이 이야기의 원형이 남방의 인도네시아나 멜라네시아 방면에서 전해졌다는 것은 주지의 사실이다. 호오리노미코토(山幸彦)가 형(海幸彦)한테 빌린 낚시 바늘을 잃어버리고 그것을 찾아서 해신국에 가서 낚시 바늘을 찾는 이야기는 인도네시아의 파라우도, 세레베스도, 케이도 등에 전해지는 설화와 유사하다.

또 호오리노미코토가 우물가에서 해신의 딸인 토요타마비메, 또 그녀의 시녀와 만나는 이야기에는 로맨틱한 정경이 그려져 있다. 이 장면을 그린 靑木繁(아오키시게루)의 유채화 '용궁의 궁전'은 유명하다. 토요타마비메는 물의 여신이라는 것이 이야기되어 있다. 호오리노미코토와 토요타마비메의 혼인은, 앞의 瓊瓊杵尊(니니기노미코토)와 大山祗神(오호야마쯔미노카미)의 딸과의 결혼이 곡신과 산신과의 결합을 나타내고 있는 것에 대하여, 여기서는 곡신(彦火火出見命, 히코호호데미노미코토)과 해신 즉 수신과의 결합을 이야기하고 있다. 이것은 곡물 특히 벼의 성육에 물의 자비가 중요하기 때문에, 곡신과 수신과의 결합에 의하여 벼의 풍요를 기대할 수 있다는 신앙의 표현이다.

이 이야기의 원류라고 생각되는 설화도 멜라네시아의 뉴-부리텐도에 전해 온 여인도 설화를 비롯하여, 인도네시아 중국에도 분포하고 있다 한다(石田 英一郎(이시다 에이이지로) 作 『桃太郞の母(모모타로)』 참조). 따라서 海幸彦(우미노사찌히코)·山幸彦(야마노사찌히코) 신화나 해신궁 방문 신화가 인도네시아나 멜라네시아 방면의 설화에 원류를 두는 것은 확실하여, 이러한 남방설화는 하야토족에 의하여 구주 남부에 전해지고, 기기신화는 그러한 남방설화를 근거로 하여 구성되었을 것이다.

記紀神話(기기신화)의 호오리노미코토는 고귀한 천신으로 그려져, 그 신을 맞이한 해신은 물개 가죽을 여덟 겹, 비단 방석을 여덟 겹을 겹쳐 깔고 정중하게 대접하며 잔치를 벌였다 한다. 이것은 고대의 新嘗祭(니히나메사이)나 천황즉위인 大嘗祭(오호나메마쯔리)를 반영한 이야기라고 생각된다.

綿津見神(와타쯔미노카미)에 대해서는 伊邪那岐命(이자나키노미코토)의 禊祓(계불)에 "이 3주의 綿津見神(와타쯔미노카미)는 阿曇連(아즈미노무라지)의 조신으로 모시는 신이다."라고 되어 있는 것처럼, 阿曇連(아즈미노무라지)(북구주 연안을 본관지로 하는 해인계의 호족)가 신앙한 해신이다. 따라서 이 이야기는, 阿曇(아즈미)씨가 海人(아마) 집단을 이끌고 大和朝廷(야마토조정)의 정책에 협력한 것을 반영한 전승으로 보아도 좋을 것이다.

신전집 瓊瓊杵尊(니니기노미코토)가 천강한 것은 芦原中国(아시하라노나카쯔쿠니)이다. 이 세계와 海原(우나바라)와의 관계를 이야기하는 것이 火袁理命(호오리노미코토)의 이야기이다. 거기서 보아야 할 이야기는 천강한 신의 해신의 딸과의 결혼으로, 바다에 관여하는 주능(물의 주능)까지 손에 넣는다는 것이다. 그러한 능력을 취하여 지상세계를 지배한 신의 혈통을 잇는 것이 천황인 것이다.

호오리노미코토의 해신국 방문은 지상세계의 지배자가 바다의 세계에 관계하는 이야기로 보아야 한다는 것을, 대우하는 표현으로 시사한다는 것에 주의하고 싶다.

호오리노미코토가 해신의 세계에 등장하는 장면. 지상세계의 왕으로서, 초월적인 존재로서 해신의 세계에 군림하는 것이 받아들여져, 그것을 가장 확실히 나타내고 있는 것은 "우리들의 왕보다 더 귀하다."라고 하는 하녀의 말이다. 해신궁에 가는 것은 강림과 같은 것이라 할 수 있을 것이다. 또 해신의 세계는 바다의 저쪽에 있는 것으로 그려져 있어, 그 소재가 해저라는 미증은 어디에도 없다.

해신의 세계와 관계하는 의미는 호오리노미코토가 해신의 딸과 결혼하여 아이를 갖는다는 것에 있다. 천강한 천신이 산신의 혈통과 함께 해신의 혈통을 추가하는 것으로 지상세계의 지배자로서의 주능이 증폭하는 것이다.

해신은 물을 지배한다. 그 능력을 혈통 상으로 이어받는 것이 호오리노미코토의 아들이다. 이 결혼으로 芦原中国(아시하라노나카프쿠니)의 풍요의 결정적인 능력을 천황의 혈통에 더하는 것이다.

2. 후키아헤즈의 탄생

於是, 海神之女豊玉毘賣命, 自參出白之, 妾, 已妊身. 今, 臨産時, 此念, 天神之御子, 不可生海原. 故, 參出到也. 爾, 卽於其海邊波限, 以鵜羽爲葺草, 造産殿. 於是, 其産殿未葺合, 不忍御腹之急. 故, 入坐産殿.

爾, 將方産之時, 白其日子言, 凡他國人者, 臨産時, 以本國之形産生. 故, 妾, 今以本身爲産. 願, 勿見妾. 於是, 思奇其言, 竊伺其方産者, 化八尋和邇而, 葡匐委蛇. 卽見驚畏而, 遁退. 爾, 豊玉毘賣命, 知其伺見之事, 以爲心恥, 乃生置其御子而, 白, 妾恒通海道欲往來. 然, 伺見吾形, 是甚怍之, 卽塞海坂而, 返入. 是以, 名其所産之御子, 謂天津日高日子波限建鵜葺草葺不合命. 訓波限云那藝佐, 訓葺草云加夜

然後者, 雖恨其伺情, 不忍戀心, 因治養其御子之緣, 附其弟玉依毘賣而, 獻歌之. 其歌曰,

阿加陀麻波 袁佐閇比迦禮杼 斯良多麻能 岐美何余曾比斯 多布斗久阿理祁理

爾, 其比古遲, 三字以音 答歌曰,

意岐都登理 加毛度久斯麻邇 和賀韋泥斯 伊毛波和須禮士 余能許登碁登邇

故, 日子穗々手見命者, 坐高千穗宮, 伍佰捌拾歲. 御陵者, 卽在高千穗山之西也.

【훈】

是に、海の神の女豊玉毘賣命、自ら參ゐ出でて白ししく、「妾は、已に妊身みぬ。今、産む時に臨みて、此を念ふに、天つ神の御子は、海原に生むべくあらず。故、參ゐ出で到れり」とまをしき。爾くして、卽ち

其の海邊の波限にして、鵜の羽を以て葺草と爲て、産殿を造りき。是に、其の産殿を未だ葺き合へぬに、御腹の急かなるに忍へず。故、産殿に入り坐しき。

爾くして、方に産まむとする時に、其の日子に白して言ひしく、「凡そ他し國の人は、産む時に臨みて、本つ國の形を以て産生むぞ。故、妾、今本の身を以て産まむと爲。願ふ、妾を見ること勿れ」といひき。是に、其の言を奇しと思ひて、竊かに其の方に産まむとするを伺へば、八尋和邇と化りて、匍匐ひ委蛇ひき。卽ち見驚き畏みて、遁げ退きき。爾くして、豊玉毘賣命、其の伺ひ見る事を知りて、心恥しと以爲ひて、卽ち其の御子を生み置きて、白さく、「妾は、恒に海つ道を通りて往來はむと欲ひき。然れども、吾が形を伺ひ見つること、是甚怍し」とまをして、卽ち海坂を塞ぎて、返り入りき。是を以て、其の産める御子を名けて、天津日高日子波限建鵜葺草葺不合命と謂ふ。

然くして後は、其の伺ひし情を恨むれども、戀ふる心に忍へずして、其の御子を治養す緣に因りて、其の弟玉依毘賣に附けて、歌を獻りき。其の歌に曰はく、

　　　7 赤玉は　緒さへ光れど　白玉の　君が裝し　貴くありけり。

爾くして、其の比古遲、答ふる歌に曰はく、

　　　8 沖つ鳥　鴨著く島に　我が率寢し　妹は忘れじ　世の悉に

故、日子穗々手見命は、高千穗の宮に坐ますこと、伍佰捌拾歳ぞ。御陵は、卽ち高千穗の山の西に在り。

【주】

參出(마이데데) 出는 다른 세계에 나오는 것을 말한다. 해신국을 기점으로 한 표현이나, 상하의 수직관계를 포함하지 않는다.

天神之御子(아마쯔카미노미코) 천신을 아버지로 둔 아들.

海原(우나하라) 豊玉毘賣(토요타마비메)는 자신의 세계를 海原(우나하라)로 나타낸다. 바다의 넓음을 의미하는 말. 바다의 저쪽에 있다는 것을 재확인시킨다.

波限(나기사) 파도가 밀려오는 물가.

鵜(우) 가마우지의 털로 지붕을 인다. 왜 그러는 것일까. 습속적인 배경을 말하는 설도 있으나, 미상.

葺草(카야) 원래는 지붕을 이는 풀을 의미하나, 여기서는 지붕을 이는 재료. 가마우지의 털로 지붕을 이는 것은 가마우지가 물고기를 잘 삼키듯 순산을 바라는 뜻에서라는 설도 있으나 확실치 않다. 보통 지붕은 芒(스스키)·茅(찌)·菅(스게) 등으로 인다.

産殿(우부야) 출산을 위하여 준비한 건물. 産殿(우부야)로 표기한 것은 産屋(우부야)를 장엄하게 표현하기 위한 것.

其(소노) 지붕을 전부 이기 전에 출산했다. 태어난 어자를 鵜葺草葺不合(우카야후키아헤즈)로 명명한 연유이다.

不忍(타헤즈) '시노비즈'로 읽는 것이 보통이나, 원문에 '不忍於恖'이라고 於(니)가 있어 '타헤즈'로 읽는다. 忍는 조사 을(시노부)를 취한다.

日子(히코) 日子(히코)로 읽는다. 日子(히코지)로 읽는 것은 용자상 무리가 있다. 해의 어자라는 의미.

見(미루) 출산 장면을 보지 말라는 것은, 현실적인 금기사항을 반영한 것이 아니라, 설화상의 설정에 지나지 않는다고 생각해도 좋다. 요모쯔쿠니에서 이자나미가 이자나키에게 말한 것과 같다.

^{아타시쿠니}
他國 다른 세계. 이향.

^{모토노카라다}
本身 본래의 모습. 인간의 몸이 아닌 본래의 모습.

^{야히로} ^아
八尋 八는 실수가 아니라, 큰 것의 형용. 尋는 양팔을 벌린 길이.

^{모코요후} ^{니혼기시키} ^{모코요후}
委蛇 『日本紀私記』에 委蛇로 읽은 것이 있다. 몸을 꿈틀거리면서 움직여 나가는 모습을 말한다. 부드러운 여체의 비유.

^{코코로하즈카시} ^{우라가나시}
心恥 心悲로 읽는 것이 보통이나 확실한 용례가 없어, 자에 준하여 읽는다.

^{소루}
退 멀어지다. 떨어지다.

^{쯔네니}
恒 보통은, 평상시는.

^{토호루}
通 바다의 길을 통해 왕래하는 것이므로, 通은 통설인 '토호시테'보다 '토호리테'가 좋다. 이미 길이 있어, 토요타마히메가 개통하는 것은 아니다.

^{하즈카시}
怍 제본에 '怪' 혹은 '怍'으로 되어 있으나, 문의를 고려하여 '怍'으로 한다. 부끄러워하다, 기분이 나빠진다는 의미. 다만 이 문자의 용례가 기의 다른 곳에는 없다.

^{우미쯔찌}
海道 해신궁에 왕래하는 길.

^{우나사카} ^{사카} ^{요모쯔히라사카}
海坂 坂는 黃泉平坂의 경우와 마찬가지로 세계의 경계를 의미한다. 바다의 세계와 ^{아시하라노나카쯔쿠니}葦原中國를 구별하는 ^{사카}坂가 어떤 것인가를 구체적으로는 알 수 없다. 『^{만요우슈우}万葉集』에 "^{우나사카}海坂를 지나 저어 가는데"(1740)라고 있어, 바다의 저쪽에 있다고 생각된다.

^{아마쯔히타카 히코 나기사타케 우카야후키아헤즈노미코토} ^{아마쯔 히타카}
天津日高日子波限建鵜葺草葺不合命 天+津+日高(해를 우러러 바라보듯이 귀한)+^{히코}日子(해의 어자)+^{나기사}波限(파도가 치는 경계)+^{타케}建(용감한)+^{우카야후키아헤즈노미코토}鵜葺草葺不合命(가마우지의 깃으로 지붕을 다 이기 전에). 출산을 둘러싼 서술과 대응한다.

이야기가 압축되어 이름이 된 것이라 할 수 있다.

波限(나기사) 물가 둔치.

建鵜葺草葺不合命(타케우카야후키아헤즈노미코토) 물가의 산실을 가마우지 깃털로 다 이기 전에 태어난 용감한 남자라는 뜻.

治養(히타스) 『日本紀私記』(니혼기시키)에 의거 治養(히타스)로 읽는다. 垂仁(스이닌) 천황조의 日足(히타시)와 같은 청음. 아이의 성장 일수를 채운다는 의미일까.

緣(요시) 이유. '아이의 양육을 구실로 해서'라는 의미이나, 玉衣毘賣(타마요리비메)를 둘러싼, 그 경과는 기술되어 있지 않다. 양육을 위하여 타마요리비메를 해신국이 보낸 것으로, 그때 말을 전한 것일까.

弟玉衣比賣(오토타마요리비메) 弟(오토)는 남녀 구별 없이 동성 간의 연하를 말한다. 弟玉衣比賣(오토타마요리비메)의 玉(타마)는 魂, 衣(타마요리)는 달라붙는 것으로, 신령이 내려앉는 처녀라는 의미.

赤玉(아카타마) 赤玉(아카타마)와 白玉(시라타마)를 대비한 노래. 白玉(시라타마)(진주)는 火遠理命(호오리노미코토)를 비유하고 있는 것이 확실하나 赤玉(아카타마)(琥珀(호박))는 무엇을 비유한 것인지가 불명. 白玉를 이끌어 내기 위해 赤玉(아카타마)를 들고 나온 것인가. 白玉(시라타마)는 바다에 관여되는 것이라 여기에서 사용했다. 『本草和名』(혼조우와묘우)는 琥珀(호박)을 阿加多末(아카타마)로 읽었다.

白玉(시라타마) 전복에서 딴 진주. 적옥과 백옥을 대비하여 백옥이 뛰어나다고 비유했다. 적옥은 아름답고 백옥은 귀하다는 것은 왕자로서의 가치관이다.

緖(오) 구슬을 꿰고 있는 끈.

君(키미) 남성을 가리킨다.

裝(요소히) 복장. 모습.

沖鳥(오키쯔토리) 해신의 세계와의 관계를 말하며 그리움을 확인하며 노래한다. 제1구·제2구에 해신국을 바다 저쪽의 세계로 상징하고 있는 점에 유의하고 싶다. 鴨(카모)의 枕詞(마쿠라코토바).

鴨著(카모도쿠) 오리가 모여드는 섬으로 먼 해상에 있는 섬. 오리는 자웅의 사이가 좋다.

牽寢〈이 네〉 함께 가서 같이 자는 것.

余能許登碁登邇〈요 노 코 토 고 토 니〉 세상 끝까지. 일생동안.

日子穗穗手見命〈히 코 호 호 데 미 노 미 코 토〉 이야기의 서술에서는 **火袁理命**〈호오리노미코토〉로 호칭했으나, 여기서 **日子穗穗手見命**〈히 코 호 호 데 미 노 미 코 토〉라는 이름으로 부르는 것은, 그것이 계보상의 정통적인 이름이기 때문이다.

高千穗宮〈타카 찌 호 미야〉 **高千穗**〈타가 찌 호〉의 **久士布流多氣**〈쿠 지 후 루 타 케〉에 천강하여, 그곳에 세운 궁. 천손이 강림한 전설지에 있었다는 궁. 이 호칭은 이곳에 처음으로 나타난다. **邇邇藝命**〈니니기노미코토〉부터 3대를 지낸 궁으로, **神倭伊波禮毘古命**〈카 무 이 하 레비코노미코토〉(**神武**〈진무〉 천황)는 여기서 동으로 이동했다.

御陵〈미하카〉 산릉의 기사는 천신의 혈통을 이은 것이면서, 인간적인 유한성을 지고 있다는 것을 나타낸다. 그 내력은 니니기노미코토의 결혼에서 이야기되었다.

【해석】

그런데 해신의 딸 토요타마비메노미코토는 자기 자신이 나라를 나와 호오리노미코토가 계시는 곳에 찾아가 "저는 이미 임신하고 있습니다. 지금 낳으려고 하는 때를 맞이하여 이 일을 생각해 보니, 천신의 어자는 해원에서 낳을 수 없습니다. 그래서 나와서 찾아온 것입니다."라고 아뢰었다. 그리고 즉시 그 해변의 물가에 가마우지의 깃털로 지붕을 이어 산실을 만들었다. 그런데 그 산실의 지붕을 아직 가마우지의 깃털로 다 이기 전에, 토요타마비메노미코토는 엄습해 온 출산의 아픔을 참을 수 없게 되었다. 그래서 산실에 들어가셨다.

그리고 막 아이가 태어나려고 할 때, 토요타마비메노미코토는 태양의 어자에게 아뢰길 "다른 나라의 사람들은, 무릇 출산할 때를 맞이하면, 자기 나라에서의 모습이 되어 아이를 낳습니다. 그래서 저는 지금 본래의 모습이 되어 아이를 낳으려고 생각합니다. 부탁이니까 저를 보지 말아 주세요."라고 말했다.

그런데 그 말을 이상히 생각하고, 토요타마비메노미코토가 막 아이를 낳으려고 하고 있는 모습을 몰래 엿보았더니, 커다란 상어로 변하여, 엎드려 꿈틀거리고 몸을 뒤틀며 움직이고 있었다. 그래서 호오리노미코토는 보고 놀라고 무서워서 도망쳐 달아났다.

그러자 토요타마비메노미코토는 호오리노미코토가 엿본 것을 알고, 마음속으로 부끄럽게 생각하고, 즉시 그 어자를 낳아 그곳에 두고 "저는 보통 때는 바다의 길을 통하여 왕래하려고 생각하고 있었습니다. 그런데 당신이 저의 모습을 엿본 것은 매우 부끄러운 일입니다."라고 아뢰고, 즉시 지상과 해신국의 경계 우나사카를 막고 자기 나라로 돌아가 버리고 말았다. 그래서 그 낳은 어자는 이름을 지어, 아마쯔히타카히코나기사타케우카야후키아헤즈노미코토라 한다.

이러한 일이 있은 후, 토요타마비메는 호오리노미코토가 엿본 마음을 원망은 하였으나, 그리운 마음을 누를 수가 없어, 그 어자의 양육이라는 것을 명분으로 해서, 동생 타마요리비메에게 말을 전하며 노래를 바쳤다. 그 노래로 말하길,

> 7 빨간 구슬은 그것을 통한 끈까지도 빛납니다만, 백옥과 같은 당신의 모습은 더욱더 훌륭하고 아름답습니다.

이에 대해, 그 부군인 호오리노미코토가 답하여 노래로 말하길,

> 8 먼 바다의 오리가 모여드는 섬에서 나와 동침했던 당신의 일은 잊을 수 없

다. 일생 동안.

그리하여 히코호호데미노미코토는 타카찌호노미야에 580년간 계셨다. 어능은 바로 그 타카찌호의 산 서쪽에 있다.

【해설】

전집 산월이 된 豊玉毘賣(토요타마 비 메)는 남편 火袁理命(호오리노미코토)가 있는 지상으로 온다. 출산시에 호오리노미코토는 금기를 깨고 엿보고, 토요타마비메는 추한 모습을 보인 것이 부끄러워, 아이를 남겨 놓고 본국으로 돌아가 버린다. 그 후에 鵜葺草葺不合命(우카야후키아헤즈노미코토)는 토요타마비메의 동생 玉依毘賣(타마요리비메)와 결혼하여 4명의 자식을 낳았는데, 제4자가 진무 천황이다. 가마우지의 깃털로 이은 산옥을 보는 것이 금지된 것과 그것을 범하는 것, 상어의 토템 등, 남방 해양국의 습속을 생각하게 해 주는 것이 있으나, 주제는 천신의 후계자가 토착신인 해양신의 딸과 결혼하여 일본 초대의 군주가 탄생한 것이다. 궁정의 종조신은 거의 이상탄생을 하고 있으나, 이것은 태어나면서부터 보통 사람과 다르게 성스러운 자질과 절대 권력을 갖고 있다는 것을 강조하기 위한 것이다.

집성 형 火照命(호데리노미코토)의 복종으로 동생 호오리노미코토는 히무카의 제2대왕이 된다. 바다 속에서 맺은 처 토요타마비메는 남편 호오리노미코토를 찾아와 산월임을 알리고, 남편에게 출산 광경을 보지 말라고 말한다. 남편은 그 금기를 깨고 엿보았더니, 처는 커다란 상어의 모습이 되어 출산하고 있었다. 이 모습을 보여서, 우카야후키아헤즈노미코토를 놓아 두고 해신궁으로 돌아가 버린다. 히무카의 제3대왕 우카야후키아헤즈노미코토는 어머니의 여동생 玉依毘賣(타마요리비메)와 결혼하여 4명의 자식을 둔다. 그 제4자가 진무 천황이다.

형제신의 이름은 벼나 식물의 이름을 갖는다. 모두, 天忍穗耳命(아메노오시호미미노미코토)-番能邇邇藝命(호노니니기노미코토)-穗穗手見命(호호데미노미코토)(호오리노미코토)처럼 모두 벼로 연속되어 있는 것이 중요하다. 황통이 벼라는 곡령의 부활 신생에 의한 계승이라는 것의 표상이다. 그 아이가 모두 벼 또는 식물명을 갖는 것은 처 토요타마비메의 이름에서도 볼 수 있듯이, 곡령이 깃드는 성녀였기 때문이다. 다만 우카야후키아헤즈노미코토의 이름만 이례적이다. 그것은, 출산의 어수선함에 의한 이름이었으나, 한편으로는 사람을 무섭게 하는 상어의 배에서, 산실의 지붕을 다 이기도 전에 요란스럽게 태어났다는 이상 출산담을 가지고 황실의 신이성을 과시하고 있다.

강담 "저를 보지 마세요."라고 말하고 산실에 들어가 '원래의 모습'을 나타내어 출산하는 장면을 보고 싶어 하는 이야기의 형식은 금실형(禁室形) 설화 형식이라 한다. '원래의 모습'이 상어였다는 것은 해신의 모습을 상어로 한 것이어서 용신이나 사신을 수계를 지배하는 신으로 생각하는 신앙과 공통되는 것으로 생각한다. 이족의 여성과 결혼한 남자가 여자의 원래 모습을 엿보고 놀라고 남자가 금기를 범했기에 부부관계가 단절한다는 줄거리는 민화의 '魚女房(우오노보우)' '鶴女房(쯔루노보우)' '蛤女房(하마구리노보우)' 등과 공통되어 있다. 토요타마비메 신화는 이런 신화와 같은 금실형 설화로, 본원적으로는 남방 미개사회의 토템이나 이족 결혼제에 유래하는 이야기일 것이다.

다음에 우카야후키아헤즈노미코토의 4명의 아이의 이름이 五瀨(이쯔세), 稻氷(이나히), 御毛沼(미케누), 若御毛(와카미케)처럼 벼나 곡물신으로서의 이름을 가지고 있는 것은, 이러한 신들의 아버지에 해당하는 日子穗穗手見命(히코호호데미노미코토)가 高千穗宮(타카찌호노미야)에 계셨다고 하는 전승과 함께, 곡령 신앙 및 궁정의 벼의 제의를 반영한 전승으로 주목된다.

豊玉(토요타마) 신화는 '赤玉(아카타마)는……' '沖鳥(오키쯔토리)……'의 2수의 증답가를 삽입하여 서정적으로 이야기되어 있다. 전가에는 '적옥'과 '백옥'이 노래되어 있어, 토요타마비메라는 이름과 함께 해신의 신령이 내려앉는 곳으로서의 구슬신앙과 관련되어 있는 것이 재미있다. '沖鳥(오키쯔토리)' 노래는 원래 바닷가에서 행해지던 歌垣(우타가키)의 노래가 해신국을 배경으로 하는 이야기와 결합된 것일 것이라고 말하고 있다(土橋寬(쯔찌하시히로시) 『古代歌謠全注釋』 古事記 편 참조).

신전집 火袁理命(호오리노미코토)는 보지 말라는 금기를 범하여 보고 만다. 그래서 토요타마비메는 해신의 세계와 통하는 통로를 막고 해원으로 돌아간다. 해신의 혈통을 아시하라노나카쯔쿠니에 남기고, 해신의 세계와 아시하라노나카쯔쿠니의 관계는 닫혀 버리게 된다. 두 개의 세계는 지상 차원에서 상관한다. 아시하라노나카쯔쿠니와 黃泉國(요모쯔쿠니)·根之堅州國(네노카타스쿠니)·海神國(카이진노쿠니)와의 관계에서 아시하라노나카쯔쿠니를, 지상의 다원적 세계관계 속에서 이야기하는 것이다. 그 지상의 세계관계와 高天原(타카아마노하라)-葦原中國(아시하라노나카쯔쿠니)의 天-國(아마-쿠니)의 세계관계는 같이 볼 수 없는 성질의 것이다. 기의 신화적 세계는 어디까지나 천지의 이원적 세계이다.

3. 후키아헤즈의 계보

是天津日高日子波限建鵜葺草葺不合命, 娶其姨玉依毘賣命, 生御子名, 五瀨命. 次, 稻氷命. 次, 御毛沼命. 次, 若御毛沼命, 亦名, 豊御毛沼命, 亦名, 神倭伊波禮毘古命.^{四柱}

故, 御毛沼命者, 跳浪穗渡坐于常世國, 稻氷命者, 爲妣國而, 入坐海原也.

【훈】

是の 天津日高日子波限建鵜葺草葺不合命、其の 姨玉依毘賣命を 娶りて、生みし御子の名は、五瀨命。次に、稻氷命。次に、御毛沼命。次に、若御毛沼命、亦の名は、豊御毛沼命、亦の名は、神倭伊波禮毘古命＜四柱＞。

故、御毛沼命は、浪の穗を跳みて常世國に渡り坐し、稻氷命は、妣の國と爲て、海原に入り坐しき。

【주】

娶 弟玉衣比賣와의 결혼으로 해신과의 연계는 일층 확실해진다.

五瀨命 五는 嚴. 瀨는 苑를 의미하는 '소'의 전인가. 신성한 벼의 신. 이하의 형제신은 모두가 벼에 관한 이름을 갖는다. 天之忍穗耳命 이하의 황통 이름에 공통되는 이념이다.

稻氷命 稻+靈. 벼의 영신.

御毛沼命(미케누노미코토) 御毛(미케)는 음식, 沼(누)는 늪을 의미하는 野(노)의 전인가. 若御毛沼(와카미케누)・豊(토요)御毛沼(미케누)는 御毛沼(미케누)에 칭사 若(와카)・豊(토요)를 수식한 것.

神倭伊波禮毘古命(카무야마토이하레비코노미코토) 진무 천황의 일본식 시호. 神(카무)는 칭사, 倭(야마토)는 大和(야마토), 伊波禮(이하레)는 大和(야마토)의 盤余, 毘古(비코)는 존칭. 이 이름은 大和(야마토)에 궁을 정하고 천하를 시작하는 것을 미리 나타낸 것.

常世國(토코요노쿠니) 少名毘古那神(스쿠나비코나노카미)가 건너온 세계로, 바다 저쪽에 있다고 믿어진 이상향. 지금 御毛沼命(미케누노미코토)가 常世國(토코요노쿠니)에 건너간 것을 이야기하는 의미는 미상.

妣(하하) 망모의 뜻으로 玉依比賣命(타마요리비메노미코토).

海原(우나하라) 해원은 稻氷命(이나히노미코토)의 母(보), 玉依比賣命(타마요리비메노미코토)의 세계. 해신의 세계와의 관계를 재확인하는 것이다.

【해석】

이 아마쯔히타카히코나기사타케우카야후키아에즈노미코토가 숙모 타마요리비메노미코토를 얻어 낳은 자식의 이름은 이쯔세노미코토. 다음에 이나히노미코토. 다음에 미케누노미코토. 다음에 와카미케누노미코토, 다른 이름은 토요미케누노미코토, 다른 이름은 카무야마토이하레비코노미코토(4주).

그리고 미케누노미코토는 파도의 끝을 따라 토코요노쿠니로 건너가고, 이나히노미코토는 돌아가신 어머니의 나라인 우나하라에 들어가셨다.

【해설】

신전집 日向(히무카) 3대의 최후, 鵜葺草葺不合命(우카야후키아헤즈노미코토)에 대해서는 계보적 기술밖에 없다. 천강해서 3대 동안에 산신·해신과의 결혼을 거듭하여 주능을 증폭시킨 것을, 카무이하레비코노미코토(진무 천황)를 위해 계보상으로 확인하는 것만으로 충분하기 때문이다.

찾아보기

한자

[ㄱ]
加久矢 264, 268
迦具土 73, 75, 79, 84, 85, 90, 281
加賀智 165, 169
角杙 42, 43, 45
甲斐弁羅 105, 106, 109
皆暗 144, 145
建御雷 84, 85, 87, 88, 279, 280, 281, 282, 287, 289, 291, 292, 297, 298
建御雷之男 84, 85, 87, 279, 281, 282, 289
建御名方神 279, 281, 283, 284, 287, 289, 291
建布都 84, 85, 87
禊祓 105, 106, 354
稽首 333, 337, 344
尻久米 145, 153
高木神 264, 266, 268, 276, 279, 280, 299, 300, 303, 311
栲繩 291, 292
高御産巢 18, 42, 43, 48, 144, 146, 149, 162, 200, 258, 260, 262, 265, 266, 268, 275, 295, 310
高田 333, 336, 343
高志國 193, 215, 216, 218, 230, 231
高千穗 67, 300, 301, 306, 310, 311, 313, 339, 356, 357, 364
高天原 18, 19, 36, 42, 43, 46, 54, 57, 59, 63, 67, 78, 87, 103, 117, 122, 123, 131, 135, 136, 138, 144~146, 149, 156, 157, 161, 196, 206, 222, 242, 259, 260, 261, 290~292, 294, 297, 299, 300, 302, 304, 305, 365

哭女 86, 264, 267, 270
科野國 279, 281, 284, 290, 297
光海 240
鉤 332~334, 336~338, 342, 352
久久能智 73
久羅下 42
久美度 56, 59, 176, 178
久比奢母智 73, 74, 77
旧辭 24, 33, 34, 36
久土布流 67, 300, 301, 306, 307
久延毘古 240, 241, 242
國神 165, 167, 258, 260, 299, 303, 322
國之常立 42, 43, 44, 45
國之水分 73
弓腹 126
机代 322, 323, 324, 333
根堅州國 195, 202, 205
根析神 84, 85
根之堅州国 117
金山毘古 73, 79, 80
鰭 316, 317, 318, 332, 334, 337
氣多 186, 187, 188, 192
忌服屋 144, 145, 148
吉備 64, 65, 69
吉地 300

[ㄴ~ㄷ]
那豆美 126
羅摩船 240, 241
浪穗 279, 366
鹿屋野比賣 73, 74, 77
瀨速 105, 106
多迦斯理 196, 206, 291, 293, 300

多岐都 133, 134, 136
多紀理 133, 134, 136, 137, 233
多藝志 291, 292, 293, 297
多賀 116, 117, 118, 120
淡島 56, 57, 59, 60, 74, 75
淡道 64, 65
大國主神 53, 87, 137, 138, 176, 177, 179, 182, 183, 186, 192, 196, 198, 205, 206, 218, 233, 236, 240, 241, 242, 258~262, 265, 275, 279, 280, 281, 287~289, 291~294, 297, 310
大氣都比賣 160, 161, 248, 249, 251
大年神 96, 176, 177, 179, 182, 248, 249, 250, 251, 253
大島 64, 69, 138, 158
大豆 160
大斗乃弁 42, 45
大綿津見 73, 76
大事忍男 73, 74, 75, 80
大山津見 73, 74, 77, 87, 165, 166, 167, 168, 176, 177, 253, 322, 323, 324
大屋毘古 73, 75, 76, 195, 201, 202, 213
大宜都 64, 66, 73, 75
大八島國 64, 68, 71, 218, 231
大穴牟遲 127, 176, 180, 182, 186, 187, 192, 195, 196, 198, 200, 201, 202, 239, 240, 241, 242, 243, 245
大穴牟遲神 127, 176, 180, 182, 186, 187, 192, 195, 196, 198, 200~202, 239~242, 245
大戶日別 73, 76
大戶或 73, 74, 77, 78, 80
大禍津日神 105, 106, 110
禱 144, 146, 152, 275, 291, 292, 294
道敷 92, 94, 99
稻氷命 366, 367
度事戶 92
道俁 105, 106, 109

桃子 92, 94, 98
稻種 160
道之長乳齒 105, 108
獨神 42, 43, 44
童女 165
登陀流 291, 293

[ㅁ]
萬幡豐秋 299, 300, 302
沫那美 73, 77
沫那藝 73, 74, 77
埋溝 144
每坂 196
麥 160
面勝神 299
綿津見 73, 76, 104, 105, 110, 111, 332, 333, 336, 339, 354
鳴女 264, 266
鳴雷 92, 93, 96
鳴鏑 195, 198, 203, 248, 251, 254
母由良 117, 118, 135
木國 133, 195, 197, 201, 212
木神 73, 151, 264, 266, 268, 276, 279, 280, 299, 300, 303, 311
木俣 195, 196
木俣神 196, 199, 207
目合 195, 197, 202, 322, 323, 324, 333, 335, 340
木花知流 168, 176, 177, 179
木花之佐久夜 168, 322, 323, 324
無間勝間 332, 334, 339
無邪心 126
無異心 126
物實因 133
美豆 92, 95, 126, 133, 165, 169, 176, 177, 179, 248, 250
美豆羅 126
美豆良 92

美蕃登 73, 79
尾羽張神 279, 280~282, 287~289
未作竟 92

[ㅂ]
伯岐國 195, 196
白丹寸手 144, 146, 151
白日神 248, 250
百取机代 322, 333
番登 144, 153
辺疎 150
伏雷 92, 93, 96
復奏 258, 259, 260, 291, 292, 336
本國 356
本辭 24, 25, 28, 32
蜂室 195
不善心 126
妣國 126, 366
比禮 195, 203
比良夫貝 316
比良坂 92, 93
肥河 165, 167, 170, 173
氷椽 196, 199, 206, 300, 302

[ㅅ]
思金神 144, 146, 149, 258, 260, 279, 281, 299, 301, 304, 311
事代主 233, 235, 236, 238, 279, 280, 281, 283, 284, 287, 288, 291, 292
蛇室 195, 203
山神 73, 246
産屋 92, 94, 99, 358
三柱女子 133
上光 299
喪具 196, 204
常世國 240~243, 245, 246, 366, 367
常世長鳴鳥 144
喪屋 264, 265, 266, 267, 269

上天 126, 279
生弓矢 196, 198, 213, 352
生大刀 196, 198, 205, 213
鉏高日子根 234, 238
聟夫 333, 336
析雷 92, 93
石析 84, 85
石巢比賣 73, 74, 76
石長比賣 322, 323, 324
石村 84, 85, 86, 281
石土毘古 73, 74
膳夫 291, 292, 294
成立氷 279
聖神 248, 250
素菟 186, 187, 190
小豆 64, 65, 69, 160
小豆島 64, 65, 69
少名毘古那 193, 240~243, 245, 367
沼矛 52, 53
小浜 16, 279, 291, 292, 297
所成神 84, 105, 110, 133
沼河比賣 215~218, 220, 225, 228, 229
粟 64, 69, 78, 160
粟國 64, 66, 78
速贄 316, 317
燧臼 318
修理固成 52
須比智邇 42, 43, 45
水洗 186
須勢理毘賣 193, 195, 211, 215, 217, 224, 225, 352
水穂國 258, 259, 262, 299, 300, 303, 310
穂穂手見命 137, 302, 322, 338, 339, 361, 364
手弱女人 299
燧杵 291, 295
須佐能男命 195

須佐之男 18, 105~107, 112, 114, 115,
　117, 118, 122, 126, 127, 131, 133,
　137, 144, 145, 156, 160, 165~167,
　176~178, 195, 197, 201, 202, 204,
　205, 211, 236, 249, 352
須佐之男命 18, 105~107, 112, 114,
　115, 117, 118, 122, 126, 127, 131,
　133, 137, 144, 145, 156, 160,
　165~167, 176~178, 195, 197, 201,
　202, 204, 205, 211, 236, 249, 352
水蛭 56, 59, 60
須賀 176, 177, 178
水戶 73, 74, 76, 291, 292, 294
笋 92, 93, 97
勝佐備 144
時量師神 105, 106, 108
屎麻理 144, 147
市寸島 133, 134, 136
神産巢 18, 42, 43, 48, 160, 161, 163,
　195, 200, 202, 211, 240, 242, 260,
　291, 292, 295
新巢 291, 292, 295
神直毘神 105, 106, 110
神避 73, 74, 75, 80, 84, 85
心前 117, 119
十拳劍 84, 92, 133, 165

[ㅇ]
阿曇連 105, 107, 111, 115, 354
阿夜訶志古泥 42, 45
安万侶 16, 17, 21, 22, 33, 34, 36
闇淤加美 84, 85, 87, 90
闇御津羽 84, 85, 87, 90
闇戶 73, 74, 77, 78
夜良比 117, 120, 126, 160
野神 42, 45, 73, 298
夜之食國 117
若雷 92, 93, 96

淤岐島 186, 187
淤能碁呂島 52, 54
魚鱗 332, 335, 339
御毛沼命 366, 367
於母陀流 42, 43, 45
淤煩鉤 333, 336, 342
御壽 322, 323
御諸山 240, 241, 243, 246
御祖命 160, 161, 195, 240, 291, 292, 295
御饗 291, 292, 294, 333
言依 52, 53, 258, 279, 280, 299, 300, 302
女島 64, 69
鹽乾珠 333, 336, 343, 352
鹽盈珠 333, 336, 337, 343, 352
鹽椎神 332, 334, 338, 350, 351
營田 144, 147
穢國 150
吳公 195, 196, 197, 198, 203
五瀬命 366
五百鉤 332
奧山津見 84, 85, 88
奧疎 105, 106, 109
五柱男子 133
奧津那藝佐 150, 109
奧津島 133, 134, 136
玉器 332, 335, 340
玉依毘賣 356, 363, 364, 366
甕速日 84, 85, 86
宇氣比 73, 75, 126, 156, 322, 325
宇氣布 133
宇都志國 206
宇都志國玉 176, 177, 180, 196
宇流鉤 333, 336, 342
宇比地邇 42, 43, 45, 48
宇士 92, 96
羽山津見 84, 85, 88
熊野久須毘 133, 137
熊曾國 64, 67

猿女君 152, 158, 301, 303, 305, 316, 317
遠呂知 165
原山津見 84, 85, 88
猿田毘古 299, 303, 310, 312, 316, 317
葦原色許男 176, 177, 180, 195, 203, 240, 241, 242
葦原中國 18, 19, 44, 78, 87, 88, 92, 97, 98, 99, 103, 104, 115, 120, 137, 138, 144~147, 149, 161, 178, 202, 203, 205, 206, 211, 242, 258, 259, 260, 261, 264, 265, 266, 276, 279, 280, 281, 282, 288, 291, 292, 295, 299, 300, 302, 303, 310, 359, 365
乳汁 195, 197, 210
隱伎 64, 66
陰所 84
衣服 186, 190, 240
意富斗能 42, 43, 45
伊賦夜坂 93, 94, 100
伊耶那岐 18, 22, 42, 45, 52, 56, 57, 64, 74, 75, 84, 85, 92~94, 117, 118, 281
伊耶那美 18, 22, 42, 43, 45, 52, 56, 57, 64, 73, 74, 75, 84, 85, 92, 93, 94, 161
伊耶佐 279, 280, 282, 287
伊豫 64, 65, 69
邇々藝命 299, 300, 301
離田 144
伊波禮毘古 361, 366, 367
日八日 265, 270
日下 33, 34, 37
妊身 322, 323, 356
笠沙 300, 301, 307, 318, 322

[ㅈ]
自得照明 145
作堅 240, 242
赤猪 195, 199
赤土 196, 204

赤海鯽魚 333, 336, 342
正鹿山津見 84, 85, 88
帝紀 21, 24, 25, 28, 31, 32, 35, 36
鳥遊 279, 283
朝日 217, 300
鳥之石楠船 73, 75, 78
鳥取神 233, 235
足名椎 165, 166, 168, 169, 170, 173
州羽 279, 281, 284, 289
竹鞆 126
中筒之男 150
中枝 144, 151
櫛名田 165, 168, 173, 176~178, 238, 253
曾富理神 248, 250
知訶島 64, 65, 69
志那都比古 73, 74, 77
志藝山津見 84, 85, 88
志許賣 92, 93, 97
眞名井 133, 134, 136

[ㅊ~ㅋ]
讚岐 64, 66
蠶 160, 218
天迦久神 279, 280, 282
天降 56, 57, 165, 258, 264, 265, 299, 300, 301
天斑馬 144
天菩比神 258~261, 263, 264, 288, 341
天浮橋 52, 53, 258, 259, 299, 305
天石屋 279, 281, 304, 311
天石屋戶 144, 145, 148
天沼琴 196, 352
天手力男神 144, 145, 146, 152
天兒屋命 144, 145, 146, 151, 158, 299, 301, 304
天安之河原 144
天安河 133, 135, 136, 144, 258, 260,

찾아보기 373

264, 279
天若日子 234, 238, 262, 264, 265, 266, 267, 270, 275, 288
天宇受賣 145, 146, 156, 299, 300, 303
天宇受賣命 144, 146, 152, 158, 270, 278, 299, 301, 310, 316, 317
千引石 92, 279
天忍穗耳命 175, 258, 259, 299, 300, 310, 364
天照大御神 18, 22, 105, 107, 111, 112, 115, 117, 122, 126, 127, 131, 133, 134, 144~147, 156, 165, 170, 173, 213, 258~260, 264, 265, 266, 275, 279, 280, 299, 300, 303, 304, 310
天鳥船 73, 75, 78, 80
天鳥船神 138, 279, 280, 282, 283, 287, 289
天佐具売 264
天之菩卑 133, 137, 262
天之常立 42, 44, 45, 47
天之石位 299
天之水分 73, 74, 77
天之忍穗 133, 136, 141, 143, 261, 262, 263, 302, 312, 313, 366
天之吹男 73, 76
天津日高 299, 302, 311, 322, 333, 338, 351, 356, 366
天津日子根 133, 137
天香山 144, 146, 151
青丹寸手 144
青山 117
青柴垣 279, 280, 283
青人草 92, 98
草那藝 165, 170, 299, 301
秋津日子 73, 76, 80, 294
筑紫 64~67, 106, 114, 250, 301, 306
出雲 78, 90, 99, 115, 123, 137, 138, 163, 167, 168, 177, 178, 182, 189, 199,

200, 206, 211, 215, 217, 222, 224, 238, 240, 282, 284, 292, 297
出雲國 84, 85, 86, 90, 93, 94, 112, 122, 133, 135, 138, 141, 142, 165, 166, 167, 173, 176, 179, 206, 241, 245, 249, 260, 279, 280, 289, 291, 292, 297, 298
衝立船戸神 105, 108, 115
寢朝床 264
蟹貝 195, 197, 200, 212

[ㅌ~ㅍ]
湯津香木 332, 335, 339
太子 299, 300, 302
土雷 92, 93, 96
波土弓 264, 268, 300, 306
波邇夜須 73, 75, 79, 80
坂本 92, 93, 94, 98, 104, 251
八衢 299, 300, 303
八拳 117, 119, 291, 292, 295
八島士奴美 176~178, 233, 234, 236, 238, 253
八頭 165, 188
八尾 165, 166, 169
八百万神 144, 145, 160
八上比賣 186, 188, 193, 195, 196, 199
八尋殿 56, 57, 58, 322, 324, 325
八十垧手 291
八十神 186, 187, 188, 195, 196, 197, 199, 201, 291, 293
八鹽 165, 166, 167, 170
八俣 165, 166, 167, 168
八重 177, 178, 279, 280, 281, 282, 291, 292, 301, 333, 335, 341
八重多那 299
八重言代主 235, 279, 282
八尺勾璁 126, 133, 144, 150, 299
稗田 24, 25, 31, 33, 34, 38, 320

布刀玉命 144, 145, 146, 151, 158, 299, 301, 304
布斗麻邇 56, 60
布斗斯理 291, 293, 300
匍匐 84, 357
飽咋 105, 106, 108, 109
蒲子 92, 93, 97
蒲黃 186, 187, 190
豊國 64, 65, 67
風木津別 73, 74, 76
風伏 186
風神 73
豊玉毘賣 332, 333, 335, 336, 340, 356, 358
豊宇氣 73, 75, 80
豊雲野 42, 45
豊布都 84, 85, 87

[ㅎ]
下光 299
下光比賣 233, 234, 268
河鴈 264, 269
下田 333, 336, 343
下照比売 264
下枝 144, 151
韓國 300, 301, 306
汗氣 144
韓神 248, 249, 250
蛤貝 195, 197, 200, 201, 212
海道 356, 359
海鼠 316, 317, 318
海神 73, 76, 233, 235, 236, 332, 333, 356, 365
海神之女 332, 356

解御髮 126
海鹽 186, 187, 189, 316, 318
海原 117, 119, 120, 344, 354, 356, 358, 366, 367
海佐知 332, 334, 337
海坂 356, 357, 359
虛空津日高 311, 332, 333, 338, 344
頰那藝 73, 77
狹霧 73, 74, 77, 78, 133, 134, 136, 233, 236
狹土 73, 74, 77, 78
戶山津見 84, 85, 88
和久産巢 73, 75, 79
和豆良比 105
火雷 92, 96
火須勢理 322, 324, 326
火神 73
火遠理命 322, 324, 326, 332~336, 338, 339, 342, 343, 344, 360
和邇 186, 291, 295, 333, 336, 337, 343, 356, 357
火照命 322, 324, 325, 332, 334, 342, 345, 350, 351, 363
火之夜藝 73, 75, 78
還矢 264, 266, 269
活津日子根 133, 137
黃泉國 18, 90, 92, 93, 94, 97, 98, 102, 103, 110, 114, 120, 205, 365
黃泉比良坂 97, 196, 205
黃泉神 92, 93, 95
後手 92, 93, 97, 333, 336, 342, 344
胸形 133, 134, 136, 137, 142, 233, 234
胸形君 133, 134, 138, 142
黑雷 92, 93, 96

찾아보기

한글

[ㄱ]

가랑눈 226, 228
가마우지 294, 296, 298, 358, 359, 360, 361, 363
가무 19, 30, 152, 153, 155, 157, 170, 278, 345
가무음곡 153, 270, 274
가사사 309, 318, 326
가슴 89, 91, 100, 130, 155, 223, 227, 269, 273, 276, 278, 306
가요극 232
갈대 44, 46, 48, 59, 61, 62, 63, 98, 224, 227, 230, 259, 284, 287, 303
강변 114, 154, 261, 273
거문고 205, 210
거울 18, 20, 150, 151, 153, 154, 155, 156, 158, 170, 175, 304, 305, 308, 311, 314
경계 19, 48, 86, 89, 97, 99, 131, 199, 205, 306, 359, 362
계보 248, 253, 254, 255, 284, 289, 361, 366, 368
계수나무 273, 347, 351
『고기』 203
고랑 154
고분석실 157
고지 34
곡옥 128, 130, 140, 150, 154, 155, 170, 314
관능 230, 231
괴력 119, 127, 290
교합 58, 61, 63, 181
구더기 96, 100

구렁이 168, 169, 171, 172, 173, 182
구름 26, 29, 35, 45, 48, 178, 180, 182, 309, 314
구사 30, 37, 38
구토 82
구토물 79
국경 21, 90, 167
국신 169, 171, 261, 262, 308, 312, 327, 328, 330
금실형 364
금줄 153, 156
기둥 57, 58, 60, 61, 62, 68, 169, 204, 206, 210, 293, 296, 310
기러기 242, 269, 274, 277
꽈리 169, 171
꿩 220, 226, 268, 270, 272, 273, 274, 275, 277, 278

[ㄴ]

나오비 113
나키메 268, 270, 272, 277
나키자와 89
낚시 283, 296, 337, 342, 344, 346, 348, 349, 350, 351, 352, 353
난쟁이 245
남근 58, 83
네노카타스 121, 130, 195, 202, 205, 208
네노쿠니 119, 122, 123, 131, 158, 193, 211, 212, 213, 222, 352
네사쿠 86, 89
노리토 99, 114, 155, 158, 250, 251
노조무 205
노즈찌 77, 81

376 고사기 상권

노출 153, 155
농경의례 156, 277
농어 295, 296, 298
농업용수 77
뇌신 86, 87, 91, 96, 100, 101, 102, 103, 234, 254, 271, 276, 281
누나카하 218, 220, 221, 225, 226, 228, 229, 231
누바타마 221, 226, 227
누에 78, 161, 162, 163, 219, 221, 224
니므롯 269, 275, 276

[ㄷ]
단독신 44, 46, 47
닭 27, 30, 150, 220, 226
담 178, 182
담수 190, 192
대바구니 339, 346
대반석 210, 296, 310
대변 79, 82
대소변 147
대장장이 150, 154
덩굴 97, 128, 152, 155, 241, 243
도래인 254
도미 342, 348, 349
도주설화 103
동명왕 189
동지 156, 157, 158, 159, 311
두꺼비 242, 244, 246

[ㅁ]
마가쯔히 110, 113, 114
마구하히 58, 202, 207, 324, 340
마사카야마 89
마사카쯔 136, 137, 140, 143, 259, 260, 302, 307, 308
마카코 272, 309
말굽 37

망모 122, 367
메쿠바세 202
모가리 95, 102
모야마 270, 274
모자 112
목걸이 118, 121, 122
무나카타 136, 137, 138, 140, 141, 142, 234, 237, 238
무녀 110, 152, 158, 174, 229, 276, 303, 320, 321, 329
무위 218
물개 341, 353
물거품 77, 318
물총새 223, 227, 270, 274, 277
미나카누시 18, 36, 38, 43, 46, 48
미모로 243, 245, 246
미사쿠 205
미소기 105, 107, 110, 114
미얏코 138, 297
미완성 39, 53, 115, 123, 131, 183
미카하야히 86, 89
미케누 367
미코토 52, 60, 62, 85, 100, 130, 154, 268, 284
미쿠마리 77, 81
미토 58, 207
미호 243, 286

[ㅂ]
바구니 339
바닷물 53, 54, 62, 191, 192, 319
바지 112
박수 283, 286
반고 112
발화법 79, 83
방석 341, 348, 353
배우 345
백로 274, 277

백옥 360, 362, 365
뱀 18, 20, 165, 169, 170, 173, 174, 203, 208, 209, 211, 212, 220, 271
뱃길 35, 37
벌 209, 211, 212
벚꽃 179, 324, 325, 327
베개 219, 227, 228
벼 이삭 137, 179, 250, 259, 262, 302, 303, 311, 326, 329
보호대 130
복명 137, 260, 261, 263, 272, 277, 297, 298, 341, 349
복숭아 98, 101, 103
부들꽃 190, 192
부족장 308
부활 156, 157, 158, 163, 200, 201, 211, 212, 213, 270, 275, 277, 340, 352, 364
북 148, 154
분화 91, 119, 127
비수 318, 319, 344, 349
빈궁 103
빗 95, 97, 100, 101, 169, 172
빗살 95, 100, 101

[ㅅ]
사구메 268, 273
사기리 77, 78, 81, 236, 237
사누키 66, 69
사도 66, 68, 70
사령 103, 114, 174, 213
사루메 31, 152, 158, 303, 305, 309, 316, 317, 319, 320, 321
사루비코 310
사루타비코 308, 312, 313, 317, 319, 320, 321
사시쿠니와카 179, 181
사시토 94

사요리비메 136, 140
사위 277, 324, 348
사자 220, 226, 231, 268, 273, 274, 275, 277, 278, 282, 285, 287, 288, 289, 303, 327
사즈찌 78, 81
사찌 337
사쿠야비메 324, 326, 327, 328, 329, 330
산실 99, 102, 325, 328, 329, 330, 360, 361, 364
산포도 97, 101, 108
삼귀자 114, 115, 117, 122, 123, 129
상록수 108, 151
상어 189, 190, 191, 192, 193, 194, 343, 344, 362, 363, 364
서까래 204, 205, 206, 210, 214
서약 141, 260, 290, 329
성수 68, 178
소금 53, 54, 62, 72
소다타키 222
소라쯔히타카 346, 348, 349
소변 79, 82
소호 243
소호리 250, 252
속죄 161, 162, 164
손발톱 161, 162
수건 208, 209, 213
수명 243, 325, 327, 330
수목 44, 235, 269
수문 76, 81, 108
수염 119, 121, 161, 162
수혈식 204
스가 180, 181, 182, 183
스미노에 111, 113
스부 203
스사노오 18, 78, 112, 115, 116, 119, 120~123, 126~132, 137, 141, 142, 143, 147, 148, 153, 156, 157, 158,

159, 160, 161, 162, 163, 164, 167,
168, 169, 170, 171, 172, 173, 174,
175, 178, 179, 180, 181, 182, 183,
205, 206, 208, 209, 210, 211, 212,
213, 214, 236, 238, 249, 253, 254,
352
스사부 112, 202, 342
스세리 202, 208, 209, 210, 213, 214,
227, 228, 229, 230, 231, 232
스쿠나비코 241, 242, 244, 245, 246
스하 287
스히지 46
승리감 153
승부 141, 143
승천 126, 131, 276, 282
시기야마 89
시나쯔 81
시라히 250, 252
시코 203
시코메 101, 103, 107
시코오 180, 181, 203, 208, 211, 241,
242, 244
시타테루 234, 237, 268, 272
시호미찌 343, 349, 352
시호쯔찌 346
시호히 343, 349, 352
식국 121
신기 21, 27, 129, 173, 174, 175, 310,
311, 314
신생 213, 287, 310, 311, 312, 352, 364
신전 158, 235, 297, 303, 307
신좌 305, 309
씨 162, 163
씨름 289

[ㅇ]
아구라 269
아마족 115, 318

아마쯔히코 140, 141, 142
아마테라스 18, 22, 107, 111, 112, 113,
115, 116, 120, 121, 122, 123, 127,
128, 129, 130, 131, 132, 135, 136,
137, 139, 140, 141, 143, 148, 149,
152, 153, 154, 155, 156, 157, 158,
159, 162, 170, 171, 172, 173, 174,
175, 213, 259, 260, 261, 262, 263,
270, 272, 273, 275, 276, 278, 285,
303, 304, 307, 308, 309, 310, 311,
312, 313, 314
아메노사카테 283
아메노카쿠 282, 285
아메노호히 137, 138, 140, 141, 142,
260, 261, 262, 263, 272, 277, 288,
341
아메와카 267, 270, 272, 273, 274, 275,
276, 277, 278
아시나즈찌 168, 169, 170, 171, 172,
173, 180
아악료 271
아와나기 81
아즈키 70
아지시키 271, 274, 277, 278
아타네 223
아하시마 59, 60, 61
아하지 65, 66, 68, 71, 120
아후 188, 199
악령 97, 99, 103, 108, 120
악어 189, 193, 343, 349
안개 77, 78, 135, 136, 140, 224, 227,
236
야가미히메 191, 192, 194, 207, 210, 213
야모메 224
야스마로 20, 22, 37, 38, 39
야시마쿠니 70, 218, 226, 228
야찌호코 180, 181, 218, 220, 221, 225,
226, 227, 228, 229, 230, 231, 232

야쿠모 178, 181, 182
야헤코토시로 235, 282, 286, 287, 296
양조 172
어깨뼈 61, 151, 154
얼룩말 148, 154
얼음기둥 284, 286
엉덩이 162, 163, 338
여성관계 239
여울 113, 136, 210
여의주 343
오곡 163, 250
오노고로 52, 54, 62, 68, 82
오도야마 89
오모다루 46
오미나 70
오미즈누 181
오바마 285
오소부루 219
오시호미미 136, 140, 141, 142, 143, 175, 259, 261, 262, 263, 302, 307, 310, 311, 312, 313, 364, 366
오월 119, 120, 121, 149, 154
오쿠야마 88, 89
오키 66, 138, 189, 191, 193, 234
오하마 20, 289, 296
오하바리 88, 90, 282, 285, 288, 289
오호게쯔 161, 162, 163, 164
오호시마 69, 70
오호아나무지 127, 138, 180, 181, 182, 188, 191, 192, 193, 194, 200, 201, 202, 203, 207, 208, 209, 210, 211, 212, 213, 214, 226, 239, 241, 242, 243, 244, 245, 246
오호야마 69, 81, 87, 167, 168, 171, 181, 253, 324, 325, 326, 327, 328, 330, 353
오호야비코 80, 202, 208
오호야시마 25, 29, 68, 70, 71, 218, 231

오호이카즈찌 96, 100
오호코토 75, 80, 81
오호쿠니누시 53, 87, 95, 137, 138, 179, 181, 182, 191, 192, 193, 194, 205, 206, 210, 211, 212, 213, 214, 218, 228, 229, 230, 231, 233, 236, 237, 238, 239, 241, 242, 243, 244, 246, 253, 255, 261, 262, 270, 272, 275, 277, 278, 282, 284, 285, 286, 287, 288, 289, 290, 292, 293, 294, 295, 296, 297, 298, 310, 311, 352
오호토노 46
오호토시 96, 179, 181, 182, 248, 249, 250, 251, 252, 253, 254, 255
오호토히 80
와카미케누 367
와타라히 309
와타스 135
와타쯔미 81, 104, 110, 111, 113, 115, 321, 339, 346, 349, 354
요리시로 235, 254
요모쯔쿠니 18, 20, 94, 95, 96, 97, 98, 99, 100, 101, 102, 103, 104, 110, 114, 115, 205, 365
요미노쿠니 94
요바후 188
용궁 339, 353
용마루 206, 293, 296, 310
우나하라 358, 367
우로코 339
우마시아시 46
우무카히 200, 208
우쯔시쿠니 180, 181, 210
우케히 129, 130, 131, 132, 133, 139, 141, 142, 143, 156, 159, 259, 327, 328
우키 225
우키하시 53, 54, 259, 261

우히지니 46
올타리 172, 177, 178, 180, 182, 283, 286, 287, 289
원재료 137
월신 20, 115
윗가지 155
은퇴 283, 287, 289, 296, 297
음부 45, 58, 88, 91, 148, 149, 153, 154, 155, 163
음양 18, 48, 63
이나바 186, 188, 191, 192, 193
이나히 364, 366, 367
이상탄생 141, 363
이요 65, 69
이자나미 18, 47, 52, 53, 54, 55, 60, 61, 62, 63, 69, 71, 72, 78, 81, 82, 84, 85, 86, 88, 89, 90, 91, 96, 99, 100, 101, 102, 103, 104, 110, 120, 161, 246, 251, 330, 359
이자나키 18, 47, 53, 54, 55, 60, 61, 62, 63, 65, 69, 71, 72, 78, 81, 82, 85, 88, 89, 90, 91, 95, 100, 101, 102, 103, 110, 112, 113, 114, 115, 116, 120, 121, 122, 130, 131, 161, 246, 251, 281, 318, 321, 354, 359
이자사 285, 289
이즈모 86, 89, 90, 102, 112, 122, 138, 141, 142, 162, 167, 171, 173, 180, 182, 206, 241, 245, 260, 285, 289, 296, 297, 298
이쯔세 364, 366, 367
이찌키시마 136, 140
이카즈찌 26, 90, 96, 97, 100
이쿠쯔히코 140
이쿠타유 210
이쿠타찌 210
이키 67, 68, 70
이하나가 326, 327, 329, 330

이하사쿠 86, 89
이하스히메 80
이하야 148, 154, 155, 157, 158, 159, 281, 285, 304, 308, 311, 313, 314
이하쯔쯔 86, 89
이하쯔찌 80
일식 157, 159
일신 20, 115, 276
입김 135, 136, 140, 141

[ㅈ~ㅊ]
자루 108, 112, 188, 190, 191, 192
장검 86, 101, 170, 172, 270, 274, 288, 338, 346
장례 209, 275, 278
장손무기 22
장송 204, 269, 270, 275
재계 20, 76, 108, 109, 112, 114, 115, 122, 141, 148, 318, 321
재판 129
저지 349
적토 204, 213
전통 128, 130, 306, 309
절구 79, 83, 274, 296
젓가락 167, 171
제기 30, 36, 37, 38
제사권 297
조개 200, 211, 317, 319, 320, 321
조공사 35, 37
조상신 107, 111, 113, 115, 123, 136, 142, 151, 158, 162, 259, 302, 303, 304, 320, 329
조선 249, 250, 253, 254, 270, 306, 309, 313, 351
주능 354, 368
주술 62, 97, 120, 132, 270, 284, 286, 342, 352
죽순 97, 101, 108

찾아보기 381

쥐 203, 209
지네 212, 213, 214
지팡이 108, 112
지하 94, 98, 120
진무 175, 314, 361, 363, 364, 367, 368
진혼 156, 157, 158, 229, 270, 278, 303, 305, 311, 318
질서 27, 30, 119, 147, 149, 159, 175, 246, 163
짐승 337, 345, 346
쯔노쿠히 46
쯔라나기 81
쯔라후 219
쯔쿠시 18, 65, 66, 67, 70, 107, 108, 112, 114, 236, 237, 250, 309, 315
쯔쿠요미 18, 111, 112, 114, 115, 121, 122, 123, 163
찌 338
찌카 69, 70
참새 274, 277
창생 47, 98
천공 53, 78, 220, 282, 309, 338
천상 43, 53, 98, 103, 122, 148, 149, 168, 211, 244, 267, 274, 288, 302, 313, 314
천손강림 157, 313
천지세계 149
청산 122, 226
치마끈 153, 155

[ㅋ]
카구야마 86, 89, 151, 154, 155, 250, 251, 252
카구쯔찌 81, 89, 90, 91, 281
카나야마 79, 80, 82, 150, 154
카라 249, 250, 252, 254, 306
카무 99, 110, 120, 129, 149, 179, 324, 367

카무무스히 46, 63, 161, 207, 211, 242, 244, 245, 246, 295, 296
카무이하레 368
카야노히메 81
카자모쿠 76, 80
케가레 110
케타 188, 191, 192, 194
코노하나 181, 324, 327, 329, 330
코세 220
코시국 226
코오바 220
쿠라미쯔하 89
쿠라야마 88, 89
쿠라오카미 89
쿠라토 77, 78, 81
쿠마노쿠스 137, 140
쿠사나기 170, 172, 173, 174, 175, 182, 308
쿠시 173
쿠시나다 169, 171, 174, 181, 182, 183
쿠에비코 242, 244
쿠지후루 315
쿠카타찌 330
쿠쿠노찌 81
쿠히자모찌 81
키노쿠니 201, 208, 212
키마타 207, 210
키비 70
키사카히 208
키요미하라 25, 27, 29, 30, 31

[ㅌ~ㅍ]
타가 122
타기시 296, 298
타라시 38
타마요리 360, 362, 363, 364, 367
타마키 109
타카기 268, 273, 276, 285, 307, 308, 309

타카미무스히 46, 48, 261, 262, 269, 272, 273, 275, 276, 295
타카아마 18, 19, 36, 43, 44, 46, 49, 52, 53, 54, 57, 59, 61, 63, 67, 78, 87, 98, 103, 121, 122, 123, 131, 135, 136, 138, 140, 148, 149, 153, 154, 155, 156, 157, 158, 159, 161, 162, 206, 210, 222, 242, 244, 259, 260, 261, 262, 263, 267, 275, 278, 290, 294, 296, 297, 298, 302, 304, 305, 308, 309, 310, 312, 313, 314, 365
타카찌 19, 20, 306, 309, 310, 311, 313, 315, 339, 363, 364
타카쿠라 19, 20
타케미나카타 283, 284, 286, 287, 288, 289, 290, 295
타케미카즈찌 78, 87, 88, 89, 281, 282, 285, 286, 287, 288, 289, 290, 295, 297, 298
타케부 129
타케후쯔 89
타쿠 221
타키리비메 140, 237
타키쯔히메 136, 140
태양 67, 87, 137, 158, 159, 250, 293, 311, 362
태양신 18, 86, 111, 153, 157, 303, 312
태자 17, 29, 307, 310, 312, 328
테나즈찌 168, 172
토끼 189, 190, 191, 192, 193, 194
토리카미 167, 171
토리후네 78, 80, 81, 82, 282, 283, 286, 287, 288, 289
토마토 77, 78, 80, 81
토사 66, 70
토야마 89
토요 67, 70
토요쿠모 45, 46

토요타마 340, 341, 343, 347, 348, 351, 353, 359, 361, 362, 363, 364, 365
토쯔구 199
토코요 242, 243, 244, 245, 246, 367
토코타찌 44, 45, 46, 47
파리 120, 121, 149, 154
파충류 189
팔찌 112, 113, 304
평정 19, 20, 21, 77, 78, 87, 88, 137, 258, 262, 263, 277, 297, 307, 313
포구 228
폭풍신 112, 119, 157, 163
푸조나무 204, 209

[ㅎ]
하니야스 82
하라야마 89
하야마쯔미 89
하야히토 325
하의 108
하하키 86, 89, 90, 199
한숨 224
항해 110, 111
해삼 318, 319
해신 109, 110, 111, 115, 251, 318, 339, 340, 341, 342, 343, 344, 347, 348, 350, 351, 353, 354, 355, 360, 361, 364, 365, 366, 367, 368
해원 361, 365, 367
해파리 44, 46, 48, 53
허리띠 108, 112
허벅지 128, 130, 222
헌상 38, 39, 155, 171, 172, 173, 174, 295, 296, 319, 320, 321, 328, 329, 351
헌상물 320
현해탄 136, 138
혈통 179, 183, 284, 293, 314, 330, 354,

찾아보기 383

355, 361, 365
호노니니 19, 20, 259, 307, 308, 325, 326, 364
호데리 325, 328, 329, 342, 345, 346, 350, 351, 363
호랑지빠귀 219, 220, 226
호오리 326, 328, 338, 339, 340, 341, 342, 343, 344, 345, 346, 347, 348, 349, 350, 351, 352, 353, 354, 355, 360, 361, 362, 363, 364, 365
호토 88
호호노데 328
혼수품 324, 327, 341
화근 110
화력 326
화생 18, 90, 102, 114, 141, 142, 163, 169, 260
회임 20, 327, 330
후스마 224
후키오 80
후타고 69, 70
히노 67, 70
히노야기 81
히노카카비코 81
히노카하 167, 170, 171, 172
히루코 61, 82
히모로키 276
히무카 67, 107, 108, 112, 114, 309, 315, 318, 319, 325, 328, 329, 350, 351, 363
히바노야마 89, 90
히에다 30, 31, 32, 37